中国社会学
经典文库

[增订本]

中国农村村民自治

徐勇 著

生活·讀書·新知 三联书店 生活書店出版有限公司

图书在版编目（CIP）数据

中国农村村民自治 / 徐勇著 . — 增订本 . — 北京 :
生活书店出版有限公司 , 2018.8（2025.2 重印）
ISBN 978-7-80768-238-7

Ⅰ . ①中… Ⅱ . ①徐… Ⅲ . ①农村—群众自治—研究—中国
Ⅳ . ① D638

中国版本图书馆 CIP 数据核字 (2018) 第 062668 号

丛书策划　杨震林
责任编辑　何剑楠
装帧设计　罗　洪
责任印制　孙　明
出版发行　生活书店出版有限公司
（北京市东城区美术馆东街 22 号）
邮　　编　100010
经　　销　新华书店
印　　刷　天津睿和印艺科技有限公司
版　　次　2018 年 8 月北京第 1 版
2025 年 2 月北京第 5 次印刷
开　　本　635 毫米 ×965 毫米　1/16　印张 24.5
字　　数　330 千字
印　　数　13,001-16,000 册
定　　价　58.00 元
（印装查询：010-64052612；邮购查询：010-84010542）

目　录

增订本说明……1

导　论……1

上篇　制度分析

第一章　村民自治的兴起发展：进程与特点……18

一、改革与民主化：村民自治的兴起及背景……18

二、示范与创新：村民自治的制度化运作……28

三、村民自治的创造性和独特性……35

第二章　村民自治的制度体系：框架与本体……44

一、三级层面的立法或建制架构……44

二、原则精神的统一性与具体规范的多样化……54

三、现阶段制度体系的整体评析……62

第三章　村民自治的组织形式：角色与功能……66

一、权力机构：村民会议、村民代表会议……66

二、工作机构：村民委员会、村民小组……75

三、组织体系的结构—功能比较分析……79

第四章　村民自治的活动内容：规则与程序……85

一、民主选举：直接、平等、公开选择领导者……85

二、民主决策：村民的直接参与和间接影响……98

三、民主管理：依法建制，以制治村……103

四、民主监督：村务公开、群众监督与自我教育……108

第五章 村民自治的运作模式：标准与类型……113
一、示范村标准：自治状况与客观效果……113
二、规范型与非规范型运作模式的分类比较……118
第六章 村民自治运作的内在机制与相关因素……127
一、村民自治运作的经济机制和因素……127
二、村民自治运作的政治机制和因素……136
三、村民自治运作的社会机制和因素……141
四、村民自治运作的文化机制和因素……151
第七章 村民自治运作中的难题与对策……160
一、乡政管理与村民自治的有机衔接……160
二、村党组织与村民自治组织的协调……172
三、政务与村务的合理划分和有效处理……180
第八章 村民自治的发展趋向与启示……186
一、规范化：总体框架下的推进完善……186
二、多样化：自治形式的创造性转换……197
三、先行一步：村民自治对中国民主化进程的启示……200

下篇 专题研究

伟大的创造从这里起步
——探访中国最早的村委会的诞生地……206
中国农村村级选举竞争的若干支配因素
——以25个村的调查及跟踪观察为例……216
草根民主的崛起：价值与限度……225
村民自治、政府任务及税费改革
——对村民自治外部行政环境的总体性思考……234
“绿色崛起”与“都市突破”
——中国城市社区自治与农村村民自治比较……249
村民自治：中国宪政制度的创新
——为纪念1982年《宪法》第111条产生20周年而作……262

现代国家的建构与村民自治的成长
——对中国村民自治发生与发展的一种阐释 276
村民自治的成长：行政放权与社会发育
——20 世纪 90 年代后期以来
中国村民自治发展进程的反思 304
村民自治的深化：权利保障与社区重建
——21 世纪以来中国村民自治发展的走向 316
“组为基础，三级联动”：村民自治运行的长效机制
——广东省云浮市探索的背景与价值 333
找回自治：对村民自治有效实现形式的探索 350
实践创设并转换范式：村民自治研究回顾与反思
——写在第一个村委会诞生 35 周年之际 367

增订本说明

本书是在 1997 年初次出版以后，应三联生活书店之约加以增订的新版。

我的学术人生的大部分时间是与村民自治相伴而行的。尽管 1980 年在广西诞生了第一个村民委员会，1982 年《宪法》第 111 条载入了村民委员会法条，1987 年制定通过了《中华人民共和国村民委员会组织法（试行）》，但在相当长时间里，以村民委员会为组织依托的村民自治没有引起学界的关注。20 世纪 90 年代初，我开始进入村民自治研究领域，进行了一些调查和研究。90 年代中期，人到中年的我在职攻读博士学位，并以村民自治作为博士学位论文选题。本书的上篇便是由我的博士学位论文《中国农村村民自治：制度与运作》所构成。在博士学位论文基础上，我将当时的一组实地调查论文作为下篇，合为《中国农村村民自治》一书，作为我所在的学术机构主持的“村治书系”的第一部著作，1997 年由华中师范大学出版社出版。

本书出版以后，我继续在村民自治这一领域进行调查和研究，并与村民自治的命运相伴随。村民自治是由基层民众所创造的。基层民众在创造村民自治时并没有意识到其历史价值，因此在相当长的时间里，对于第一个村民委员会是如何诞生的，语焉不详。为了弄清这一问题，我和指导的研究生专门到村民委员会诞生地进行了实地考察。后来，我一直跟踪诞生地村民自治的进程，连我自己都记不得去了几次，还是一位有心的地方官员记得准确的次数——9 次。1998 年，为了更充分地了解村民自治作为一项制度在全国普遍推行之后的实际运行状况，我与我所在机构的同事还在湖北省与江西省交界的一个村庄进行社会实验。仅仅去该村就不下 5 次，驻村时间累计有 1 年之多，之后，该村成为我们的一个已连续跟踪 17 年的观察点。

村民自治的历程曲曲折折，经历了风风雨雨。村民自治研究也与村民自治的命运相随。直到 20 世纪 90 年代，据一位主管官员说，全国有九亿农民从事村民自治实践活动，但研究村民自治的学者不到九人。90 年代后期，村民自治成为世人瞩目的现象，村民自治研究迅速火爆，被人称为“显学”，并一直持续到 21 世纪前十年。进入 21 世纪以后，村民自治作为一项国家的法律制度，在实施过程中遭遇了许多预想不到的问题，没有能够产生许多人所预期的效果。村民自治因此被质疑，直至再度被学界所冷落。本人作为村民自治研究的先行者之一，始终与村民自治进程相伴。如果说最初主要是研究村民自治的诞生及其价值与制度的话，那么之后，主要关注的是村民自治的成长进程及其内在机理，并写了大量论文。

对研究对象的长期关注得到了意想不到的回报。或许是当时有关村民自治的理论研究太少，或许是当时村民自治正引起国内外广泛关注的缘故，博士学位论文问世以后很是幸运，入选为国务院学位委员会评出的首届全国百篇优秀博士学位论文。《中国农村村民自治》一书获得了湖北省社会科学优秀成果一等奖和教育部人文社会科学优秀成果二等奖。2006 年 11 月 30 日（9 年前的今天），因为对村民自治的研究，应邀在中共中央政治局第 36 次集体学习会上，做了关于中国社会主义基层民主政治建设研究的讲解。

与村民自治实践一样，村民自治研究也在不断进步之中。当三联生活书店提出增订再版本书时，我本想做出一些大的修订。特别是本书初版之后，《中华人民共和国村民委员会组织法》经过了两次修订；但是，这两次修订只是在 1987 年《中华人民共和国村民委员会组织法（试行）》基础上的细化和深化，基本原则和框架并没有超越。基于此，本书上篇基本保持了初版的样式，所表述的《中华人民共和国村民委员会组织法》还是1987年制定通过的。同时，现在看来，本书上篇的主要内容至今仍然是立得住的。所以，本书再版时的上篇基本上没有什么变化，只是对下篇内容做了调整。初版下篇收录的是实地调查论文，反映的是当时的实际状况。1997年本书初版以后，我一直关注村民自治，发表了数十篇论文，反映了本书初版后村民自治的进展。为此，借本书增订再版之机，我将原下篇的“实地调查”改为“专题研究”，选择了若干代表性论文作为其内容。增订再版后的上下两篇，可以完整地反映我从事村民自治研究的全过程。

学术研究是一个不断接力的过程。当下，村民自治进入一个新的历史阶段，村民自治研究正伴随实践进行范式转换，即由价值—制度范式向形式—条件范式转换。第二个范式的研究更为艰难。本人的主要学术贡献是在第一个范式，第二个范式下的研究则有待下一代学者的持续努力。好在我所在机构新的“掌门人”已成为第二个范式研究的开拓者。此外，村民自治在实践中的运行及其遭遇到的问题，也将我们的研究引向更为广阔的领域和更为深入的层次。近十年以来，我的研究不限于村民自治领域，而是从村民自治出发，不断开拓农村调查和研究的广度和深度。因此，本书增订再版也算是对村民自治研究的一个阶段性总结。

尽管知恩、感恩、报恩在当下似乎是一种稀缺的品质，但仍然是永远值得记取的。值此本书增订再版，我要感谢的对象很多。其中，要特别感谢村民自治实践，是村民自治实践成就了我们这些村民自治的研究者；要特别感谢在调查中帮助过我的农民和基层干部，在研究中支持过我的老师和高层领导；要特别感谢华中师范大学出版社，当年用最强的编辑力量和最为精湛的技术出版了此书，并引起学界关注，直到脱销；要特别感谢18年后再版本书的三联生活书店，因为有了你们的努力，才可以让更多学者读到此书！

2015年11月30日于武汉

导 论

一

民主是社会主义的应有之义。民主化与现代化相携而行。1979年，邓小平提出了一个著名的命题:“没有民主就没有社会主义，就没有社会主义的现代化。当然，民主化和现代化一样，也要一步一步地前进。”[①] 建设高度的社会主义民主，是中国现代化建设的重要目标之一。如何实现这一目标，通过什么方式、途径和步骤，将社会主义民主一步一步地向前推进，是伴随整个现代化和民主化进程的重要课题。

同任何人类活动一样，民主化进程也必须和只能在既定的历史条件下启动和运作，并据此选择相应的方式和途径。在中国，民主化进程起步时间不长，特别是历史上长期缺乏民主习惯，民主政治建设缺乏经验。要逾越各种障碍和困难，顺利推进民主化进程，选择合适的方式和途径尤为重要。1987年，第六届全国人大常委会委员长彭真根据宪法有关精神指出，十亿人民如何行使民主权利，当家做主，这是一个很大的根本的问题。其最基本的两个方面是：一方面，十亿人民通过他们选出的代表组成全国人大和地方各级人大，行使管理国家的权力；另一方面，在基层实行群众自治，群众的事

---

① 邓小平:《坚持四项基本原则》,《邓小平文选》第2卷，人民出版社1994年版，第168页。

情由群众自己依法去办，由群众自己直接行使民主权利。[①] 从这两个方面着手，无疑是现阶段中国民主政治建设行之有效的途径。

从一般意义上说，民主指人民作为社会主人享有参与管理国家和社会事务的权利以及实现这一权利的机制。在实际运作中，民主又可分为两个层面：一是国家层面，即通常所说的国家形态的民主；二是基层社会层面，即通常所说的非国家形态的民主。在中华人民共和国，一切权力属于人民。人民代表大会是国家的最高权力机关，全体人民通过全国人大和各级地方人大行使当家做主的民主权利。这是国家层面的民主形式。另一方面，居住在不同地域的不同社会群体通过不同形式直接参与与自己切身利益相关的基层社会事务，便表现为基层社会层面的民主。因此，完善人民代表大会制度和加强基层民主，实行群众自治，是现阶段中国民主政治建设的主要内容。

中国农村的村民自治是农村居民根据法律自主管理本村事务的基层民主制度，是有中国特色社会主义民主的一种重要形式，亦是在新的历史条件下农村治理的一种有效方式。一般来讲，自治指自己管理自己的事情。自治的形式有多种，如地方自治、社会自治、民族区域自治和人民群众自治。中国农村村民自治是农村基层人民群众自治，即村民通过村民自治组织依法办理与村民利益相关的村内事务，实现村民的自我管理、自我教育和自我服务。它包括以下内容:（1）自治的主体是农村居民，村民享有自主管理本村公共事务的民主权利;（2）自治的地域范围是村，即与农村居民生活联系十分紧密的社区，这是农村社会最基本的组织单位;（3）自治的内容为本村的公共事务和公益事业，即村务;（4）自治的目的是使广大农村居民在本村范围内实现自我管理、自我教育和自我服务，有效地处理与村民利益密切相关的本村公共事务，将社会主义民主落实到最基

① 参见彭真《通过群众自治实行基层直接民主》,《彭真文选》，人民出版社 1991 年版，第 607—608 页。

层，保证国家对农村基层社会的有效治理。

村民自治的突出特点是能够较充分地体现民主化、制度化的基本原则。村民自治是一种基层直接民主形式，即由村民直接参与决定与村民利益密切相关的村级公共事务。包括:（1）民主选举，村民自治组织的领导人由村民直接选举产生;（2）民主决策，村内重大公共事务由村民集体决定;（3）民主管理，村民通过村民会议、村民代表会议、村民委员会、村民小组等组织和形式参与本村事务的管理;（4）民主监督，村民通过与国家法律精神相一致的章程、规定及其他制度形式，监督村民自治组织领导人和村级事务管理，并在这一过程中实现自我约束和自我教育。以上四个方面充分体现了人民群众当家做主和一定范围内自主管理本村事务的民主原则。

民主化必须与制度化相匹配。中国农村村民自治是一种制度化的民主形式，即村民自治的主体、内容、组织形式和运作，都是根据国家相关法律制度安排的，体现着国家意志。首先，村民自治并不否定国家领导和权威。村民自治的整个活动都要在法制的轨道上运行。根据中华人民共和国宪法的精神，作为村民自治主体的村民必须自觉遵守国家法律，接受中国共产党和人民政府的领导。其次，村民自治不排斥国家政令的贯彻。村民不仅是居住地的村民，同时还是国家的公民。作为国家公民，村民有义务遵守和执行国家法律和政府决定，以保证国家政令的有效贯彻执行。再次，村民自治依照村民自己制定的自治章程和村规民约进行自治活动，但自治章程和村规民约不得违背国家的基本法律精神。

由于中国农村村民自治能够较为充分地体现民主化、制度化的基本原则精神，一经出现便显示出生命力，成为国家法律制度安排和群众积极自主参与、上下结合的民主实践活动。1982 年第五届全国人民代表大会第五次会议通过的宪法确定，在农村建立群众自治性的村民委员会。1987 年，全国人民代表大会常务委员会通过《中华人民共和国村民委员会组织法（试行）》。村民自治随之在全国广泛推行，取得了突出的成效。至 1997 年，全国建立村民委员会近 74

万个。历史上长期对民主极度陌生的广大农民，开始根据法律程序直接行使民主权利，实实在在地担当起当家做主的社会主人的角色。在中国共产党的领导下，中国农民不仅在经济上创造了家庭承包责任制这一具有中国特色的生产经营形式，而且在政治上正在实践和丰富村民自治这一具有中国特色的基层民主形式。中共十五大报告高度地肯定了基层民主和城乡基层自治组织的地位和作用，指出："扩大基层民主，保证人民群众直接行使民主权利，依法管理自己的事情，创造自己的幸福生活，是社会主义民主最广泛的实践。城乡基层政权机关和基层群众性自治组织，都要健全民主选举制度，实行政务和财务公开，让群众参与讨论和决定基层公共事务和公益事业，对干部实行民主监督。"[①] 在国家积极推进和农民群众主动创造的双重作用下，社会主义民主在广阔的乡村田野上迅速地崛起，并引起了世人的关注。

二

村民自治作为一种有中国特色的基层民主形式，在社会主义民主建设和国家治理农村的格局中居于重要地位。

根据马克思主义原理，国家、民主和自治有着不可分离的关系。一切权力属于人民是社会主义国家的本质特征。在社会主义社会，国家权力来自人民，并代表和实现着人民群众的利益和意志。当然，社会主义的国家仍然属于国家的范畴，仍然有各级相对独立于社会之上的国家政权来管理社会，国家权力也仍然主要由少数国家公职人员直接行使。因此，在社会主义社会，也有可能出现国家权力同人民群众和社会相脱离，违背人民根本利益和愿望，甚至成为少数

① 江泽民：《高举邓小平理论伟大旗帜　把建设有中国特色社会主义事业全面推向二十一世纪——在中国共产党第十五次全国代表大会上的报告》，人民出版社 1997 年版，第 36 页。

公职人员谋取私利的工具的情况。马克思、恩格斯根据社会发展和国家演进的客观规律，提出了防止国家权力蜕变的三条途径，即社会参与国家、社会制约国家和社会收回国家，认为“民主因素应当成为在整个国家机体中创立自己的合理形式的现实因素”[①]。在社会主义社会，社会参与国家和社会制约国家就是通过发展社会主义民主，健全社会主义法治，由广大人民群众依法参与对国家和社会的管理，来保证国家的社会主义性质不至于蜕变。正因为如此，邓小平尖锐指出，“没有民主就没有社会主义”。社会收回国家就是国家的职能逐步归还社会，由人民群众自己管理自己，一步一步使国家机器消亡下去，由社会的自治组织来取代。这虽然是一个长时期的历史过程，但却是历史发展的必然趋势。由此可见，没有社会主义民主，没有人民群众的参与和自治，社会主义国家的政权性质就缺乏可靠的保障，国家逐步将权力归还社会的目标也难以实现。

毫无疑问，在社会主义初级阶段的中国，不仅需要国家，而且需要在一定程度上强化国家的权威；与此同时也特别需要通过多种形式加强和发展社会主义民主。“民主意味着在形式上承认公民一律平等，承认大家都有决定国家制度和管理国家的平等权利。”[②] 民主的形式有两种：一是间接民主，即由公民选举并对公民负责的代表行使国家权力；一是直接民主，即由公民根据法律制度直接行使管理国家和社会的权力。在中国现阶段，国家层面的政治生活主要实行间接民主，即通过公民选举产生人民代表，由人民代表组成各级人民代表大会，由各级人民代表大会代为行使国家权力；在国家之下的基层社会层面，主要实行直接民主，即由公民直接参与基层社会公共事务的管理，其中包括在一定范围内实行人民群众自治，由人民群众自我管理、自我教育、自我服务。中国农村村民自治便是基

---

① 马克思：《黑格尔法哲学批判》，《马克思恩格斯全集》第1卷，人民出版社1956年版，第389—390页。

② 列宁：《国家与革命》，《列宁选集》第3卷，人民出版社1995年版，第201页。

层直接民主的一种有效形式。

农村村民自治作为基层直接民主的一种有效形式，对于促进社会主义民主政治建设有着十分积极的意义。

第一，村民自治有利于充分调动和激发广大农民群众的政治积极性和主动精神。在中国现阶段，人民群众主要通过间接民主的方式行使民主权利。但仅有间接民主，也可能出现国家权力主要在少数人中间运作、人民群众当家而难以做主的现象。久而久之，人民群众就会对政治感到冷漠，缺乏积极主动精神。特别是对于处在最基层的广大农民群众来说，政治更会成为远不可及的事。正如列宁所说，“委托代表机构中的人民‘代表’去实行民主是不够的。要立即建立民主，由群众自己从下面发挥主动性”[①]。通过发展直接民主，实行村级事务由村民自主管理，有利于广大农民群众在经常性的政治参与活动中切实行使当家做主的民主权利，从而调动和激发其政治热情和政治积极性，充分体现社会主义民主的广泛性和全面性的特点。

第二，村民自治有利于在实践中提高农民的民主素质，将民主由一种形式转换为普遍遵守的日常生活习惯，为民主制度奠定牢固的基础。近代以来，中国民主化进程屡屡受挫，其中一个重要原因就是民主仅仅停留在制度层面，而未能扎根于社会基层，以致“民主”时常成为被少数人把握与运作、用以获取和维系统治权力的工具。中国历史上长期缺乏民主传统，致使广大农民群众缺乏民主习惯，民主素质较低。而要解决这一问题，只有通过民主实践。民主实践是一个大课堂，是任何人“代表”不了的。列宁曾经指出：“难道除了通过实践，除了立刻开始实行真正的人民自治，还有其他训练人民自己管理自己、避免犯错误的方法吗？”[②]通过村民自治，让广大农民在实践中学习和运用民主的方法，处理基层公共事务，掌

① 列宁：《农民代表大会》，《列宁全集》第9卷，人民出版社1985年版，第270页。

② 列宁：《布尔什维克能保持国家政权吗？》，《列宁选集》第3卷，人民出版社1995年版，第306页。

握相关的法律制度和民主程序，形成和强化公民意识、民主信念，培养民主作风和习惯，这正是找到了一条将社会主义民主深深植根于基层社会生活和广大人民群众之中的有效途径。彭真为此指出，把村民委员会搞好，等于办好 8 亿农民的民主训练班，使人人养成民主生活的习惯，这是发展社会主义民主的一项很重要的基础工作，是最广泛的民主，是国家政治体制的一项重大改革，对扫除封建残余影响，发展社会主义民主具有重要的、深远的意义。[①]

第三，村民自治是现阶段社会主义民主政治建设的重要起点。社会主义民主政治建设是一个长期的、艰巨的过程，需要有相应的经济、政治、社会和文化条件，并围绕一定社会发展总目标和中心任务来进行。在现阶段，党和国家的工作重点是现代化建设，是以经济建设为中心。要实现这一目标，需要强有力的国家权威和稳定的社会秩序。对于长期缺乏民主习惯，又饱受“文化大革命”所谓“大民主”之苦的中国来说，民主化进程必须根据国情和社会发展总目标，选择合适的起点和突破口，有领导、有步骤、有秩序地进行。而发展基层直接民主，在农村实现村级事务的直接管理，既有利于充分调动农民群众的积极性，又可将民主化进程置于一定规范和可控范围之内，即便出现一些混乱情况，也能够及时有效地解决，由此使政治稳定和政治民主相互促进，实现良性互动。

第四，村民自治有利于在推进社会主义民主化进程中逐步实现国家权力归还社会的远大目标。在马克思主义看来，未来社会是一个“自由人联合体”，国家权力将归还社会，实行整个社会的自治。这是一个长时期的过程。但是，千里之行，始于足下。在现阶段，发展直接民主，实行村民自治，有利于人民群众逐步学会自己管理自己的事情。人民能管好一个村，才能逐步管好一个乡、一个县以至更大范围内的事务。

---

① 转引自多吉才让《努力把全国村民委员会建设推向新阶段》,《乡镇论坛》, 1995 年第 12 期，第 6 页。

民主化和现代化相偕而行。民主化是现代化的目标之一，它不仅不能脱离现代化建设，而且应有利于现代化建设。对村民自治也应作如是观。作为基层直接民主形式的村民自治，既是社会主义民主政治建设的重要组成部分，同时又是现代化建设时期正确处理农业、农村、农民问题，有效治理农村的一种方式，是促进农村迈向现代化的有力杠杆。

中国是一个有着悠久农业文明传统的国家，农村人口一直占中国人口的大多数，这是中国的一个基本国情。国家的治或乱，无不与农村息息相关。在历史发展的许多关口，天下治，始于农村；天下乱，亦始于农村。对农村的治理是国家统治的一项基本内容。其方式不外乎两种：一是依靠国家的行政管理，一是依靠农村社会的自组织功能实现自我管理。这两个方面不可偏废。在社会主义现代化建设时期，正确解决农业、农村和农民问题，有效治理农村，关系着整个现代化建设的大局。邓小平 1984 年在《我们的宏伟目标和根本政策》一文中指出："中国有百分之八十的人口在农村。中国社会是不是安定，中国经济能不能发展，首先要看农村能不能发展，农民生活是不是好起来。"[①] 在现代化建设中，要正确解决农业、农村和农民问题，一方面要依靠国家行之有效的政策和管理，另一方面要依靠发掘农村社会自身的力量实行自主发展和自我管理，实现国家和农村、国家和农民的有机整合和紧密联系。村民自治便是现阶段中国农村治理的重要方式之一。

村民自治有利于充分调动广大农民群众的积极性。农业、农村和农民问题是中国革命和现代化建设的基本问题，而解决这一问题的关键，在于党和国家如何充分调动广大农民群众的积极性。中国革命的成功依靠的是农民的积极参与。1958 年以后，中国农业和农村发展不尽理想，基本原因是政社合一、权力过分集中的人民公社

① 邓小平：《我们的宏伟目标和根本政策》，《邓小平文选》第 3 卷，人民出版社 1993 年版，第 77—78 页。

体制严重地压抑了农民的生产积极性。1978年召开的中共十一届三中全会强调，要发展农业生产，“必须首先调动我国几亿农民的社会主义积极性，必须在经济上充分关心他们的物质利益，在政治上切实保障他们的民主权利”[①]。邓小平认为：“调动积极性，权力下放是最主要的内容。我们农村改革之所以见效，就是因为给农民更多的自主权，调动了农民的积极性。”并强调：“调动积极性是最大的民主。”[②]农村改革的基本经验就是充分调动农民的积极性。内容主要包括不可分离的两个方面：一是通过建立以家庭承包责任制为主、统分结合的双层经营体制，使农民有了生产经营自主权，农民成为经济生活的主体；二是随着人民公社体制的废除，在政治上形成“乡政村治”格局，即在乡镇建立基层政权，在村实行村民自治，农民的民主权利得到制度化落实和保障，农民成为政治生活的主体。通过确立农民的主体地位，大大激发起他们的积极性和创造性，推动了农业、农村和农民的历史性转变。

随着农村改革和现代化建设的深化，农村出现了许多新的矛盾和问题，如在分户经营的基础上怎样实现农业生产向社会化和现代化转变，在“乡政村治”格局下怎样实现对农村社会的有效治理。但无论采取什么方式解决农村中出现的矛盾和问题，都必须紧紧依靠调动农民的积极性。中共中央为此再三强调，要长期稳定和完善家庭承包责任制等党在农村的一系列基本政策。稳定、完善家庭承包责任制的核心，就是充分保证农民的生产经营主体地位，保护农民的合法权益。实行村民自治，通过选举村干部，参与村内重大事务的决策和村务活动的管理、监督，向村民委员会等组织表达、反映意见和要求，有利于保证农民的生产经营主体地位和合法权益，有利于激发和调动农民的积极性。

---

① 《坚持改革、开放、搞活——十一届三中全会以来有关重要文献摘编》，人民出版社1987年版，第3页。

② 邓小平：《改革的步子要加快》，《邓小平文选》第3卷，人民出版社1993年版，第242页。

村民自治还有助于农村的稳定发展，为国家的长治久安奠定牢固的基础。农村人口占中国人口的大多数，农村和农民的状况好坏是国家稳定和繁荣昌盛与否的重要标志。邓小平在谈到中国改革开放的走向时指出："农村人口占我国人口的百分之八十，农村不稳定，整个政治局势就不稳定，农民没有摆脱贫困，就是我国没有摆脱贫困。"① 在中国历史上，广大农民不仅在经济上受到残酷剥削，而且在社会政治生活中受到排斥和多重压迫，农民没有也不可能通过制度化的参与方式表达其意愿。农村的矛盾在农民的逆来顺受中不断累积和激化，以致引起整个社会的大动荡。这正是中国历史只能在周期性治乱循环中缓慢行进的深刻原因所在。中国革命胜利之际，著名民主人士黄炎培在同毛泽东的交谈中，郑重提出希望中国共产党找到一条新路，使中国跳出历史上的一治一乱的周期律。毛泽东回答说："我们已经找到了新路，我们能跳出这周期律。这条新路，就是民主。只有让人民来监督政府，政府才不敢松懈；只有人人起来负责，才不会人亡政息。"②

中华人民共和国成立后，农民成为国家和社会的主人，享有广泛的民主权利，这为国家的长治久安奠定了牢固的基础。但是，在相当长的时间里，社会主义民主和法治尚不健全和完善，特别是受"左"的思想影响，政府更多地采取政治运动而不是民主和法治的方式，来解决农村中存在的矛盾和问题。频繁的政治运动形成的政治压力，虽然能够在一定程度上获得某种稳定，但其代价也十分沉重。这就是伤害了一部分干部和群众，延缓了农村的发展，影响了民主和法治秩序。③ 中共十一届三中全会以来，通过正确总结历史经验和

---

① 邓小平：《改革的步子要加快》，《邓小平文选》第3卷，人民出版社1993年版，第237页。

② 转引自王振宇《让人民来监督政府》，《老照片》（第2辑），山东画报出版社，1996年，第21—22页。

③ 参见张厚安、徐勇等《中国农村政治稳定与发展》，武汉出版社1995年版，第92—108页。

教训，中国共产党逐步探索出解决农村矛盾和问题的有效途径。其一是通过经济体制改革，促进生产力发展，逐步消除农村动荡和矛盾的经济根源；其二是通过政治体制改革，发展社会主义民主，健全社会主义法治，使农村中的矛盾和问题得以在民主和法治的轨道上及时、有效地解决。村民自治便是社会主义民主和法治建设在现阶段农村中的具体体现。首先，村民自治充分体现民主原则。通过民主选举、民主决策、民主管理和民主监督，农村村干部的产生和更迭、重大事务的决策、日常村务的管理和监督能够充分体现村民群众的意愿，从而减少和避免一些矛盾和问题的产生，或使矛盾和问题得到及时解决而不至于累积和激化。其次，村民自治充分体现法治原则。村民自治严格根据国家法律制度和村民自治章程进行。村民的政治参与是制度化参与，即按照一定制度程序参与政治生活，管理公共事务，从而有助于将社会矛盾限制在一定范围之内，不至于激化为社会冲突。第三，村民自治属于人民群众自治，不仅不排斥，而且必须在党和国家的领导下才能正常运行。实行村民自治与统一执行国家政令并不矛盾。搞好村民自治可以促使农民自觉遵守和执行国家法律和政令。第四，村民自治通过村民的自我管理，实现村民的自我约束和自我教育，有利于巩固国家政权的社会基础。

正因为村民自治在社会主义民主政治建设和国家治理的格局中居于重要地位，所以得到党和国家的高度重视。1981 年，中共十一届六中全会通过的《关于建国以来党的若干历史问题的决议》认为，权力过分集中是导致社会主义出现严重失误和挫折的重要原因。为此规定："在基层政权和基层社会生活中逐步实现人民的直接民主。"[①] 显然，把代表制民主同基层的直接民主、居民的广泛自治结合起来，使人民不仅成为国家政权的主人，而且真正成为城乡企业和各种基层组织的主人，这是社会主义民主的广泛性、全面性的一个

---

① 中共中央文献研究室:《三中全会以来重要文献选编》(下册)，人民出版社 1982 年版，第 841 页。

重要表现。1982 年，中共十二大报告指出："社会主义民主要扩展到政治生活、经济生活、文化生活和社会生活的各个方面，发展各个企业、事业单位的民主管理，发展基层社会生活的群众自治。"[①]1982 年，国家宪法规定了农村村民委员会是群众自治组织的原则。1987 年全国人大常委会通过了《中华人民共和国村民委员会组织法（试行）》。1990 年中共中央 19 号文件和 1994 年中共十四届四中全会都强调，要在加强农村基层组织建设中，进一步推进村民自治，加强村民委员会建设。在党和国家有效领导和广大农民自主创造的双重推动下，中国农村的村民自治蓬勃发展，有力地推动着社会主义民主政治建设，促进了农村的稳定和进步。

三

改革是中国历史上前所未有的一场伟大社会实验，而在农村改革中产生和发展的村民自治，则是中国历史上前所未有的民主实验。民主化是一个长期的、艰巨的过程，它的成效要经过较长时间才能逐步显示出来，进而实现由民主制度向民主习惯的转换。村民自治亦是如此。

村民自治作为一种基层直接民主和现阶段农村治理的一种有效方式，人们对其地位和意义的认识有一个过程。从一般意义上讲，国家层面的民主影响更大，经济文化较发达的城市更易于推进民主化进程。[②]那么，在我国现阶段，为什么必须重视基层民主？基层人民群众自治为什么首先在经济文化较落后的农村取得了突破性进展？特别是在经济文化较为落后的农村实行村民自治是否有成效？是否合适？它与其他自治形式有何不同？是否属于自治？许多人对

---

① 胡耀邦：《全面开创社会主义现代化建设的新局面》，《中国共产党第十二次全国代表大会文件汇编》，人民出版社 1982 年版，第 37 页。

② 参见徐勇《城市民主政治建设应走在社会民主化进程的前列》，《长江日报》，1988 年 8 月 31 日，第 3 版。

此认识不清，甚至持怀疑态度。在村民自治实践中，也出现了将村民自治视为仅仅是实现某种目的的手段，而不是国家政治制度和民主化进程的重要组成部分的情况。当村民自治能给农村治理或某些社会成员带来直接好处时，就被接受和采用，否则便被消极对待或放弃。与此同时，相当多数的人对实行村民自治的长期性、艰巨性和复杂性认识不足，看不到村民自治作为一种崭新的民主形式和治理方式，需要有相应的经济、政治、社会和文化条件，必须循序渐进，有步骤、有秩序地进行。

人们对村民自治认识不足或产生认识偏差，主要由于村民自治的实践时间尚不长，还有许多问题需要进一步加以探讨。主要问题有：

第一，理论研究不足。中国现代化和民主化建设带有很强的探索性，没有现成的理论模式可供选择，只能依靠实践中的探索，即所谓“摸着石头过河”。中国的村民自治是在农村改革中兴起的，随后即在农村广泛实行。村民自治兴起前缺乏足够的理论准备，兴起后缺乏足够的理论支持，由此造成村民自治的理论与实践严重脱节和滞后的状况。据主管村民自治事务的国家民政部基层政权司1994年的一份报告的统计，全国专门研究村民自治的理论研究人员为数寥寥，和参与实践活动的九亿农村人口相比，反差极大。

理论研究严重不足的后果便是有关村民自治的基本理论不明确，甚至出现歧义。例如，1995年7月，在由国家民政部主持召开的“中国农村村民自治法律制度国际研讨会”上，由于“村民自治”（the villagers' self-government）与“村自治”（the village self-government）在英语表达上差异极小，进行英文翻译时，人们对其差异性未多加注意。“村民自治”与“村自治”虽只一字之差，含义却迥然不同。前者是指农村基层人民群众自治，自治的主体是村民；后者是指村民居住的单位自治，自治的主体是地方。当笔者在该会上提出这一问题后，由于英文翻译无法对这两个词严格加以区别，以至于许多外国学者仍将“村民自治”等同于“村自治”，进而无法理解在实行村民自治的过程中为什么还需要党的领导，在实行自治的村为什么基层组织的核心是中国共产党的支部。村民自治与村自治的概念差别还关系到实行村民自治过程中的一系列重大问题，如国家的高度集中统一领导与人民群众的自治权、乡镇政权与村民自治、村党支部与村民委员会、村的政务与村务之间的关系等问题。如果这一系列重大理论问题弄不清，村民自治的实践就会受到严重影响和制约，甚至会因为多种原因而扭曲变形，发挥不出应有的功效。如农村个别地方，以为实行村民自治，就可以不接受党和国家的统一领导，以致成为国家法律和政令难以贯彻落实下去的“土围子”。

第二，制度亟待完善。民主政治的重要特点就是制度化和程序化，不因为某个个人的意志而影响社会按既定的轨道运行。村民自治作为基层民主形式，必然要在一套完整、科学的制度规范和程序下运作。村民自治的兴起本身是国家制度安排并依照有关法律制度发展的。但是，村民自治是前所未有的民主实践活动，不可能一开始就设计出一套完整的制度体系，国家最初只有一个原则性构想。特别是村民自治兴起的背景，是农村经济体制改革造成政社合一的人民公社体制的迅速废除，国家亟待以一种新的形式将农民组织起来。因此，国家首先考虑的是村民自治组织，而不是村民自治本身。有关村民自治的法律首先制定和通过的是《中华人民共和国村民委员会组织法（试行）》，而不是“村民自治法”。即使是《中华人民共和国村民委员会组织法》也只是试行。而随着《中华人民共和国村民委员会组织法》的贯彻实施，村民自治活动得以迅速发展，并在实践中面临着许多新的矛盾和问题。这些矛盾和问题有的已超出了现行法律规定的范围。如村民代表会议是村民自治活动中出现的一种新的自治组织形式，它虽然适应现阶段一些农村地方的实际情况，但在法律上需要对其地位和功能给予明确的界定。再如，中国农村历史上长期存在着基层自治即乡绅治乡的传统，其实质是少数乡村社区上层人士把持村中大权，它与建立在民主基础上的村民自治风马牛不相及。而要使村民自治合乎民主原则，必须将村民自治置于一整套具体的制度程序的规范之下。在现阶段，有关村民自治的法律制度建设与村民自治实践活动不相适应，既缺乏完备的基本法规，更缺乏具体的法规程序。

制度的不完善必然影响村民自治的进一步发展，甚至使村民自治扭曲变形或失控。如村民自治可能因缺乏必要的制度程序规范而受到宗族传统影响变为失控的社区权势人物的统治。这正是不少人担心乃至怀疑村民自治在中国现阶段农村是否可行的重要原因之一。

第三，实际运作注意不够。民主不是抽象和孤立的，它要在一定条件下运作，并受其制约。理论和制度形态的民主与实际运作的民主并不完全一致，甚至大相径庭。村民自治由理论和制度形态向实践形态转换，受多种因素影响，也需要诸多中介环节。在相当长的时间里，由于理论研究不足，且理论研究大多停留在形式、制度层面上，对村民自治的实际运作过程注意不够，缺乏对村民自治运作的经济、政治、社会和文化等一系列环境、条件因素的深入具体分析。其结果是就村民自治谈村民自治，难以把握其实际运作状况、所需条件、存在矛盾和发展趋向，影响了村民自治的顺利发展和实际成效。另外，中国农村地域广、人口多，各地发展不平衡且正在发生急剧的变革，因此，村民自治赖以存在、发展的条件千差万别，且在迅速发生变化，村民自治的形式在不同地方也有不同的表现。有人对村民自治的实际成效和合理性产生怀疑，重要原因就是对村民自治实际运作过程缺乏深入了解和具体分析。

以上三个方面的问题集中起来，反映出的就是对有关村民自治的制度体系和实际运作的研究尚不够，因而也成为本书所要研究的重点。本书将根据村民自治实践状况，运用实际材料，对中国农村村民自治加以制度分析和过程性研究。

社会科学研究本来以社会实践为其研究对象，其正确认识也只能来自社会实践，但在相当长的时间里，人们习惯于从书本到书本，远远地脱离社会实践。这正是人们往往陷入抽象地讨论民主，或用某一既定理论剪裁现实而于现实无补的误区的重要原因之一。村民自治是一项亿万农民参与的生动、具体的社会实践活动，要真正了解、认识这一前所未有的民主实践，只有深入其中，去直接观察和切身体验，才能把握其内在的运动规律。同时，村民自治的多年实践活动，取得了丰富的经验。通过深入的实际调查，有利于将生动具体的实际经验提升到理论层面，创立中国自己的民主政治理论。基于这一认识，本书在对村民自治进行制度分析的同时，十分注重专题研究，由此构成本书上、下两篇。

上篇

制度分析

第一章

村民自治的兴起发展：进程与特点

村民自治得以在20世纪80年代的中国兴起，有其内在的动因和背景。它是中国农村经济体制改革和国家民主化进程的必然产物。作为带有实验性的民主形式，村民自治在审慎推进的条件下循序渐进地发展，以求得自身的不断完善和与经济社会的发展相匹配。尽管村民自治尚处于示范性的初始阶段，但已形成一种颇具特色的民主和自治制度。这一制度丰富了马克思主义的社会自治理论，在实践中不断展示出独特的魅力。

一、改革与民主化：村民自治的兴起及背景

作为农村基层直接民主的村民自治与现阶段农村治理模式密切相关。它是在中国农村经济体制改革和国家民主化进程的背景下兴起的，反映了农村治理模式的创造性转换。

治理是通过一定权力的配置和运作对社会加以领导、管理和调节，从而达到一定目的的活动。治理过程包括两个方面：一是领导者或统治者所发挥的作用；一是社会成员所扮演的角色。由此出现集权和分权两种治理类型。自治属于社会成员的自我管理，与分权有着紧密联系。

中国有着悠久的农业文明传统。在传统社会，农村的治理包含

着国家行政权力和社会自治权两个方面。[①] 这一方面在于国家行政权力不可能对广阔的乡村社会实行直接统治；另一方面在于小农经济和宗族社会有一定的社区自组织功能。因此，如果从自治的一般意义上说，中国古代也存在自治，主要表现为在村的社区里与宗法关系联系密切的族民自治。但是，封建社会地主阶级的专制统治，决定了族民自治的实质是乡绅治乡，即乡村由农村少数上层人士统治，一般村民不可能享有平等的权力。当然，在不同的历史时期，农村治理的权力配置与运作有所不同。在王朝更迭之初，为迅速有效地整合、控制农村社会，国家行政权一般一直下沉到农村基层，由国家权力统摄一切，如秦初的乡（亭）里制。随着国家进入常态，农村自组织功能增强，国家上收行政权，实行间接管理，农村的自治权得以强化，如宋代直到明清的甲制。农村社会正是在这两种权力的相互作用下实现其治理过程。[②] 费孝通先生将这种现象称为“双轨政治”。[③]

中华人民共和国成立后，国家的性质和经济关系发生了根本性变化。千百年来受压迫的农民成为拥有平等地位的国家主人，农民不再是私有制的个体劳动者，而是集体经济条件下的劳动者。国家治理农村的体制和方式随之发生变化，农民参与治理的民主权利得到国家法律的确认和保护。在合作化期间，虽设有村公所，但因分散的农民被组织到合作社，合作社成为国家基层政权管理乡村公共事务的主要依托。为了保证农民参与社会管理的民主权利，中共中央一再强调必须坚持民主办社的原则，合作社组织章程也做了相应的制度规定。1958 年后，在政社合一的人民公社体制下，国家在加强集中统一管理的同时，也注意到公社社员参与管理的民主权利。1962 年 9 月，中共八届十中全会通过的《农村人民公社工作条例（修正草案）》

---

① 参见徐勇《中国古代乡村行政与自治二元权力体系分析》，《中国史研究》，1993 年，第 4 期。

② 参见徐勇《非均衡的中国政治：城市与乡村比较》，中国广播电视出版社 1992 年版，第 71—83 页。

③ 参见费孝通《双轨政治》，《费孝通选集》，天津人民出版社 1988 年版，第 125 页。

规定，人民公社的各级权力机关，是公社社员代表大会、生产大队社员代表大会和生产队社员大会。凡属于公社全范围的重大事情，都应该由公社社员代表大会决定，不能由管理委员会少数人决定。生产大队的一切重大事情，都由生产大队社员代表大会决定；生产大队的领导由公社大队社员代表大会选举。生产队必须实行民主办队，生产队的一切重大事情，都由生产队社员大会议决。[①] 以上制度规定显然是中国历史上从未有过的，体现了社会主义的民主原则精神。

但是，上述制度规定并没有得到切实有效的贯彻实施。农民群众的民主管理基本停留在制度条文层面，其根本原因是中华人民共和国成立后，农村的治理体制表现出权力过分集中于国家的特点。显然，中华人民共和国成立之初，为迅速实现对农村的有效治理，加强国家行政权力对农村的直接控制是十分必要的。但是，随着农村生产关系变革的基本完成，农村的自组织功能逐步显现，国家不仅没有及时实现由直接管理向间接管理的转变，反而更强化了国家权力的集中统一管理。人民公社既是集体经济组织，又是国家政权在农村的基层单位。作为国家政权的基层单位，必须首先贯彻执行上级的规定和命令，其领导人主要由上级政权机关任命，公社事务的决定权也主要由少数领导者所掌握。生产大队和生产队只是公社的下属组织，首先必须接受公社的集中统一领导。农民群众作为公社社员是公社集体经济组织的一分子，必须接受生产队、生产大队和公社的统一管理和领导。否则，正常的生存便无法保障。在这样一种权力过分集中的体制下，农民群众的参与和民主权利便难以具体落实，民主办社的原则精神只能依靠领导人的民主作风、民主观念来体现，得不到体制上的保障。而在中国这样一个缺乏民主习惯的国度里，领导人的民主作风和民主观念较少，而且也很容易发生变化。与此同时，在受平均主义影响甚深的人民公社体制下，集体组织与

---

① 参见中华人民共和国国家农业委员会办公厅《农业集体化重要文件汇编》(下册)，中共中央党校出版社 1981 年版，第 628—629 页。

个人利益联系不紧，个人亦缺乏关心并参与集体事务的利益驱动力。

中华人民共和国成立后，尽管在权力集中的体制下，农民的民主权利缺乏体制上的保障，更不可能有村民自治，但是社会主义经济、政治制度的建立和农村经济、政治的发展，为农民民主权利的落实和村民自治提供了一定的客观条件。首先，工农联盟是国家政权的社会基础。国家基本制度规定了农民享有管理国家和社会事务的民主权利，人民政府反复强调了农村民主办社的原则，并做出了一些制度安排。集体组织内的事务应该由农民集体而不是少数人决定的基本观念逐步形成。其次，中华人民共和国成立后，农村实行集体所有制，土地等主要生产资料为集体所有，集体兴建了一些公共设施和集体企业，有了集体财产和集体事务。而集体财产和集体事务显然不能仅仅为少数人所掌握和决定。再次，经过农村经济社会制度的变革，长期影响农村基层社会的宗法关系受到猛烈冲击。农民逐步脱离狭隘的血缘宗法关系，进入地域性社会群体。在地域性社会群体里，有关农民利益的社会治安、公共设施、社会福利、水利管理和文化教育等事务，不再由少数宗族头人所把持，而需要由地域共同体的成员共同决定。事实上，在一些地方，生产队队长通常以民主推选的方式产生，只是这种方式未予以制度化。

以上三个方面为村民自治准备了一定的客观条件，而村民自治兴起的直接动因则是 20 世纪 80 年代初开始的农村经济体制改革和国家民主化进程。

如果从国家治理体制来看，农村经济体制改革和国家民主化进程的突出特点是权力下放，表现为国家与社会的分权。

权力过分集中的人民公社体制使农民的生产经营主体地位“虚置”，严重压抑了其生产积极性，影响了农村经济社会发展。80 年代初，在农民自发突破和国家自觉领导的双重推动下，农村兴起了以家庭承包责任制为主要内容的经济体制改革。家庭承包责任制是将土地等生产资料由集体承包给农户，以农户为单位进行生产经营和分配。承包制的核心是将生产经营权下放给农民，使农民成为生产经营主体，以此调动农民的生产积极性。正如邓小平所说："调动积极性，权力下放是最主要的内容。我们农村改革之所以见效，就是因为给农民更多的自主权，调动了农民的积极性。"①

分户经营的家庭承包责任制的兴起，直接动摇和冲击了"三级所有，队为基础"的人民公社体制。面对家庭承包责任制的迅速发展，中共中央对这一重大改革给予了充分肯定，由此更加速了人民公社体制的废除。其结果不仅是农村经济管理体制发生变革，同时也带来农村政治社会体系的重大变动，并产生出新的问题。随着政社合一的人民公社体制的废除，家庭承包责任制取代了人民公社时期的生产经营方式，人民公社时期的管理体制已失去其经济支撑，难以为继。但经济变革不可能促使与新经济体制相匹配的新的治理模式自动形成，从而出现了一系列新的问题：谁来管理农村属于农民集体所有的土地和其他财产？谁来组织和协调村民发展生产、壮大集体经济？人民调解、社会治安、计划生育、社会福利、生态环境等事务由谁来组织管理？由于这些问题缺乏有效的组织体制加以治理，农村出现了一定程度的无序和混乱状况，集体财产迅速流失，农村社会因长期严密的控制体系的突变而"失范"。中共中央 1982 年 1 号文件在批转《全国农村工作会议纪要》的前言中指出："最近以来，由于各种原因，农村一部分社队基层组织涣散，甚至陷于瘫痪、半瘫痪状态，致使许多事情无人负责，不良现象在滋长蔓延。这种情况应当引起各级党委的高度重视，在总结完善生产责任制的同时，一定要把这个问题切实解决好。"② 为了解决以上问题，随着农村经济体制改革的深入，中共中央除了继续运用党的系统这一组织资源，强调加强农村基层党组织的作用外，还及时做出了政社分开、建立乡政府的决定。中共中央于 1983 年 10 月 12 日下发了《关于实

① 邓小平：《改革的步子要加快》，《邓小平文选》第 3 卷，人民出版社 1993 年版，第 242 页。

② 中共中央文献研究室：《三中全会以来重要文献选编》（下册），人民出版社 1982 年版，第 1061 页。

行政社分开建立乡政府的通知》（即35号文件），着重阐述了实行政社分开、建立乡政府的必要性、目的和内容。文件虽然提到在乡即原来的公社以下建立村民委员会，并肯定村民委员会是基层群众性自治组织，但没有加以具体规定。乡以下基层治理仍然是有待解决的问题，而解决这一问题的办法则来自实践。

正如家庭承包责任制最初起始于农民的自发创造一样，农民还在经济体制改革中创造出村民自治这一农村基层治理形式。80年代初，随着家庭承包责任制的兴起和人民公社体制的废除，当一些地方的基层组织体系处于基本瘫痪状态时，农民创造了自己管理自己的组织形式——村民委员会。村民委员会最初出现于广西壮族自治区的宜山、罗城一带（名称不统一，有的称“村管会”，有的称“议事会”或“治安领导小组”）。村委会这一新的基层组织形式出现以后，立即得到正在考虑如何解决随着经济体制改革而建立新的基层组织体系问题的中央决策层的重视。在中央的重视和支持下，不少地方在进行政社分开、建立乡政府的试点过程中，开展了在乡以下建立村民委员会的试点。尽管当时村民自治的意识尚不明晰，但是，村民委员会的出现无疑为村民自治提供了组织准备和依托。

如果说经济体制改革为村民自治创造了必要的经济条件，那么，国家民主化进程则直接推动了村民自治的兴起。

中国的国家民主化进程与经济体制改革是同步的，从某种意义上来说，正是国家的民主化为经济体制改革打开了大门。中共十一届三中全会是中国改革开放的起始标志。邓小平在该会的主题报告《解放思想，实事求是，团结一致向前看》中强调，民主是解放思想的重要条件。“当前这个时期，特别需要强调民主。因为在过去一个相当长的时间内，民主集中制没有真正实行，离开民主讲集中，民主太少。”[①]“要切实保障工人农民个人的民主权利，包括民主选举、

① 邓小平：《解放思想，实事求是，团结一致向前看》，《邓小平文选》第2卷，人民出版社1994年版，第144页。

民主管理和民主监督。……必须使民主制度化、法律化，使这种制度和法律不因领导人的改变而改变，不因领导人的看法和注意力的改变而改变。”[①]1981 年，中共十一届六中全会通过的《关于建国以来党的若干历史问题的决议》认为，权力过分集中是导致社会主义出现严重失误和挫折的重要原因之一，提出“逐步建设高度民主的社会主义政治制度，是社会主义革命的根本任务之一”[②]。为此要加强人民代表大会制度建设，在基层政权和基层社会生活中逐步实现人民的直接民主，特别是要着重努力发展各城乡企业中劳动群众对于企业、事业的民主管理。1982 年 9 月召开的中共十二大进一步指出，社会主义民主要扩展到政治生活、经济生活、文化生活和社会生活的各个方面，发展各个企业、事业单位的民主管理，发展基层社会生活的群众自治。

根据以上政治主张，1982 年 12 月通过的宪法充分肯定了加强民主的原则精神，规定“人民依照法律规定，通过各种途径和形式，管理国家事务，管理经济和文化事务，管理社会事务”。为适应经济体制改革要求和落实基层直接民主原则，《宪法》第 111 条还规定：“城市和农村按居民居住地区设立的居民委员会或者村民委员会是基层群众性自治组织。居民委员会、村民委员会的主任、副主任和委员由居民选举。居民委员会、村民委员会同基层政权的相互关系由法律规定。”同时还对居委会、村委会的下设机构及主要职能做了规定。

1982 年的宪法对村民自治的兴起有重要意义。首先，它以国家根本大法的形式肯定了村民委员会的法律地位，使农村改革中出现的村委会这一新的组织形式得到了国家法律的认可。这表明村委会这一新的组织形式将取代人民公社时期的基层组织。其次，它确认了村民委员会属于基层群众性自治组织的性质，并规定了村委会的

① 邓小平:《解放思想，实事求是，团结一致向前看》,《邓小平文选》第 2 卷，人民出版社 1994 年版，第 146 页。

② 中共中央文献研究室:《三中全会以来重要文献选编》(下册)，人民出版社 1982 年版，第 819 页。

基本职能是办理本地的公共事务和公益事业、调解民间纠纷、协助维护社会治安，并且向人民政府反映群众的意见、要求和建议。这表明村委会与人民公社时期的政社合一、主要管理生产的基层组织形式有着明显的不同。再次，宪法对村委会的有关规定还表明了村委会不再是政权组织的下属机构，而具有相对的独立性。这明显不同于“三级所有，队为基础”的人民公社体制。当然，为条件所限，1982 年的宪法尚没有明确提出“村民自治”的原则，有关村委会的规定是在关于地方各级人民代表大会和地方人民政府这一节中做出的，并且比照的是城市居民委员会的有关内容。同时，对村委会与基层政权的关系也未加具体说明。但是，1982 年的宪法对于村民自治的兴起无疑具有决定性的意义，它表明国家制度正在对农村的治理体系做出新安排。

随着农村改革和国家民主化的发展，村民自治的原则、组织形式及相应的法律制度安排日益明确。

1986 年 9 月，中共中央和国务院发出了《关于加强农村基层政权建设工作的通知》。《通知》充分肯定政社分开、建立乡政府是我国农村继普遍推行家庭承包责任制以后，又一项具有深远意义的改革。《通知》在强调进一步加强农村基层政权的同时，对如何搞好村（居）民委员会建设给予了高度重视。因为政社分开、建立乡政府只是解决了乡镇一级基层政权的设置问题，如果乡以下的村组织建设不搞好，农村一定程度的无序和混乱状态仍然难以改变。为此，《通知》对搞好村（居）民委员会建设做了较为详细的规定，强调要进一步发挥群众自治组织的自我教育、自我管理、自我服务的作用，同时责成国家民政部门负责村委会建设的日常工作。《通知》表明，在基本完成政社分开和建立乡政府工作后，国家开始将注意力投向乡以下的村级组织和体制，由此加速推动了村民自治的兴起。

而最终以国家法律形式确立村民自治的原则，并对相应的组织形式明确做出具体规定的是 1987 年 11 月六届全国人大常委会第二十三次会议通过的《中华人民共和国村民委员会组织法（试行）》。

该法产生的宏观背景一方面是农村经济体制改革取得了突出成就，家庭承包责任制作为党的农村基本政策已确立，与家庭承包责任制相适应，需要建立新的基层组织形式；另一方面，国家政治体制改革和民主政治建设进程加快，目标更具体。1987 年 10 月召开的中共十三大，在确立建设高度的社会主义民主是社会主义现代化建设的重要目标之一的同时，指出现阶段民主政治建设，必须着眼于实效，着眼于调动基层和群众的积极性。为此，“要充分发挥群众团体和基层群众性自治组织的作用，逐步做到群众的事情由群众自己依法去办”。[①] 大力发展基层直接民主并使基层民主生活制度化，便是其具体步骤之一。在以上宏观背景下，《中华人民共和国村民委员会组织法（试行）》（以下简称《村组法》）对村民自治和村委会组织做了具体、明确的规定。该法第 1 条开宗明义规定，制定该法的目的是“为了保障农村村民实行自治，由村民群众依法办理群众自己的事情，促进农村基层社会主义民主和农村社会主义物质文明、精神文明建设的发展”。并进一步明确了村委会的自治性质和职能，对村委会的产生方式、主要任务、组织形式、活动原则、下设机构等做出了明确、具体的规定。特别是在第 3 条明确了乡政府与村委会的关系是指导与协助而不是领导与被领导的关系。这一规定至关重要，它关系到村民自治原则的确立。所以说，《村组法》的颁布是中国农村村民自治兴起的明确的标志。

随着《村组法》的贯彻实施，中国农村的村民自治得以在全国广泛推行，进入制度化运作阶段。

通过对村民自治兴起过程的考察，可以得出以下结论性意见：

第一，中国农村村民自治是中国经济体制改革和国家民主化进程的必然结果。它适应了家庭承包责任制要求从政治社会方面保证农民生产经营主体地位的需要。群众自治性的村委会组织有利于保

---

① 参见中共中央文献研究室《十三大以来重要文献选编》（上册），人民出版社 1991 年版，第 39 页。

证农民利益不被随意侵害，而关系到群众利益的公共事务和公益事业也有组织和人员来管理。农民通过村民自治参与农村基层事务的管理，体现着基层直接民主原则，是国家民主化进程在农村的具体表现，有利于调动农民的积极性和推进社会主义民主政治建设。

第二，中国农村村民自治制度的确立，不仅是民主政治建设在农村的一大进步，而且标志着农村治理模式的创造性转换。政社合一的人民公社体制废除后，国家的基层政权在农村定位于乡（镇），在乡以下则实行村民自治，由群众自己处理关系到群众利益的基层社会事务，由此形成“乡政村治”格局。①

第三，“乡政村治”治理模式的核心是在坚持国家统一领导的同时，重视农民群众的参与，体现了国家与社会的分权原则。作为农村经济体制改革成果的家庭承包责任制的实质，是将由国家公职人员掌握的生产经营权下放给农民，使农民有经济自主权；作为农村政治体制改革成果之一的村民自治的实质，是将由国家包揽的农村基层公共事务的部分管理权下放给农民，使农民有政治自主权。这就是邓小平所说的“把权力下放给基层和人民，在农村就是下放给农民，这就是最大的民主”②。村民自治的实行标志着国家对农村的治理由直接管理转向间接管理，由主要依靠国家集中统一管理转向国家集中统一管理与群众自我管理的结合。这种结合反映了中国政治发展的趋向。

第四，中国农村村民自治是在经济体制改革中兴起的。国家当时面临的紧迫形势是如何迅速填补传统的、政社合一的人民公社体制废除后出现的某种公共权力和基层组织的“真空”，以及如何迅速解决基层社会运行的“失范”问题，因此首先考虑的是建立村民委员会组织，并制定出《村组法》，而不是首先确立村民自治原则，并

---

① 较早提出“乡政村治”并论述较多的是张厚安等人。参见张厚安《中国农村基层政权》，四川人民出版社 1992 年版。

② 邓小平：《一切从社会主义初级阶段的实际出发》，《邓小平文选》第 3 卷，人民出版社 1993 年版，第 252 页。

根据这一原则制定相应的组织法。村民自治原则是随着村委会组织的建立才在法律条文中明确的。这是由中国村民自治兴起的历史背景所决定的，同时也深刻地反映出中国改革和民主化进程的有组织、有领导、有秩序、有步骤进行的特点，表明中国的民主和村民自治进程都具有突出的中国特色。这是认识和研究中国农村村民自治必须高度重视和注意的问题。

二、示范与创新：村民自治的制度化运作

以 1987 年公布的《村组法》为标志，中国农村村民自治进入制度化运作时期。而在初始阶段，村民自治的制度化运作又表现出示范与创新的特点。这一特点是国家对村民自治的审慎推进和农民在实践中不断完善村民自治双重作用的反映。

由于国家的高度重视，《村组法》颁布后得以在全国范围内广泛实施。《村组法》1987 年 11 月通过，1988 年 6 月 1 日起试行。为了贯彻《村组法》，国家民政部于 1988 年 2 月 26 日发出《关于贯彻执行〈中华人民共和国村民委员会组织法（试行）〉的通知》。《通知》对怎样深入学习和宣传《村组法》，搞好贯彻实施《村组法》试点，加强村委会建设和对村委会工作的指导等问题做出了具体的部署和安排。与此同时，省级人大还制定和颁布了实施《村组法》的具体办法。《村组法》随之得到广泛贯彻实施。1988 年，全国建立起 882 564 个村民委员会。

随着《村组法》的贯彻实施，村民自治开始制度化运作，村民自治原则得以具体体现。在《村组法》颁布前，虽然不少地方已建立起村民委员会组织，村委会组织的性质也已明确，但由于缺乏具体的法律程序支撑，许多地方只是将原来的生产大队改名为村民委员会，原来的生产小队改名为村民小组，村民委员会的产生、组织和运作与传统的组织体系并无明显区别。《村组法》颁布后，不仅村委会组织的群众自治性质更为明确，而且对如何落实和体现民主自

治原则做出了具体规定。如在《村组法》颁布前，许多地方的村委会干部并不是经过村民民主选举产生的，即使是民主选举，在一些地方也只是流于形式。有无民主选举这一形式和程序，反映了《村组法》颁布前后村委会的差别。所以，只是在《村组法》颁布和试行后，村民自治才进入制度化运作时期。

《村组法》的贯彻实施显然受到了广大农民群众的欢迎。因为随着经济体制改革和民主化、现代化的推进，农民参与基层公共事务的积极性提高。农村改革后，以家庭为生产经营单位，农民的个人利益得到充分肯定，为维护和实现个人利益，农民要求更多地参与公共事务管理。农民从经济改革初期主要关心通过家庭承包责任制满足其利益要求，发展到通过村民自治进一步维护和实现其利益要求。但是，《村组法》颁布前，国家只对村民自治做了原则性规定，而没有相应的法律制度体系支撑，农民群众在行使参与公共事务管理的民主权利时缺乏足够的法律制度保障。《村组法》颁布后，村民自治权有了法律制度保障，农民的民主权利不再只是依靠少数领导人的个人品质和作风，而主要依靠制度加以具体落实。农民群众的积极态度显然是《村组法》得以迅速贯彻实施的另一重要原因。

但是，《村组法》颁布后，村民自治的发展并不平衡。首先，各地具体贯彻落实《村组法》的进程不一致。自 1988 年至 1995 年，全国先后有 24 个省、市、自治区制定了实施《村组法》的办法，另有 6 个省、市、自治区没有制定。在已制定实施办法的 24 个省、市、自治区中，具体制定时间也不同。其中，福建、浙江 2 省为 1988 年；甘肃、贵州、湖北、湖南 4 省为 1989 年；河北、黑龙江、辽宁、青海、陕西 5 省为 1990 年；山西、四川、吉林、天津、新疆 5 省、市、区为 1991 年；河南、宁夏、山东、安徽、内蒙古 5 省、区为 1992 年；西藏 1 区为 1993 年；江苏、江西 2 省为 1994 年。其次，一些地方不仅没有严格贯彻落实《村组法》的民主自治原则，反而强化了对农村基层的行政管理。如在最早兴起村民自治的广西，不仅未能及时制定实施《村组法》的办法，而且在撤区并乡的过程中，设立了村公所这一介于乡和村委会之间的乡政府派出机构，村委会则设在原生产小队，其自治功能的发挥受到很大限制。再次，许多地方即使制定了实施《村组法》的办法，村民自治的发展也不平衡。相当一部分的村并没有严格按照《村组法》的要求运作，村民自治仍然停留在制度条文层面。

村民自治发展进程的不平衡，除了中国地域辽阔、各地情况千差万别的客观原因外，还与人们对村民自治的认识不一致相关。

在拥有数亿农民的农村，实行村民自治，无疑是一场历史性变革，同时也是一项巨大的社会实验工程。因此，自村民自治原则确立后，人们对其看法就有所不同，甚至大相径庭。许多人对在经济文化尚较落后的农村发展民主、推行村民自治持怀疑态度，特别是担心实行村民自治会造成农村的失控。对村民自治认识不一致的情况集中反映在《村组法》的制定和通过的过程中。《村组法》早在1984年上半年便着手起草，1987年1月，六届全国人大常委会第十九次会议将讨论由民政部起草、国务院审议并上报全国人大的《中华人民共和国村民委员会组织条例（草案）》提案列为会议议程之一。多数委员认为这一条例基本可行，但少数委员认为条例草案尚需进一步修改，会议因此建议再做研究、修改，提请下次常委会审议。1987年3月，全国人大常委会第二十次会议对经过修改后的草案再加审议，仍然存在不同意见。为慎重起见，委员长会议临时动议将草案的讨论列入六届全国人大五次会议的议程。在1987年3月召开的六届全国人大五次会议上，该草案的讨论引起了激烈的争论，争论的焦点是村委会的性质、任务及其与乡政府的关系。经过激烈的争论，会议才在原则上通过关于村委会组织法的决议，并授权全国人大常委会进一步调查研究，审议修改，然后颁布试行。

1987年10月召开的中共十三大，确立了建设高度的社会主义民主政治的目标，并要求积极推进基层民主。在这一宏观背景下，1987年11月22日召开的六届全国人大常委会第二十三次会议，再次审议经过修改的《村组法》草案。彭真委员长在会议上发表了重要讲话，再三强调了村民自治对于推进基层民主政治建设的重要意义。他指出："十亿人民如何行使民主权利，当家做主？一个方面是通过各级人大来行使国家权力，另一个方面是在基层实行群众自治，群众自己的事情由群众自己依法去办，这是国家政治体制的一项重大改革。"[①]"没有群众自治，没有基层直接民主，村民、居民的公共事务和公益事业不由他们直接当家做主办理，我们的社会主义民主就还缺乏一个侧面，还缺乏全面的巩固的群众基础。至于说到群众的议政能力，这也要通过实践来锻炼、提高嘛。"[②]经过审议，会议正式通过了《中华人民共和国村民委员会组织法（试行）》。

《村组法》从起草到正式通过用了4年多时间，经过了全国人大1次全体会议，3次常委会会议。彭真委员长发表过多次讲话，推动该法的通过。这在中华人民共和国的立法史上是少有的，特别是《村组法》还被严格界定在"试行"范围。这反映了国家领导层对于在中国农村实行村民自治，推进基层直接民主的态度十分审慎，力图将民主化进程纳入有领导、有秩序的规范之下。这是因为在中国没有民主经验，缺乏民主习惯，只能一步步探索，且民主化进程不能逾越社会经济文化条件和国家主要任务所涵盖的范围。彭真委员长在推动通过《村组法》的讲话中明确表达了这一思想。他指出："办好村民委员会，实行村民自治，是一项长期的、艰巨的工作，不要把它看得那么容易，绝不是作一个决定，国家发一个号令，就能短期都搞好的。""它的建立、健全需要长期、细致、艰苦的工作，决不能追求形式、走过场。"[③]

国家对村民自治所持的审慎态度，除了对《村组法》加以试行的界定外，主要表现为通过示范的方式，积极稳妥地推进村民自治。

---

① 《法制日报》，1987年11月23日，第1版。

② 彭真：《通过群众自治实行基层直接民主》，《彭真文选》，人民出版社1991年版，第608页。

③ 同上，第610页。

试点和示范是党和国家面对新问题，探索新途径的一个基本方法。村民自治涉及亿万农民的利益和对农村的治理。通过村民自治示范，积累和总结经验，再加以广泛推行，无疑有利于村民自治的健康发展。

将村民自治示范作为全面推行村民自治的起点，还与农村发展的实际情况和国家的宏观背景相关。20 世纪 80 年代后期，由于多种原因，国家出现了一些不稳定因素，其中之一就是片面追求超越现阶段允许范围的民主形式。政治的不稳定直接影响改革开放和现代化建设的顺利进行。邓小平在 1989 年初多次强调："中国的问题，压倒一切的是需要稳定。"并尖锐指出："中国正处在特别需要集中注意力发展经济的进程中。如果追求形式上的民主，结果是既实现不了民主，经济也得不到发展，只会出现国家混乱、人心涣散的局面。……我们是要发展社会主义民主，但匆匆忙忙地搞不行。"[①]与此同时，经济体制改革后出现的农村部分基层组织瘫痪、半瘫痪状态并没有得到根本改变。据 80 年代末期有关权威部门调查，全国有 50%—55% 的村处于中间状态，15%—20% 的村处于落后状态，其原因主要是缺乏强有力的基层组织。[②]农村社会治安恶化、干群关系紧张等问题日益突出。而农村的改革和发展迫切需要国家加强对农民的引导和组织。

在这种背景下，人们认识到推进村民自治，不能单纯追求形式和进度，而应扎扎实实地工作，要加强引导和领导，有计划、有步骤、有秩序地进行，其方法就是开展村民自治示范活动。1990 年 9 月，国家民政部发出《关于在全国农村开展村民自治示范活动的通知》。《通知》指出，为进一步加强对《村组法》实施工作的指导，

---

① 邓小平:《压倒一切的是稳定》,《邓小平文选》第 3 卷，人民出版社 1993 年版，第 284—285 页。

② 参见宋平《努力增强以党支部为核心的村级组织的凝聚力和战斗力》，引自中共中央组织部组织局等《加强以党支部为核心的村级组织配套建设》，改革出版社 1990 年版，第 3 页。

有组织、有计划、有步骤地在农村逐步实行村民自治，决定在全国农村开展村民自治示范活动。同年 12 月，中共中央在批转《全国村级组织建设工作座谈会纪要》的 19 号文件中，强调要加强以村党支部为核心的村级组织配套建设，突出村党支部的核心作用。《通知》在提出认真实施《村组法》、加强基层民主政治建设的同时，强调"每个县都要选择几个或十几个村，开展村民自治示范活动，摸索经验，树立典型"。村民自治由此表现出由点到面、由示范到全面推行的特点。因此，审慎地推进村民自治，并不是否定村民自治，而是要使村民自治搞得更好、更扎实、更稳妥。国家对推进村民自治所持的这种审慎态度能够使政治民主与政治稳定之间达到一定程度的平衡，为村民自治的进一步发展提供了必要的宏观环境。特别是村民自治采取示范的方式，有利于积累经验，指导和帮助农民将《村组法》的条文贯彻到实际生活中，并在实践中将《村组法》的原则规定具体化，从而丰富和完善有关制度，使村民自治得以稳步发展。

村民自治进入制度化运作阶段后，由点到面，不断深入发展，其动因除了国家通过示范积极稳妥地推进外，还与农民群众发挥主动创造精神、进行制度化创新密切相关。

村民自治作为一种基层民主形式，无疑受到了广大农民群众的欢迎。但是，要将村民自治由法律条文转化为人们的实际行为，尚有许多中间环节。首先，实行村民自治是一件前所未有，且关系到亿万农民利益和国家治理农村大局的事情，有关法律制度不可能一开始就尽善尽美，制定法律条文时不可能预见到实施过程中的所有情况。其次，中国农村地域辽阔，各地情况千差万别，有关法律制度条文不可能规定得太具体。因此，要使村民自治的原则精神得到贯彻实施，特别需要村民自治的主体在实践中探索具体的形式和途径。村民自治的制度化运作过程同时也是农民群众积极、主动探索，逐步完善村民自治制度的过程。村民代表会议制度的创立便是典型的例证。

通过广泛参与，加强民主管理，是村民自治的实质性步骤。《村组法》规定了村民通过村民会议的方式参与基层事务管理，行使民主权利。但在实际生活中，很难经常召开由成百上千村民参加的全体村民会议，这势必影响村民在民主管理中的实际作用。为进一步开拓村民参与渠道，一些地方探索出村民代表会议这一制度化参与形式，通过选举产生村民代表，由村民代表组成村民代表会议。村民代表一般具有较高的政治素质和代表性，人数不多，便于定期或不定期召开会议，参与对村级事务的决策、管理和监督。特别是他们平时生活在广大村民中间，能较及时听取和反映村民的意见和要求。尽管《村组法》没有明确提到村民代表会议，但由于它符合农村实际，便于农民参与管理，因此受到群众欢迎，并得到政府的积极支持。1988 年，河北省正定县南楼村率先创立村民代表会议，随后在全县推广。山东省招远市、山西省临汾市、四川省彭山县也先后建立了村民代表会议制度。[①]1990 年 9 月，国家民政部正式肯定了全国各地创造的村民代表会议，并把建立村民代表会议制度列为村民自治示范活动的核心内容之一，要求在全国农村村民自治示范地区广泛推行。农村干部和群众在贯彻《村组法》的过程中，围绕着民主选举、民主决策、民主管理和民主监督，创造出了一系列行之有效的具体形式和办法，从而大大丰富了村民自治的内容，促进了村民自治制度的具体化，推动了村民自治的不断深入发展。

通过对村民自治进入制度化运作阶段的分析，可以得出以下结论：

第一，《村组法》的颁布和实施，是中国农村村民自治由兴起走向制度化运作的标志，是基层民主制度化、法律化的具体体现。至此，村民自治已形成不可逆转并不以个人意志为转移的趋势，走向制度化进程。

第二，中国农村村民自治的发展尚处于初始阶段，处于探索具

① 参见中国基层政权建设研究会《中国农村村民代表会议制度》，中国社会出版社 1995 年版，前言。

体形式、途径和步骤的时期。其标志是作为支撑村民自治的主要的国家法律——《村组法》尚限于试行范围，村民自治的实际运作主要是通过示范，由点到面逐步展开，运作状况和成效十分不平衡。

第三，尽管初始阶段的村民自治尚不尽如人意，但作为一种前所未有的基层民主形式，它已跨出历史性的第一步，并正在不断深入发展、丰富完善，显示出特有的魅力和实际成效。

第四，村民自治由兴起到制度化运作的发展，是国家审慎推进和农民主动创造，上下结合、共同推进的结果，反映了现阶段中国有领导、有秩序、有步骤，积极稳妥地推进民主进程的特点。同时也表明国家与社会的分权是一个渐进且发展不平衡的长期过程。

第五，如果囿于传统的、习惯于一哄而起的政治运动的思维，村民自治的进程似乎太慢，影响亦不明显，不太为人重视，甚至出现了一些起伏。但如果从民主是一个制度化、法律化的长期过程来看，村民自治进程的“慢”实际上是一种“快”。因为这种“慢”注重制度的完善和实际成效，不追求表面形式，不拘泥于一时看法，不陷于激情冲动，而是注重步骤、节奏、程序和方式，通过不断探索和总结经验，将工作做得扎扎实实，将村民自治一步一步向前推进，使之不可逆转，不因失控和无序而中断。这正是民主化必须在稳定的政治、社会环境中运作这一规律的具体表现。

三、村民自治的创造性和独特性

尽管村民自治进程尚处于初始阶段，但它已成为中国数亿农民群众的实践活动，成为当代中国政治制度的一个组成部分。

村民自治是中国共产党人在马克思主义指导下，根据中国国情对民主道路和形式的一种探索，是亿万农民群众在中国共产党领导下，对民主形式和途径的主动选择。这种探索和选择，创造性地丰富和发展了马克思主义的社会自治理论。

马克思、恩格斯在谈及通过无产阶级革命打碎旧的国家机器问题时，一方面强调要以无产阶级专政取代资产阶级专政，建立无产阶级的新型国家；另一方面也强调要用无产阶级民主取代资产阶级民主，发展无产阶级的新型民主，以防止社会公仆变成社会主人。发展民主的一个重要方式就是实行自治，通过自治达到社会参与国家和社会制约国家。马克思在总结巴黎公社经验时指出："公社的存在本身自然而然会带来地方自治，但这种地方自治已经不是用来牵制现在已被取代的国家政权的东西了。"[①] 根据马克思主义的观点，作为自己处理自己事务的自治，与来自社会又高于社会的国家治理，是不同的管理或统治方式。自治是社会参与和制约国家的一种形式。在阶级对立的社会，自治与国家政权相对抗，而在无产阶级专政的社会，自治形式会被保留下来，但不再是与国家政权相对抗的东西。列宁对社会主义民主和国家政权形式做出了积极探索。早在十月革命前，列宁就认为，取得胜利后的社会主义必将实现充分的民主，新的国家结构形式将实行民主集中制。但民主集中制不仅不排斥地方自治和具有特殊的经济和生活条件、特殊的民族成分等的区域自治，相反它既要求地方自治，也要求区域自治。十月革命后，列宁又在《苏维埃政权的当前任务》一文的初稿中明确指出："我们主张民主集中制。因此必须弄明白，民主集中制一方面同官僚主义集中制，另一方面同无政府主义有多么大的区别。反对集中制的人常常提出自治和联邦制作为消除集中制的差错的方法。实际上，民主集中制不但丝毫不排斥自治，反而以必须实行自治为前提。"[②]

从以上论述可以看出，马克思、恩格斯和列宁都从国家结构形式和无产阶级民主的角度肯定了自治的地位和意义，强调自治是无产阶级国家统治的重要组成部分，并将人民学会自己管理自己作为国家逐渐消亡的必要条件。当然，马克思、恩格斯和列宁在谈到具

---

① 马克思:《法兰西内战》,《马克思恩格斯选集》第 3 卷，人民出版社 1995 年版，第 58 页。

② 列宁:《苏维埃政权的当前任务》,《列宁全集》第 34 卷，人民出版社 1985 年版，第 139 页。

体的自治形式时，主要是指地方自治，即以地方为自治单位和自治主体，通过地方自治，由社会直接掌握一部分管理社会的权力。

在中国革命和社会主义建设中，中国共产党首先继承了马克思主义的自治思想，提出了民族区域自治的主张和政策。中华人民共和国成立后，国家结构形式实行民主集中制原则基础上的单一制，同时在少数民族居住较集中的地方实行区域自治，设立自治机关，行使自治权。民族区域自治成为中国政治制度的重要组成部分。为了推进社会主义民主政治建设，使广大人民群众有更多参与管理国家和社会的渠道和机会，中国共产党人充分肯定了农民群众创造的村民自治形式，并将其制度化，使之成为党和国家对农村实行有效领导的重要方式。村民自治继承了马克思主义关于自治是社会参与国家、制约国家，发展社会主义民主形式的思想；同时，它以村民作为自治的主体，将村民自治作为基层人民群众直接行使民主权利的形式，又丰富和发展了马克思主义的自治理论。

与国家统治相对应的社会自治有多种多样的形式。中国农村的村民自治作为中国特色社会主义民主政治的一种形式，具有鲜明的独特性。通过对世界近代以来自治形式的分析比较，便可透视出这一点。自治形式主要有以下几种：

一是地方自治。这是实行中央和地方分权的一种国家结构形式。其特点是强调地方与中央政府分权，地方自治机关构成地方政府，行使政权职能，以地方制衡中央，以分权制衡集权。同时，由于地方自治单位的地域较小，人数较少，有利于公民参与，实行直接民主，因此，地方自治成为许多实行议会制国家的重要组成部分。

二是全社会自治。即南斯拉夫实行的自治制度。它经历了工人自治、社会自治和联合劳动制三个阶段。其主要特点是根据自治原则，把所有社会成员和集体组织起来，形成一个广泛联系的、完整的自治体系。全国所有政权组织、经济实体、社会组织和团体都成为自治单位。这种自治制度强调人民群众的直接民主，但没有将自治与国家权威区别开来，使自治的范围无限扩大，甚至连本身具有强制性的政权组织也自治化，国家的集中统一领导的权威被削弱，带有超越现实的乌托邦倾向。这也是铁托去世后南斯拉夫社会主义联邦共和国迅即解体的原因之一。随着南斯拉夫的解体，全社会自治制度亦不复存在。

三是民族区域自治。中国在少数民族居住较集中的区域就实行这种制度。其主要特点是，自治的单位是少数民族居住较集中的区域，在这些区域组成民族自治机关。民族自治机关作为地方国家政权机关，既具有政权职能，又有自治性质。因此，民族区域自治既体现了国家集中统一领导原则，又能根据本地的实际自主决定当地的事务，是民主集中制的重要补充。

与以上三种自治形式不同，中国农村村民自治属于基层社会生活的人民群众自治，是一种具有中国特色的基层直接民主制度。其突出特点是：(1)自治的主体是农村人民群众，而不是地方。不可将村民自治与带有地方自治性的"村自治"相提并论。(2)自治的决策内容是村民根据国家法律自主管理的本村事务，其范围是与自治单位人民群众利益直接相关的村务，而不包括政务，即国家的政令法规和政策。这与地方自治和全社会自治的范围有很大区别。(3)自治组织本身不是政权机关，不向国家承担财务责任，只行使单一的自治职能。自治组织根据有关法律行使自治权，办理公共事务，主要手段是非强制性的。作为政权机关的地方自治组织，拥有国家政权，一般都具有强制性的管理手段。(4)群众自治组织的领导人不属于国家公职人员，而是从自治体成员中直接选举产生，且不脱离生产劳动，只能根据协商享受一定经济补贴。

通过以上比较分析，可见中国农村村民自治的本质是人民群众自治。这一形式有利于人民群众直接参与基层社会事务管理。它所体现的分权原则，不是中央和地方的分权，而是国家和社会的分权，即将国家过分集中的权力下放给人民群众。与南斯拉夫的全社会自治比较，村民自治的目的虽然也主要是促进直接民主，但这种直接民主不但不排斥和否定国家集中统一领导，而且以国家集中统一领导为条件。具体表现为村级自治组织要接受乡政府的指导；在村级组织中，以中国共产党的基层组织为领导核心。这样既可以充分发扬民主，又不排斥和否定国家的集中统一领导。因此，中国农村的村民自治制度与国家的民主集中制原则是一致的。至于如何使自治和集中统一领导实现有机的整合与协调，则是实践中需要加以解决的操作性问题。

村民自治作为基层直接民主形式，是中国农村治理的一种方式。这种方式与外国农村基层治理方式相比，也有明显的独特性。

在当今世界，除少数几个国家外，大多数国家都设置了相应的农村基层政府及基层自治单位。[①] 相对外国农村的基层自治而言，中国农村的村民自治有以下两个突出特点：

第一，以生产资料集体所有制为经济社会背景，自治组织的个体成员与组织集体联系紧密。

世界上大多数国家，农村的生产资料所有制以个人占有为基础，基层自治组织以个体为本位。农村基层自治组织所要处理的公共事务相对较少，自治组织成员之间的联系相对较松散，并建立在完全自愿的基础上。如日本农村的町村范围内存在“集落”“自治会”“町内会”等多种形式的居民自治组织。其主要任务是促进睦邻友好、防火防盗、美化环境、保障交通安全、分发报刊、举办文体及募捐活动、负责与市町村的联系、反映居民的意见和请求并传达町村的有关政务等。自治组织的独立性强。农村居民可以不同方式加入不同自治组织，也可不加入。如三鹰市有 40% 的居民没有加入自治组织。

而在中国，农村的生产资料为集体所有，农民个体与集体联系紧密。基层自治组织所要处理的公共事务除了一般社会事务外，还有集体经济事务以及要协助政府办理政务。根据《村组法》规定，村民委员会一般设在村民生活联系紧密的自然村，但是由于经历

---

① 参见项继权《外国农村基层组织》，华中师范大学出版社 1995 年版。

过20多年的人民公社体制，实行集体财产“三级所有”，人们习惯将原生产大队作为基层单位。因此，在全国大多数地方，是以生产大队为基础建立村委会，以生产小队为基础建立村民小组的。村委会的设立显然受集体财产的承继和统一的集体组织管理的影响。因此，《村组法》最初给村委会规定的任务达10项之多。审议该草案时，有人提出，村委会的任务太多，难以承受，与其群众性自治组织的性质不符。后来通过的《村组法》将村委会的任务适当减少，保留下来的任务主要是办理本村的公共事务和公益事业，调解民间纠纷，协助维护社会治安，向人民政府反映村民的意见、要求和提出建议。但中国农村的公共事务内容相当丰富，所谓“从出生（计划生育）到坟墓（殡葬改革）”，“从生产（发展经济）到生活（家庭纠纷、村户卫生等）”，都属于公共事务范围。作为自治组织的村委会还必须处理诸如管理村民集体所有的土地和其他财产，发包土地，兴建和管理集体经济组织和公共设施等经济事务，并且要协助政府办理诸如传达、贯彻国家政策、法令，落实政府计划和农民上缴税款等诸多政务问题。因此，村民自治组织兼具一定经济和行政功能。在这种情况下，农村的村级范围只有也只能有一个群众性自治组织体系，如果有多个自治组织体系存在，就难以统一履行经济和行政职能。道理很简单，土地的承包者可以是多个人，而发包者只能是一个；政务的承受者可以是每个村民，负责传达和贯彻落实的政务者不可能太多。所以，中国农村村级范围只有一个村民自治组织体系，村民与这一组织体系的联系亦特别紧密，农村居民几乎无可选择地自然成为自治组织的一个成员。这是中国农村村民自治组织特殊的经济社会背景。在这一背景下，村民自治组织面对的事务之多，作为自治主体的村民与作为自治组织的集体之间联系之紧密，都是世界上少有的。这一方面意味着中国农村村民自治的必然性，因为只有农民广泛参与才能共同处理好众多的公共事务；另一方面也意味着中国农村村民自治的艰巨性和复杂性，要使每个村民都能根据法律自主处理好众多的事务，毕竟要经历一个长期的过程。这也正是中国共产党在推进村民自治的进程中十分审慎的重要原因所在。

第二，以中国共产党领导和民主集中制原则为政治社会背景，在坚持集中统一领导的基础上发展直接民主，实行人民群众自治。

世界上大多数国家的农村基层自治是与地方自治制度紧密联系的，体现着中央和地方分权原则，是一种以地方为单位的自治。因此，在农村基层自治单位内，既有专门的行政组织，也有群众自治组织。印度是除中国之外农村人口最多的国家。在印度，农村实行潘彻亚特制（PRIS），分别设村、区、县等级潘彻亚特。村庄潘彻亚特是农村最低一级地方政府，实际相当于中国的乡镇政府。所不同的是村潘彻亚特主席由村民直接选举产生。因此，印度的村庄潘彻亚特既是基层自治组织单位，又是基层政府组织。[①]

中国国家结构形式实行民主集中制原则。村民自治只是农民群众参与基层社会事务管理的民主形式，体现着国家与社会的分权原则。村民委员会是群众性自治组织而不是基层政府组织，主要行使自治功能。村民在通过村民自治组织行使民主权利时必须以接受共产党和政府的领导、指导为条件。因此，在中国农村的村庄，除了存在村民自治组织外，还设立有中国共产党的基层组织，即村党支部，村党支部是村级组织的领导核心。而党支部成员只能由党的组织系统决定，而非由村民选举。

不少国内外人士，乃至著名学者对中国农村既实行村民自治，又强调村级组织中党支部的核心作用不甚理解，认为这种情况没有充分体现民主和自治原则。[②] 这恰恰是因为对中国农村村民自治的性质和特点缺乏深入的理解。中国农村的村民自治是人民群众自治性质的村民自治，村委会只是村民行使民主权利的一种组织形式。而

---

① 参见［孟加拉］凯末尔·斯迪克《南亚地方政府比较研究》，中国社会出版社1994年版，第49页。

② 在1995年7月由国家民政部主持召开的一次有关村民自治的国际学术研讨会上，美国著名政治学者麦克法考尔（R. MacFarquhar）等对在实行村民自治条件下村级组织中以党支部为核心不甚理解，笔者曾加以解释。

村民在行使民主权利、自己管理自己的事情的过程中，需要作为先进组织的党支部的领导、组织和支持。因此，在农村村级组织中存在党支部并以党支部为核心不仅可以，而且必要。

如果单从形式上看，村民在村内除了通过村委会行使民主权利外，还要接受党支部的领导，似乎不甚民主。但是，民主不仅仅要看形式，更应该注重内容。在印度，虽然村潘彻亚特主席由村民直接选举，各个政党组织可以通过选举执掌村政府的权力，但是由于生产资料私有制和传统的种姓等级制，农民虽然在形式上享有参与选举的民主权利，而实际上决定村庄事务并执掌村庄权力的大多是少数上层人士，一般村民难以实际行使管理村内事务的权力。印度社会科学研究所所长马修博士曾直言不讳地揭示了这一点。

在中国，由于实行生产资料集体所有制，村民享有平等的民主权利，可以通过村委会组织直接参与村务管理，村民的民主权利有坚实的经济支撑和制度保障。至于在村级组织中以党支部为核心，不仅不影响，而且有利于村民行使民主权利。根据马克思主义民主自治理论，自治从来都是相对的，任何形式的自治，都离不开一定的社会制度和政治条件。正如恩格斯所说："权威与自治是相对的东西，它们的应用范围是随着社会发展阶段的不同而改变的。"① 在现阶段的中国，村民自治起步不久，特别需要中国共产党这一强大政治组织力量的引导和推进，以将村民自治由自发状态导入制度化轨道。首先，中国共产党的宗旨是全心全意为人民服务，支持人民群众当家做主是其性质决定的。其次，民主化是一个制度化的渐进过程。通过以民主集中制为原则的共产党的领导，有利于在政治民主和政治稳定间达到平衡，为村民自治提供必要的政治社会条件。再次，中国共产党由人民群众中的优秀分子所组成。通过中国共产党的领导，可以引导、指导农民正确行使民主权利，保证村民自治的健康

---

① 恩格斯：《论权威》，《马克思恩格斯选集》第3卷，人民出版社1995年版，第226页。

发展。特别是在发展中国家，离开了先进政党的引导和组织，农村的落后力量不但得不到抑制，而且会继续支配农村社会，民主化进程将更为艰难。这正是许多发展中国家的农村虽然存在形式上的民主，但农村基层实际权力仍然为传统宗族、宗教甚至部落力量所把持的重要原因。中国封建专制社会的历史格外长，传统影响根深蒂固，农村公民文化素质较低。离开了中国共产党的领导，民主化和村民自治进程必然步履艰难。

当然，在中国共产党领导和民主集中制的政治社会背景下实行村民自治，毕竟是一种十分独特的自治形式。这种独特性一方面有利于中国农村的村民自治有领导、有秩序、有步骤地推行；另一方面也不可避免地存在如何处理好村民自治与政府领导、村党支部与村委会、村务与政务之间的复杂关系等一系列新问题。只有正确认识和处理好这些问题，才能使村民自治顺利发展。

此外，即使在中国，农村的村民自治与城市的居民自治也有不同之处。根据国家法律，城市的居民委员会和农村的村民委员会都属于群众性自治组织，但在现阶段的城市，各个企、事业单位是社会的基本组织，经济、政治和社会事务大多通过单位处理。大多数居民属于单位的一分子，与地域性的居民组织联系甚少。居民一般通过单位而不是居民委员会实现其利益要求，因此，城市居民委员会对许多居民的意义不大，其功能难以发挥，居民自治的成效尚不显著。而在农村，村民以家庭为生产经营单位，公共事务主要由村民自治组织处理。村委会的功能多，作用明显。这正是基层民主和自治在经济文化落后的农村比在经济文化发达的城市更有成效的奥秘所在。它是中国经济体制改革在农村先行一步的反映，同时也进一步展示出中国农村村民自治的特点。

总之，中国农村的村民自治具有鲜明的特点。充分认识和把握其特点，是分析和研究村民自治的制度体系和运作过程的基本前提。

第二章

村民自治的制度体系：框架与本体

民主只有制度化、法律化，才能持久且不可逆转。作为基层民主形式的村民自治是在国家法律制度体系安排下运作的，其实际运作状况与制度体系密切相关。从某种意义上说，制度状况反映了村民自治的实际运作进程。由于中国地方大，村民自治的操作性强，因此，村民自治的立法或建制呈三级层面架构，普遍原则的统一性与具体规范的多样性融为一体，初步形成了一个比较完整的制度框架，引导和规范着村民自治的运作。

一、三级层面的立法或建制架构

村民自治是根据国家法律制度安排的农村基层民主形式。为了有领导、有秩序、有步骤地推进民主，也为了使长期缺乏民主习惯的亿万农民在实践中学习民主、运用民主。国家十分重视村民自治的立法或建制，力图通过形成一套比较完整的制度体系引导和规范村民自治的运作。经过十多年的努力，村民自治的立法或建制卓有成效，一个比较完整的制度体系已见雏形。

中国地方大，国家管理的层次较多。村民自治作为与人民群众直接联系的基层民主，其立法或建制的主体层次也较多。从国家结构形式和村民自治原则上来划分，可分为三级层面：一是国家层面，即国家权力机构及有关行政机构；二是地方层面，即各级地方权力机构及有关行政机构，包括省、地（市）、县、乡镇四级；三是村级层面，即村民自治组织。村民自治是人民群众自治，自治主体通过建章立制开展自治活动。这些章程、制度，也属于村民自治制度体系的重要组成部分。三个层面的立法或建制各有特点。国家层面的法律制度适用于全国，具有普遍意义和最高权威性：地方层面的法律制度适用于当地，在当地具有普遍意义和权威性。由于国家和地方的立法或建制主体为国家各级权力机构和有关行政机构，所以制定的法律制度具有特殊强制性，体现着命令—服从关系。与国家和地方层面不同，村级层面的制度只适用于本村，由本村村民共同制定，对本村村民有普遍的约束力，但不具有国家法律和行政命令那样的特殊强制性，主要体现的是相互约定—共同遵守的关系。此外，国家和地方层面的立法或建制主体又分为两类：一类是国家和地方各级权力机构及常设机关，即各级人大和人大常委会；一类是国家权力机构的执行机关，主要是各级政府的民政部门。由于它们在权力体系中的地位不同而各有分工和侧重。权力机构主要负责制定原则性、稳定性较强的法律、法规，执行机关主要负责制定与有关法律配套的程序性、适用性较强的规定、文件。而在村一级，建章立制的主体是由村民组成的村民自治组织。

在国家、地方和村的三级层面上，以国家权力机构、行政机关和村民自治组织三类主体为基础，形成村民自治的立法或建制架构。在这一架构里，各级层面、各类主体居于不同地位，立法或建制内容的重点和特点有所不同。

（一）国家层面

国家是最高一级亦是最主要的立法或建制主体，所制定的法律、法规文件在全国范围内具有普遍的适用性和约束力。至1995年，国家层面有关村民自治的法律、法规文件主要有：

1. 宪法有关条文

1982年通过的《宪法》第111条规定："城市和农村按居民居住地区设立的居民委员会或者村民委员会是基层群众性自治组织。居民委员会、村民委员会的主任、副主任和委员由居民选举。居民委员会、村民委员会同基层政权的相互关系由法律规定。”“居民委员会、村民委员会设人民调解、治安保卫、公共卫生等委员会，办理本居住地区的公共事务和公益事业，调解民间纠纷，协助维护社会治安，并且向人民政府反映群众的意见、要求和提出建议。”这是作为国家根本大法的宪法对村民自治组织的性质和任务的规定，也是村民自治赖以存在、发展的基本法律依据。

2.《村组法》有关规定

1987 年 11 月，六届全国人大常委会第二十三次会议通过了《村组法》。该法根据《宪法》第 111 条的有关原则精神，对村民委员会的性质、任务、组织方式、活动准则等做出了明确规定。特别是该法第 1 条，明确规定了村民自治的基本原则。因此，尽管该法的主要内容是有关村民委员会组织的规定，但这些规定都体现着村民自治这一最基本的原则精神，从而成为现阶段村民自治制度体系中的基本法律。

3. 国家民政部制定的行政规定和文件

这主要有:《关于贯彻执行〈中华人民共和国村民委员会组织法（试行）〉的通知》（1988 年）、《关于在全国农村开展村民自治示范活动的通知》（1990 年）、《全国农村村民自治示范活动指导纲要（试行）》（1994 年）、《关于进一步加强村民委员会建设工作的通知》（1995 年）等。这些行政规定和文件对如何贯彻和实施《村组法》提出了进一步的具体要求，主要用于指导各地民政机构在贯彻实施《村组法》、推进村民自治中积极履行职责，主动开展工作。民政部的行政规定和文件适用于全国范围，执行者是各地的民政机构，带有工作指导性质。

（二）地方层面

地方层面的立法或建制主体又可分为四个层次。

1. 省（市、自治区）层次

省是地方最高行政建制，拥有地方立法权。从这个意义上说，省制具有分权、自治的特点。同时，中国的省的规模，不论是人口，还是地域，大都相当于一个中等国家。因此，中国的省除了外交、国防等必须由中央政府承担的职能外，实际上分担了中央政府对国家的各种行政管理职能。[①] 省作为地方最高一级立法或建制主体，居于十分重要的地位。《村组法》第 20 条专门规定：“省、自治区、直辖市的人民代表大会常务委员会根据本法和本地区实际情况，规定实施的步骤和办法。”

从 1988 年 6 月《村组法》生效，到 1995 年，先后有 24 个省、市和自治区的人大常委会根据《村组法》规定，制定了《村组法》的实施办法。其名称大多为《××省（自治区、市）实施〈中华人民共和国村民委员会组织法（试行）〉办法》。只有山西省为《山西省村民委员会组织实施办法》，河北省为《河北省村民委员会组织条例》。

与国家制定的《村组法》相比，省级实施《村组法》办法有如下特点：（1）明确具体。省级实施《村组法》办法是对《村组法》原则规定的具体化，便于实际操作。如《村组法》对村委会的任务只做了一段文字的原则性规定，省级实施办法均对其以条文形式加以具体化。省级实施办法关于村委会职责任务的规定，湖南、江苏为 8 项，浙江、河北、陕西、山西、河南为 9 项，福建、甘肃、湖北、黑龙江、青海、四川、吉林、宁夏、山东、内蒙古、安徽、江西为 10 项，新疆为 11 项，贵州和西藏为 12 项，辽宁和天津为 13 项。又如，《村组法》对村民会议的召开，村委会与村民会议的关系只做了一般性规定，而一些省级实施办法则对村民会议的性质、地位给予了明确规定。福建省实施办法第 4 条明确规定：村民自治的主体是村民群众，在遵守宪法、法律和法规的原则下，村民会议具有本村最高决策的权力，其职责有 5 项。此外，还对村民会议的召开时间，对根据需要设立村民代表会议，对村民代表会议与村民会议、村委

① 参见刁田丁《中国地方国家机构概要》，法律出版社 1989 年版，第 89—91 页。

会与村民会议及村民代表会议之间的关系做了明确规定。（2）有所侧重。与《村组法》的原则性规定相比，省级实施办法主要用于实际操作，因此不是对《村组法》的简单照搬和面面俱到的复述。在体现《村组法》一般原则精神的基础上，省级实施办法根据实际情况有所侧重，突出村民自治组织和制度建设。如村民会议、村民代表会议、村委会的地位和职权，村委会成员的选举办法，村民会议和村民代表会议的召开和运作程序等。

为了使《村组法》的有关条文更为明确、具体，充分体现村民自治原则，有的地方还专门制定了相关的法规。如1990年12月26日，福建省七届人大常委会第十九次会议通过的《福建省村民委员会选举办法》；1992年10月27日，江苏省七届人大常委会第三十次会议通过的《江苏省人民代表大会常务委员会关于村民委员会选举工作的若干规定》；1994年11月25日，辽宁省八届人大常委会第十一次会议通过的《村民委员会选举条例》等。这些规定对村委会的选举原则、机构、选民登记、候选人产生、选举程序、罢免、撤换与补选、处罚等做了具体、明确的规定。

在省级立法或建制主体中，省（市、自治区）民政厅（局）扮演了重要角色。省级民政部门既要协助权力机构制定有关法规，又要组织具体实施，还要根据国家民政部门的要求开展工作。在这一过程中，省级民政部门也制定了一些行政性的文件与规定。值得注意的是，1990年后，中央强调村级组织建设和发挥村党支部的作用，一些地方甚至由当地党的组织部门与民政部门联合发布了有关文件。如1995年中共浙江省委组织部、浙江省民政厅联合发布《关于认真做好村级组织换届选举工作的意见》。

2. 地（市）层次

由于中国的省管辖范围大，所辖县较多，为便于管理，省、自治区根据需要设立地区行政公署作为派出机构，督促和检查所属县的工作。地区不设立作为地方国家权力机构的人民代表大会，亦没有立法权。但是，地区管辖若干县（市），要行使部分地方政府职权，因此设立地区行政公署，行署有民政机构。地区负责督导、检查下属地方的村民自治工作，并制定有关文件，如《河北省承德地区村委会建设标准》（1993 年 4 月 3 日）。总的来看，由于地区处于省和县的中间层次，且没有立法权，其立法或建制的主体地位不突出。

随着中国地方建制的变动，省直辖的市日益增多。其建制大体分为三类：一是管辖若干县（市）的市，通常称为地级市；二是重要的省会城市，管辖若干区（县、市）；三是省管市，即不管县的市。其中许多原为县，后改为市并升为省管市。这三类市都属于一级完备的政权实体。由于市在中国地方建制中的地位日益突出，市作为村民自治立法或建制主体的功能作用也日渐明显，特别是在将省级实施《村组法》办法及相关规定加以具体化方面，发挥着较大作用。如河北省 1990 年颁布《河北省村民委员会组织条例》，河北省的承德市则根据《村组法》和省《条例》精神，于 1993 年 12 月 28 日由市九届人大常委会第三次会议通过了《关于在农村推行村民代表会议制度的决定》；河北省民政厅于 1993 年 7 月 2 日公布《河北省村民委员会选举试行办法》，承德市则于 1994 年 2 月公布了《承德市村民委员会换届选举工作实施办法》。

3. 县（市、区）层次

县是直接面对农村、功能最完备的一级地方政权实体，亦是国家体系与社会体系之间的转折点和分界线。[①] 县级国家机关因此成为国家治理农村的基本政权单位，在村民自治的立法或建制主体中居重要地位。据统计，至 1995 年 7 月，全国有近 400 个县（市）国家机关制定了本辖区的有关村民自治的规则。[②]

县级国家机关作为立法或建制主体，有县人大常委会、县政

① 参见刁田丁《中国地方国家机构概要》，法律出版社 1989 年版，第 264 页。

② 参见詹成付《我国农村村委会法律制度建设取得显著成就》，《乡镇论坛》，1995 年第 8 期，第 7 页。

府、县政府和县党委的联合、县民政局和基层政权领导小组等多个主体。县级国家机关立法或建制的主要任务是将国家和上级机关的法律、法规文件进一步具体化，使其操作性、应用性、灵活性更强。如山西省临猗县根据实际需要，于1992年先后制定了《村民委员会选举办法》《村民会议、村民代表会议暂行规定》《村民委员会规章制度》。由于县级立法或建制与实际工作需要联系较紧，所制定的规章、制度，大多带有工作指导性质。

4. 乡镇层次

乡镇是国家的基层行政建制，且处于农村社会之中。乡镇国家机关直接面对农民。从村民自治与国家管理的关系看，乡镇国家机关直接担负着指导和规范村民自治运作的功能，是村民自治的立法或建制主体之一。乡镇国家机关主要是制定一些工作指导和具体明确乡与村关系的规定。如《河北省宽城县龙须门乡政府指导村委会的暂行规定》《河北省宽城县龙须门乡村委会接受乡政府指导的暂行规定》《辽宁省大连市金州区得胜镇村民委员会协助镇政府工作细则》等。由于农村政治体制变动较大，基层政权建设尚处于完善之中，乡镇立法或建制主体以乡政府为主。

在省、地区、县、乡四个层次中，省和县的地位最为重要，其立法或建制状况与村民自治的制度化运作密切相关。

（三）村级层面

村民自治的主体是村民。村民要正常开展村民自治活动，必须根据有关法律、法规文件，结合本村实际情况制定出各种规章、规定和具体制度。简言之，即依法建制，以制治村。因此，村也是村民自治的立法或建制主体之一。但是，作为立法或建制主体，村与国家机关明显不同。首先，村实行人民群众自治，属于社会体系，不具备国家机关的立法地位，主要任务是根据有关法律、法规文件，结合本村实际建章立制。其次，村的建章立制主体是村民组织，没有人民代表大会这一国家权力机构及相应的行政机构。在村的层面，须由村民参与制定章程和制度。即使是村民代表会议和村民委员会制定的适用全村范围的章程和制度，也必须得到全体村民组成的村民会议认可。只有经过全体村民共同制定和认可的章程、制度，才能得到共同遵守。因为村级章程、制度的合法性基础，主要来自村民的共同约定和遵守。再次，村是由若干农户组成的农村基层组织单位，村的章程、制度，不仅体现有关村民自治的法律、法规精神，而且涉及国家其他法律、法规和政令、政策，内容十分丰富。如果说国家的有关法律文件主要是单项性的，那么，村的章程、制度就既有单项性的，也有综合性的。

随着《村组法》的贯彻实施，至 1995 年，全国约有 5 万个村根据依法建制、以制治村的原则，制定出各种规章、规定和制度。[①] 这些规章、规定和制度主要有以下两类形式：

1. 综合性规章

这是指涉及村民自治活动和村务管理的主要内容，结构形式较为完整、规范的规章。这类规章的层次高、综合性强，一般由村民会议或村民代表会议制定或通过，具体分为三种形式：

（1）村民自治章程。它是现阶段农村实行村民自治最规范、最权威的综合性规章，被村民称为本村的“小宪法”。其内容涉及村务各个方面。以山东省章丘市埠西村《村民自治章程》为例。该章程于 1991 年 6 月 7 日由村民会议通过，并于即日起执行。章程共 5 章、17 节、102 条、12 000 字左右，包括总则、村民组织、经济管理、社会秩序、附则五个方面，内容十分丰富。特别是章程的总则对章程制定的目的、制定主体、村民自治的界定、章程的适用范围、章程的具体实施和监督执行给予了具体、明确的规定，规范性强。总则内容如下：

---

① 参见詹成付《我国农村村委会法律制度建设取得显著成就》，《乡镇论坛》，1995 年第 8 期，第 7 页。

第一章 总 则

第一条 为贯彻实施《村民委员会组织法》，加强民主政治建设，保证村民实现自我管理、自我教育、自我服务，调动村民建设社会主义新农村的积极性，促进物质文明和精神文明建设，特制定本章程。

第二条 本章程依据《村民委员会组织法》及其他有关法律、法规，联系本村实际，经全体村民反复讨论修改，民主制定。

第三条 本村实行村民自治，是在党的现行政策和国家法律规定的范围，在党总支的领导下由村民委员会具体组织管理本村政治、经济、文化及其他社会事务。

第四条 本章程是全体村民的行为规范，无论干部、党员、群众，章程面前人人平等，都必须严格遵守。

第五条 本章程由村民委员会具体组织实施，村民会议和村民代表大会监督执行。

（2）村务规范化管理的规定。这是指没有制定村民自治章程的村对全村各项事务进行全面、综合的规范化管理而制定的规章。与前述村民自治章程相比，这些规章的内容、形式及制定主体的差异性和涉及面较大，不甚统一、规范。从制定主体看，有的为村民大会讨论通过，有的由党员大会和村民代表会议讨论通过。从内容上看，有的主要突出村民自治组织的管理，一般不包括党组织；有的则主要突出党支部和党员管理，村民自治组织处于次要地位。

这种情况说明，有些村级规范化管理的出发点是管理而非自治。如陕西省韩城市《下峪口村规范化管理规定》，其第一章为总则（3 条），第二章为经济管理（4 节，18 条），第三章为社会秩序管理（5 节，24 条），第四章为党支部建设和党员干部教育管理（2 节，8 条），第五章为加强民主政治建设（2 节，6 条），最后为附则（2 条）。很显然，这一规定以管理为重点，以党支部为核心，同时注意发挥村民的政治参与作用。它从一个侧面反映了村民自治在各个地方的实际运作状况尚有很大差别。

（3）村规民约。这是涉及村风民俗、社会公共道德、公共秩序、遵纪守法和社会治安管理等方面的综合性规定。村民自治的目的是实现村民的自我管理、自我教育、自我监督。村规民约作为主要依据之一，是村民自治活动的重要行为规范。村规民约的约束力较强，一般由全体村民集体讨论并通过。村规民约是规范性条例，即规定应该怎样、不应该怎样以及相应的惩处措施。其内容既包括作为一个公民应该按照公民的要求去做，也包括作为一个村民应该按照村民的标准去做。而后者的灵活性较大，甚至带有一定的随意性。另外，在惩罚违反村规民约的措施和目的方面也有所不同：有的少，着重于劝诫；有的多，着重于处罚；有的有明文规定，并按照明文规定执行；有的除按明文规定执行外，还有一些习惯性、不成文的办法。这从一个侧面反映了中国农村的乡土性传统影响对村民自治的制约。

2. 单项性规章

这是指与村民自治相关的灵活性、针对性较强的各种专门规定。它们是建章立制主体将村民自治活动加以分解，对某一活动、某项工作所做的规定。与综合性规定相比，单项性规定更为具体，其适用性、操作性更强，直接关系到村民自治的实际运作状况。单项性规定又可分为三种：（1）有关村民自治的程序性规则。如村民委员会选举办法，包括选举产生村委会成员的方式、选举程序、选举原则等方面的规定。（2）村民自治组织的活动规则。主要有村民代表会议议事规则、村民委员会的工作规则等。（3）村务管理制度。村务是村民自治的活动对象，内容较丰富，单项性规定也最多。包括村级财务管理，村务公开和村民监督，土地、宅基地、林木和水电管理，人民调解，社会治安，计划生育，社会公益事业，社会保险和救济，村民档案管理等。如四川省彭山县永远村制定的村务单项性规定有《村务公开制度》《干部廉政制度》《村民教育制度》《财务管理制度》《村民档案制度》等。

二、原则精神的统一性与具体规范的多样化

任何一种法律制度都具有公共性和普遍性特点。所谓公共性是指法律制度是公共生活中的共同性准则；普遍性则表明法律制度在一定范围普遍适用。因此，在法律制度框架内，国家的基本法律制度居于核心地位，其他层面的法规制度都必须遵循国家基本法律制度所内含的原则精神，从而表现出一种制度体系在原则精神上的统一性。这种统一性集中反映了立法或建制主体的目的和意志，是一种制度体系所具有的内在本质性规定。凡是属于该制度体系的法律制度，都必须体现其基本原则精神。特别是对已实行单一制、有着严密的自上而下的行政管理体制的国家来说，制度体系在原则精神上的统一性表现得尤为突出。

中国农村的村民自治制度体系是一个由三级层面、多种立法或建制主体构成的内容丰富的制度框架。这一制度框架贯穿和体现着统一的原则精神。主要有以下两个方面：

（一）村民群众自治

村民群众自治即由农村人民群众依法办理自己的事情，这一基本原则精神体现在各级层面的立法或建制中。1982年通过的《宪法》第111条在确定村民委员会性质时就规定，村民委员会是基层群众性自治组织。1987年通过的《村组法》第1条则进一步明确规定，农村村民实行村民自治，由村民群众依法办理群众自己的事情；第2条规定，村民委员会是村民自我管理、自我教育、自我服务的基层群众性自治组织；第7条规定，村民委员会根据村民居住状况、人口多少，按照便于群众自治的原则设立。各省制定的实施《村组法》办法，几乎无一例外地反映和体现着村民群众自治的原则精神，所不同的只是文字多少和语言表达的细微差别。许多地方村民自治组织制定的村民自治章程，也是以村民群众自治为原则基础的。

村民群众自治的原则包含两层意思：其一，自治的主体是本村的村民群众。《村组法》第 10 条规定，村民会议由本村 18 周岁以上的村民组成。第 19 条规定，驻在农村的机关、团体、部队、全民所有制企业、事业单位的人员，不参加村民委员会组织；不属于村办的集体所有制企业、事业单位的人员，可以不参加村民委员会组织。以上规定将村民自治主体限定于本村范围的村民群众，反映了中国农村人口的地域性特点。其二，自治的性质是村民群众依法办理自己的事情。《村组法》第 2 条对作为村民自治组织的村民委员会的内涵做了规定，即自我管理、自我教育、自我服务。第 3 条规定了作为基层政权的乡镇政府与村委会之间的关系是指导与协助，而非领导与被领导即命令—服从关系。

（二）基层直接民主

基层直接民主即农村人民群众直接管理基层公共事务，行使当家做主的民主权利。各级层面的法律或制度均将村民自治作为促进社会主义民主发展的方式，并在条文中贯穿着基层直接民主精神。《村组法》第 1 条规定了农村实行村民自治与促进农村基层社会主义民主发展的相关性。民主首先意味着权利的平等。《村组法》第 9 条规定，年满 18 周岁的村民，不分民族、种族、性别、职业、家庭出身、宗教信仰、教育程度、财产状况、居住期限，都有选举权和被选举权；依照法律被剥夺政治权利的人除外。民主其次意味着公民有决定和管理公共事务的权利，包括对领导人的推选和罢免、重大决策的参与和决定、对公共事务的管理、对公共事务和领导人的监督等。《村组法》第 9 条规定，村民委员会主任、副主任和委员，由村民直接选举产生；第 11 条规定，村民委员会向由全体村民组成的村民会议负责并报告工作；第 15 条规定，村民小组长由村民组成的村民小组会议推选；第 17 条规定，村民委员会办理本村的公共事务和公益事业需要的费用，经村民会议讨论决定等。一些地方性法规和村民自治章程将村民的民主权利规定得更具体，概括为民主选举、民主决策、民主管理和民主监督四个方面。民主还表现为公共事务和领导人应根据相关的法律制度、程序而运作和活动。村民自治的制度体系根据民主原则，对村民、村民自治组织的地位及村民自治活动规则加以明文规定，使之制度化、程序化。《村组法》第 12 条规定：村民委员会决定问题的时候，采取少数服从多数的原则。村民委员会进行工作，应当坚持群众路线，充分发扬民主，认真听取不同意见，不得强迫命令，不得打击报复。吉林省梨树县霍家店村的《村民自治章程》专门设了“加强民主政治建设”一节，对村务活动和村民自治组织活动的制度和程序给予了明确、具体的规定。

基层直接民主原则包含两层意思：一是基层民主，即村民群众自主管理公共事务的范围是农村基层的村。有关法律制度对此都有明确界定:《宪法》第 111 条规定，村民委员会属于基层群众性自治组织;《村组法》在重申宪法这一原则规定的同时，还明确界定村民委员会所要办理的是本村的事务。二是直接民主，即由村民群众直接参与和决定本村的公共事务。这是村民自治这一民主形式与其他民主形式的重要不同之处。《村组法》第 9 条规定，村委会的领导人由村民直接选举产生。第 11 条规定，涉及全村村民利益的问题，村民委员会必须提请村民会议讨论决定。村民会议有权撤换和补选村民委员会的成员。第 16 条规定，村规民约由村民会议讨论制定等。这些规定都体现了直接民主的原则。

村民群众自治和基层直接民主是村民自治制度体系最基本的原则精神。凡与村民自治相关的法律、法规、章程和规定都应与这两大原则保持一致。

当然，法律制度在原则精神上的统一性只是反映了其内在的本质性规定，而这一内在规定的外在表现可能是多样的，否则就无法构成具有丰富内容且发展变化的法律制度体系。中国农村村民自治的制度体系除了统一的基本原则精神外，还表现为多样性的具体条文规范。这两者共同构成了村民自治制度体系的本体内容。

在现阶段的中国，村民自治制度具体规范的多样性表现得尤为突出。第一，中国地域辽阔，有数亿农民，各地情况千差万别，发展十分不平衡。第二，由于地方大、人口多，国家管理采取分级管理体制，特别是省一级有相当大的独立性，实际行使着相当一部分中央政府的权力。这种独立性使各地在贯彻国家法律方面有较大的灵活性。有的偏重贯彻中央意志，有的偏重本地实际。第三，"条块关系"[①]是中国国家管理体制的一个重要特点。随着中央对地方的放权，"块块"的地位和影响日益突出。政府负责村民自治工作的是民政部门。地方民政部门在工作上要接受上一级民政部门领导，但受当地政府的制约和影响更大。如果当地不立法或领导人不重视，民政部门的作用就有限。第四，村民自治尚处于示范阶段，《村组法》也被界定为试行，这为地方的立法或建制留有较大空间。人们的认识不统一，工作重点有所不同，立法或建制情况也不一样。第五，中国农村的村民自治是一项前所未有的民主实验，适用于全国范围的国家法律只能做一般性规定。而各地在根据国家法律基本精神进行的实践活动中，不断创新，丰富了有关法律制度体系。

有关村民自治具体规范的多样性主要表现为以下两个方面：

（一）具体化过程中的差异性

中国农村村民自治的制度架构是由多级层面的立法或建制主体作为支撑的。多级层面的立法或建制，实际上就是将国家法律有关原则精神和规定具体化，使之转换为更具有操作性的规范条文的过程。在这一具体化进程中，地方和村级层面的具体规范有许多共同之处，但也表现出一定程度的差异性。

1. 立法或建制进程的差异

在国家确立村民自治原则并颁布《村组法》以后，有的地方制定了相应的具体规范，有的尚未颁布。从省级层面看，自 1988 年到

---

① "条块关系"即政府某一部门上下垂直系统与某一部门所在地方的关系。"条条"通常指受本部门上级领导的某一部门，"块块"通常指功能完备的地方实体。

1995年，全国有24个省、市和自治区先后制定了《村组法》实施办法。北京、上海、云南、广东、广西、海南尚未制定颁布相关法规。根据国家民政部基层政权司农村处的有关资料，省以下的地方和村级层面的建章立制进程的差异性更为突出。少数地方建立起了较完备的具体规范。如四川省彭山县永远村除制定了《村民自治章程》外，还制定出《永远村会议制度》《村民议事规则》等10多种规章制度，形成了比较完备的制度体系。但大多数地方并非如此，有的甚至连基本的具体规则都没有。

2. 制度形式的差异

国家法律没有也不可能对地方和村级层面具体规范形式做出统一规定，地方和村级具体规范在制度形式上的差异性在所难免。从省级层次贯彻实施《村组法》的立法或建制看，绝大多数为实施《村组法》办法，而河北省为《村民委员会组织条例》。在体例上，大多数采用的是与《村组法》相同的条款式，河北、四川、河南、新疆、宁夏、山东、内蒙古采用的则是分章式。在法条数量上，差异性更大，山东、内蒙古最多，各40条；贵州、西藏最少，各19条；平均为27条左右。省以下地方的建章立制主要是工作指导性的，形式上的差异更大。村级的村民自治章程的名称比较一致，但章程的具体形式有较大差异。在结构上，有的为章、节、条，有的为章、条。条文数量上的差异更明显，湖北省京山县东关村的村民自治章程多达6章20节156条；广东省深圳市坐岗村的村民自治章程只有9章29条。

3. 制度内容的差异

这是村民自治制度具体化过程中差异性的最主要方面。省级实施《村组法》办法，一般对《村组法》的原则性规定加以具体化。具体化过程中的内容和文字表达则有所不同，特别是一些关键性条文也有不少差异。关于村民委员会的性质，各地都根据《村组法》规定明确定性为基层群众性自治组织，有的地方则在此基础上加了一些前提性字句。河北、辽宁、新疆规定村民委员会“在中国共产党领导下，在宪法和法律范围内”活动；湖北、黑龙江、河南则要求村民委员会“在坚持四项基本原则的前提下”活动；湖南、吉林、江苏明确界定村民委员会“在国家法律和政策规定的范围内”；山西强调“村民委员会接受中国共产党农村基层组织的领导”。在乡与村的关系方面，《村组法》规定为“指导”与“协助”的关系，除福建、贵州两省原文引用《村组法》规定外，其他地方都不同程度地明确和强化了村委会必须接受乡政府的指导。浙江、河北、青海、天津突出村委会要在乡镇政府的指导、支持和帮助下开展工作；湖南、辽宁强调村委会应协助或积极协助乡政府“完成”各项“任务”；黑龙江、甘肃、湖北则直接强调村委会应“完成”或“努力完成”政府依据法律、政策规定和布置的任务。在其他方面，各地规定的差异性更大。

村民自治立法或建制最终要具体落实到村。村级建章立制上接国家法律制度，下连本村实际，其具体内容的差异性较明显。如山东省章丘市和招远市均是山东省村民自治的示范县（市），章丘市的埠西村和招远市的欧家夼村的村民自治章程，均将村委会的性质和任务加以具体化，但二者的表述有明显不同。前者规定，村民委员会是在国家法律范围内，由村民进行自我管理、自我教育、自我监督的群众性自治组织，具有法人资格，受镇政府的指导和村党总支的领导；后者则将村委会的性质及与其他组织的工作关系分条加以规定：首先明确村委会是基层群众性自治组织，在另外一条又指出，村委会的工作在村党支部的领导下，接受镇人民政府的指导，完成镇人民政府下达的各项任务。将村委会的性质与其在工作中同其他组织的关系分别开来，显然有利于明确村委会的性质。湖南省临澧县太平村和白鹤村的村民自治章程，在规定村委会性质时没有论及与其他非自治性组织的关系，而突出了村委会与村民大会的关系，规定村民委员会是村民大会的日常执行机构，是群众性自治组织，具有独立的法人资格。至于在村民自治的各个具体方面和不同环节上，各村的村民自治章程都有一些差异。

（二）实践过程中的创造性

村民自治是亿万农民群众生动的民主实践过程。在这一过程中，国家不可能一开始就对村民自治的各个方面和环节都考虑到，也不可能规定得过于统一。因此，村民自治的民主实践过程，同时也是制度创新过程。各地有关部门和农民根据村民自治的基本原则精神，创造出不同形式并加以制度化，不断地丰富村民自治制度体系，使之呈现出多样性特点。村民代表会议制度的形成即是典型例证。

1987 年通过的《村组法》，有关村民参与和民主权利的论述不多，且较灵活。该法第 10 条规定，村民会议可以由 18 周岁以上的村民参加，也可以由每户派代表参加。民主参与的主体显然是以个体或家庭为单位的，但在村民自治的实际运作过程中，一些规模较大且居住较分散的村，很难召开经常性的全体村民会议或户代表会议，村民的参与难以落实。面对这一情况，各地在村民自治实践中，开始探索新的形式。

1989 年 4 月，四川省南充地区民政局在蓬安县巨龙镇进行了村民代表会议制度的试点。其做法是，在村民中选举村民代表，召开村民代表会议，通过经常性的村民代表会议实现村民对本村事务的有效参与。该民政局经过半年的试点，认为村民代表会议制度效果好，但法律根据不足，于是将有关情况和意见报告给国家民政部。[①]

1989 年 8 月，湖北省通过的《实施〈村组法〉办法》第 7 条规定，规模较大或居住较分散的村，在村民会议闭会期间可以试行村民代表议事会制度。议事会由本村各村民小组组长和各村民小组推选若干代表组成。1990 年 6 月 20 日，河北省人大常委会通过的《河北省村民委员会组织条例》，对该省一些地方出现的村民代表会议形

① 参见中国基层政权建设研究会《中国农村村民代表会议制度》，中国社会出版社 1995 年版，第 18 页。

式明确加以肯定，并进一步制度化。该条例第 26 条规定，人口较多和居住分散的村，可以根据需要设立村民代表会议；在村民会议不便召开的情况下，可以召开村民代表会议，行使村民会议的权力。1990 年 8 月 24 日，黑龙江省通过的《实施〈村组法〉办法》第 24 条规定，村民会议可试行村民代表议事会制度。这些规定尽管很简单，且带有试行性质，但显然是在国家立法基础上进行的一种新的探索。

地方对村民代表会议制度的探索及这一制度的实际成效引起了中央的高度重视。1990 年 8 月，中共中央政治局常委宋平在全国农村村级组织建设工作座谈会上指出："要由村民推举公道、能干的村民代表，把他们组织起来定期开会、议事，参与村务管理，民主讨论、决定村里的大事，并增强村务公开程度，对村干部实行监督。"[①]中共中央组织部副部长赵宗鼐在此次会议上明确指出："要建立健全村民会议或村民代表会议制度。"[②]同年 9 月 26 日，国家民政部下发《关于在全国农村开展村民自治示范活动的通知》，其中规定"建立村民会议或村民代表会议制度"。

随着村民代表会议制度得到中央的肯定，许多地方在制定实施《村组法》办法的法规中都列入了有关村民代表会议的条款，而且未加"试行"的限定词。同时，各级地方直至村在实践中对村民代表会议制度加以具体化，使之不断地丰富和完善。到 1994 年，全国已有 50% 以上的村建立起村民代表会议制度。国家民政部对该制度进行了全国性调查，并考虑在着手修订《村组法》时将其写入修订稿。[③]

---

① 中共中央组织部组织局等：《加强以党支部为核心的村级组织配套建设》，改革出版社 1990 年版，第 6 页。

② 同上，第 22 页。

③ 参见中国基层政权建设研究会《中国农村村民代表会议制度》，中国社会出版社 1995 年版，第 35 页。

三、现阶段制度体系的整体评析

从1987年《村组法》通过到1995年，中国农村村民自治的制度体系已形成了一个基本的框架。其标志主要有三：一是村民群众自治和基层直接民主这一村民自治的基本原则精神已得到确立，并贯穿于整个村民自治制度体系之中；二是围绕村民自治的原则精神，从国家、地方，一直到村，制定了相应的法律、法规和章程，使村民自治的基本原则精神得以转换为可操作性的实际规则；三是在国家指导规范和农民自主创造、上下结合的双重推动下，村民自治的制度体系正在转换为亿万农民群众的实践活动，同时也为村民自治制度体系的基本框架不断地增加新的内容。

当然，村民自治制度体系是一个逐步形成和建立的过程。在现阶段，村民自治制度体系的形成和建立，表现出如下两个突出特点：

其一，村民自治的立法或建制是以对村民自治组织的立法或建制为起点而展开的。至1995年，国家宪法一直未明确提出“村民自治”的概念。1982年宪法只是规定了村民委员会是基层群众性自治组织。1987年通过的《村组法》肯定了村民自治的原则，但主要内容是关于村民委员会组织的建立、性质和职责等，村民自治的原则只是体现在这些条文的规定之中。地方的立法或建制主要是配合贯彻《村组法》，其主要内容亦是村民自治组织。

其二，村民自治的立法或建制遵循着由一般到具体的途径。村民自治既是一种制度，又是亿万农民群众的实践活动。其制度体系的立法或建制主体之多，内容之丰富，是其他制度体系少有的。因此，村民自治的立法或建制进程，表现出由一般到具体的鲜明特点：国家宪法给予了最一般的规定；《村组法》将宪法有关条文展开，进一步形成专门的一般性法律；地方在贯彻实施《村组法》过程中再加以具体化，直至最后体现为村民自治单位制定的村民自治章程。村民自治立法或建制由一般到具体的过程，不仅仅是对一般性法律的细化过程，而且更是地方和村民自治单位丰富、充实法律内容的创造过程。如国家和地方有关村民自治立法的主要内容是村民自治组织，而到村一级，则以《村组法》有关村民自治原则为起点制定了村民自治章程，村民自治组织只是章程中的一部分。章程制定的内容比主要是村民自治组织相关法律的国家和地方立法要丰富得多。

村民自治制度体系形成和建立过程中的上述两个特点，对于推动村民自治的制度化和村民自治的发展有一定的积极意义。首先，从村民自治组织入手，有利于迅速建立村民自治的组织依托，使村民自治有组织、有领导地进行。在现阶段，农村社会的组织化程度不高，特别是人民公社体制废除后，出现了某种程度的组织“真空”状态，而家庭承包制又是以分户经营为特征的。在这一背景下，完全依靠分散的农民群众自发地开展村民自治是相当困难的，并有可能使村民自治活动脱离国家民主和法制轨道。所以，首先从组织入手，推进村民自治组织的建立，既有利于将村民自治活动纳入国家民主和法制轨道，又有助于解决紧迫的农村组织“真空”问题。中国农村的村民自治得以有条不紊地进行，与注重村民自治组织的立法或建制密切相关。其次，村民自治立法或建制由一般到具体的过程，有利于将原则性和灵活性有机地结合起来，既发挥了国家法律的规范性作用，又为地方和农民的实践创造留下了较大空间。村民自治是前所未有的民主实践形式，并关系到亿万农民群众的切身利益。国家法律不可能也不宜规定得过于具体、详细。否则，既不适应实际需要，难以贯彻执行；同时也会束缚地方和农民群众的创造性，难以发挥农民群众的自治主体作用。中国农村村民自治能在制度创新中不断地深入发展，较大程度上取决于国家法律制度提供了较大的活动空间。

应该看到，中国农村村民自治的制度体系是在特定的历史背景下形成和建立的。其形成过程的特点既有重要的积极意义，又带有一定程度的局限性。主要表现为：

第一，制度体系有待健全，村民自治的原则精神不甚突出。

村民自治是现阶段中国农村政治体系的基本制度之一。《村组法》第1条开宗明义地规定了“农村村民实行自治”的原则。但是，现阶段的村民自治制度体系不是以村民自治为起点并围绕这一原则展开，而是以《村组法》为起点并由此展开的。尽管《村组法》体现、贯彻了村民自治的原则精神，但突出的是村民自治组织，而不是村民自治本身。由于村民自治的原则精神不突出，以致一些地方和农村制定的相应法规和制度，并不能充分体现和贯彻村民自治的原则。如有的地方法规明确规定“村委会必须完成或努力完成政府布置的任务”，有意无意地强化了村委会的行政功能。

由于村民自治的原则精神不突出，与之配套的法律制度体系也不甚健全。首先，现行法律制度主要是针对村委会组织的，涉及村民自治的一系列相应的规范则很难包容和涵盖。如村民的地位、权利和义务，村民会议的地位、召开、权限，村民对村务管理的参与等重要内容在法律上没有明确、具体的规定。其次，现行法律规范以村委会组织为重点，主要表现为实体规范性条文，强调组织的地位、任务及与其他组织的关系，而缺乏程序法方面的规范，即偏重于“应该”，而在“怎样做”方面注意不够。如《村组法》只规定了村民委员会主任、副主任和委员由村民直接选举产生，却未规定怎样选举产生，以致一些地方只能参照全国人大和地方各级人大选举法制定村委会选举办法。而作为群众性自治组织的村委会与作为国家权力机关的人大显然是不同的。再次，现行法律规范在“怎样做”的程序法方面缺乏统一、明确的规定，导致实际运作过程无所适从，使有关原则精神“空洞化”，不能很好地贯彻实施，甚至明显违反有关法律的行为也得不到相应的惩戒。在缺乏惩戒性法律、法规支撑的情况下，村民自治的权威性难免受到影响，村民自治的原则精神得不到有效贯彻落实，甚至被扭曲。

第二，立法或建制发展不平衡，村民自治基本原则精神的统一性不突出。

尽管现阶段村民自治制度体系已建立基本的框架，但其立法或建制进程尚处于初始阶段，发展十分不平衡。首先，在现阶段，村民自治的建章立制，在一些自治示范地方进展较快，在大多数非自治示范地方进展较慢，甚至是空白。对于村民自治这一基层民主实践活动来说，如果没有村民自治章程之类的具体规范，村民自治的原则精神是很难转化为人们的实际活动的。这正是村民自治在大多数地方成效不突出的重要原因所在。这种状况显然与村民自治尚处于“示范”阶段有关。其次，由于国家层面的法律制度不健全，对一些重大问题缺乏统一、明确的规定，一些地方制定的制度、规范显示出多样性特点。多样性中既有与村民自治原则精神相一致的内容，也有与其不一致甚至相冲突的地方。如有的地方规定村民代表会议为本村的最高权力机构，并设相应的职位。这一规定显然参照的是人民代表大会机构，而人大和村民代表会议的性质是不相同的。

根据以上分析，在进一步推进村民自治的制度化进程中，以下两个方面值得重视：

其一，以村民自治为核心，建立、健全相应的法律制度体系。基本思路是：（1）在宪法中确立“村民自治”的原则精神。（2）制定关于村民自治的基本法律。（3）以村民自治原则为中心，建立、形成完整的专门法律规范体系。除村民自治组织法外，还应制定有关村民选举、村务管理等程序性法律、法规。在专门性法律、法规中应有明确的违反法律、法规的惩戒性规定。（4）由国家行政机关制定全国统一规范的法律、法规实施办法。

其二，立法或建制进程遵循由一般到具体，再由具体到一般，不断发展、完善的途径。由于村民自治具有实验性质，其立法或建制由一般到具体的特点较明显。如果将村民自治作为一项长期坚持并实行的政治制度，那么，要体现村民自治的国家法律精神的权威，也要注意立法或建制由具体再到一般的进程，即将实践中出现并卓有成效的做法加以制度化，提升为统一的法律规范。如村民代表会议制度经过实践检验确有成效，就应在法律上加以确认和规范。从立法或建制进程看，一般到具体，再由具体到一般，是一个完整的环节，不可或缺。

第三章
村民自治的组织形式：角色与功能

村民自治属于基层人民群众自治，自治的主体是村民群众。村民群众以各种组织作为依托进行自治活动，行使自治权。各种自治组织在自治体系中居于不同地位，扮演不同角色。在自治组织系统里，不同组织按一定方式组合，形成特定的结构。结构不同，功能亦不一样，进而影响村民自治的实际运作。

一、权力机构：村民会议、村民代表会议

民主意味着全体人民享有决定和管理国家与社会事务的权力。它至少包含三层意思：一是决定和管理国家与社会事务的权力归属于全体人民，而不是少数人；二是人民直接参与或通过其代表——领导者管理国家与社会事务；三是国家和社会的管理者由人民选举产生并对人民负责，任何个人不得凌驾于人民之上。1982年通过的《中华人民共和国宪法》第2条规定："中华人民共和国的一切权力属于人民。"人民依照法律规定，通过各种途径和形式管理国家与社会事务，管理经济和文化事业。

村民自治是基层直接民主的一种形式，即农村村民群众直接管理与自己利益密切相关的基层社会事务。毫无疑问，村民自治权最终归属于村民。在现阶段，村民主要通过村民会议和村民代表会议行使自治权。村民会议和村民代表会议因此成为村级事务管理系统的权力机构。当然，关于村民会议和村民代表会议的组织性质问题，

学术界和政府主管部门尚有不同看法，有的认为是权力机构，有的认为是决策机构。笔者认为，从自治权的归属看，村民会议和村民代表会议在村民自治组织系统中应为权力机构。

村民自治的主体是村民。无论村民会议，还是村民代表会议，村民都是其基本要素。《村组法》第 10 条规定，村民会议由本村 18 周岁以上的村民组成。第 9 条规定，年满 18 周岁的村民，不分民族、种族、性别、职业、家庭出身、宗教信仰、教育程度、财产状况、居住期限，都有选举权和被选举权。

《村组法》对村民及其享有的政治权利的界定，反映了中国农村政治关系的变化，体现了公民政治平等的民主原则。土地改革以后，随着农村生产资料所有制社会主义改造的完成，剥削阶级作为一个阶级已不复存在。但是，土地改革中划分的阶级成分一直延续下来。在“左”的思想影响下，除了原地主、富农分子外，他们子女的政治、社会地位也受到影响。1979 年 1 月，中共中央决定，除极少数坚持反动立场的以外，凡是多年来遵守政策法令，老实劳动，不做坏事的地主、富农分子以及反革命分子、坏分子，经过群众评审和政府批准，一律给予农村人民公社社员待遇。1984 年，全国最后一批 7.9 万名“地、富、反、坏”分子摘了帽子，土地改革后的 2000 多万“四类分子”全部改变了阶级成分，[①] 他们的子女也因此由“可以教育好的子女”变为平等的公民，延续达 30 多年的政治身份制度被取消。这样，除依法被剥夺政治权利的人以外，凡是年满 18 周岁的村民都享有平等参与自治活动的民主权利。

村民的民主权利主要体现在自治权的归属和范围方面。《村组法》主要是关于村民自治组织的法律，它没有明确规定村民在自治活动中应享有哪些权利，但肯定了村民享有选举权和被选举权，以及参加村民会议这两项最基本的权利。而在一些根据有关法律制定

---

① 参见有林、郑新立、王瑞璞《中华人民共和国国史通鉴》第 4 卷（1976—1992），红旗出版社 1993 年版，第 43 页。

的村民自治章程中，则对村民的权利做出了较为具体、明确的规定。如吉林省梨树县霍家店的《村民自治章程》第73条规定，凡户口在该村的村民在村内享有以下权利：(1)依照宪法的规定，享有公民应当享有的权利。(2)参加村务活动，提出有关村务的建议和批评，对村干部和村务进行监督。(3)18周岁以上的村民有选举权和被选举权(被剥夺政治权利的人除外)，有参加村民会议，讨论决定村务重大问题的权利。(4)享受本村举办的各项公共事业和公益事业的利益的权利。如果从政治参与和村民自治的角度看，村民在村民自治中，享有选举和被选举、决策、管理和监督等四项基本权利。它集中反映了村民作为自治主体，村民自治权最终归属于全体村民的基本原则精神。

显然，村民所享有的民主权利只有在实际的村民自治活动中才能体现出来。村民必须通过相应的组织形式来行使自治权。由全体18周岁以上的村民参加的村民会议则是最基本的组织形式。

《村组法》对村民会议在村民自治组织体系中的地位、职权和运作方式做出了一些原则性规定，包括：村民委员会向村民会议负责并报告工作；涉及全体村民利益的问题，村民委员会必须提请村民会议讨论决定；村民会议有权撤换和补选村民委员会的成员；村民会议可以由18周岁以上的村民参加，也可以由每户派代表参加，必要的时候，可以邀请本村的企业、事业单位和群众团体派代表参加。在贯彻实施《村组法》过程中，地方和一些村对村民会议的地位、职权和运作方式加以具体化，使之更加明确。从现行法律制度看，村民会议无疑在村民自治组织体系中扮演着重要角色。

首先，村民会议是村民自治组织体系中的最高权力机构。村民自治是基层直接民主形式。村民自治权最终归属于全体村民。村民会议由18周岁以上的全体村民组成，最集中、最广泛和最直接地反映和体现了全体村民的意志。所有村民都可以通过村民会议表达其意愿，行使其权力，无须他人“代表”。村民自治的其他组织机构都必须对全体村民组成的村民会议负责，并服从村民会议的决定。如果从村民群众自治和基层直接民主这两个原则看，可以说，没有村民会议就无所谓村民自治。正因为如此，在一些地方围绕村民自治制定的村民自治章程中，明确规定了村民会议是全村最高权力机构。这一规定与《村组法》等有关的国家法律精神是一致的。

其次，村民会议拥有决定村务大事的基本权利。主要有：（1）创制权，即根据国家有关法律精神讨论、审定、修改和通过本村村民自治活动的基本章程和规则。（2）选举权，即选举村民委员会，撤换和补选村民委员会成员。（3）决策权，包括审议和通过村的经济和社会发展规划、年度工作计划，并做出相应决议；讨论、决定涉及全体村民利益的重大问题。（4）监督权，包括监督、审查村财务，监督自治组织工作机构和人员。（5）否决权，即否决和修改村民委员会不适当的决议和决定。

第三，村民会议所拥有的权力通过多种形式加以具体化。这些形式因其性质、职责、内容、范围不同而不一样。主要有：（1）村民大会，即由全体有资格的村民参加的会议，是村民会议的最高形式，行使村民会议最重要的职权，如讨论、审定村内重大事务，选举村民委员会，听取村委会的报告等。（2）户代表会议。由于农村实行分户经营，一些涉及各家各户共同利益的村务，通常召开由每家每户派一名或几名代表参加的会议来决定。（3）部分村民会议，即由一部分村民参加的会议。主要是讨论、审定一些与部分村民有关的事务。会议的决定一般也只对与会村民有效。在这三类形式中，全体村民大会的会期时间较固定，规模较大；户代表会议和部分村民会议的召开时间较灵活，规模较小。

要使村民的自治权通过各种村民会议得以有效地落实，村民会议一般需具有以下特点：（1）例会制。村民会议除一些特殊情况外，应召开定时、定期、定人、定内容的例会。如果想开就开，不想开就不开，何时想开就开，便很难保障村民自治权的行使。（2）广泛性。凡是依法有资格或应该参加某些会议的人都应参加，其资格不得任意被剥夺或“代表”。（3）平等性。参加村民会议的村民一律平等，没有主次、上下之分，都只有一票的权利。会议表决实行少数服从多数的原则。（4）公开性。应当由村民讨论和审定的事务必须公开，让村民有充分酝酿和讨论的时间。

为了使村民会议的职权得以具体体现，有关法律制度还对村民会议的运行机制做了规定。如《村组法》规定：村民会议由村民委员会召集和主持。有1/5以上的村民提议，就应当召集村民会议。这就意味着，村民会议的召开或何时召开，不仅仅只是由村委会决定，一定数量的村民提议也能决定。

农村村民群众通过村民会议行使民主权利，可以充分体现村民群众自治和基层直接民主的基本原则精神。但是，村民会议在实际运作中也遇到一些困难和问题。主要有：（1）人口多。村民委员会大多是在原生产大队的基础上设立的，规模大，人口多。一般的村委会下辖人口在1000—3000人，有的多达8000—9000人，个别村多达万人以上。即使是18周岁以上的村民也有成百上千人。人多，开会不易，议事不便。（2）居住分散。一个村委会管辖的地域，有的远至几公里，在少数地区甚至达几十公里。在居住分散、地域较大的地方，召开全体村民会议较为困难。（3）作息时间不一。农村村民实行分户经营，其劳动和闲暇时间不统一，召开全体村民会议的时间难以保证。（4）人口流动性大。随着农村分户经营和分工分业，村民中外出务工、经商者增多，人口处于经常性的流动之中，不易集中。[①]（5）村民素质不同。尽管村民在村民自治中享有平等权利，但因村民个体的参政议政素质、民主意识、文化教育水平，特别是社会影响力有所不同，在村民自治中的作用肯定不一样，村民会议有可能实际受少数权威人物控制。由于以上困难和问题，经常性地召开村民会议显然较困难，而事关村民利益的重大村务又有可能经常出现。如果村民会议不能经常召开，其权力难以落实和体现，村

① 参见中国基层政权建设研究会《中国农村村民代表会议制度》，中国社会出版社1995年版，第3—4页。

民自治就有可能由全体村民的自治变为少数村委会干部的自治，这显然不符合村民自治的原则精神。为了解决这一矛盾，一些地方在贯彻《村组法》过程中创造了村民代表会议这一组织形式，并得到了国家有关部门的肯定。

从有关法律制度看，一些地方肯定和推行村民代表会议的初衷，是为了解决村民居住分散、人口多、村民会议难以召开的问题。湖北省 1989 年通过的《实施〈村组法〉办法》，是最早涉及村民代表会议的省级法规。该《办法》第 7 条规定：规模较大或居住较分散的村，在村民会议闭会期间，可以试行村民代表议事会制度。其他一些省级法规也对实行村民代表会议的前提条件做出了明确规定，如人口较多、居住分散、规模较大、村民会议不便召开等。福建省还明确规定，100 户以下且居住集中的村，可以不设村民代表会议。国家民政部 1990 年 9 月下发的《关于在全国农村开展村民自治示范活动的通知》，以中央政府部门的文件形式，第一次明确肯定了村民代表会议。但该《通知》没有限定村民代表会议的前提条件，而是将村民代表会议与村民会议并列在一起作为村民自治示范的基本内容。村民代表会议显然引起民政部门的高度重视。民政部门有关人士在其撰写的一份报告中指出："作为中国农村实行村民自治和基层直接民主的有效形式，村民代表会议实际已成为村民自治和基层民主制度不可缺少的重要组成部分。它的产生和发展不仅是农村社会发展的必然要求，而且对于促进农村村民自治和基层民主的发展，对于农村社会的全面进步，具有独特的社会作用和重要意义。"[1] 村民代表会议在村民自治实践中的功效和国家有关部门的肯定，使它得以广泛实行，成为村民自治的另一重要组织形式。

与村民会议有所不同，村民代表会议是由村民选举出一定数量的代表组成的会议。其功能是受村民委托，代表村民行使某些村民

① 中国基层政权建设研究会：《中国农村村民代表会议制度》，中国社会出版社 1995 年版，前言。

难以行使的自治权。显然，在村民自治组织体系中，村民代表会议也属于权力机构。与村民会议所不同的是，它由村民代表而不是全体村民组成。

村民代表会议是基于现阶段农村的现实状况产生的，而中国农村各个地方的状况有很大差别，因此，人们对村民代表会议的认识不尽一致，对村民代表会议这一角色所应有的地位和职责的界定也不统一。但是，这一组织形式的轮廓已基本显示出来。

村民代表会议由村民代表组成。村民代表是村民代表会议的基本要素。村民代表会议的功能在很大程度上取决于村民代表的状况。作为村民代表，对其要求显然比对作为一般村民的要求要高。一些实行村民代表会议制度的地方，大都从制度条文层面对村民代表的条件做出了规定。如山西省临汾市《村民会议或村民代表会议规则》第 9 条规定，应推选廉洁公道、坚持原则、联系群众、具有参政议政能力、在群众中有一定威信的人来担任村民代表。当然，村民代表的核心是真正代表村民群众，由村民群众推选和认可。一些地方法规文件对村民代表的产生方式给予了明确规定。湖北省规定，由村民小组组长和各村民小组推选；黑龙江省规定，由村民委员会组成人员、村民小组长和每 10 户村民选出 1 名代表推选；辽宁、吉林、新疆、陕西规定，由村民小组或村民联户推举；山西省规定，由各村民小组组长和若干户推选；河南省规定，由村民委员会组成人员、各村民小组推选的代表和村民中的各级人民代表大会代表组成；江西省规定，由各村民小组会议推选，并应有适当数量的妇女代表。尽管各地规定有所不同，但大致包括两层意思：一是村民代表一般素质较高，社会影响较大；二是村民代表要通过一定方式和程序推选和产生。下面以辽宁省沈阳市五三乡浑河堡村的村民代表会议为例。该村村民代表的构成为：群众代表 53 名，占 53.3%；各级在村里的人大代表 6 名，占 6%；村办企业负责人 11 名，占 11.1%；村民小组长 28 名，占 28.3%。每个村民代表联系 17 户村民，代表条件为：政治坚定，思想先进；遵纪守法，执行政策；公平正直，公道正派；热爱集体，关心群众；坚持原则，主持正义；联系群众，反映呼声；率先垂范，以身作则；仗义执言，善于参政；勤奋学习，更新知识；群众拥戴，威信较高。村民代表必须由村民民主推选，而不能由村委会指定。[①]

村民代表会议是在村民会议难以经常召开的情况下产生的一种替代性组织形式，其职权与村民会议相类似。如《河南省实施〈村组法〉办法》第16条规定，村民代表会议履行下列职责：（1）讨论和决定本村公共事务和公益事业建设的具体事项；（2）审议、决定村民委员会发生重大分歧的事项和村民委员会提出的其他事项；（3）撤换和补选村民委员会的个别成员，接受村民委员会个别成员的辞职；（4）审查村民委员会收支账目；（5）监督村民委员会的工作；（6）监督村规民约的执行情况；（7）讨论、决定村民代表会议认为需要由村民代表会议决定的其他事项。还有一些地方是将村民代表会议和村民会议并列在一起规定其职权的。如《西藏实施〈村组法〉办法》第2条规定，村民会议或村民代表会议行使下列职权：（1）听取并审议村民委员会的工作报告；（2）讨论、决定本村的公共事务、公益事业、发展规划和其他涉及本村村民利益的重大事宜，并监督落实情况；（3）审查和监督村民委员会的财务收支和救灾、救济款物的发放及生产资料的分配情况，决定兴办公共事务、公益事业和村民委员会成员误工补贴等资金的筹集办法；（4）撤换和补选村民委员会成员；（5）讨论、制定本村的村规民约。而在村一级，村与村的实际情况差别较大，村民代表会议职权界定的差异性更明显。以南北两个村民自治示范村的村民自治章程为例：吉林省梨树县霍家店村的《村民自治章程》第65条规定，村民会议有8项职权；第66条规定，除第65条第1款外，其余可由村民代表会议代行。湖南省临澧县白鹤村的《村民自治章程》在村级组织中没有提村民会议，亦没

① 参见辽宁省沈阳市东陵区五三乡浑河堡村委会《怎样建立完善村民代表会议制度》，《乡镇论坛》，1995年第1期，第5页。

有提村民会议的职权，只是在第 23 条规定，村民代表会议是处理全村事务的最高权力机构。

从制度条文看，村民代表会议的职权有以下两个特点：第一，代议性。村民代表会议是在村民会议难以召开的情况下产生的。它实际上是由村民委托村民代表代行其权力、具有代议性的权力机构，是村民会议的重要补充形式。许多实施《村组法》的地方法规和村民自治章程对此都有明文规定。如黑龙江省规定，经村民会议授权，村民代表议事会履行其职责；河南省规定，村民会议可以设立村民代表会议，村民代表会议对村民会议负责；安徽省规定，村民代表会议行使村民会议授予的职权；福建省规定，村民代表会议向村民会议负责。第二，有限性。村民代表会议只是村民会议的补充形式，其权力来源于村民的转让和由全体村民组成的村民会议的授权。这就决定了村民代表会议权力的有限性，即它的权力只是村民同意转让或村民会议愿意授予的一部分权力。村民和村民会议的有些权力是不可转让和不可授予的。一些地方法规和村民自治章程对此做了明文规定。江苏省规定，村民代表会议行使村民会议授予的职权；江西省规定，村民代表会议由村民会议授权，可以依法行使村民会议 10 项职权中的 3—10 项；吉林省敦化市沙河沿村的村民自治章程规定，村民代表会议代行村民会议 7 项职权中的 4—7 项。一般来讲，村民代表会议主要代村民会议行使决策、监督及部分创制、选举权。

村民代表会议的组成和职权，使其在运作过程中显示出独特的意义。（1）会议召开的经常性。村民代表是从村民中产生的，至少是 5 户村民中产生 1 名村民代表。村民代表的人数较少，便于经常性议事。许多地方法规和村级章程都规定了村民代表会议至少 3 个月召开 1 次，如有重大村务可随时召开。（2）会议内容具体。如果说村民会议主要涉及建章立制，选举罢免，重要决策讨论、制定和否决等重大事务，那么，村民代表会议则主要涉及村内日常重要事务的讨论、决定和监督。（3）会议参加人员的稳定性。村民数量多，流动性大。村民代表是经过一定方式推选的，实际行使村民会议的日常性职权，参加会议的人员相对较为稳定。（4）会议的制度化程度高。由于村民代表会议切实可行，便于召开，易于操作，其制度化程度相对较高。一些地方法规和村级章程都对村民代表会议的定期召开、职权范围、议事规则等做了明确、具体的规定。（5）会议的实际影响较大。相对村民而言，村民代表一般素质较高或社会影响较大。在农村村民的政治、文化素质普遍较低的背景下，村民代表会议在村民自治中的实际影响和作用较大。正因为如此，村民代表会议得到了国家有关部门的高度评价，有的地方将村民代表会议与村民会议相提并论，甚至取而代之。

在村民自治组织体系的权力机构中，主要有村民会议和村民代表会议，这是因为村民自治的范围是村。但实际上，在村以下还设立有村民小组，其范围相当于人民公社时期的生产队，一般有村民百多人，个别在千人以上。村民自治的许多具体活动都是以村民小组为单位进行的。在村民小组内，村民主要通过村民小组会议行使自治权。因此，村民小组会议也应是村民自治组织体系中的一部分，即小组范围的村民会议。它由全组村民组成，其职权有推选或推举村民小组长，讨论、决定和监督本组范围内的事务和权力运作等。由于与村民利益密切相关的重大事务的决定权在村一级，与村民会议和村民代表会议相比，村民小组会议的地位不甚突出，有关法律制度条文对其角色和功能也少有具体规定。

二、工作机构：村民委员会、村民小组

村民自治属于基层直接民主。农村村民直接行使管理与自己利益密切相关的公共事务的权力。但是，直接民主并不意味着每个人都是具体事务的管理者，村民会议和村民代表会议也不可能每天召开。因此，村民自治必须有常设性的工作机构处理大量日常具体事务。村民自治权通过常设性工作机构的日常工作加以具体体现。在村民自治组织体系中，常设性工作机构主要有村民委员会及其下属

的专门委员会和村民小组。

村民委员会在村民自治组织体系中无疑扮演着最为重要的角色。这不仅在于它是村民自治的常设工作机构，而且在于它直接接受乡镇政府指导，是联结国家行政管理与村民自我管理、联结国家与农民的桥梁和纽带。在村民自治组织体系中，最早建立的是村民委员会，有关村委会的法律制度条文规定最为具体和明确。

《村组法》第2条规定了村民委员会的群众自治组织性质和四项任务，指出：村民委员会是村民自我管理、自我教育、自我服务的基层群众性自治组织，办理本村的公共事务和公益事业，调解民间纠纷，协助维护社会治安，向人民政府反映村民的意见、要求和提出建议。

从以上规定看，村民委员会在村民自治组织体系中扮演着特殊的角色。首先，它属于村民自治组织体系的一部分。其依据是，村民委员会的成员由村民直接选举产生，不脱离生产劳动，可以给予适当补贴；村民委员会与乡镇政府是协助与指导关系，而不是被领导与领导即服从—命令关系。其次，村民委员会是村民自治运作的常设机构。村民委员会承担着办理村民自治范围各种日常事务的任务，是村级事务的直接管理者。《村组法》因此规定，村民委员会由主任、副主任和委员共3至7人组成，下设人民调解、治安保卫、公共卫生等专门委员会，其功能便是处理村民自治日常事务。再次，村民委员会是村民自治的常设性工作机构，是体现村民意志的村民会议和村民代表会议决定的执行者。《村组法》规定，村民委员会向村民会议负责并报告工作。涉及全体村民利益的问题，村民委员会必须提请村民会议讨论决定。第四，村民委员会作为村民自治的常设工作机构，接受乡镇政府的指导，并协助乡镇政府工作。在村民会议或村民代表会议尚未与国家系统的有关政权组织如乡镇人大或乡镇人大主席团相衔接的情况下，村民委员会成为村民自治与国家管理的主要联结机构。因此，作为常设工作机构的村民委员会的权力和职责所包含的内容较多。主要有：（1）办理日常村务，领导和管理本村的经济、政治、文化和社会工作与事务;（2）召集和主持村民会议或村民代表会议;（3）向村民会议或村民代表会议提出议案;（4）监督、执行本村村民共同制定的村规民约等村级章程;（5）统一领导下属专门委员会和村民小组的工作;（6）协助完成政府布置的任务，向政府反映村民的意见、要求和提出建议，教育和推动村民群众自觉遵守国家法律、政令，履行应尽的义务;（7）村民会议或村民代表会议授予的其他职权，乡镇政府委托需要协助办理的其他工作。

从村民委员会所行使的职权看，它在整个村民自治组织体系中处于中心地位，是整个村民自治运作的枢纽环节，也是村民自治与国家管理的联结点。村委会的状况与村民自治的状况联系最为直接和密切。各级村民自治的立法或建制主体对村委会的组成、村委会成员的产生和标准以及对村委会成员的监督做了详细、具体的规定，以保证村委会在行使职权时能够充分反映村民群众的意愿，有效地协助政府工作。

根据有关法律制度，村民委员会的运行机制表现为:（1）村民直接选举产生村委会成员，组成村民委员会。村委会每届任期 3 年，其成员可连选连任。（2）村民委员会向村民会议负责并报告工作，协助乡镇政府开展工作。（3）村民委员会行使所规定的职权。在决定问题的时候，采取少数服从多数的原则；工作中坚持群众路线，充分发扬民主，认真听取不同意见。（4）村委会成员应当遵守宪法及其他法律、法规和国家政策，办事公道，热心为村民服务，接受村民的监督和乡镇政府的指导。（5）村民会议有权撤换和补选村委会的成员，并通过换届选举，选出合乎理想标准的人。政府对村委会成员的撤换、改选和换届选举，亦有建议和指导权。

以上五个方面，形成村民委员会的选举产生——角色定位——职权及工作准则——工作要求及监督——撤换、改选和换届选举的运行机制。这一运行机制自始至终都体现了村民委员会作为村民自治组织工作机构的特性。

为处理村民自治日常事务，村民委员会根据分工负责原则，下设有若干专门委员会。主要有：（1）人民调解委员会。主要职责是开展调查研究和思想教育工作，调解本村村民之间的纠纷，化解矛盾，促进村民家庭和睦、邻里团结和社区安定。（2）治安保卫委员会。主要职责是对群众进行经常性的遵纪守法教育，组织群众防范违法乱纪活动，协助国家公安机关维护社会治安，促进正常秩序的形成，保卫当地人民的生命、财产的安全。（3）公共卫生委员会。主要职责是办理本地区的公共卫生事务，组织当地群众搞好环境卫生，加强卫生保健，开展绿化活动，美化村容村貌，搞好疾病防治，制定卫生公约，做好计划生育工作等。村民委员会根据实际情况需要，经村民会议讨论，还可设立其他专门委员会。

专门委员会是村民委员会的下设机构，在村民委员会统一领导下开展工作，同时也要接受村民和村民会议的监督。

在中国农村，村的人口一般成百上千，甚至超过万人。由 3 至 7 人组成的村民委员会，直接面对村民处理众多日常自治事务较为困难。为便于管理，村民委员会可以根据其管辖范围大小、人口多少，分设若干村民小组。

依照有关法律制度规定，村民小组应根据便于群众开展自治活动的原则设立，要考虑有利于发扬民主，考虑本村的实际情况和村民之间联系的密切程度。但是，由于中国农村的村民自治是在延续达 20 多年的人民公社体制基础上转换而来的，在实行村民自治过程中，一般是在原生产大队基础上建立村民委员会，在原生产队基础上建立村民小组。其主要原因是，经过 20 多年时间，农村的人口、资源、财产和生活都已相对集中于生产大队和生产队。在“三级所有，队为基础”的人民公社体制下，公社和生产队的地位最重要。公社负责决策，生产队负责执行，直接管理生产。生产大队只是扮演着上传下达的角色。人民公社体制废除后，村民以村（原生产大队）为单位实行自治，乡镇（原公社）和村民小组（生产队）的地位弱化，村的地位突出。村民自治的决策权集中于村，村民小组只是村民委员会与村民群众的联系者，其职责主要是在村委会的领导下，贯彻执行村民会议决定和村委会布置的工作。由于村民小组直接面对村民群众，可说是村民自治组织中最低一级的工作机构。

村民小组作为村民自治最低一级常设工作机构，设有村民小组长。《村组法》第15条规定，村民小组长由村民小组会议推选。一些地方的村民自治章程对村民小组长的职责做了具体规定。主要有：宣传和贯彻党的路线、方针、政策和国家法律、法令；负责召集小组会议和组织小组村民的活动，并及时向村委会汇报工作；组织本组村民落实乡、村交给的各项任务；按村民委员会的任务和要求，组织本组村民积极推进物质文明和精神文明建设，并对各项村务进行监督，提出建议；及时向村委会反映本组村民的意见、要求和建议。从村民小组长的职责看，村民小组主要是村委会领导下的基层工作机构，是联结村委会和村民群众之间的桥梁和纽带，同时又在本组村民自治活动中居于中心地位。

三、组织体系的结构—功能比较分析

村民自治的组织体系主要由村民会议、村民代表会议、村民委员会和村民小组构成。这四种组织又分为权力机构和工作机构两类。它们在村民自治组织体系中扮演着不同的角色。

村民自治组织是村民群众实行村民自治的组织依托。其功能便是为村民自治提供组织条件，以实现村民自我管理、自我教育、自我服务和促进社会全面进步的目的。村民自治组织体系的功能，与各个组织角色按一定方式形成的结构密切相关。结构是角色的组合，不同的角色组合形成不同的组织结构，不同的组织结构所产生和发挥的功能也不一样。通过对村民自治组织体系的结构—功能进行比较分析，有助于深入认识不同的组织结构形式对村民自治功能的影响，以便进一步对各村民自治组织角色加以准确定位，并健全、完善村民自治组织体系。

对村民自治功能影响较大的主要有两种结构，一是权力机构之间的结构形式，一是权力机构与工作机构之间的结构形式。

村民会议和村民代表会议在村民自治组织体系权力结构中扮演着不同的角色。从现行制度条文和实际运作两个层面看，以上两类角色的组合方式有两种：

一是强村民会议、弱村民代表会议。即村民会议是村民自治组织的最高权力机构，村民代表会议只是村民会议的补充形式。这种结构形式取决于以下因素：（1）村的人口数量不多，村民居住较集中，联系较紧，村民会议能够定期召开，并能实际行使法律制度赋予的职权。（2）村民代表会议主要是为村民经常性的参与拓展渠道，其职权是村民会议授予的部分权力，职权有限性的界限较清晰。在这种结构形式下，村民会议居于绝对主导地位，村民代表会议居于辅助和补充地位，从而使村民自治的直接民主和平等参与的原则功能发挥得充分一些。

二是弱村民会议、强村民代表会议。即村民会议作为最高权力机构的实际地位不突出，村民代表会议实际行使着最主要的权力。这种结构形式取决于以下因素：（1）村的人口较多，居住较分散，联系不甚密切，村民会议难以召开，或难以充分行使应有的权力。（2）村民代表会议实际行使着村民会议的主要职权，其职权并不受村民会议条文的限制，职权有限性的界限不明晰。在这种结构形式下，村民会议在名义上居主导地位，村民代表会议则在实际上居主导地位，甚至对村民会议取而代之。因此，村民自治的直接民主和平等参与功能较弱。但是，村民代表会议开会较易，议事方便，效率较高，在村民自治中的实际作用较大。

以上两种结构形式的功能显然有所不同。如果说第一种形式偏重于平等，较符合村民自治的群众自治和直接民主的理想模式，那么，第二种形式则偏重于效率，实际功效较突出，但带有代表制和间接民主的色彩。这两种结构形式，实际上反映了村民自治的理想模式与现实状况的差距。

一般来讲，任何一种发展模式的主要依据是现实而非理想。在村民自治的实际运作中，第二种结构形式较为多见。有关领导部门也较为倾向这一形式，十分重视和突出村民代表会议的作用。国家民政部有关部门对村民代表会议制度进行了系统的调查研究，给予了较高评价，并建议修改《村组法》，以立法形式确立村民代表会议制度。[①] 作为公共政策选择，首先必须服从现实。但任何一种政策选择，都应体现某种价值取向，不得无条件服从现实；在现阶段，弱村民会议、强村民代表会议的结构形式无疑是必然性选择，但这种选择，应被视为向强村民会议、弱村民代表会议结构形式过渡的必要环节，而不能因为理想和现实的差距，轻视甚至否定强村民会议、弱村民代表会议的结构形式。在少数地方，为简便易行，过分突出了村民代表会议的地位和作用，将村民代表会议而不是村民会议视为村民自治组织的最高权力机构。有的甚至将村民代表会议与作为政权机构的各级人民代表大会相提并论，并仿照人民代表大会设村民代表大会（会议）主任、副主任等职位。显然，将作为村民自治组织的村民代表会议与作为国家政权组织的人民代表大会相提并论，是不适宜的。如果要类比的话，村民代表会议也只能类似于人大常委会。因为村民会议和人民代表大会均属于不同系统的最高权力机构。村民代表会议和人大常委会分别是在村民会议和人民代表大会闭会期间，根据村民会议和人民代表大会授权，行使某些职权。

当然，村民代表会议毕竟是现阶段村民自治的一种行之有效的组织形式，应充分发挥其作用。从权力机构的结构形式看，需合理界定村民代表会议的职权，规范村民会议和村民代表会议之间的权限范围，使之各司其职，各显其能。同时要明确村民代表会议与村民会议之间的关系。村民会议是直接民主形式，村民代表会议是间接民主形式。间接民主一定要集中直接民主的意见，使间接民主建立在直接民主的基础上，以尽可能实现村民自治的原则精神。在实

---

① 参见中国基层政权建设研究会《中国农村村民代表会议制度》，中国社会出版社 1995 年版，第 125 页。

际运作中，村民代表会议的效率高，村民会议的平等原则体现得较充分。为此，在强调效率的同时要顾及平等，决不能否定群众平等参与，否则，村民自治会变成少数村民代表的自治。在具有强大传统文化影响的背景下，少数代表自治很容易蜕变成少数农村上层人士把持自治权的传统模式。

村民自治组织体系的权力机构与工作机构的结构形式，对村民自治功能的影响更为突出。权力机构与工作机构的组合形式也可从逻辑上分为两类：

一是强权力机构、弱工作机构。即村民会议和村民代表会议在村民自治运作中居主导地位，村民委员会对村民会议和村民代表会议负责。这种结构形式取决于以下因素：（1）村委会的权力来自于村民会议，村委会成员按照直接民主选举原则，由村民会议选举产生。（2）重大事务的讨论、决定和复议权归属于村民会议和村民代表会议，村委会根据村民会议和村民代表会议制定的章程工作并接受其监督。这种结构形式的功能是能较充分地体现村民群众自治和基层直接民主的原则。

二是强工作机构、弱权力机构。即在村民自治运作中，村委会居于实际上的主导地位，村民会议和村民代表会议的地位不突出，甚至可有可无。这种结构形式取决于以下因素：（1）村委会的权力来源于村民会议的原则不明确，村委会成员并非按照严格的民主选举程序由村民直接选举产生。（2）村民会议或村民代表会议不能定期或经常召开，村委会实际行使着决策和管理村务的主要权力，村民会议和村民代表会议对其监督和制约乏力，甚至无所谓“监督和制约”。这种结构形式对村民群众自治和基层直接民主的原则精神体现得不太充分，其功能主要在于工作效率较高，村委会与政府联系较紧。

以上两种结构形式亦反映出村民自治的理想模式与现实状况的差距。显而易见，第一种结构形式能较充分体现村民群众自治和基层直接民主的原则精神，但所需支撑条件较多。如村民会议或村民代表会议不可能完全由村民自发地召开，需要有一个常设性工作机构具体准备和主持。《村组法》因此规定，村民会议由村民委员会召集和主持。此外，第一种结构形式较多地反映了自治单位的群众性。在村民群众对村民自治和国家指导的关系缺乏充分认识的现阶段，容易出现村民群众偏重于自治单位的利益而忽视国家领导的问题。实行村民自治以后，少数村成为国家无法有效管理的失控村，成为国家法律、政令难以贯彻执行的“土围子”，便是这一问题的反映。

所以，在现阶段，强工作机构、弱权力机构的结构形式较为普遍。这种结构形式，是从现实情况出发所选择的村民自治的具体步骤和途径，便于操作，切实可行，有利于国家对村民自治的领导，维持和强化了国家和农民的紧密联系。但是，如果将这种结构形式固定化、模式化，则会与村民自治的发展趋向不一致。首先，这种结构形式使村民自治与政府领导联系较为紧密，政府自上而下的指导作用较突出。但是，如果政府的作用过强，村委会的“官方”色彩较浓，则会与其作为群众自治组织的性质相背离，转而成为政府的派出机构。其次，由于村委会是村民会议和村民代表会议的召集者和主持者，如果村委会的地位过于突出，就有可能出现村委会可以召开也可以不召开村民会议和村民代表会议的情况，即使召开，也只是一种“点缀”。在这种情形下，村民会议和村民代表会议很容易变得形同虚设，可有可无，发挥不出应有的功能。村中的自治权基本为村委会所掌握，村民自治实际上成为少数村委会干部的自治，村民群众自治的原则难以体现。

为防止强工作机构、弱权力机构的结构形式走向极端，使村民自治功能得以体现，应采取有效措施，促使工作机构与权力机构保持协调和平衡：（1）加强和完善村民会议和村民代表会议的制度建设，使村民会议和村民代表会议作为权力机构行使其应有的职权，村委会在与国家系统保持紧密联系的同时，对村民会议负责，以更多地反映民意，体现其作为群众自治组织的性质。（2）村委会作为群众自治组织，其权力主要来源于村民群众。国家对村委会的产生和组成可以提出指导性意见，但不可包办代替。只有这样，村委会才可能真正对村民会议负责。（3）不能将村委会视为村民会议和村民代表会议的唯一召集者。《村组法》在规定村民会议由村民委员会召集和主持的同时，还规定，有1/5以上的村民提议时，应当召集村民会议。这一规定有利于防止村委会在召集村民会议方面的随意性。（4）随着条件成熟，逐步使村委会的角色定位于村民自治组织的常设工作机构，使其工作既富有效率，又能充分体现村民群众自治和平等参与的原则。

第四章

村民自治的活动内容：规则与程序

村民自治是广大农民群众参与基层社会事务管理的一种直接民主形式。其活动内容主要有民主选举、民主决策、民主管理和民主监督。这四个方面的民主是村民自治权的具体体现。民主作为一种公众参与性活动，必须根据一定规则和程序运作。没有规则，民主就无法正常运作；程序不完备，民主亦难以真正实现。对于处于初级阶段的村民自治来说，建立和完善有关民主自治活动的规则和程序，具有特殊的意义。

一、民主选举：直接、平等、公开选择领导者

民主的真谛在于人民统治，即管理国家和社会事务的权力归属于全体人民。但是，权力属于人民并不意味着人民中的每一分子都直接行使权力，而是指执掌和行使权力的人必须经过人民选举产生，权力的运作必须体现人民的意志，否则，人民有权将其罢免和重新选择。因此，在现代社会，民主不仅仅是一种基本原则和制度，更是一种社会机制。这种机制通过一定规则和程序，保证人民得以选择出最能代表人民意志，并能领导社会前进的优秀人物。民主选举可以说是民主的基础，没有民主选举，没有人民的选择，就无所谓民主。村民自治是村民群众直接管理本村事务的一种民主形式，民主选举则是村民自治活动的基础和前提。

在村民自治活动中，民主选举主要指村民委员会的选举。这是

因为村委会是村民自治活动的常设工作机构，具体行使着管理村级事务的权力。村民自治的日常事务主要由村委会处理，农民与国家的联系主要通过村委会实现。村委会在村民自治的实际运作中居于特别重要的地位，而村委会经过民主选举产生则是村民自治的前提和基础。村民的自治权除了通过村民会议或村民代表会议直接决定村内重大事务外，主要体现为直接选举村委会，通过村委会处理村民自治事务。村委会是否通过民主选举产生，是检验村民自治是否实现或实现程度的重要标准。在现阶段，由村民直接选举村的领导人，则是作为基层直接民主的村民自治与作为间接民主的国家事务管理的重要区别所在。

由于民主选举在村民自治运作中居于重要地位，各个层面的立法或建制主体都给予了高度重视，确立了一系列基本规则。《村组法》第9条规定，村民委员会主任、副主任和委员，由村民直接选举产生。村民委员会每届任期3年，其成员可连选连任。年满18周岁的村民，都有选举权和被选举权。省级的实施《村组法》办法，根据《村组法》的原则精神，对村委会的民主选举做了较为具体的规定。江苏、福建、河北、辽宁等省还专门制定了村委会选举办法和条例。特别是县（市）直接负责村委会的选举工作，有的县（市）还制定了具体的选举办法。

民主选举是一件与村民利益密切相关且十分复杂的事情，必须在严格的规范下按一定程序运作。从某种意义上说，民主选举的运作状况取决于规则。在现阶段，民主选举村委会的基本原则精神已确立，并围绕这一精神制定了一些具体规则。但总的来看，有关规则尚不完备，主要表现为国家层面尚无一部关于村民委员会选举的专门法律。在这一背景下，一些地方主要是根据《村组法》有关原则规定、全国人大和地方各级人大选举法、地方各级人大和地方各级人民政府组织法等相关法律文件，结合本地的实际情况制定出村委会选举的实施办法。相当多的地方尚未制定制度化规则，而是临到村委会选举开展之际才下发文件加以领导和指导。这种情况使有关民主选举的规则呈多样化态势，实际运作的差异性更大。

当然，村民自治运作中的民主选举是中国历史上前所未有的人民群众的民主实践活动，有关的规则只有通过民主实践才能逐步完备。自《村组法》颁布后，中国的村委会选举已进入实际运作阶段，有的地方已进行了数次换届选举，取得了不少经验，有关规则不断得到丰富和完善，民主选举的基本精神逐步得以贯彻实现。从有关规则和具体实践看，村委会的民主选举主要按以下程序运作：

（一）建立选举组织和机构

民主选举是在国家制度安排下运作的，制度则需要相应的组织和机构加以贯彻实施和监督执行。所以，选举组织和机构扮演着依据有关法律制度领导和引导选举的重要角色。其功能包括确定选举时间和进度、规定选举程序、提出选举要求、处理选举中的问题等。由于村委会的民主选举进行时间不长，尚处于摸索经验的阶段，广大村民对民主选举较陌生，选举组织和机构的作用相当重要。选举的实际运作成效如何，较大程度上取决于选举组织和机构的状况及作用。因此，建立选举组织和机构，是村委会民主选举的第一步，亦是关键的一步。

由于《村组法》处于试行阶段，村民自治发展不平衡，至1995年，中央政府尚未有过关于村委会选举的统一部署，亦未建立中央选举委员会之类的组织机构。对选举的组织和安排主要由地方负责。其中，省、地（市）、县（市）承担立法或规划、统筹安排、检查等宏观领导和组织的职责；县、乡、村直接从事选举的具体组织和运作。各个层面在选举组织和机构体系中扮演的角色有所不同。

中国农村的村委会选举主要是以省为统一的单位组织运作的。省级政府决定全省范围内村委会选举的主要事项，在村委会选举的宏观领导和组织中扮演着主要角色。省级政府对村委会选举的领导和组织，主要是根据有关法律制定村委会选举规则，并由省民政部门负责贯彻执行。具体职能有：（1）确定选举时间，一般在冬春农闲季节；（2）确定村委会的届次；（3）规定村委会选举组织领导体制；（4）规定选举基本步骤；（5）提出选举工作的主要措施和办法；（6）监督选举工作，纠正违法现象等。[①]

在领导和组织选举的机构中，地（市）级部门主要起着上传下达、将省级有关规定进一步具体化的作用。但在尚未制定省级村委会选举法规的地方，有些地（市）主动地承担起了建章立制的功能。如河南省的开封市、新乡市分别于1994年3月和7月，制定和通过了村民委员会换届选举实施办法。

县级部门是村委会选举的宏观领导和具体实施的联结点，在村委会选举的领导和组织中发挥着最为重要的作用。由于村委会选举是县内政治生活中的大事，关系到在农村实行有效领导，涉及各个方面，因此县级除了制定有关选举办法外，一般要成立村委会换届选举临时领导机构，统一协调和组织全县村委会的选举。县选举机构的人员主要有县委、县人大和县政府有关领导人，县委组织部、宣传部、农工部，县民政局、司法局、公安局，县团委、妇联等部门的人员，民政部门负责具体工作。

县级选举机构的主要职能有：（1）宣传动员，包括宣传有关法律、法规，编写宣传提纲，印发选举材料，领导人发表讲话等；（2）规划试点，包括部署、指导和监督选举，制定规划，提出要求，先行试点；（3）培训指导，培训乡级指导选举的负责人员；（4）财政支持，由县财政划拨选举经费；（5）确定规划，包括确定选举方式、提名方式和选举日；（6）监督仲裁，监督选举过程，处理选举工作中的申诉及问题。[②]

乡直接面对村，并担负着指导村委会的职责。乡主要是根据县的工作部署，具体实施村委会选举的领导和组织工作。在选举之前，

---

① 参见中国基层政权建设研究会《中国农村村民委员会换届选举制度》，中国社会出版社1994年版，第12页。

② 同上，第16—17页。

乡一般都要成立选举机构，其人员类型与县级相同，其职责也与县类似。与县不同的是乡要直接介入村的选举。除了负责选举整个过程的工作之外，乡一般还派干部到村，具体负责村委会选举的指导、监督和仲裁等工作并审定选举程序。山西、宁夏等地还规定，乡（镇）政府提名产生村选举工作领导组。

村委会的民主选举最终落实在村，村民以村为单位进行民主选举。因此，村一般设立有三人以上组成的村委会选举领导机构，其成员大多为村党组织成员、村委会成员、村民小组长、村民代表等。人员的产生方式各地不一样。村选举机构的职责主要有：（1）宣传和组织村民学习有关法律文件；（2）登记、审查和公布有选举权的村民名单；（3）确定本村选举办法并提请村民会议通过；（4）提名、推荐并经过讨论，确定和公布正式候选人名单；（5）组织召开选举大会；（6）确定选举结果，公布当选人名单；（7）处理选举全过程的日常事务。

村委会选举组织和机构在整个选举过程中的作用十分重要。中国农村的民主选举一开始便进入到组织化轨道，有领导有秩序地进行，这是很不容易的。但是，总的来看，选举的组织化程度尚不高。主要表现为中央的统一领导不够，特别是缺乏专门的法律、法规规范。各地在发挥主动创造性的同时，难免各行其是，甚至违背民主选举的基本规则。此外，村委会选举一开始便进入到组织化轨道与中国具有强大的行政组织资源的传统有关。在现阶段，行政组织的介入是必要的，但不宜过分。考虑中国特殊的政治文化背景，应尽可能保证让一定数量的村民代表加入到选举机构中去，否则容易出现行政操纵，有悖于民主选举的基本精神。

（二）进行选举动员和选民登记

选举组织机构成立后，便进入选举动员和选民登记阶段，村委会民主选举的实际运作正式开始。

选举动员是选举机构通过各种传播手段将村委会选举的目的、意义、时间、方法、程序及有关事项告知基层干部和村民。主要方法有:(1)通过确立选举周，在选举前集中时间进行宣传动员;(2)通过召开村民组织、党组织、团组织、妇女组织等有关组织会议进行宣传动员，培训骨干;(3)通过张贴标语、办板报专栏、印发宣传品等传播方式，传递有关选举信息。

选举动员是为正式选举做思想准备，亦是民主选举的必要条件。衡量选举动员的标准主要有两个：一是广泛性，即是否每个选民都对选举有必要的了解；二是深入性，即是否每个选民对选举的关键性问题有足够的了解。如果大多数选民对选民资格、候选人产生和正式选举程序这样一些关键问题缺乏足够的了解，选举便很难达到应有的效果。选举机构在进行选举动员的同时，就要着手进行选民登记，即确定选民资格，统计合格选民人数。《村组法》对村民的选举资格有明确规定，即年满 18 周岁的村民，不分民族、种族、性别、职业、家庭出身、宗教信仰、教育程度、财产状况、居住期限，都有选举权和被选举权；但是，依照法律被剥夺政治权利的人除外。《村组法》这一规定实际上体现了普选原则，是对村民普选权的确认。当然，在确认选民资格时尚有一些具体问题。如关于年龄，有的按户口簿上的计算，有的以身份证上的为标准；关于是否为本村村民，有的强调居住期限，有的对居住期限不加限制。对这些问题，各地的处理办法有所不同。

（三）确定选举方式

选举方式指选民行使选举权的具体形式。选民只有通过一定形式才能实施其选举行为。因此，选举机构成立后，到正式投票选举前，一般要确定选举方式。根据有关规则，村民委员会的民主选举方式包含三项内容：

第一，直接选举，即由选民本人直接投票选举被选举人。村民自治是直接民主形式，直接选举是直接民主的主要内容之一。《村组法》明确规定，村民委员会主任、副主任和委员，由村民直接选举产生。绝大多数地方有关法规和选举方法都明确了这一原则，并加以具体化。如湖南省临澧县白鹤村，不仅在自治章程上明确规定村民直接选举的原则，而且采取措施加以落实。1995 年 12 月 8 日是白鹤村村委会换届选举日，为使每个选民都能到会场投票，村里专门组织人员看守各家各户及其田地。但也有少数地方规定，村民委员会一般由村民直接选举产生，也可以通过村民代表会议或户代表会议选举产生，即直接选举和间接选举并存。在一些村民居住分散的地方采用间接选举的比例较大。青海省大通县 290 个村（牧）民委员会，在 1992 年的换届选举中，采取户派代表选举的有 192 个，占 66%。[①] 实际采用间接选举并从制度上加以确认的原因，除了一些地方组织直接选举有困难以外，还与对有关法律制度的认识有偏差相关。《村组法》规定了村委会直接选举的原则，同时规定了村民会议可以由 18 周岁以上的村民参加，也可以由每户派代表参加。村委会选举一般要通过村民会议进行。有的地方难免出现将适用村民会议的规则引用到村委会选举中，而这两者是不能等同的。此外，还有少数地方采取先选村民委员会成员，再由村委会成员选举产生主任、副主任。这与中国共产党组织先选举中央委员会，再由中央委员会选举中央领导人的方式类似。从选民是否直接选举被选举人的角度看，这也是一种间接选举，与《村组法》确认的直接选举原则不相一致。

第二，差额选举，即正式候选人多于应选人的选举方式。差额选举给选民以较多的选择自由，有利于充分表达意愿。多数地方对实行差额选举做了明文规定，但也有极个别地方在基层选举办法中规定，村委会选举采取等额选举，多数村民要求差额选举的，也可以实行差额选举。即使在规定实行差额选举的地方，具体操作也不一样。一是差额层次，即在村委会主任、副主任和委员三个层次中，在哪些层次上实行差额选举，各地会自行决定。二是差额办法，即正式候选人与应选人数之间的差额比例也有大小之别。

---

① 参见中国基层政权建设研究会《中国农村村民委员会换届选举制度》，中国社会出版社 1994 年版，第 36 页。

第三，无记名投票，即选民在选举中以不记名方式填写选票并进行投票的方式。无记名投票是选民表达意愿的个人自由权的体现，有利于选民充分表达其真实想法。特别是在人情色彩较浓、地域性较强的中国农村，无记名投票尤为重要。全国大多数地方的有关法规都明确规定采用无记名投票方式。但个别地方，如《甘肃省实施〈村组法〉办法》规定，一般采取无记名投票方式，同时，“无记名投票确有困难的，经多数选民同意，也可以采取举手表决的办法”。而在实际运作中，以举手表决、“扔豆子”等公开选举方式选举的情况为数不少。

（四）产生候选人

根据选举方式产生候选人，是正式选举前的关键一环。从某种意义上说，选举结果在相当大的程度上取决于候选人的产生。

候选人是从选民中产生的选举对象或选举目标的后备人选，是事实上开始享有被选举权的少数选民。从法理上讲，每个选民都有当选候选人的资格，即有被选举权。但由于候选人直接关系到能否正式当选以及正式当选人能否按一定要求行使权力，因此一些地方对候选人有一定的条件要求。如文化程度、年龄、素质和品行等。

产生候选人的第一步是提名。提名方式主要有：（1）村民（选民）直接提名。包括选民个人独立提名，选民联合提名，以村民小组为单位提名，自我提名等。（2）村民（选民）间接提名，即由选民的一部分代表另一部分选民提名。包括村民代表提名，户代表提名等。（3）组织提名。包括村选举领导小组提名，村党支部提名，乡（镇）政府提名等。（4）混合提名，即各种提名方式混合使用。包括村民提名和党支部提名的结合，村民小组、村党支部和乡政府提名三种方法并用，村民代表、村民小组长、党员和村干部召开联席会议提名等。

被提名的候选人还需通过一定方式加以确定，才能成为正式候选人。由于正式候选人与正式当选人更接近，各个提名者都希望所提出的候选人成为正式候选人，其间必然产生竞争。因此，确定候选人实际上是对提名候选人加以再选择的整合和集中的过程。确定正式候选人的方式主要有：（1）民主协商，即召开村民小组会议或村民代表会议充分酝酿、讨论，最后由村民委员会选举领导小组根据多数选民的意愿，确定正式候选人。（2）选民预选，即公布被提名的候选人名单，由全体选民或村民代表投票，根据得票多少排出名次；然后根据正式候选人数的要求，依照得票多少，确定正式候选人。（3）候选人竞选。包括候选人发表“施政演说”，由选民投票决定正式候选人；候选人参加专门考核委员会答辩，将答辩情况公布于众，供村民会议讨论决定；候选人面对选民公开讨论、回答选民提问，然后由选民投票决定。（4）由村党支部或乡政府直接确定候选人。

在候选人提名和确定过程中，一些地方还伴随有对上届村委会的民主评议和对本届村委会候选人的情况介绍。民主评议实际上是根据一定标准确定当选人的理想模式。候选人情况介绍是尽可能将候选人的情况更多地告知于众。二者对于候选人的提名和正式候选人的确定都有重要意义。

由于中国农村的村民自治尚处于初始阶段，党组织和政府在民主选举中的作用较重要。在候选人的提名和确定中，党和政府组织的因素较突出，这在一定程度上是必要的，但也容易产生党和政府组织及其领导人过分介入，忽视必要的程序，民主不够，集中过多，甚至包办代替的不良现象。为充分发扬民主，尊重民意，一些地方创造出了“海选”等方式。其核心内容是在提名和确定候选人时不画框框，不定调子，更不内定具体的人，而是把候选人的提名权完全交给村民，广泛提名，充分讨论，公开竞争，民主择优。[①] 时任国

---

① 具体过程参见王仲田《尊重农民意愿，探索民主选举——吉林省梨树县村民选举调查》，引自张厚安、徐勇等《中国农村政治稳定与发展》，武汉出版社 1995 年版，第 1083—1099 页；中共梨树县委副书记费允成《“海选”的探索和实践》，《中国社会报》，1996 年 3 月 2 日，第 3 版；于克、张彬彬《海选：谁来执掌村中大权——一场黑土地上的“村民自治”大潮》，《南方周末》，1995 年 7 月 21 日，第 1 版。

家民政部副部长的阎明复将其视为“大海里捞针”[①]。从实际运作看，“海选”的方式，程序复杂，费时较多，有一些地方不一定可行，但其中体现的平等、公开、竞争和民主的原则具有普遍意义。

（五）投票选举

正式候选人确定后，选民将在选举日按一定规则和程序，投票决定村民委员会组成人员。这是整个民主选举过程的最后一道程序，亦是关键的环节。村委会成员的当选最终要通过选民投票决定。投票选举的运作过程如下：

1. 确定选举日，公布正式候选人名单

选举日一般是在选举的准备工作做好以后由选举机构来确定。选举日确定后，便要提前公布正式候选人名单。提前公布的时间各地有所不同，一般在选举日前2—5天。提前公布正式候选人有利于选民进一步思考，以便做出最后抉择。但在投票前一天不得再进行竞选活动。

2. 投票前充分的准备

投票选举是一项程序性与技术性很强、很复杂的工作，需要做充分的准备。包括：（1）办理委托投票手续。对外出和临时不能参加投票的选民，经本人同意并由选举机构认可，办理委托他人投票的手续。办理委托投票手续的条件要严格，即尽可能使本人能够参加投票；委托手续要齐备，一般要在投票前由委托人书面委托他人，并得到有关机构的认可。否则容易出现忽视选民应有的投票权或随意代他人投票的情况。（2）制作合格的选票。选票一般由主管选举的机构统一制作。在正式投票前，候选人的姓名要印或写在选票上。由于村委会的成员较多，且实行差额选举，候选人在选票上的排名顺序十分重要。排名方式主要有两种：一是根据某种意向排序，二是按

① 阎明复于1995年7月在“中国农村村民自治法律制度国际研讨会”开幕式上的讲话。

姓氏笔画排序。后者较为公正，一般实行这一方式。但这种方式也可能出现姓氏笔画较少的人得票较多的情况。特别是在投票人对选举意义认识不足和对候选人缺乏足够了解时容易出现这种情况，但目前尚无更好的办法解决这一问题。（3）选择投票场所和工具。一般根据选民居住的情况和便于投票的原则选择。主要有召开选举大会、设投票站和投票箱或几种方式混合使用。

3．投票过程

选举日的正式投票过程由于投票方式不同而有所差别。选举日的正式投票是农村政治生活的一件大事，各方面都很重视，一般采取集中召开选举大会的方式进行。其议程为：（1）宣布选举大会开始；（2）乡（镇）领导或选举领导机构人员致辞；（3）宣读并通过选举办法；（4）提名并通过监票员、计票员；（5）清点选民到会人数；（6）清理票箱；（7）检点分发选票；（8）宣布选举纪律和注意事项；（9）监票员、计票员投票；（10）选民填写选票并按顺序投票；（11）清点和统计选票；（12）宣布选举结果；（13）新当选的村委会成员代表讲话；（14）选举大会结束，散会。

在以上过程中，选民填写选票并投票是最核心的环节。无记名投票至关重要，它关系到选民个人意愿的自由和充分表达。根据无记名投票原则，选民应按顺序在指定场所秘密填写选票，并依次单独个人进入封闭性的投票点投票。从农村现实情况看，达到这一要求较为困难，但对此不能忽视。

村委会选举包括对村委会主任、副主任和委员三个职务层次的选举，由此会产生不同的投票次序。主要有：（1）三次投票制，即先选主任，再选副主任，最后选委员，分别投三次票。（2）二次投票制。包括两种，一是先选主任、副主任，再选委员；二是先选委员，再在委员中选主任、副主任。（3）一次投票制，即主任、副主任和委员一次投票选举。这三种方式中，第一种较为合理，但程序较多，费时较长，采用较少。第三种简便易行，采用较多，但局限性较大。

4. 计票

投票结束后即开始计票，主要是统计和核对投票人员、票数、候选人得票多少。一般在计票结束后当众公布选举结果，有的因计票时间较长或其他情况而在第二天宣布选举结果。

5. 确认选举结果

对选举结果的确认是整个选举过程的最后一道程序，也是重要的一环。根据有关地方法规，判断选举结果为有效的标准主要有两条：一是全体选民过半数参加投票；二是选举所投的票数等于或少于投票人数。符合以上两条标准的，有关选举机构将选举结果上报政府专门机构备案，并由政府有关机构以发通知或当选证书的形式予以确认。

在实际运作中，如果在选举前，上下充分协商和沟通，选举一般较顺利，选举结果与选举前的预期目标较为吻合。如果缺乏上下充分协商和沟通，也可能出现受各种因素影响，选举结果与领导机构的预想或选民的意愿不相吻合的情况。面对这一情况，一般是只要选举符合合法程序，便承认选举结果。但也存在不承认合法选举结果的现象。

上述五个方面构成了村委会民主选举的基本规则和程序。《村组法》颁布了近十年时间，三年一届的村委会选举已在全国进行了 2—3 次。村委会民主选举的基本规则已大致确定，并得以根据基本规则所规定的程序运作。亿万农民群众按照有关规则参与民主选举，直接选举自己的领导人，这在中国民主化进程上是一件具有深远意义的大事，亦是中国农村政治生活在民主和法制轨道上运作的重要标志。如果从中国的民主化进程和中国农村发展的角度看，对村委会民主选举的意义，无论做多高的估价都不过分。

当然，正如中国农村村民自治尚处于初始阶段一样，中国农村的村委会民主选举也才刚刚起步，有关规则尚不完备，特别是实际运作和成效远未达到理想状态。规则上的各行其是，运作上流于形式等现象颇为普遍，为此需做出进一步的探索和努力。如果从村民群众自治和基层直接民主的村民自治的基本原则精神看，在完善村委会民主选举的规则和程序方面，应注意以下问题：

首先是选举机构的健全与规范。民主有自然生成的因素，但更需要有意识、有目的、有计划的指导、引导、组织和训练。对于中国农民来说，进行民主指导、组织和训练尤为重要。在民主选举过程中，选举机构的重要职能就是指导、组织和训练。健全选举机构显然是民主选举的基础环节，而选举机构在履行其职能时也必须遵循一定规范，按有关的法律程序运作。由于村民自治尚处于示范阶段，村委会民主选举的机构和规范主要在地方和村级层面运作。随着条件成熟，应制定统一的全国性法规，建立中央政府层面的选举领导机构，以协调和规范全国的民主选举。

其次是选举动员的广泛性和深入性。在农民群众对民主较陌生，特别是对民主选举了解甚少，甚至持怀疑态度的背景下，对村民进行广泛深入的动员，使村民充分认识选举的作用和意义，熟悉选举的规则和程序，对于民主选举的有效运作至关重要。

再次是选举程序和标准的逐步规范。民主是在一定的规范下按严格的程序运作的，尽管这些程序有些烦琐，但却是必不可少的。同时，对是否属于真正的民主选举也应有一定的标准加以度量。从村民自治的原则精神看，村委会民主选举的标准主要有：（1）普选制，即每个法定的选民选举村委会的权利不可随意被剥夺或漠视；（2）直选制，即村委会成员应由村民直接选举产生，而不能由少数代表选举；（3）差额制，即村民有选举或被选举的更多选择自由；（4）无记名投票，即保证选民有充分表达意愿的可能；（5）候选人产生的广泛性，即候选人产生应建立在充分尊重民意的基础上；（6）程序性和合法性，即整个选举活动应按法定程序进行，选举结果只要符合法定程序应予以承认。以上标准可用“民主、平等、公开、竞争、合法”10个字加以概括。

显然，现阶段的民主选举与理想形态的标准尚有差距，且实际做法各不相同。对此，既不能脱离实际，单纯追求标准；也不能屈服于现实，而放弃标准化要求。

二、民主决策：村民的直接参与和间接影响

民主意味着人民群众享有管理国家和社会的权利。村民自治作为基层直接民主形式，其基本内容就是，凡是关系到村民群众利益的事，由群众自己当家，自己做主，自己决定。村民群众直接参与村级重大事务的决策，村民自治组织根据民主自治原则进行决策，处理村级事务，是村民自治区别于国家管理的重要标志之一。村民对村级事务的决定权，是村民自治权的集中体现，也是村民自治的关键环节。决策就是做出决定，民主决策意味着拥有决策权的人共同做出决定。中国农村实行村民自治的民主决策，主要表现为以下两个方面：

（一）村民直接参与本村重大事务的决策，即由村民群众作为决策主体共同决定村级重大事务

人民公社时期，国家有关制度规定了社员享有决策权。但是在政社合一的体制下，人民公社作为基层政权组织，按照国家政权管理方式治理农村。人民公社组织的领导人与社员群众实际构成命令—服从关系，社员群众的决策权难以落实。人民公社体制废除后，实行村民自治，由村民群众自主决定本村重大事务，村民群众的决策权有了制度上的支撑和保证。《村组法》一开始就明确了村民直接参与决策的基本原则。该法第 11 条规定，涉及全村村民利益的问题，村民委员会必须提请村民会议讨论决定。由村民直接参与重大事务的议决，是民主决策的最基本方面。

在现阶段，村民直接参与本村重大事务决策的形式主要是村民会议或村民代表会议。

村民会议是由本村全体村民组成的自治组织权力机构。村民会议作为权力机构，主要表现为拥有本村最高决策权，即涉及全体村民利益的本村重大事务必须由全体村民共同决定。一些地方法规和

村民自治章程对此做出了明文规定。如《福建省实施〈村组法〉办法》第 4 条规定，村民会议具有本村最高决策的权力。这一权力主要体现在两个方面：一是讨论、审议涉及本村治理和发展的基本规则、规划和工作计划；二是讨论、决定涉及全体村民利益的重大问题。村民通过参加村民会议直接讨论和决定本村重大事务。为了保证村民会议切实有效地行使决策权，一些地方法规和村民自治章程对村民会议的时间和程序做出了明文规定。

村民会议是最能直接表达和反映村民意志的民主决策形式。虽然这一决策形式在实际运作中尚存在不少困难和问题，但随着各方面条件的成熟，村民会议的实际作用将愈来愈大。

村民代表会议则是现阶段农村民主决策的主要形式。村民代表会议作为村民会议的重要补充，其产生的原因和背景，主要是为了克服村民会议不容易召开的困难，为村民群众参与本村重大事务的决策寻求到一条切实可行的途径。民主决策是村民代表会议的主要功能。如《福建省实施〈村组法〉办法》给村民代表会议规定了五项职责：（1）讨论、决定完成国家任务的各项措施；（2）讨论、决定村建规划的实施和宅基地安排方案；（3）讨论、决定新建、扩建村重大生产项目、建设工程和公益事业；（4）讨论、落实人口出生计划；（5）讨论、决定村重大财务开支。这五项职责都属于决策的范畴。一些地方法规和村民自治章程在界定村民会议和村民代表会议的相互职权关系时，一般都是将村民会议拥有的决策权委托给村民代表会议行使。

村民代表会议作为决策机构，其功能可分为两个方面：一是民主议事，即由村民代表将村级重大事务及时告知所代表的部分村民，并进行讨论；二是共同决定，即在征求村民意见的基础上，由村民代表对村级重大事务做出决定。这两方面的功能在实际运作中的表现有所不同。现阶段，大多数地方的村民代表会议的主要功能是民主议事。一些地方因此将村民代表会议称为“村民代表议事会”，或“三老（老党员、老干部、老村民）议事会”。即使主要是民主议事，对村级重大事务的决策也会产生影响。1996 年 1 月，笔者在武汉市洪山区青菱乡光峡村和长征村就此做了专门调查。村民代表普遍反映，他们的意见对村级事务的决策有一定的影响力。

村民代表会议在进行民主决策时，一般按以下程序运作:（1）通过定期、不定期的会议了解和知晓村级重大事务;（2）将需要村民讨论的事务告知所联系的村民，并组织讨论和听取意见;（3）将村民意见反映给有关领导和工作机构;（4）代表所联系的村民共同做出决定。

从职权上看，村民代表会议具有代议性；但从程序上看，村民代表会议又是村民群众更广泛、更深入地参与决策的有效形式。

（二）村民委员会在广泛吸纳村民群众意见的基础上，根据民主自治原则进行决策，处理日常村级事务

村民委员会是村民自治组织体系的工作机构，亦是沟通政府与农民群众的桥梁，日常村级事务的处理主要由村委会负责。村委会在村级事务的决策中居于中心地位，是主要决策者之一。

村委会作为村民自治组织的工作机构，与国家机构相比，其决策应更广泛、更直接地吸纳村民群众的意见。村委会的决策过程本身就应是村民群众广泛参与的结果。首先，村委会由村民群众直接选举产生，并直接对村民群众负责。村委会成员本身就是村民，而非专职的国家工作人员。村委会成员生活在群众中，并直接参加生产劳动，这有利于村委会成员在日常生活和劳动中直接听取村民群众的意见。村民群众也可随时接触村委会成员，反映意见和要求，影响村委会的决策。这种直接接触活动显然比定期或不定期地召开村民会议或村民代表会议更为灵活方便。其次，村委会在全体村民中产生，本身就有一定的代表性，一般代表某一群体（如妇女、青年等）或某一自治单元（村民小组）。根据笔者的调查，村委会成员一般为3—7人，大多是每个村民小组产生1名。村委会成员的代表性，使村委会决策时不能不考虑各个成员所代表的那部分村民群众的意见。否则，换届选举时，之前由各个群体或村民自治单元推荐

的村委会成员就有可能不再被推荐。第三，由村委会做出决定的村级事务与本村村民群众利益密切相关。只有充分听取村民群众的意见，才能使决策更合理，更能反映村民意愿，也较容易执行。

所以，广泛听取和吸纳村民群众的意见和要求，既是村委会组织性质的内在要求，也是村委会决策科学、合理及有效执行的重要条件。尽管广泛地听取村民意见只是村民对决策的一种间接影响，但它却构成了村委会决策的民主基础。正因为如此，各级村民自治的立法或建制主体，都对村委会决策的民主基础做出了明确、具体的规定。《村组法》第 12 条规定，村民委员会进行工作，应当坚持群众路线，充分发扬民主，认真听取不同意见，不得强迫命令，不得打击报复。省级实施《村组法》办法都有类似规定。河北省藁城县委、县政府于 1989 年 5 月 14 日发布《关于在全县农村实行“八公开、一参与、一监督”的决定》，其中“一参与”就是实行群众参与制度。该《决定》指出，村委会在履行职能的过程中，要就涉及村民整体利益的重要事项，发动村民积极参与讨论，主要包括 10 个方面：（1）涉及本村经济和社会发展规划的重要事项；（2）兴办集体企业和公共社会福利事业；（3）与群众利益密切相关或群众普遍关心的重大问题，如定购、提留、集资等；（4）群众反映较为敏感的问题，如计划生育工作中的照顾、处罚，宅基地发放等；（5）经济承包、集体财务管理；（6）财务开支、村公积金使用情况；（7）县、乡分配供应平价紧俏生产资料；（8）村党支部、村委会的工作情况；（9）民主评议干部、评议党员情况；（10）对村民举报、质询、反映意见的查处和答复。一些村的村民自治章程和村务管理制度对村委会的民主决策及其程序做出了进一步的明确规定。如四川省乐山市五通桥区茶花村的《村民委员会工作制度》规定：本村干部坚持上午到办公室处理日常事务，下午深入基层帮助村民解决具体问题。

村委会的民主决策还包括村委会内部做出决定时实行民主基础上的集中，采取少数服从多数的集体决策原则。民主集中制是中国国家和社会管理的基本原则。对于村委会的决策来说，在进行集中之前充分发扬民主更为重要，因为村委会是群众性自治组织，群众性是村委会决策的基础。村委会成员由一定范围内的村民群众中产生的代表组成，在参与决策时比较容易反映所代表的村民群众的意见。只有实行少数服从多数的集体决策，使每个村委会的成员都能在决策过程中充分表达意见，平等地共同做出决定，才能保证村委会决策具有更广泛、更充分的民意和群众基础，才能有利于决策顺利执行。

《村组法》对村委会决策的民主原则做出了明确规定。第 12 条指出，村民委员会决定问题的时候，采取少数服从多数的原则。地方实施《村组法》办法将这一原则具体化。《湖北省实施〈村组法〉办法》第 13 条规定：村民委员会建立民主办事的各项制度。村民委员会决定问题采取少数服从多数的原则；意见分歧较大的，可以提交村民会议或村民代表议事会讨论决定。山东省莱西县在贯彻实施《村组法》过程中规定：村民委员会会议讨论、决定问题的时候，要有记录，在研究决定问题时，要充分发扬民主，按民主集中制的原则办理。如果出现重大分歧，不能匆忙做出决定，可以保留到下次会议继续讨论（紧急情况除外）；已经决定的，要坚决贯彻、执行。从有关规则和实践情况看，村级事务的民主决策程序和运作主要有以下环节：

（1）由村委会提出议案。村民会议或村民代表会议亦可提出议案。（2）将议案交由村民会议或村民代表会议。村民代表和村委会成员将议案问题告知村民，并听取村民意见。（3）由村民会议或村民代表会议对事关村民利益的重要议案做出决定。村委会在广泛听取村民意见的基础上进行决策。（4）决策中实行决策者人人平等、少数服从多数的原则。（5）村委会在决策中如有重大分歧问题难以决定时，将议案提交村民会议或村民代表会议决定，或将议案再交由村民、村民代表和村委会成员讨论、修改，直至最后做出决定。

当然，民主决策并非事无巨细都由村民、村民代表或村委会成员集体开会做出决定。在现阶段，以集体开会的形式做出决策较为困难，一些日常村务问题更无必要以集体开会的形式进行决策。大多数日常村务都是由村委会成员，特别是村委会主要负责人处理。为了防止因决策权过分集中于少数人手中而出现决策失误或决策脱离群众的问题，一些地方采用了责任制的办法，规定村干部必须在履行其决策权时承担相应的责任。如湖北省京山县东关村《村民自治章程》规定：村民委员会建立任期目标、年度目标和分工负责制，定期进行总结检查，年终考核计酬。只要实行严格的责任制，决策者便有可能负责任地、广泛地、及时地听取村民群众的意见，使其决策更合理，更有群众基础。

三、民主管理：依法建制，以制治村

中国农村实行村民自治，不仅是有利于发展民主，更是整个治理模式的转换。其标志就是将对农村的治理建立在更广泛地扩大农民民主权利的基础上。

在人民公社时期，虽然也强调民主办社，但政社合一的体制，使农村的基层管理变为仅仅是单向的干部管理群众，群众只有服从管理的义务，而少有参与管理的渠道。民主办社只能停留在制度条文层面。人民公社体制废除后，实行村民自治，为农村的民主管理提供了体制上的可能。根据《村组法》的规定，村民委员会是村民自我管理、自我教育、自我服务的基层群众性自治组织。这就意味着农村村民成为基层事务管理的主体，村委会是村民自我管理的独立组织。在这一制度背景下，村级事务管理不再是少数干部的专利，而是全体村民群众都享有的权利。村民群众可以更多地参与管理，维护和实现其利益要求。同时，只有在全体村民共同参与的基础上，才能通过村民自治实现对农村的有效治理。所以，建立在全体村民共同参与基础上的民主管理，是村民自治的根本环节。

管理是通过一定方式使管理对象得以有序运行的活动。建立在全体村民参与基础上的民主管理，对于有着深厚传统色彩的农村来说，是一件前所未有的事情。特别是要使民主管理走向制度化，不再依靠少数领导人的意志和作风，更为艰难。在贯彻实施《村组法》过程中，村民民主选举村委会干部为民主管理奠定了基础。村民参与村级事务决策本身是民主管理的关键性内容。当然，村级事务管理除了民主决策外，还包括非常丰富的内容，它涉及村内经济、政治、文化和社会等众多事务及村内所有社会成员。人民公社时期，农村的管理主要是自上而下的行政命令式管理，不仅排斥了农民群众的参与，而且随意性大。实行村民自治，由农民群众进行自我管理，除了更广泛地扩大了农民群众的参与外，还可以将对农村的治理导入制度化轨道。在实行村民自治的过程中，各地在探索民主管理的途径和方式方面取得了较大的进展。其中，最为引人注目的是依法建制，以制治村。

依法建制，以制治村，即村民群众根据有关法律、法规，制定本村的章程和规则，建立各种村级管理制度，然后以制度进行治理，实行村级的规范化管理。具体做法包括以下两个方面：

1. 依据法律、法规，建章立制

《村组法》确定了农村村级实行村民群众自我管理的原则，但对怎样进行自我管理没有具体、明确的规定。地方贯彻实施《村组法》办法对自我管理原则做了一些具体化说明，但仍然只能做出一般性原则规定。农村各地的实际情况有所不同，不可能套用一般性规范进行管理及处理各种繁杂、具体的问题。为此，一些村在贯彻实施《村组法》及其相应的法规、文件中，制定出一套上合国家法律，下合村情民意的具体规章制度，作为村级管理的直接依据。村级建章立制的内容非常丰富，主要有三个层次：一是村民自治章程，即村级管理的综合性规定，是村级管理的基本准则，被村民称为村中“小宪法”；二是村规民约，即村民行为的具体准则；三是村务管理规则，即对经济、政治、文化和社会等各种村务管理的规定，如村级经济管理、村级财务管理、村的民主政治建设、村的社会治安管理、村的精神文明建设规定等。

2. 根据制度，从事管理

管理是人为的活动。从村民自治的含义看，村级管理应是全体村民的自我管理，村民委员会则是村民自我管理的基本组织形式。《村组法》对村民委员会实行民主管理做了原则性规定，要求村民委员会进行工作时，应当坚持群众路线，充分发扬民主。村的建章立制将这一原则精神具体化，对所有参与村级管理的人，即无论是村民群众还是村委会干部的权利、义务、要求等事项都做出了具体、明确的规定。村民和村委会干部依照制度从事管理活动，任何人都不得超越制度，违背规定，否则就要受到相应的处罚。由于村委会干部是主要的管理者，一些村为此专门制定了村委会工作准则和村级干部管理细则，规范其管理行为。

以上两个方面都贯穿和体现着民主管理的基本精神，也体现了农村村级管理机制的根本性转换。

首先，村级管理制度由全体村民共同制定，村民成为建章立制的主体。在封建专制社会，农民群众被排斥在政治生活之外，法律制度由少数统治者制定，并主要用于治民。中华人民共和国成立后，农民享有参与政治生活的权利，但在人民公社体制下，农村管理主要依靠行政命令。发布命令者是干部，村民群众只是被动地服从。农村实行村民自治后，全体村民成为管理主体。其主体地位的确立不在于由每个村民直接管理日常事务——这在事实上也不可能办到——而在于由全体村民共同制定管理村级事务的基本规范和依据。全体村民成为管理制度的制定者，享有村级管理的“立法权”。所有村级管理活动都必须依照有关制度、规范进行。村民群众由过去仅仅只是制度的执行者，变为既是执行者，更是制定者。这充分体现了村级管理的民主精神。因为对国家和社会进行治理的制度、规范是由少数人确定，还是由大多数人共同讨论确定，正是专制抑或民主的重要标志之一。与此同时，在实行村民自治的条件下，管理活动不再主要依靠命令—服从关系下的行政手段。要使管理有权威、有效率，就必须将管理建立在由所有成员参与制定章程、制度的基础上。否则，管理就缺乏应有的权威，要么求助于政府行政命令，要么放任自流。

其次，村级管理制度体现了互约性原则。在封建专制社会，上至国家法律，下至村规民约，都是少数人统治多数人的工具，即所谓“管民不管官”。中华人民共和国成立后，农民群众在法律上享有平等的民主权利，但人民公社体制下的行政管理主要体现的是命令—服从关系，农民群众只是被管理者，行政命令主要用于支配、约束农民群众。1990年，彭真就农村基层管理发表意见说：“在基层，有人管农民，但群众怎样管干部，怎么管乡政府，没有规定，民主不完备，要彻底解决这个问题。要强化民主管理，要搞法制监督。”[①]实行村民自治后，村级管理根据全体村民共同制定的制度进行。由村民共同制定的制度具有明显的互约性。村的管理制度既规定了村民的义务，更明确了村民的权利；既有管理村民的规定，更有约束干部的条例，把干部和群众共同置于制度管理之下。制度既约民，又约“官”，实行双向约束，以此保证村民充分享有广泛参与管理的民主权利。村民通过制度监督、规范、制约村干部的行为，为村干部真正成为人民群众的“公仆”奠定牢固的制度基础。由人民群众赋予权力的管理者只能是人民的“公仆”，而不能成为人民的“主人”，这正是民主政治的要旨之一。

第三，村级管理制度将村民自我管理纳入到法制化轨道。民主必须与法制相匹配。在中国封建专制社会，农村基层管理具有某种程度的自治性，但这种自治由于缺乏建立在民主基础上的法律制度体系的支撑，只能是乡村少数上层人士把持村务管理大权的专制性自治。在当代中国农村实行的村民自治，是村民群众进行的自我管理。由于传统影响深远，如果没有健全的法律制度的支撑，村民自我管理可能演变为少数人的自我管理，大多数村民群众可能被排斥在管理领域之外。依法建制，以制治村则为民主管理提供了制度上

① 转引自李学举《中国城乡基层政权建设工作研究》，中国社会出版社1994年版，第72页。

的保证。这是因为，制定村级管理制度的基本依据是国家法律，所有村级管理制度都必须与建立在保障人民民主基础上的法律保持一致。不合法的“土办法”“土政策”不能作为管理村务的依据。同时，村级管理制度以明确的条文形式表现出来，使村里所有社会成员对其角色有明确的界定，以此规范其行为。在这一制度背景下，民主管理不再只是干部“恩赐”给群众的阳光雨露，而是群众应有的权利；民主管理不再只依靠干部的思想作风，而依靠制度化的规定；管理活动不再只是随意性行为，而是村民群众制度化参与和村干部根据制度进行规范化管理的结合。

依法建制，以制治村，为农村村民群众制度化参与村级管理探索出一条有效途径。山东省章丘市在这方面取得了突出的进展。该市自 1989 年以来，适应农村改革与稳定发展的新情况，有计划、有组织、有步骤地推动了“依法建制、以制治村、民主管理”的进程，走出了一条坚持民主与法制的高度统一、依法治理的新路子。通过“依法建制、以制治村、民主管理”，充分调动了村民群众的积极性，将村民自我管理纳入法制化轨道，促进了村民自治的发展。该市的做法得到了有关方面的充分肯定。1992 年 8 月，中共中央组织部、中华人民共和国司法部和中共中央政策研究室在该市联合召开了“依法建制、民主管理”的经验交流会。①

在实行村民自治的过程中，许多地方在探索民主管理的途径和方式方面都取得了进展。“依法建制，以制治村”强调了法治，从治理农村的基本方式的高度，来认识和探索民主管理的途径，无疑体现了村民自治所包含的使民主制度化的基本原则精神和趋向。

---

① 参见靖绪佳《以法治村民主管理——山东省章丘市农村调查》，引自张厚安、徐勇等《中国农村政治稳定与发展》，武汉出版社 1995 年版，第 974—982 页。

四、民主监督：村务公开、群众监督与自我教育

任何公共权力如果得不到必要的制约和监督，都有可能蜕变为少数人谋取私利的工具。中国农村实行村民自治，但并非每个村民都直接从事日常村务的管理。村民主要是通过选举村民委员会干部，来委托村委会干部从事日常村务的管理。管理是一种公共权力运作过程，在这一过程中，很有可能出现公共权力的运用产生偏差乃至脱轨的现象。特别是在有着长期封建专制影响的中国农村，公共权力的蜕变更易发生。中华人民共和国成立后的相当长的时间内，国家力图通过“四清”等政治运动的方式解决农村基层干部以权谋私的问题，但由于未从制度上加以防范和制约，其成效不大。农村实行村民自治，国家对农村基层政治生活的介入减少，公共权力运用产生偏差的可能性更会增大，因此必须加强农村基层自身对公共权力的制约和监督。否则，村民自治很容易蜕变为少数干部的自治，以致造成少数干部蜕变为不受任何制约的“土皇帝”。原天津市静海县大邱庄的“庄主”禹作敏的蜕变便是典型的例证。① 因此，民主监督是村民自治的必要环节和重要内容之一。

与对国家权力的监督相比，村民自治运作中的民主监督更具有广泛的群众性和直接参与性，体现了村民自治的直接民主特点。从广义上看，村民的民主选举、民主决策和民主管理过程都蕴含着村民群众的监督，由村民群众直接参与基层政治生活和介入公共权力的运作过程，是防止权力偏差和蜕变的最有效机制。但从狭义上看，民主监督有其特定的内容，它指在村民自治运作中，通过村民群众的监督活动，保证村务管理上合国家法律，下合村情民意，并使每个村民从中得到自我教育。如果缺乏民主监督，民主选举、民主决

---

① 参见佘洪丰《辉煌中的阴影——中国“首富村”大邱庄揭秘》，警官教育出版社 1993 年版。

策和民主管理的成果就难以巩固。如浙江省宁海县的一个村，一个素质很差的人当选为村委会主任后，7 天之内连下 18 个文件，将村集体所有积累，从资金到抽水机全部分光。[①] 因此，民主监督在村民自治诸环节中有着独立的地位和特殊作用。

在民主监督中，村民群众是监督的主体。村民群众的监督权是村民自治权的重要组成部分。监督的主要对象是直接从事日常村务管理的村民委员会组织及其成员。国家有关法律、法规，除对村委会组织及其成员提出了一定要求外，还对村委会的监督问题做出了明文规定。地方实施《村组法》办法一般都明确规定了村民委员会成员受村民和村民代表监督。

村民群众对村委会及其成员的监督，主要是促使村委会及其成员的村务管理富有成效和符合一定规范。村务活动公开因此成为民主监督的前提条件。所谓村务公开，就是凡是与村民群众利益密切相关或需要让群众知晓的事都应公开，让每个村民知晓和了解。村民只有了解村务，才可能监督村务管理，防止和纠正管理行为的偏差和违规。有关法律、法规文件对此都给予了明确规定。有些地方和村还制定了专门的村务公开制度。如河北省藁城县委、县政府1989 年 5 月 14 日联合发布了《关于在全县农村实行“八公开、一参与、一监督”的决定》，要求在全县农村全面实行“八公开、一参与、一监督”制度。《决定》指出，村务活动公开，应以群众最关心、反映最敏感、与群众利益紧密相关的内容为主。包括：计划生育照顾、处罚公开；宅基地发放公开；集体财务管理公开；生产资料发放公开；新上集体项目公开；村办企业招工公开；签订经济承包合同公开；干部的目标责任制公开等。吉林省镇赉县二力村村委会建立了“十公开、一监督”制度。“十公开”为：重要农用生产资料分配公开；贷款分配公开；各种救济款、物发放公开；建房计划指标公开；各种罚款的依据、标准公开；农业税减免公开；重大财

① 参见辛向阳《当代中国农村民主论纲》，《学习与探索》，1993 年第 1 期，第 38 页。

务开支公开；计划生育指标发放公开；统筹款、摊派款指标公开；电费收缴公开等。“一监督”即接受群众监督。

在农村村级事务管理中，财务管理至关重要。一则在于中国农村实行生产资料集体所有制，土地等主要生产资料由村集体组织所控制。同时，村内还兴办集体企业、公益事业，这些集体财产的管理权亦由村集体组织所掌握。二则在于村集体组织是国家和农民群众联系的中间环节。国家对农民的经济支持和农民上缴国家的税款要通过村级组织具体落实。在这一背景下，如何使村领导人在村财务管理中秉公办事，便成为农村政治生活中的一件大事。人民公社时期在农村进行频繁的政治运动，主要内容就是清理财务，惩处以权谋私的干部。政治运动主要是事后处罚，能收到一定成效，但难以防患于未然。人民公社体制废除后，外部压力减小，从而更需要通过村民自治，以健全的管理制度解决少数干部以权谋私问题。财务公开则是重要措施之一。从国家法律、法规一直到村的章程，对此都做出了专门具体的规定。《村组法》第 17 条规定，村民委员会办理本村的公共事务和公益事业所需的费用，经村民会议讨论决定，可以向本村经济组织或者村民筹集。收支账目应当按期公布，接受村民和本村经济组织的监督。省级实施《村组法》办法也有相应的规定，而且更明确。如《湖南省实施〈村组法〉办法》第 26 条规定，村民委员会的财务实行民主管理，收支账目应按期公布，接受村民和本村经济组织的监督。一些地方还专门制定了村级财务公开和民主理财的制度。福建省人民政府 1995 年 1 月发布了《关于加强村级财务管理的暂行规定》，强调村的收支必须定期向村民群众报告，以便监督。在由村制定的村务管理章程中，有关财务公开的规定更为具体、明确。

村务公开的方式较多，大致有以下几种：（1）固定公开点。如通过专门刊登村务活动的橱窗、板报、专栏等定期公开村务，按时更换内容。（2）传播媒介。如通过广播、文件、标语等将村务及时告知各家各户。（3）会议。如通过村民大会、村民代表会议、座谈会、民主理财会，向群众报告工作，通报村务。

村务公开，主要是便于村民群众的广泛和直接监督。村民群众的广泛和直接监督，是村民自治运作中民主监督的重要特点之一。与设有专门监督机构对国家机关及其工作人员进行的监督不同，农村基层没有专门的监督机构，主要是通过村民群众直接监督村干部及其工作。群众监督是农村基层的主要监督方式，亦是农村基层直接民主的重要体现。

村民群众直接监督的方式和手段主要有：

（1）提意见，即村民群众通过一定方式表达对村务管理工作和村干部的看法和要求。这是最为常见的监督方式。有关法律、法规和章程对此均有专门规定。《村组法》第12条规定，村民委员会进行工作，应当坚持群众路线，充分发扬民主，认真听取不同意见，不得强迫命令，不得打击报复。山西省临猗县西达村《村民自治章程》第18条规定，村民享有参加村务活动，提出有关建议和批评，对村干部和村务进行监督的权力。湖南省临澧县龙凤村《依法自治章程》第102条规定，村里设“民主建设意见箱”；第104条规定，广大党员要带头参政议政，敢于直谏，同时要及时向组织反映群众意见、建议和批评，帮助村总支、村委会不断改进工作，减少工作失误；第106条规定，凡反映给村干部的意见，村干部在接到意见后三日内必须认真研究答复，一般事务当即答复，特殊事宜十天以内答复。

（2）民主评议，即通过村民会议、村民代表会议及其他形式评论、审议村委会及其成员的工作和行为，以督促村委会及其成员改进工作，规范行为。民主评议会定期或不定期召开。在严格实行民主选举的地方，一般都要在选举前进行民主评议活动；有的地方则一年召开一次或几次专门的民主评议会；有些地方则把干部任期目标责任制、经济奖惩与民主评议联系起来，使民主评议富有成效。《陕西省实施〈村组法〉办法》第17条规定，村民委员会实行任期目标责任制和村民评议干部制度。吉林省和龙市东城镇《村级干部管理细则》规定，村级干部任期三年，实行岗位目标责任制，通过打分制动员广大群众考察和民主评议村干部。

（3）纠正和制裁，即根据一定规则对村委会工作和村委会成员行为中出现的失误和不当予以处置。如果说提意见是事前监督，民主评议是事中监督，那么，纠正和制裁则是事后监督。根据有关规则，村民群众有权对村委会工作和村委会干部出现的失误和不当给予不同程度的制裁，直至否决村委会决议和撤换村委会干部，以督促村委会改进工作，纠正偏差。有关法律制度对此有专门规定。《村组法》第11条规定，村民会议有权撤换和补选村民委员会的成员。省级实施《村组法》办法对此加以具体化。如《陕西省实施〈村组法〉办法》第14条规定，村民委员会成员受村民监督，村民会议有半数村民通过，可以撤换村民委员会成员。村民自治章程和村级规范化管理制度中的规定更为具体、明确。甘肃省天水市花牛村《规范化管理规定》第24条规定，村民对不称职的村委会成员，有权通过村民会议进行罢免或改选。陕西省韩城市下峪口村《规范化管理规定》第55条规定，村民（村民代表）会议有权否决和修改村民委员会不适当的决议和决定。

群众直接监督，是村民自治中的监督不同于国家管理中的监督的重要方面，村民群众根据有关法律制度直接监督村委会及其成员的工作和行为。在这种直接监督活动中，村民自身也受到有关法律制度的教育，加深了对有关法律制度的理解，从而自觉地将其行为控制在一定规范之内。因此，村民自治中的民主监督同时也包含了村民自我教育的因素。《村组法》规定村民委员会是村民自我管理、自我教育、自我服务的基层群众性自治组织。村民委员会通过村民群众监督进行自我教育，与此同时，村民群众在监督村民委员会工作中自身也受到教育，达到自我监督、自我约束的效果。由此而实现村民委员会组织内干部和群众的共同监督和教育，通过民主的方式解决农村基层社会生活中干群间和村民间的矛盾。

第五章
村民自治的运作模式：标准与类型

村民自治是在国家制度安排下的民主实践活动。在现阶段，村民自治尚处于通过示范逐步推行的初始阶段，政府部门在指导和引导村民自治的运作中，制定了一些规范性标准。与此同时，村民自治在实际运作中受多种因素影响，发展相当不平衡，大多数村尚未达到规范性标准。即使是同一标准，人们在衡量村民自治运作过程时的取舍也有所不同。因此，尽管有统一的国家制度安排和具体的指导标准，村民自治的实际运作模式却表现出多种类型。

一、示范村标准：自治状况与客观效果

自 1987 年《村组法》通过后，村民自治作为国家治理农村的一项制度得以确立，随之在全国广泛推行。但是，在有着深厚的历史传统影响，并正在经历巨大历史变革的中国农村，全面推行村民自治，毕竟是一件十分复杂和艰巨的工作，不可能一蹴而就。1987 年《村组法》审议通过之际，六届全国人大常委会委员长彭真一方面积极促使该法的通过，另一方面也意识到要使这一法律在实际生活中全面、准确地贯彻实施，绝非易事。在审议并通过《村组法》的六届全国人大常委会第二十三次会议上，彭真指出："办好村民委员会，实行村民自治，是一项长期的、艰巨的工作，不要把它看得那么容易，绝不是作一个决定，国家发一个号令，就能短期都搞好的。要求一下子铺开，所有的地方都做到，绝不可能。它的建立、健全需

要长期、细致、艰苦的工作，决不能追求形式、走过场。”并强调：“我们要严肃认真地、积极负责地、深入细致地做群众工作，组织群众酝酿，跟群众商量，创造条件，经过试验，逐步推广，条件成熟一个搞一个，成熟一批搞一批。”[①] 为了创造条件，积极稳妥地推进村民自治，中共中央（1990）19 号文件提出“每个县都要选择几个或十几个村，开展村民自治示范活动，摸索经验，树立典型”。

村民自治示范的实质就是通过贯彻《村组法》，在实践中摸索经验，树立典型，建立起规范性标准，以此引导和推进村民自治在更广泛的范围内发展。为此，负责具体指导实施村民自治的政府民政部门，将开展村民自治示范活动作为现阶段推进村民自治的一项重要工作任务。1990 年 9 月 26 日，国家民政部发出《关于在全国农村开展村民自治示范活动的通知》，要求各级民政部门要选择有一定工作基础的县（市）、乡（镇）、村作为示范单位，组织示范活动。1994 年 2 月，国家民政部又发出《关于印发〈全国农村村民自治示范活动指导纲要（试行）〉的通知》，指出，“实践证明，开展村民自治示范活动是贯彻落实《村委会组织法》，推进农村基层民主政治建设的好办法。各地民政部门一定要将这项活动扎扎实实地开展下去，并注意发挥典型的作用，做到点与面的有机结合，进一步推进农村村民自治和农村基层民主政治建设，促进农村两个文明建设的发展”。1995 年 2 月，民政部在《关于进一步加强村民委员会建设工作的通知》中再次强调，要深入开展村民自治示范活动。与此同时，一些省（市）、县（市）也制定了相应的村民自治示范活动方案、规划和标准。

在各级民政部门有关村民自治示范活动的文件中，除了一般要求外，重点内容是示范村的标准。因为示范就是要确立可供效仿和参照的典型，而典型的确立必须有一套明确、客观的标准。通过这

---

① 彭真：《通过群众自治实行基层直接民主》，《彭真文选》，人民出版社 1991 年版，第 610—611 页。

一标准判断一个村能否成为村民自治的典范。

与村民自治的立法或建制一样，村民自治示范村标准也表现出自上而下、由一般到具体的特点。民政部的文件提出了一般性要求。1990 年 9 月，民政部《关于在全国农村开展村民自治示范活动的通知》对村民自治示范村提出了五条标准：(1) 村委会干部由村民民主选举产生，村委会领导班子坚强；(2) 村委会各个工作委员会和村民小组健全，工作职责和规章制度明确，切实发挥作用；(3) 定期召开村民会议或村民代表会议，实行村民民主参与制度，坚持村务公开、民主办理、群众监督原则；(4) 经济发展，安定团结，公益事业办得好，村容村貌整洁；(5) 村民依法履行公民义务，全面完成国家交办的各项任务。国家民政部 1994 年下发的《全国农村村民自治示范活动指导纲要（试行）》在这五条标准的基础上，将第四条分解为两条，突出了治安防范和村风民风的标准。至此，民政部为村民自治示范村设定的六条标准可以概括为：民主选举，领导得力；组织健全，功能完备；民主管理，制度落实；经济发展，社会稳定；治安良好，生活有序；履行义务，完成任务。

民政部的标准显然是一般性要求。为了使一般性要求转化为可操作的标准，地方在推进村民自治示范活动的过程中，结合民政部的一般性要求，制定出更加具体、详细的标准，特别是以打分的形式加以量化，以寻求到一种科学、合理和客观的评价尺度。

辽宁省在制定村民自治示范标准方面取得了较为领先的成就。1991 年 3 月 31 日，辽宁省发布《开展村民自治示范活动方案》，主要内容是提出示范标准。该《方案》指出，村民自治村应具备“十有一能”的条件，即：有健全的组织机构，有坚强的领导班子，有完善的民主制度，有正常的工作秩序，有整洁的办公环境，有适用的村规民约，有一定的集体经济，有较强的服务意识，有良好的村风民风，有协调的工作关系；能全面完成各项工作任务。1993 年 5 月，辽宁省民政厅在此基础上制定了《村民自治示范村检查验收标准（试行）》，将“十有一能”标准的各项指标以分数的形式标明，达到某种指标的加分，未达到的不给分或减分。如有健全的组织机构为 8 分，包括 5 项指标。其中第 1 项为：村委会成员由村民直接民主选举产生的得 2 分，不是直接选举产生的不得分。有完善的民主制度为 14 分，包括 6 项指标。其中第 1 项为：建立村民会议或村民代表会议制度，村民代表由村民选举产生得 2 分；未建立扣分，村民代表未经选举产生扣 1 分。有良好的村风民风为 10 分，包括了 3 项指标。其中第 2 项为：无封建迷信，无婚、丧事大操大办，无土葬，无违法婚姻，无聚众赌博、打架斗殴、乱砍滥伐等现象得 4 分。发现一个问题扣 1 分。“十有一能”总分为 100 分。该方案规定，经检查、验收，总分达到 80 分以上的为村民自治示范村。

省以下的地方制定的村民自治示范村标准更细、更具体。如山东省桓台县 1991 年制定的《村民自治示范村标准》，为村民自治示范村标准所设定的总分数达 1000 分。仅第一方面依法民主选举村委会干部、健全村委会下属组织和村民小组的内容，就包括 18 项指标，共 240 分。其中如第 5 项，选民参选率达 90% 以上计 20 分；第 6 项，设投票中心会场计 10 分；第 7 项，当场宣布选举结果，并报乡镇和县政府备案计 10 分。

村民自治示范村的标准，实际上是检验是否实行村民自治及其发展程度的评价尺度。达到一定标准的，才算是实行了村民自治，或者是村民自治有成效。所以，各个层面关于村民自治示范村的标准均包含两个基本方面：一是村民自治的自身状况，二是村民自治的客观效果。国家民政部规定的六条标准，前三条属于村民自治的自身状况；后三条则属于村民自治的客观效果。地方根据国家民政部一般要求制定的具体标准，无论内容多么丰富，都体现了以上两个方面的基本内容。显然，这与国家实行村民自治的双重目的有关。村民自治首先是农村发展基层直接民主的一种形式，衡量这种形式是否属于直接民主，必须有相应的客观标准。所以各个层面的示范村标准几乎都将村民民主选举村委会干部、村民会议或村民代表会议状况、村民参与村务管理和进行民主监督等作为主要内容。其内容实际上反映了村民自治的自身状况。其次，村民自治又是现阶段国家治理农村的一种方式，即通过具有基层直接民主性质的村民群众自治，在农村实行自我管理、自我教育、自我服务，国家以间接的方式实现对农村的管理。村民自治能否达到有效治理农村的目的，取得预期效果，也和有无相应的客观标准有关，客观标准指的就是各个层面示范村标准中所列的经济发展、社会进步、国家管理有效等。

将村民自治的自身状况与客观效果统一起来，作为评价村民自治的标准是十分必要的。显而易见，村民自治的自身状况不理想，必然会影响村民自治的客观效果。另外，村民自治作为一种民主形式，必须在实际生活中产生一定功效，才能为国家和村民群众所重视和认同。为此，在运用一定标准衡量村民自治时应注意避免两种倾向：一是只注重村民自治的自身状况，仅仅是根据某种民主理念看待村民自治，单纯追求形式，忽视其客观功效；二是只注重村民自治的客观效果，特别是短期经济效益，甚至将经济效益视为衡量村民自治的主要尺度，似乎经济效益好，就算是村民自治的效果好，经济效益不理想，村民自治亦无用。在村民自治制度刚建立不久，村民自治尚处于试行的现阶段，第二种倾向更为普遍。这也是村民自治发展步履艰难的重要原因之一。毫无疑问，村民自治必须有一定客观成效，但村民自治并非包医百病的万灵之药。一个村的经济发展、社会进步和国家任务的完成情况，不仅仅取决于村民自治，还需要一系列的宏观和微观条件。村民自治只是在推进农村基层治理走向民主和法制的轨道方面，起到了一定作用，奠定了一定的制度基础，但不可赋予村民自治过多的职责。正如彭真在全国人大常委会通过《村组法》时所指出的，要注意这样一种危险，即“村民委员会头上压的任务太多，‘上面千条线，底下一根针’，这样就会把它压垮”[①]。从这个意义上看，现阶段一些地方制定的村民自治示

① 彭真：《通过群众自治实行基层直接民主》，《彭真文集》，人民出版社 1991 年版，第 611 页。

范村的标准过于繁杂和具体。当村民自治负荷太重，成效不明显时，便容易引起人们对村民自治的怀疑，乃至将其搁置在一旁。在对待民主还具有强烈功利主义色彩的政治文化背景下，科学、合理地评价村民自治，并设定相应标准，显然非常重要。

二、规范型与非规范型运作模式的分类比较

村民自治作为一种法律制度已在中国实行了一段时间，但其发展相当不平衡。国内外学者对中国农村村民自治的实际运作模式，从不同的角度加以评估和分类，主要有以下两种代表性观点：

一是华中师范大学农村问题研究中心张厚安教授等人于 20 世纪 90 年代初提出的“三种类型”说。张厚安从村治的角度，认为中国村治的现状分为三大类型：(1) 自治型。指强化自治功能，贯彻《村组法》较好的村治。这类村为数不多，大约占全国村庄总数的 25%。(2) 行政型。指强化行政功能，同时建立村公所的村治。这类村大约占全国村庄总数的 10%。(3) 混合型。指在形式上虽贯彻了《村组法》，成立了村民自治组织——村民委员会，但是其性质和运行方式未能摆脱老模式。一般而论，是表象自治化，实质行政化，或兼有自治型和行政型的特点。这类村大量存在于全国各地，大约占全国村庄总数的 65%。[①]

二是美国俄亥俄州立大学政治学系欧博文（Kevin J. O'Brien）提出的“四模型”说。欧博文从村民参与和完成国家任务两个向度，将村民委员会和相关组织分为两种类型的四种理论模型：一类是达标的示范村。即达到国家民政部关于村民自治示范村标准，《村组法》贯彻较好，村民自治的自身状况和客观效果较为理想的村。一类是《村组法》实施不完善的村。这类村又分为三种模型：(1) 瘫痪村。村民委员会处于瘫痪状态，村民的制度化参与和国家任务完成

① 参见张厚安《中国农村基层政权》，四川人民出版社 1992 年版，第 476—477 页。

均不理想。（2）专制村。村民的参与程度低，但完成乡政府任务较好，村组织高度行政化。（3）失控村。村民参与程度较高，完成国家任务不好，带有某种“独立王国”倾向。[①]

以上两种分类法各有依据，也颇有启发性。但我认为，要对村民自治运作模式加以准确评估和分类，必须确立一个适当的标准。村民自治是国家制度安排下的运作活动。国家制定有关法律制度，一方面是确立村民自治的原则，另一方面是规范村民自治的运作。特别是国家民政部确立的村民自治示范村的标准，目的便是引导和规范村民自治的运作。因此，应该从村民自身状况和客观效果相统一的标准，将村民自治的运作模式分为规范型和非规范型两大类。

（一）规范型

规范型是指《村组法》等有关法律制度得到有效贯彻执行，村民自治的运作符合村民自治示范村的标准的类型。在规范型的村，村民参与程度高，制度健全，组织功能强，经济和社会不断发展，村民自治与国家行政管理有效衔接。

规范型村的主要依据是国家民政部制定的村民自治示范村标准。自 1990 年国家民政部发布《关于在全国农村开展村民自治示范活动的通知》以后，在政府推动和村民自我创造的双重行为下，全国出现了一批规范型的村。这些村主要是各地的村民自治示范村，其数量不是太多。中共中央（1990）19 号文件的要求是“每个县都要选择几个或十几个村，开展村民自治示范活动”。国家民政部 1994 年发布的《全国农村村民自治示范活动指导纲要（试行）》提出，村民自治示范活动的目标是：到 20 世纪末，每个省（自治区、直辖市）、每个地（市）、每个县（市）、每个乡（镇）均建有符合标准的村民自治示范单位，并逐步实现每个地（市）建成一个村民自治示范县

① 参见［美］欧博文（Kevin J. O’Brien）《中国村民委员会组织法的贯彻执行情况探讨》，《社会主义研究》，1994 年第 5 期，第 62 页。

（市），每个县（市）建成一个村民自治示范乡（镇），每个乡（镇）建成一个村民自治示范村，并能发挥其示范作用。1993 年，全国共有 48 179 个乡（镇），802 352 个村民委员会，[①] 到 20 世纪末，如果每个乡（镇）建成一个示范村，也仅占全部村的 16.6%。

显然，根据村民自治示范村标准规范运作的村为数不多，这与村民自治运作尚处于初始阶段是一致的。而且，即使是政府所确定的示范村，也有不同模式和情况，需加以具体分析。

1995 年 11 月 20 日，国家民政部主持召开了第一次全面表彰全国城乡基层政权和基层群众自治组织先进集体、先进个人的大会。这是中华人民共和国成立以来全国第一次专题研究和部署农村村民委员会建设工作的大会。大会根据村民自治示范村标准，在全国确定的 82 266 个示范村的基础上表彰了 200 个"全国模范村民委员会"。通过对这 200 个全国模范村民委员会简介材料的分析，可以明显地看出，这些村委会得以成为全国模范，在较大程度上取决于经济上的成就。如多个村为"×× 省第一村"，或"×× 省（市）第一个亿元村""×× 首富村"等，即经济居领先地位。毫无疑问，经济增长是衡量村民自治运作效果的重要标准之一，在以经济建设为中心的时代尤其如此。但是，如前文所说，经济增长取决于多种因素，同时更不能将经济增长视为村民自治运作成效的唯一标准。衡量村民自治运作成效的标准应包括自身状况和客观效果两个方面，但在实践中，人们对典型的确立往往更多地是看客观效果，特别是经济效益。那么，即使是规范型的村，从理论上看，也可能出现以下两种运作模式：

1. 村民自治的自身状况和客观效果均达到理想状态的村

这些村的经济发展水平可能不是某一地方最高的，对乡（镇）政府的任务（主要是某些不合理的摊派，不合村情民意的政府行

---

① 参见国家统计局农村社会经济调查队《中国农村统计年鉴（1994）》，中国统计出版社 1994 年版，第 42 页。

为），并不都是绝对无条件地完成，但村民自治的自身状况良好，客观效果亦较显著，各方面均衡发展。如在民政部表彰的200个全国模范村民委员会中，居首位的湖南省临澧县白鹤村村民委员会即是如此。该村村民自治制度健全，组织功能完备，经济社会协调发展。1992—1995年连续3年被常德市委命名为“双文明先进单位”；1993年被省政府命名为“依法治村先进单位”；1994年被常德市委命名为“奔小康带头村”。

2. 村的经济社会发展或某一方面的成就突出，但村民自治本身的状况不甚理想

如果根据村民自治示范村的标准，这类村的村民自治自身状况与一般村比，并非领先，但由于客观条件好，特别是经济发展水平较高，而被视为示范村甚至国家级的模范村。从国家民政部1995年表彰的200个“全国模范村民委员会”的材料看，有相当多的村在经济发展水平方面特别突出，而在村民自治方面并无优异于一般村的地方。如河南省临颍县南街村村委会和湖北省潜江市幸福村村委会分别列两省模范村委会之首，但据笔者的实地调查，两村在村民自治方面均没有特别突出的成就。其主要原因是两村以工业为主，社区生活城镇化，社区管理企业化，经济社会发生了根本性变化。在南街村，每个村民均是该村中原工贸公司成员；在幸福村，村民大多为该村幸福集团职工。村委会的功能基本为企业、公司所取代，亦不存在村民代表会议等村民参政议政组织。但是这两个村的经济发展突出，南街村为“河南省明星村”，号称“豫中一枝花”；幸福村是省级“双文明”单位，号称“湖北第一村”。出现这一情况的原因之一是，中国村民自治示范村的确定或模范村民委员会的评选主要是政府行为，有些村是各级党委和政府精心培育和扶植的“典型”。在评选模范村民委员会的过程中，有关领导部门往往更偏重于以经济社会发展成效作为主要评选标准。另一方面，在中国，村民委员会是国家行政管理体系中的基层组织，具有行政地域的特点。村民委员会是代表村的法人团体，和村是等同的，在某一方面特别是经济

成效方面十分显著的村，该村的村民委员会就很容易被视为模范。所以，从整体看，这类村的村民自治运作与规范标准尚有一定距离。

（二）非规范型

非规范型是指《村组法》在形式上得以实行，但在实际上没有得到有效贯彻执行，村民自治的运作没有达到村民自治示范村的标准的类型。

如前文所述，由于多种原因，《村组法》长期处于试行时期，农村的村民自治尚处在示范阶段。根据国家有关部门的计划目标，到2000年，争取使全国15%左右的村成为村民自治示范村，即达到村民自治运作的规范性标准。这就意味着，在现阶段，尽管《村组法》作为国家法律已在全国普遍实行，全国农村都已建立了村民委员会，但是大多数村的村民自治尚未达到一定标准，处于非规范运作状态。这一类型的情况较为复杂，主要有以下两种模式：

1. 行政化的村

这类村在形式上建立了村民委员会这一群众性自治组织，但村的治理基本上沿袭着传统的行政命令管理模式。这是因为，在中国农村，村民委员会不仅仅是一般的基层群众性自治组织，还兼有国家管理层次中最基层一级组织单位的特点。人民公社体制废除后，一般都是在原有的公社范围内建立乡（镇）政府，在原有的生产大队基础上建立村民委员会。在大多数地方，村民委员会只是取代了原有的生产大队管理委员会，村民委员会主任取代了原有的生产大队长。其名称虽然变了，但传统的管理模式并没有也不可能很快发生根本性变化。尽管随着《村组法》的贯彻实施，村民自治的原则精神逐步得以普及，但在实际生活中远未得到充分体现。在相当一部分村，村民自治尚停留在一般法律制度层面，人民公社时期遗留下来的行政化管理模式居主导地位。这类村估计占全国村庄总数的60%以上。

行政化村的主要特点表现在两个关系方面。一是乡与村的关系。根据《村组法》，乡（镇）政府与村民委员会是指导与协助而非原来的命令—服从的关系。只有这样，村民委员会才可能依法行使自治权，成为具有相对独立性的基层群众性自治组织。但是，在行政化的村，乡和村的关系依然沿袭着人民公社时期的公社与大队间的命令—服从关系模式，村民委员会只是乡（镇）政府的下属机构，缺乏相对独立性，难以发挥其应有的自治功能。二是村民委员会与村民群众的关系。根据《村组法》，村民委员会是村民群众性自治组织，村民群众是自治主体，村民委员会只是村民群众行使自治权的组织载体。但在行政化的村，村民委员会主要是乡（镇）政府的下属机构，村民群众难以通过村委会行使自治权，仍然居于传统的政治被动地位。

由于行政化的村主要是围绕国家行政管理而非村民自治进行治理，其村民自治运作的自身状况与村民自治示范村标准有较大差距。在这些村，虽然也通过村民群众选举产生村委会干部，但选举过程受乡（镇）政府和党的基层组织的直接影响较大，群众基础较差，民主化程度不高，甚至带有“行政操纵”的色彩，民主选举往往流于形式。通过这种方式选举出来的村委会，行政功能强，自治功能弱，在召集和主持村民会议和村民代表会议方面的积极性不高。村自治组织结构突出表现为弱村民会议和村民代表会议、强村民委员会的形式，村的权力主要集中于村干部手中。村民群众通过村民会议或村民代表会议进行民主决策、民主管理和民主监督而行使自治权的作用受到较大削弱。围绕村民自治的制度体系未能建立、健全；所制定的村规民约主要用于干部管理村民，缺乏共约性。所以，在行政化的村，村民群众习惯于将村委会称为大队，将村委会主任称为大队长或村长。村干部的产生及其行为较多地体现“官意”，较少体现“民意”。

行政化的村在村民自治的制度框架下，按行政命令模式管理，村民自治的运作带有突出的行政色彩，属非规范型，但这类村的经济和社会发展及完成国家任务方面的效果却表现出多样性。一般来讲，行政化的村能有效完成乡（镇）政府任务（不论任务是否合理）。有些村由于多方面原因，其经济和社会发展成就甚至比村民自治运作规范的村更突出。如中国若干知名度高的村（原号称中国首富村的天津大邱庄，与大邱庄经济实力不分上下的江苏华西村等）在村民自治方面都不甚理想。据张厚安教授和笔者的调查，原大邱庄村民委员会的功能仅仅只是为村民办理结婚证明而盖公章等，即只履行了行政功能。当然，也有相当多的行政化的村，其经济和社会发展尚不理想，与村民自治示范村有较大距离。

2. 失控村

这类村由国家法律制度认可的村民委员会等正式基层组织不健全，或不能履行法律赋予的职责，村民自治处于放任状态，甚至被扭曲变形。这是因为，随着政社合一的人民公社体制的废除，农村实行分户经营后，一度出现因基层组织体系转换而不再发生作用、公共社会事务无人管理的状况。国家建立村民委员会，实行村民自治的目的之一，就是力图通过根据《村组法》等法律制度安排的村民委员会这一新的基层群众性自治组织，将分户经营的农民重新组织到依法治国的国家体系中来。显然，对农民的重组，特别是依法治村，是一个巨大而又极其艰巨的转折。在这一历史转变过程中，一些地方，特别是偏远分散的农村，传统的行政命令式管理模式不复存在，新的群众自治组织体系又未能建立起来，村民自治未能有效贯彻实施，或者被扭曲变形，处于非规范运作的失控状态。根据20世纪80年代后期的一项权威调查，当时全国有15%—20%的村，基层领导软弱涣散，不起作用，工作落后。[①]1990年后，包括村民委员会在内的村级组织瘫痪、半瘫痪状况有所改变，但并不理想。据有关部门1994年统计，全国各省、市、自治区大都有3%—8%的村委会处于软弱涣散甚至瘫痪状态，广西、西藏、江西、新疆、浙

① 参见宋平《努力增强以党支部为核心的村级组织的凝聚力和战斗力》，引自中共中央组织部组织局等《加强以党支部为核心的村级组织配套建设》，改革出版社1990年版，第3页。

江、安徽、四川、海南的比例更大，达到10%左右。[①] 农村基层组织软弱涣散和瘫痪的情况依然存在，严重地削弱了党和国家对农村的领导，已危及农村的稳定与发展。

美国学者欧博文根据《村组法》的贯彻执行情况，划分了四种类型的村，其中之一为失控村。[②] 这一分类和界定显然有一定启发性，但对失控村的分析尚有待深入。欧博文主要是从国家和农村的关系，特别是从村是否完成国家任务的角度界定失控村的。笔者认为，就村民自治的运作看，失控村应包含以下两个方面：

一是村民自治与国家法律制度规范相脱离，在运作中扭曲变形。在实行村民自治条件下，国家主要是根据法律制度治理农村，以法律的手段规范村民自治的运作，而失控村虽然与其他村一样，处于统一的国家法律制度框架内，但受多种因素影响，村民自治并未按照有关法律制度运作，甚至大相径庭。如村的公共权力为宗族、宗派和宗教力量所把持或支配时，虽然在名义上有村民委员会，但实际上村委会服从或服务于宗族势力或恶势力。这些势力主要依靠传统习惯或横暴权力影响社会。因此，在失控村，民主选举较困难或流于形式，也不可能建立、健全以群众自治和直接民主为基础的自治组织和制度，更不存在民主决策、民主管理和民主监督。这种情况使村民自治变为不受国家法律制度制约的乡村权势力量的自治，实行自治的村成为权势力量为所欲为的“土围子”。

二是村民自治与国家行政管理相脱离，在运作中拒绝政府影响，甚至与行政管理相抗衡。根据《村组法》，作为群众性自治组织的村民委员会要在工作中接受乡（镇）政府指导，协助政府完成国家任务。但是，在失控村，村民自治不是根据国家法律运作，村民，特别是村里的权势力量过分强调本村利益，将村治与乡政对立

① 参见刘相穗《加大力度整治软弱涣散的村委会》，《乡镇论坛》，1995年第8期，第3页。

② 参见［美］欧博文（Kevin J. O’Brien）《中国村民委员会组织法的贯彻执行情况探讨》，《社会主义研究》，1994年第5—6期。

起来，不履行国家公民义务，也不完成国家任务。国家必要的行政管理在失控村失去应有的效力，以致这类村成为政府力量难以企及的“独立王国”。因此，在失控村突出存在以下三种现象:（1）“梗阻”现象，即党和国家的路线、方针、政策不能及时传达或根本就没有传达到农民之中，更谈不上宣传贯彻；党和政府的各项工作任务难以完成，即使党组织和政府派人到村协助工作，也会处处受到刁难，遭遇重重阻力。（2）“空洞”现象，即村集体经济被挖空或架空，公共事务和公益事业无人管，非正式组织力量超过正式组织力量。（3）“离心”现象，即村民委员会等正式组织缺乏凝聚力，干群关系紧张，村民由对集体的失望发展到对国家和社会失去信心，封建迷信盛行等。[①]

在实行村民自治条件下，失控村尽管是少数，但它关系到国家能否通过村民自治的方式实现对农村的有效治理，因此是村民自治运作中必须高度重视的问题。

① 参见刘小敏《瘫痪半瘫痪村委会问题探讨》，引自张厚安等《中国乡镇政权建设》，四川人民出版社 1992 年版，第 221—222 页。

第六章

村民自治运作的内在机制与相关因素

村民自治是国家法律安排的普遍性制度，但村民自治从一致性的制度条文的输入（发布），经过运作（贯彻）过程，其输出结果却是多种多样的，从而形成不同类型和多种模式。这是因为，村民自治从制度条文到实际状况的运作过程，受其内在机制支配和多种因素影响。从不同角度分析村民自治运作的内在机制和相关因素，有利于为村民自治这一基层直接民主形式创造必要的条件，并寻求进一步的制度支撑。

一、村民自治运作的经济机制和因素

任何一种政治社会现象及其形成发展的内在动因都深深地潜藏于经济社会之中。民主作为一种政治制度，建立在一定经济基础上，并受经济因素的制约。毫无疑问，经济是村民自治运作的主要机制和基本因素。

（一）经济体制

经济体制是经济资源的制度化配置方式。经济资源不仅是人们物质生活，而且是社会政治生活的基础和前提。从某种意义上说，谁控制了经济资源，谁就有可能在社会政治生活中居支配地位。因此，作为经济资源配置方式的经济体制与作为基层民主政治形式的村民自治有着最为紧密的联系。

中华人民共和国成立以后，农民群众在法律上享有参与基层社会管理的民主权利，但在相当长的时期里，农民政治参与的实现程度很低。其重要原因就是在高度集中的计划经济和政社合一的人民公社体制下，国家采取行政命令的方式管理农村，绝大部分经济资源由政社合一的公社组织体系所控制，农民在经济上缺乏自主性，在政治上处于被动地位。正是随着人民公社体制的废除，扩大农民政治参与并将其制度化的村民自治才成为可能，并被广泛实施。

人民公社体制废除后，农村建立起以家庭承包为基础、统分结合的双层经营体制。家庭承包责任制的实质是将过去由政社合一的公社组织所掌握的生产经营权还给农民。农民以农户为基础向集体承包一定数量的土地、水面、山林或牧场，自主生产和经营。这意味着农民已实际控制了部分经济资源，有其独立的利益。作为经济主体的农民，因此更加关注切身利益，关注村务管理，关注基层干部的行为方式，即要求更多的政治参与。分户经营以及由此产生的农民相对独立的经济利益，正是村民自治产生并持续运作的基本动因。

在新的经济体制下，农民只是获得了土地等生产资料的经营权，而非所有权，农民必须向集体组织承包土地等生产资料。同时，分户经营与传统的自给自足的小农经济有重大区别。在传统农业向现代农业的转变中，农户对公共服务的需求越来越多，如为农户提供市场信息、传播农业技术、兴建公共工程等。显然，在分户经营的条件下，仍然须由集体组织来承担公共管理职能。在中国，集体组织的这一功能一般由村民委员会承担。特别是村民委员会作为国家管理体系中的基层组织，还承担着维护社会秩序、兴办公益事业、落实政府任务等大量社会和政治职能。这就意味着村民委员会对生产资料和公共管理等经济、社会资源仍有相当的控制权。受利益的驱动，农民要求村民委员会能根据一定规范，合理地发包土地等生产资料，分配经济、社会资源，从而希望通过更多的政治参与，使村民委员会尽可能公正地对待每个村民。农民参加民主选举，并愿意以民主选举的方式选举干部，主要动因是要选出能秉公办事的干部。笔者在人民公社时期当过农民，1996 年 2 月，前往 21 年前劳动过的农村调查，住在一位在改革前当过生产队长，改革后又当过村民小组长的农民家里。这位农民回答笔者的提问时说，农民普遍愿意以现在的方式选干部，选出来的干部能以公心办事。而民主决策、民主管理和民主监督，显然也是以群众参与和群众监督的方式，保证村民的利益能够得到合理的满足或不受损害。河北省赵县北王村村民代表贾国锁说："以前吃大锅饭，大家不那么关心个人利益。现在村干部挥霍公款，各家各户都会感到高额村务费和其他提留带来的负担。"因此需要通过村民代表会议加强对村干部的监督。①

新的经济体制除了分户经营外，还包括集体统一经营方面，即通常所说的集体经济。集体经济的所有权归属于集体所有成员，但经营权由集体组织所控制。在许多地方，集体经济的控制权由村民委员会所掌握。在这一制度背景下，作为集体财产所有者的村民群众，希望通过政治参与能够从集体经济组织身上获取利益，防止掌握集体经济组织控制权的村干部以权谋私，造成集体资产流失。如果通过村民群众创造和积累起来的集体资产不能使群众受益，或利益不能合理分配，村民群众就会对集体经济失去兴趣。

由此可见，以家庭承包为基础、统分结合的双层经营体制，是村民自治运作并不断发展的内在驱动力。但是，新经济体制也使村民自治的运作面临着一些新的问题。

村民自治的有效运作在较大程度上取决于村民个人与集体、村民群众与村自治组织之间的关系。换言之，村民个人只有通过集体获取了利益，村民群众只有通过自治组织更好地满足了其利益要求，他才会对集体、对自治组织产生向心力；而村集体、村自治组织只有服务于村民，为村民提供经济和社会利益，才会具有吸引力和凝

---

① 参见［美］李淑珊《村民代表会议——中国式的民主》，《乡镇论坛》，1995 年第 4 期，第 9 页。

聚力。村民委员会的重要功能之一就是办理公共事务和公益事业，村民委员会要履行这一功能，必须具有一定的经济实力，这一经济力量主要来源于集体经济。因为，在传统体制下，集体劳动，统一分配，个人只是劳动者，所需的生活资料由集体提供，个人与集体的关系是依赖关系，个人无独立利益。而在新的经济体制下，实行分户经营，以家庭为核算单位，集体与个人的利益界限明晰化，集体与个人的关系由过去的个人依赖集体转变为集体依赖个人。作为集体组织的村民自治组织在办理公共事务和公益事业时，需要村民群众出资出力，即从农户处获取资金和劳力。而在这一涉及村民利益的集体活动中，村民群众理所当然会考虑公共事务和公益事业能否为自己带来利益或能带来多少利益，如果与自己利益关系不大，村民一般不愿出资出力。即使村民自治组织是为村民群众谋取利益，也需考虑到村民群众的承受力，不可过量提取。在这种情况下，村民自治组织在为村民服务时往往感到“有心无力”，从而无所作为，对村民群众的吸引力和凝聚力亦不大。

由于长期的人民公社体制抑制着农民的独立利益要求，因此当这一体制受经济改革冲击而废除时，农民出于对传统集体组织体制的本能抗拒，强烈要求将集体资产分给个人。许多地方因此在经济改革兴起时将集体资产分光，以致成为“空壳村”。据国家统计局对全国 10 560 个村的抽样调查，1993 年底，每个村委会拥有的资金为人均 141.91 元。这是全国的平均数，如果扣除东部沿海发达地区人均占有额等因素，那么，中西部地区的农村“集体经济”已经成为“空壳”的就占绝大多数。[①] 经济力是社会结构中的自然力，它比任何人为的体制更为本质，更为“强硬”。在缺乏集体经济实力的地方，由于村民自治组织难以为村民提供良好的社会服务，缺乏凝聚群众的物质基础，村民自治的运作成效一般都不大。笔者到 21 年前

① 参见江流等《1994—1995 年中国社会形势分析与预测》，中国社会科学出版社 1995 年版，第 170 页。

劳动过的农村调查时，发现村里农民的生活大有改善，几乎家家住了新房，但村里道路却依然如故，甚至更差。其重要原因是村集体没钱，原有的集体资产大都被分掉，为数不多的集体企业亦因经营不善而效益不佳。由于村民不太情愿出钱出力，加上村组织动员不力，致使作为公益事业的道路修缮难以进行。村民自治组织由于为村民群众谋取的利益很少，威信不高；村民群众也因为实行村民自治不能给自己带来直接利益而兴趣不大。所以在那些几乎没有什么集体经济实力的“空壳村”，村民自治的运作都不甚理想。基层自治组织处于瘫痪、半瘫痪状态的失控村，往往同时是无集体经济实力的“空壳村”。

相反，在一些村民自治运作较规范、成效较显著的村，一般都有一定的集体经济实力。在这些村，村干部的报酬，村集体和政府要求农户提供的资金和劳务，主要由集体经济组织承担，农民的负担较轻。与此同时，村里还可凭借雄厚的经济实力，为村民群众带来利益，提供服务。村民自治组织也因此享有较高威信，具有较大的凝聚力和吸引力。国家民政部 1993 年表彰的 200 个“全国模范村民委员会”，大都具有较强的集体经济实力。中国农村改革中产生的“苏南模式”的重要特点就是发展集体经济。位于苏南的江苏省太仓市，在全国百强市（县）中名列第 11 位，雄厚的集体经济实力，为该市的村民自治提供了良好条件。该市在村民自治中采取“海选”的方式民主选举村委会，100% 的村建立了村民代表会议，100% 的村制定了《村民自治章程》等制度，村民自治取得显著成效，1995 年被国家民政部评为“全国村民自治模范县（市）”。[①]

由此可见，集体经济与村民自治的运作有密切的相关性。集体经济力量为村民自治的正常运作提供着重要的支撑条件。与此同时，集体经济愈发达，愈需要通过村民自治，扩大村民群众的政治参与，

① 参见刘爱莉《民主、文明、富裕——太仓市村民自治硕果丰》，《中国社会报》，1995 年 12 月 12 日，第 2 版。

保证村集体经济规范运作，使经济利益得到合理分配，为村民群众提供更有效的服务。上海市奉贤县戴家村是全国有名的富村。1992年，周海根任党支部书记兼村民委员会主任。由于缺乏必要的监督和制约，周海根等村干部合伙侵吞集体财产达35.2余万元，一个“百万利润村”仅一年时间即迅速衰败。[①]

（二）经济发展水平

经济发展水平主要指经济状况，一般以人们的经济收入为标准加以衡量。它对村民自治运作的影响主要包括以下两个方面：

1. 村的经济发展水平为村民自治有效运作提供一定的物质条件

村民自治作为一种公共政治活动，需要一定的物质条件。如必要的交通、传播媒介、公共活动场所等。特别是农村人口居住分散，交通、传播媒介对村民自治有效运作至关重要。许多地方之所以难以经常召开村民大会或村民代表会议，村民群众较少参政议政，重要原因是交通不便、居住分散、传播媒介不发达，村民难以集中，无法及时了解村务。人民公社时期，出于指挥生产和政治教育的需要，农村建立了完备的有线广播网。人民公社体制废除后，有线广播因失去原有的功能而在一些地方逐渐被废弃。尽管一些农户有电视，但无法通过电视及时传播村内的信息。在相当一部分偏远的山区农村，村内信息仍然沿用传统的捎口信的方式传递，不仅速度慢而且容易失真。1996年7月，笔者在位于大巴山区的四川省渠县白石村调查，曾参加过一次包括村民小组长在内的村干部会议。由于山高路远，信息传递较困难，正式开会时间比预定开会时间延迟了两个多小时，且有1/3的小组长未能到会。

村民自治的有效运作需要作为自治主体的村民群众具有一定的文化教育水平。人们的文化教育程度显然与经济发展水平有关。在

---

① 参见张贻复《一个“百万利润村”是怎样炼成的》，《光明日报》，1995年3月30日，第1版。

富裕村，村民群众的文化教育程度相对较高，贫困村则相反。当人们的温饱问题尚未解决时，对接受教育的需要以及这种需要的满足都将受到限制，同时也会影响到村民自治的运作。笔者曾接触到西北和苏南两地农村的民主选举。西北贫困农村还存在通过“扔豆子”的方式进行选举的现象，而在较富裕的江苏南部太仓市农村，均是通过填选票的方式进行选举。显然，后者更为规范，而这种规范行为与经济发展所造成的文化教育水平相关。

80 年代以来，中国农村发展十分不平衡，贫困村、中等发达村以及富裕村同时存在。村民自治在各地运作成效不一样，无不与此相关。总的来看，在经济较为发达的东部地区，村民自治运作的规范性更为明显。根据国家民政部基层政权司农村处汇集的有关全国村民自治的法规材料的统计，东部地区明显多于中西部地区。在全国村民自治发展中名居前列的山东、福建、辽宁，均属东部地区。1995 年国家民政部表彰的 31 个“全国村民自治模范县”中，东部地区（11 省市）占 14 个，中西部地区（19 省区）则只有 17 个。特别是东部地区的山东有 4 个，西部地区的四川仅 1 个。当然，经济发展不一定必然带来村民自治运作的规范性。在经济发展最快的广东省，村民自治运作成效远不如经济发展较慢的一些省。1995 年国家民政部评选的“全国模范村民委员会”中，与广东省的面积、人口相差不大但经济发展水平较低的湖南省评选出 11 个，广东省仅 6 个。

2．农户的经济状况对村民自治运作的影响

80 年代以后，不仅农村的村与村之间的经济发展水平出现了差别，而且农户与农户之间的经济收入也出现了较大差别。在“鼓励一部分人先富起来”的政策导向下，农民的价值观念从“越穷越光荣”转变为“越富越有本事”。在这一背景下，农户不同的经济地位会直接或间接地影响村民自治的运作。在个体和私营经济较活跃的浙江省，那些经济上先富起来的能人比较容易被选为村委会主任。因为，在村民群众看来，只有村主任会富，才有能力领导大家富。

浙江省委组织部和浙江省民政厅1995年发出的《关于认真做好村级组织换届选举工作的意见》指出，要将那些能带领群众共同致富的人选为村领导人。该省黄岩市813个村中，有61名厂长（经理）被选为村委会主任。有的甚至是在自己出差在外、不知有关情况下当选的。[①]1994年福建省武平县村委会换届选举中，当选的村委会主任有67.7%为经济能人。[②]

随着国家经济建设中心的确立，经济因素对村民自治运作的影响和介入愈来愈深，在一些地方甚至成为最主要的因素。在这一背景下，以下两种情况值得关注：一是村民所看重的经济能人与上级组织所希望的候选人之间可能发生冲突。1996年，湖北省武汉市江岸区后湖乡黑泥湖村村委会换届选举时，在村委会主任选举中爆出了一个大冷门：村选举委员会指定的候选人叶志发只得了690张票中的275票，而另外一个普通村民尹荒九却得了404票。选举结果由此被搁置。尹未被提名但得票数大大领先于叶的主要原因是尹能干，有本事，并能帮助大家致富，而叶缺乏经济头脑。[③]二是一些经济能人凭借财富力图影响村民自治的运作，如当选村委会干部，使村的决策有利于自己，在村务管理中拥有较大的发言权等。经济因素介入村民自治运作的负面影响已引起有关方面的高度重视。中共浙江省委组织部和浙江省民政厅1995年发出的《关于认真做好村级组织换届选举工作的意见》指出，要严格依法换届选举，对通过贿赂、舞弊等手段当选的，一经查实，应宣布选举无效，并重新选举。对买卖选票等严重违反选举规定的行为，应依法惩处。这一文件的发布说明，金钱操纵选举已成为一个不可忽视的问题。

---

① 参见施再定等《如何看待厂长（经理）兼任村委会主任？》，《乡镇论坛》，1994年第1期，第13页。

② 参见刘永政《“选、培、压、考”——加强村级干部管理》，《乡镇论坛》，1995年第2期，第4页。

③ 参见董淑健《黑泥湖村选举风波》，《湖北日报》，1996年11月20日；董淑健《黑泥湖村村主任选举当事人说心声》，《湖北日报》，1996年11月25日。

（三）经济结构

经济结构主要指各种产业的构成。80 年代以来，农村发展的重大成就之一是乡镇企业异军突起，农村的经济结构由单一的农业变为第一、第二、第三产业并存，特别是农村工业发展迅速，经济影响愈来愈大。经济结构的变化也与村民自治的运作有密切的相关性。

农村经济结构的变化，特别是村办企业的发展，使村的集体经济实力增强，经济发展水平迅速提高，农民的经济收入增多，从而为村民自治的规范运作提供了强大的经济支撑。

同时，农村经济结构的变化，也使在实行家庭承包责任制的经济改革中起步的村民自治，面临着前所未有的挑战。在村办企业发达的农村，农民大多“洗脚上岸”，即由传统的农民成为村办企业的工人。作为村办企业工人的村民，与企业的联系之广泛和深入，远远超过与村民委员会的联系。村民更关心与他们的生活、福利密切相关的企业。企业为村民提供的经济利益和社会福利远远超过村民委员会，村民的需要大多通过企业得到满足。在这一背景下，村民委员会的功能迅速萎缩。前文所说原天津市静海县大邱庄的村民委员会仅有为村民结婚盖公章的单一功能，与该村经济结构迅速变化、村办工业十分发达密切相关。根据笔者的了解和调查，在村办企业较发达、工业化程度较高的村，村民自治的运作一般都不尽理想。在经济发展迅速的广东省，村民自治运作还不如经济发展水平较低的省份，这与广东省农村经济结构转变最快、乡村工业较发达的状况有内在的相关性。而村民自治运作较为规范的地方，大多是农业居主导地位、农村特点较突出的地方。国家民政部 1995 年表彰的 31 个全国村民自治模范县（市、区）中，绝大多数为农业大县，工业比重较小。居第一位的吉林省梨树县的农业人口占总人口的 82%，居第二位的湖南省临澧县农业人口占总人口的 88%，居第三位的福建省古田县的农业人口占总人口的 85% 以上。由此可见，村民自治与传统的农业经济结构密切相关。随着农村的工业化、城镇化，村民自治将发生新的变化。

二、村民自治运作的政治机制和因素

在人民公社时期，国家的行政权一直延伸到农村基层生活。而这一治理模式是以“政社合一”的人民公社高度地控制经济社会资源为条件的。实行家庭承包责任制后，国家难以再通过控制经济社会资源的方式治理农村，国家有限的财力也不可能使所有的农村基层组织行政化。在这一背景下，国家唯有通过下放权力，运用深藏于农村社会中的自组织力量，自己管理自己，调动农民群众的积极性，重建国家在农村社会的权威。因此，村民自治成为国家治理农村的重要形式。村民自治的运作，较大程度上取决于国家系统对村民自治的推动和调控。

（一）政府推动

村民自治是国家法律制度安排的一项政治选择，它的运作直接取决于法律制度的贯彻执行。政府作为法律制度的贯彻执行者，对于村民自治的运作起着至关重要的作用。[①] 从某种意义上说，在村民自治运作中，政府的作用构成了第一推动力。

政府推动首先体现在对国家法律的贯彻方面。由于作为村民自治主要法律依据的《村组法》处于试行阶段，因而为地方对此项法律的贯彻执行留下较多活动空间。地方政府对此项法律的认识、理解有所不同，所采取的实施措施亦不一样，这直接影响到村民自治的运作。

自 1987 年《村组法》颁布以后，至 1995 年，全国有 24 个省、市、自治区先后制定、颁布了贯彻实施《村组法》的办法，但尚有广东、广西等 6 个省、市、自治区没有制定相应的实施办法。

---

① 这里所说的政府是相对社会而言的广义性政府概念。主要包括作为政治领导核心的共产党各级组织，作为权力机关的各级人民代表大会和执行机关的政府。

地方立法或建制的不平衡，必然导致各个地方村民自治的运作不一样。福建省最早制定出实施《村组法》办法，并在实施《村组法》过程中制定了村民委员会选举办法等相关法规。该省的村民自治运作成效，一直居全国领先地位，多次受到国家主管部门的表彰。广西壮族自治区是村民委员会的发祥地，然而，由于各种原因，广西长期没有制定出实施《村组法》办法。1988年以后，与全国大多数地方不同，广西实行村公所体制，即将村民委员会设在自然村一级，在行政村则设行政性的村公所。七年以后，广西认为在村级组织体制建设上走了一段弯路，因此决定修正其做法，撤销村公所，将村民委员会设在行政村一级，自然村则设村民小组，以提升村民自治的地位。[①] 有意思的是，湖北省是最早制定实施《村组法》办法的省份之一，在贯彻《村组法》方面曾走在前列。但当广西改变其原有的做法时，湖北省的一份权威研究报告却主张实行广西的原有做法，即将现有的村委会下沉到自然村，行政村则设村公所之类的政府派出机构。[②] 由此可见，在国家法律颁布以后，地方政府最为直接地决定着村民自治的运作及其命运。

由于村民自治尚处于以典型示范引路的试行阶段，政府对村民自治的具体推动主要集中在开展村民自治示范活动、建设村民自治示范、树立典型、摸索和积累经验等方面。根据国家民政部的要求，从省一直到乡（镇），各级政府部门要分级负责，集中力量加强村民自治单位建设。由政府部门所选择的村民自治示范村，一般条件较好。与此同时，政府部门还给予示范村多方面的指导和支持。村民自治在示范单位和非示范单位的运作成效必然有所不同。总体上看，在示范单位，村民自治运作较为规范，成效较显著。国家民政部1995年表彰的200个模范村民委员会中，有相当一部分出自于村民

① 参见广西壮族自治区民政厅《撤销村公所改设村委会，理顺村级组织关系》，《乡镇论坛》，1995年第11期，第9页。

② 参见中共湖北省委组织部、湖北省农村社会经济调查队课题组《村级组织建设研究（1995）》，第43页。

自治示范单位。吉林省梨树县名列全国村民自治模范县之首，且以“海选”而闻名于世。[①] 该县的经济发展水平并非最高，村民自治的运作却较规范，且在民主选举方面取得了突破性进展。其关键因素是当地党政领导重视，并把支持人民群众更好地当家做主作为神圣职责。[②] 同为全国村民自治模范县的福建省古田县，为了加强对村民自治工作的领导，县委、县政府成立了古田县村民自治领导小组这一专门机构，这在全国是少见的。国家民政部1995年表彰的31个全国村民自治模范县（市、区）中，绝大多数的经济基础和经济发展水平在全国属中等左右。位于大别山区的安徽省岳西县腾云村因历史原因，经济较为落后，干群矛盾突出，宗族力量影响大。1989年以后，在县、区、乡领导的积极领导下，该村以民主选举为突破口，实行竞选和“组阁”，选出一个得力的村委会。三年以后该村经济社会发展取得了显著成效。[③] 由此可见，村民自治与经济发展水平并不一定成正比，而与当地党政领导重视和推动的关系更为密切。国家民政部部长多吉才让因此指出：“加强党委和政府的领导，是做好村民自治工作的关键。事实证明，哪里的领导对村民委员会的认识高，思想重视，措施得力，工作抓得紧，哪里的村委会建设工作就搞得好；哪里的民政部门对村委会建设工作指导有力，哪里的村委会建设就成效显著。”[④]

（二）政策输入

村民自治是中国农村基层社会的一种治理形式。这种形式的运作状况在较大程度上取决于各级政府的态度和看法，即所做的政策

① 参见本书第五章。

② 参见王仲田《尊重农民意愿，探索民主选举——吉林省梨树县村民选举调查》，引自张厚安、徐勇等《中国农村政治稳定与发展》，武汉出版社1995年版，第1083—1099页。

③ 参见辛秋水《从腾云村选举看中国乡村民主》，《中国社会报》，1996年1月18日，第3版。

④ 多吉才让：《进一步完善村民自治制度，把全国村民委员会建设工作推向新的阶段》，《中国社会报》，1995年11月21日，第2版。

选择。而政府的政策选择，又与农村所面临的国家宏观政策的输入所形成的宏观环境相关。

村民自治在20世纪80年代中期兴起并得以迅速发展，其内在机制主要是农村经济体制改革和国家民主化的推进。对农村较为有利的国家宏观政策环境则是重要的相关因素。先行一步的农村改革和国家向农业和农村发展的政策倾斜，促使农村生产力迅速发展。在经济的迅速发展中，农村的各方面矛盾和问题不甚突出，政府对农村的管理较为顺利。在这一背景下，农村基层治理形式实现了平稳的转换，村民自治得以启动，运作效果也较好。

自80年代后期开始，农村经济改革释放的能量，已不如改革初期那样巨大，农村经济由超常发展转入正常发展。随着改革的重心由农村转向城市，农村所面临的国家宏观政策环境有所变化。受其影响，农村的经济发展速度减缓，工农业失衡，城乡间差别扩大，农业、农村和农民问题日益突出。特别是自1985年以后，粮、棉、油等主要农产品生产出现了严重滑坡，且连续几年徘徊不前。[①]而农民负担却迅速加重。1985—1992年，农民的人均负担年均增长15.7%。其中，1989年和1990年，农民人均负担额增长率比纯收入增长率分别高15.5%和12.3%。[②]农村社会治安问题也趋于严重。面对新的情况和新的问题，基层政府一方面要完成国家任务，加强对农村的治理，另一方面又缺乏必要的管理手段。因为在“乡政村治”格局下，政府对农村的领导应是协商式而不是命令式。由于农民负担加重等原因，农民对政府的意见较大，也不利于政府与农民的协商和合作。在这一背景下，一些地方干部对“乡政村治”格局的看法有所改变，希望加强对农村的行政管理，弱化村民自治。湖北省1995年的一份权威研究报告之所以主张在村设立作为行政机构的村

---

① 参见陈吉元、陈家骥、杨勋《中国农村社会经济变迁（1949—1989）》，山西经济出版社1993年版，第530—535页。

② 参见唐平《农民收入增长缓慢的分析与思考》，《中国农村经济》，1992年第1期，第23页。

公所，将村委会下沉到自然村，目的就是为了强化政府的行政管理，更好地完成国家任务。地方政府对村民自治看法的改变以及相应的政策选择，必然会影响村民自治的运作。这正是20世纪90年代以来，村民自治在一些地方进程减缓的重要原因所在。

（三）政治结构

中国农村的村民自治是人民群众自治，而不是地方自治。村民在村内拥有的自治权是有限的，这就意味着村内的政治资源由不同的政治角色所控制。因此，村民自治运作除受社区外部政治环境的影响外，还与社区内部的政治结构密切相关。

社区政治结构主要指社区内各种权力的组合形式。在人民公社时期，实行政社合一和党的一元化领导，村的政治权力主要由村党支部执掌，生产大队只是单一的生产管理组织。人民公社体制废除后，实行政社分开和村民自治。在村一级，除了保留村党支部外，还建立了村民委员会。与人民公社时期的大队不同，村民委员会不是生产管理组织，而是群众自治组织，属于政治组织。村内因此存在着村党组织和村委会两种不同性质的政治组织。由这两种政治组织的组合形式所形成的社区政治结构直接影响着村民自治的运作。

中国共产党是执政党。根据中共中央文件，在农村基层组织中，党组织居核心地位。这就意味着包括村委会在内的其他组织要接受党组织的领导。党组织如何实现对村委会组织的领导，对于村民自治有着至关重要的作用。

自《村组法》颁布以后，党组织对村委会的领导表现出两种形式。一种是村党组织积极支持村委会独立开展工作，并在这一过程中引导和规范村民自治的运作。在这种形式下，村委会由于有其独立的活动领域，能够较充分地发挥其功能；同时由于可以受到由先进分子组成的党组织的领导，村委会和村民自治的运作较为顺利和规范。

另一种形式是村党组织事无巨细，决定着村内所有事务，村委会独立活动的空间很小，法律制度赋予它的职责难以履行，只是保留了一个名称而已。由于村委会组织难以发挥作用，村民难以通过村委会以及相关的自治组织形式参与村内事务的管理，村民自治运作的成效甚微。这种情况在现阶段的农村普遍存在。1994年，赵清明等人在湖南省平江县时丰乡调查发现，不少地方依然沿用党支部事无巨细、一统到底的领导方法，支部书记是一把手，村里一切重大问题都由党支部决定，村委会成了党支部的执行机关，自治因此成了一个空架子。[①] 所以，在社区内，党支部与村委会的关系是影响村民自治运作的关键性因素。

三、村民自治运作的社会机制和因素

任何政治过程都与一定的社会环境有关。农村经济改革不仅促进了农村经济的发展，而且引起了农村社会的变化，即农村社区具有相对独立性。首先，实行分户经营，农民享有经济自主权，有了独立利益，农户家庭形成生产、分配、消费诸功能完备的初级群体。其次，单家独户的农民为了正常的生产和生活，还必须寻求社会服务和帮助，从而产生公共事务，形成与社区成员密切相关的社区独立利益。正是这种社区利益的相对独立性构成了村民自治产生、运作的社会机制。而社区内的人口、组织和流动状况又直接影响村民自治的运作。

（一）社会分层

社会分层是指一定范围的社会成员由于经济、政治和社会地位的不同，而分为不同层次。不同层次的人对政治的态度和看法以及在政治参与过程中产生的作用和影响有所不同。

中国农村经过土地改革消灭了地主和农民两大对立阶级。建立人民公社以后，所有农村社会成员都成为人民公社集体组织的成员。

---

① 参见赵清明《来自一个乡的调查报告》,《乡镇论坛》，1994年第8期，第7页。

即使是原地主、富农分子，也在公社组织内劳动并接受监督。农村社区的社会分层非常简单，主要存在管理者和生产者。农村经济体制改革以后，农村社会开始急剧分化，社会分层趋于多样化。

社会分层首先来自于经济的分化和社会成员在经济地位上的差别。分户经营和农村商品经济的发展，打破了人民公社时期社会成员收入平均化的格局，社会成员收入的差别迅速扩大。农民收入基尼系数由 1978 年的 0.2324 上升到 1993 年的 0.3304。[①] 人均年收入万元以上的富裕户迅速增加。但到 1995 年，人均年收入在 500 元以下的贫困人口有 6500 万人，约占全国总农业人口的 1/10。农村经济的转型和第二、第三产业的发展，使农村中的非农人口迅速增加。到 20 世纪 90 年代初，9 亿农民中实际主要从事农业劳动的只有 4.6 亿人。收入的差别和职业的分类使农村中出现了经济地位不同的层次和群体（见表 1）。在农村社区内，一些能人如农村专业户、个体户、私营企业主、乡镇企业管理者等，经济地位迅速上升，并凭借着雄厚的经济实力参与和影响社会政治生活。具有全民开放性和竞争性的村民自治则成为他们政治参与的重要渠道。由于政府希望那些懂经营、善管理的能人担任村的领导人，领导村民共同致富，想富而不会富的村民也希望能人领导他们，从而促使大批经济能人成为村委会成员。如湖北省潜江市幸福村的周作亮，腿有残疾，不能正常参加农业劳动，但有缝纫手艺。农村改革以后，他创办服装厂，经济地位迅速提升，后被选为村委会主任。吉林省梨树县王家园子村 1995 年村委会换届选举中，有两个村委会主任候选人，一是富有工作经验的村党支部副书记，一是懂经济的村办企业厂长。通过竞选，后者以获总选票的 74% 的高票当选。[②]

显然，在经济建设为中心的时代，具有不同经济地位的群体在

---

① 参见徐勇《农村政治稳定的总体评估与发展趋势》，《文史哲》，1996 年第 1 期，第 1—6 页。

② 参见王仲田《尊重农民意愿，探索民主选举——吉林省梨树县村民选举调查》，引自张厚安、徐勇等《中国农村政治稳定与发展》，武汉出版社 1995 年版，第 1089 页。

村民自治运作中的作用和影响会有所不同。这种影响一方面可以促使村民自治向开放、平等、竞争的方向运作；另一方面也可能造成经济地位较低的社会成员，难有平等的参与机会去行使应有的权利。

表 1　中国农民职业构成（1992 年）　单位 %

职业	东部	中部	西部	全国平均
1. 农业劳动者	57.0	65.6	70.8	63.4
2. 农民工	15.5	11.3	8.2	12.2
3. 乡村集体企业管理者	1.2	0.8	0.7	0.9
4. 个体或合伙工商业者	8.4	4.9	5.5	6.5
5. 私营企业主	1.2	0.8	0.3	0.8
6. 私营企业雇工	4.1	2.5	2.0	3.0
7. 乡村脱产干部	0.7	0.7	0.5	0.6
8. 教、科、文、卫工作者	1.0	1.4	0.8	1.1
9. 劳务劳动者	8.1	8.3	7.9	8.1
10. 其他	2.8	3.7	3.3	3.3

资料来源：参见李强《当代中国社会分层与流动》，中国经济出版社 1993 年版，第 34 页。

农村政治关系的变动也促使着农村社会分层多样化。人民公社时期尽管不存在对立阶级，但阶级对立的影响尚存在。原剥削阶级分子被排斥在政治生活之外，其子女的政治地位也受到影响。1979 年以后，原剥削阶级分子经过劳动改造，不再作为被监督的对象，而成为具有平等政治地位的村民。农村社会成员的政治地位趋于一致。这亦是村民自治这一基层民主制度得以正常运作的重要条件。

与此同时，农民群众参与政治生活的渠道得以拓展和扩大。在人民公社时期，农民主要是通过加入中国共产党组织并成为村支部成员来改变其政治地位和身份。农村改革以后，伴随国家政治体制的变动，农民参与政治的渠道增多。特别是乡（镇）人民代表大会制度的建立，使农民群众得以直接参与国家政治生活。农村社区的各级人大代表具有较高的政治地位，在村民自治运作中能够产生较大的影响和作用。不少地方的村民自治章程规定，各级人大代表同时是村民代表。在一些地方，人大代表作为村民代表，参加村委会选举领导机构。

（二）社会组织

社会组织是一定数量的社会成员出于一定需要结合而成的群体。与单个人相比，组织作为社会群体对政治过程的影响更大、更直接。

人民公社是一种具有某种军事化色彩的集体劳动组织，农村社会成员都包容在这一组织内，并受到公社组织以及相应的次组织群体的约束。在人民公社时期，农村几乎不存在其他社会组织。随着人民公社这一高度集中、统一的组织群体的解散和经济社会的发展，农村社区迅速出现了一些由社会成员自发形成的组织群体。这些社会组织一经出现，就会对农村政治生活和村民自治运作产生或大或小的影响。在现阶段，农村的社会组织主要有两类：

其一，较为正式的社会组织，包括合作基金会和农民专业协会等。据统计，到1993年，此类组织在全国已达146万个。[①] 这类组织适应农村经济和社会发展需要，与农村政治组织体系的关系较紧密。农民通过参加这类组织，可以受到较好的组织和规范训练，有利于正常参与社区政治生活，促进村民自治的规范化运作。同时，这类组织的发展可以为村委会组织提供较好的后备人选。一些熟悉组织规范和运作的社会组织领导人进入村委会，对于村委会发挥组织作用有着积极意义。

其二，非正式组织力量。包括宗族、宗派和未经允许的宗教及迷信组织。这类社会组织是在特定的社会环境中产生的具有排他性、封闭性和落后性的组织群体，并与国家对农村的治理不相协调，因而不为国家政治体系所容纳，属于非正式组织。这类组织受到国家的限制，不能以公开的形式出现并参与政治生活，但其组织力量对

① 参见刘登高《农协发展大趋势》,《中国农民》, 1994年第9期，第35页。

村民自治的运作有着较大的影响。

宗族是一种以血缘家族关系为纽带的社会次级群体。由于一家一户的自然经济和乡土生活的封闭性，宗族在中国农村有着久远的历史传统。农村通常所说的自然村，许多都是历史上长期沿袭下来的以一个或几个姓氏为主的农户村落。所谓王家湾、李家庄、周家坪、马家河之类的以姓氏和地域命名的村落，在中国农村随处可见。在人民公社时期，由于实行高度统一的集体劳动方式，传统的宗族影响有所减弱，并受到政权力量的抑制。农村改革以后，实行分户经营。由于农业生产具有很强的季节性，当农民仅靠自己的力量难以满足生产所需时，往往首先向具有血缘联系的本家本族的亲戚寻求帮助。所以，宗族的影响，一般在以种植水稻为主的南方地区比在收获季节较少的北方地区大一些。同时，在经济和社会交往中，单家独户的力量毕竟有限，农民希望得到社会合作。在农村社区，依靠宗族就能比较容易获得这种合作。所以，随着农村改革和国家政权力量上收至乡（镇），农村的宗族力量得以迅速复活和扩张。有些地方还通过修族谱、订族规的方式，使宗族力量组织化。①

在农村非正式组织力量中，宗族对村民自治运作的影响最大。因为这一力量不仅在农村普遍存在，而且深深植根于农村经济社会结构之中。古代中国的村治，主要是家族性的族民自治。当代中国村民自治的宏观环境和法理基础有了根本性变化，但社区性的宗族力量，仍然会在有形无形中支配和影响着村民自治的运作。

首先，宗族是村民自治运作中难以避开的社会力量。村民委员会是村民自治组织。而每个村民都生活在具有一定血缘家族关系的自然村落里。村委会为获得广泛的群众基础，往往要考虑其成员在各个自然村的分布比例。村民代表亦是按比例从各个自然村（村民

① 钱杭等人对20世纪80年代以后的中国农村宗族进行了较为广泛深入的调查和探讨。主要著作有:《传统与转型：江西泰和农村宗族形态——一项社会人类学的研究》，上海社会科学院出版社1995年版。

小组）中产生。村民在推举村委会成员和村民代表时，往往会推举那些与自身联系较为紧密的本家族的人员。所以，来自一些人口较多的地方或有一定权威背景的所谓“大姓”的村民，比较容易进入村委会和当选为村民代表。而处于乡村社会和国家系统之间边际地位的村干部，往往具有“边际人”心态，在处理村中事务时，自觉不自觉地受乡村社区内宗族意识的影响。江西省三江村设有宗族评审员一职。一评审员的话颇能说明宗族意识对村民自治运作的影响：“(一）一年来，各村委在上级领导和本宗族的支持下，取得了可喜的成绩。但许多事情表明，各村委配合不够默契。(二）希望各村委在处理涉及村庄利益之事务时，多与元老们商议，尽量按有利于本庄的发展之方案行事……”[①]

其次，宗族具有排他性和封闭性。即将本家族的人视为“自家人”，其他家族的人视为“外家人”。在少数农村社区，宗族往往会作为一种组织力量有意识地参与政治生活，影响村民自治的运作，以为本家族争取到更多利益。如在村委会选举中，在本家族内拉选票、提候选人等。根据辛向阳等人20世纪90年代初在全国农村做的一次随机性问卷调查，230份问卷中，认为宗族组织影响选举的占40%左右。浙江天台某区首富周某，在1990年村主任选举中，与许姓族长达成协议：许姓保证推举周某为主任，条件是周某必须重修许家宗祠，并保证不损害许家利益。[②]河南省某县赵孟庄，800多人口，赵、孟两姓对半开，权力分而掌之。1994年5月村委会选举时，孟家独占村主任、副主任、会计三职，赵家强烈反对，砸破票箱。选举失败后，只得仍由赵、孟两姓分掌权力。[③]宗族以组织力量介入，容易使村民自治蜕变为族民自治，从而为国家制度所不允许，并被

---

① 王沪宁:《当代中国村落家族文化——对中国社会现代化的一项探索》，上海出版社1991年版，第579页。

② 参见辛向阳《当代中国农村民主论纲》,《学习与探索》,1993年第1期，第35页。

③ 参见彭剑良《农村封建宗族活动：不可忽视的问题》,《中国农村观察》，1995年第4期，第55页。

加以限制。但是，宗族力量的广泛性和隐形性，往往使政府的限制和干预难以奏效。特别是在基层党组织瘫痪、软弱无力，乡（镇）政府管理又鞭长莫及的农村社区，宗族组织会对村民自治起着支配性影响作用。1990 年，浙江省天台县苍山区发生数千人宗族大械斗，致使几十个村选不出村委会。[①] 当然，应该看到，随着市场经济的发展，特别是乡村正式组织的健全和完善，法律意识的强化，宗族对乡村村民自治运作的影响将逐步缩小。

与宗族有所不同，宗派是以某种利益关系为纽带的社会群体。一些社会成员出于利益需要拉帮结派，形成比个体力量强大的组织性力量。由于农村经济社会正处于急剧变迁中，国家对农村的治理体系尚不健全，一些农村社区呈“无序”和失控状态。农村中出现了凭借暴力逞强一方的村霸。村霸为壮大其声威往往拉帮结派，结为团伙，从而形成具有黑社会性质的组织力量，如湖南益阳地区有 250 个由“两劳”（劳教、劳改）释放人员和有劣迹的人所组成的帮会组织。[②] 这些力量一方面利用强势侵蚀公共权力，致使村民自治无法规范运作；另一方面利用帮派力量把持和控制村委会组织，将村民自治变为村霸统治。河南省固始县万家沟村，劳改释放人员袁从先父子一伙，收买村委会主任、县人大代表黄金发为其靠山，横行乡里，强霸 13 家村民的 100 多亩（约合 6.67 公顷）藕塘，以“看青”为名勒索群众财物达 70 多次，有 30 多人因不顺其意而惨遭毒打，村民畏之如虎。[③] 山东省淄博市扈家村，村委会被恶势力头子韩刚把持 5 年之久，他伙同其党徒，利用合法外衣做掩护，流氓成性，奸淫妇女；滥伤无辜，残害村民；巧立名目，鱼肉百姓，使村委会组织完全蜕化变质。[④] 国家对这种公开的、危害性极大的帮派组织，

① 参见辛向阳《当代中国农村民主论纲》,《学习与探索》,1993 年第 1 期，第 35 页。
② 参见王光明、刘文凯《一个严峻的社会问题——对益阳地区 250 个带有黑社会性质帮会组织的调查》,《社会》，1990 年第 12 期，第 32 页。
③ 参见顾月忠《河南省社会治安综合治理大观》,《瞭望》,1995 年第 13 期，第 35 页。
④ 参见鹿奉俊《当代“南霸天”》,《中国民政》，1994 年第 9 期，第 48 页。

采取了强有力的打击措施。但是一些隐性的宗派力量却难以被抑制和消除，并会持续影响村民自治的运作。

宗教组织对村民自治运作的影响较为复杂。中国的法律制度保障宗教信仰自由。同时国家又要求正式宗教组织不得干预政治事务。但是，在一些少数民族居住的农村社区，宗教组织的影响较大，大多数成员均是教民。由于正式宗教组织有固定的活动场所和严格的教义教规，组织性强，从而不可避免地会影响村民自治的运作。如根据张厚安教授等人的调查，在四川省阿坝藏族羌族自治州的某些农村社区，村委会主任往往要利用教民在宗教活动场所从事宗教活动以后的时间召开村民会议，传达有关村务，村委会决定的贯彻也需要宗教组织的支持。

本书所要说的宗教对村民自治运作的影响，主要指非正式的宗教组织力量。在中国农村，宗教往往与民间迷信相聚合。对于具有封建迷信色彩的宗教组织，国家采取限制性措施。因此这类宗教组织一般不能公开活动，没有公开固定的活动场所，但有其教义教规。由于它们深深植根于民间社会，对村民自治运作的影响较大。特别是一些人利用宗教的组织性力量，力图在村委会选举中获得管理社区事务的权力。1994 年，中共湖北省委文件《抓住新的机遇，围绕小康目标，下大功夫加强农村基层组织建设》在分析包括村委会在内的农村基层组织现状时指出："极少数村甚至被宗族、宗教势力所把持。"[①] 还有一些宗教迷信组织凭借其影响，与包括村委会在内的政治体系对抗，村民自治难以正常运作。对河南省农村的宗教调查表明，有些村庄的村民入教太多，致使村民代表会议无法召开。[②]

---

① 中共湖北省委：《抓住新的机遇，围绕小康目标，下大功夫加强农村基层组织建设》，《湖北日报》，1994 年 11 月 26 日。

② 参见中国社会科学院农村发展研究所等《农村社区整合与发展》，山西经济出版社 1992 年版，第 145 页。

（三）社会流动

社会流动指社会成员的社会位置变更。主要表现为人们在不同行业、阶层、地区和单位间的流动。改革后，中国农村社会的一个重大变化就是出现了空前规模的农民流动。1990 年以来，全国常年跨区域流动的农民约有 5000 万—6000 万人。① 根据国务院发展研究中心农村部赵树凯等人 1994 年对 15 省 28 村的调查，山区或贫困村劳动力外出比例相当高。山东省成武县前李楼村外出劳力占总劳力的 43%，安徽省金寨县大桥村外出劳力占 35%。② 大量农村人口向城市和经济发达地区的流动，不仅促进了农村社会经济的发展，而且会进一步影响农村社区政治生活和村民自治的运作。

在现阶段，中国农村的社会流动具有明显的过渡性和不平衡性。首先，农村流动人口主要是外出做工、经商和从事其他服务业。其工作在外地，但户籍仍在原住地；其工作已是非农业，但其身份仍是农村人。其次，农村流动人口主要由落后的农村地区流向发达的农村地区和城市。农村社会流动的这一特点给农村村民自治的运作带来双重影响。

一方面，通过社会流动有利于农村人口开阔视野，增强现代意识，超越乡土的狭隘性，为村民自治的规范运作创造必要的社会文化条件。在农村的流动人口中，15—40 岁的青壮年占绝大多数，文化程度相对比较高。他们通过出外务工经商，接受了大量的现代信息，希望原住地的状况有所改变。受这一信念支配，一些农村流动人口积极关心和参与原住地政治生活，影响村民自治的运作。如通过村委会选举，成为具有现代意识的村委会干部，对村民自治的非规范性运作提出意见，促使村民自治向规范性方面运作。

---

① 参见本刊评论员《“民工潮”：一个跨世纪的难题》，《中国农村经济》，1994 年第 4 期，第 8 页。

② 参见赵树凯《劳动力流动：出村和进村——15 省 28 村劳动力流动调查的初步分析》，《中国农村观察》，1995 年第 4 期，第 38 页。

另一方面，农村社会流动又给村民自治的正常运作带来新的问题。在不少农村社区，青壮年劳动力都外出做工经商，留在农村的主要是妇孺老人，村民自治难以正常运作。如许多远在千里之外务工经商的农村人员，村委会选举时难以返回家乡。在这一背景下，村委会选举中难免出现大量的代票和少数人操纵选举的状况，民主选举的质量势必降低。一些地方注意到这一情况，采取了相应措施。如浙江省萧山市在深圳市做工的选民，1993 年春节前包 20 架飞机回乡参加了村委会换届选举。[①] 但这种情况仅属个别，而且仅限于换届选举。由于具有较高文化素质的青壮年劳动力大量外出，农村社区的民主决策、民主管理和民主监督难以正常运作。同时，外出务工经商人员的经济收入一般较高，生活处境比没有出外务工经商的要好，因而对原住地的公共政治生活缺乏兴趣和积极性。即使原住地因治理不善，生活环境欠佳，一些人也可通过迁移的方式改变生活环境。由此造成一些村“贫穷落后不留人，能人外出更加穷”的恶性循环，基层组织软弱涣散在所难免。[②] 笔者 1996 年 7 月在四川省大巴山区一山村调查时，该村党支部书记表示，由于村里的经济落后，许多村民到沿海发达地区做工，基层工作难以开展，包括他在内的村干部都不安于务农。所以，在那些主要为人口流出地的农村社区，村民自治运作一般都不甚理想。

而在主要为人口流入地的农村社区，村民自治的运作也面临新的问题。在一些经济发达的农村社区，外来务工的农村人口比当地居住的农村人口还要多数倍甚至数十倍。如广东省深圳市坣岗村，1994 年的本村人口为 1500 人，外来人口却高达 3 万多人，是本村人口的 20 倍。但根据《村组法》规定，村民会议由本村 18 周岁以上的村民组成。这一规定没有预见农村人口大流动的状况，以致事实

---

① 参见相自成《庄稼人的夙愿——中国农村村委会直选透视》，《民主与法制》，1995 年第 2 期，第 11 页。

② 参见冀得政《软弱涣散的症结何在？》，《乡镇论坛》，1995 年第 9 期，第 9 页。

上将外来务工经商的人员排斥在工作地的公共政治生活之外，使其不能参与工作地村委会选举，亦难以通过村民自治正常表达意愿和要求。一些外来人员为保护和获得其利益，往往采取非规范的方式进行利益表达。

四、村民自治运作的文化机制和因素

中国农村经济体制改革在改变社会经济关系的同时，也改变了社会主体的文化观念。这就是重新启动和激活了农民群众的主体意识，农民开始以社会主体的观念看待社会，参与社会政治生活。由此形成村民自治运作的文化机制。当然，文化是包括知识、思想、观念、情感、信仰、习俗等在内的丰富的意识形态系统。村民自治的运作与村民主体的文化状况密切相关。在影响村民自治运作的文化机制和因素中，以下三方面的变量关系尤为重要。

（一）文化思想

政治是比生活和生产更高级的公共活动。文化知识是从事政治活动的必要条件。在社会主义国家，公民享有平等参与国家和社会管理的权利，但如果不具备相应的文化知识，其权利的行使就会受到限制。正如列宁所说："文盲是处在政治之外的，……不识字就不可能有政治"。[①]

历史曾赋予中国农民两大特点：一是穷，即经济落后；二是愚，即缺乏文化知识。1949 年，80% 以上的农村公众是文盲。在这之后，特别是农村改革以来，中国农村人口的文化知识水平有了较大幅度的提高（见表 2）。

---

① 列宁：《新经济政策和政治教育委员会的任务》，《列宁全集》第 42 卷，人民出版社 1987 年版，第 200 页。

表 2　农村劳动力文化程度状况变动表　　单位 %

年份＼比重＼文化程度	文盲或半文盲	小学程度	初中程度	高中程度	中专程度	大专及以上程度
1985	27.87	37.13	27.69	6.96	0.29	0.06
1988	23.83	38.47	30.37	6.84	0.41	0.08
1990	20.73	38.86	31.43	6.96	0.51	0.10
1992	16.20	39.05	36.21	7.82	0.06	0.12
1993	15.29	38.21	37.43	8.20	0.70	0.17

资料来源:《中国农村统计年鉴》，中国统计出版社，1991—1994 年各册。

文化信息的传播渠道增多，使农村人口得以接受较多的外界信息，超越乡土地域带来的狭隘性。到 1993 年，农村公众平均每百户拥有电视机 69.16 台，收音机 32.22 架，收录机 24.24 部，农村有线广播进村率 70.7%，入农户喇叭的正常音响率已达到 86.6%。[①]

农村人口文化程度的提高和信息量的增多，为村民自治的运作提供了必要的文化条件。村民自治过程中的建章立制、民主选举、民主决策、民主管理和民主监督无疑需要参与者具备相应的文化知识。文化知识还促使村民不满足现状，希望村民自治的运作更有成效和规范。1996 年 2—3 月，中国中央电视台晚间黄金时间的《焦点访谈》节目，连续播放了数次有关村委会选举的内容。该节目通过湖南省湘潭市、河北省晋州市等几个地方村委会选举状况及其效果的对比，以及对当时主管村民自治的国家民政部基层政权司白益华司长的访谈，为社会公众传达了大量有关村民自治的信息。如果考虑中国农村每百户拥有电视机达 70 台，估计有上亿的农村公众收看到这一节目。由于这一节目是通过不同个案的比较，叙述村民自治运作规范与否所显示的成效，加上是在权威的中央电视台播放的，

① 参见国家统计局农村社会经济调查队《中国农村统计年鉴（1994）》，中国统计出版社 1995 年版，第 292—323 页。

因此对农民的影响较大。

由于长期的历史原因，中国农村人口的整体文化素质尚不高。农村改革后，农村人口文化的相对贫困化状况较为突出。一是与城市人口相比，农村人口文化程度较低（见表3）：

表3　城乡劳动力文化程度比较（1993年）　单位%

文化程度 / 比重 / 类别	文盲或半文盲	小学程度	初中程度	高中程度	中专程度	大专及以上程度
农民	15.29	38.21	37.43	8.20	0.70	0.17
乡镇企业工人	3.2	21.1	52.1	20.4	2.4	0.8
城镇职工	0.9	5.2	33.7	23.5	16.6	20.1

资料来源:《中国农村统计年鉴（1994）》，中国统计出版社1995年版;《光明日报》，1994年12月5日。

二是大量文化程度相对较高的农村劳动力流向城市和其他发达农村地区务工经商。这一状况必然会影响农村一般村民参与日常村务管理活动。此外，农村的电视机拥有率虽然提高，但与村务管理密切相连的基层广播系统却处于停滞状态，甚至有所下降（见表4）：

表4　农村有线广播普及情况　单位%

年份 / 比重 / 项目	1985	1988	1989	1990	1993
村级广播室	22.6	32.9	35.6	38.7	45.3
已装喇叭农户	41	38	37	37	38
农户喇叭正常响的	83	87	85	87	86.6

资料来源:《中国农村统计年鉴》，中国统计出版社1991年版，第326页；1994年版，第323页。

村和农户的有线广播系统不发达，限制了农民及时地了解和知晓村务，影响着村民自治组织与村民的沟通，使经常性的民主管理也受到制约。笔者1996年在四川省渠县白石村调查时了解到，该村80年代曾建立起完整的广播网系统。后由于大风和人为破坏，广播网长期未恢复，村内的信息传递主要依靠口头传递这一原始方式，村民对村里公共事务的知晓程度因此降低。

与文化知识相比，思想价值观念对村民自治运作的影响更大。人的行为总是受一定的价值取向支配。村民自治是涉及村民共同利益的公共政治活动，村民根据何种价值尺度参与公共政治生活，直接影响着村民自治的运作。

人民公社时期，实行集体统一经营，缺乏相对独立的个人利益，集体主义成为支撑集体统一经营的支柱，同时也成为农村人口普遍的价值观念。经济体制改革以后，农村实行分户经营，建立市场经济体制，农民不仅有了相对独立的个人利益，而且通过个人劳动先富起来成为可能。在这一背景下，深藏于农村民间的个人本位价值取向迅速复萌和扩张。对个人利益的肯定和追求，促使农民积极参与公共政治生活，村民自治运作中的民主选举、民主决策、民主管理与民主监督都与村民维护和实现个人利益的要求有关。可以说，维护和实现村民利益要求，是村民自治产生和运作的重要动力。

但是，中国农村社会正处于急剧变化之中，农民对个人利益的要求夹杂着浓厚的不受约束的个人主义倾向。这一倾向一方面来自植根于传统自然经济结构中的放任主义倾向；另一方面来自长期被抑制的个人利益追求的反弹，以及发育不健全的市场经济体制。受这一倾向影响，农民在追求个人利益时缺乏必要的契约和合作意识，难以正确认识个人与社会、个人自由与公共权威的关系。如农民在对待公共权威时，流行“有田有地不求你，有吃有穿不靠你，合同结账不理你，欠交积累不怕你，有了麻烦要找你”。村民自治只有在村民共同关心和集体合作的基础上才能有效运作。一些村民平时对公共事务漠不关心，有了麻烦才去寻求村委会的支持，而当村委会因缺乏村民的关心和参与难以正常运作和满足村民利益要求时，会更加受到村民的冷落，由此形成恶性循环。

（二）政治文化

政治文化是人们有关政治的看法、意见、知识、情感等主观政治意识的总和。人们的政治行为直接受政治文化支配。政治文化与村民自治运作有着最为密切的联系。其主要因素有以下几个方面：

1．法律知识和意识

村民自治是国家法律制度安排的政治形式，其运作状况与村民对有关法律制度特别是《村组法》的了解和认识的程度相关。

中国历史上的农民极度缺乏有关民主和法律方面的知识和意识。人民公社时期，由于实行行政管理，农民通过掌握法律知识进行民主管理的活动受到限制。20 世纪 80 年代以后，农村经济体制改革促使农民通过法律维护其权益，国家的依法治国原则推动着法制建设和法律知识的普及。农村广泛开展了普及法律知识的活动，农村人口的法律知识得到了前所未有的增加，法律意识大大加强。根据 1990 年在湖北省 16 个村的一项调查，作为农村人口主体的农户户主开始具备了一定的法律知识（见表 5）。

表 5　农户户主对法律的知晓数量

填写数量	0	1	2	3	4	5	6	7	8	9	10	11
填写人数	40	20	37	53	43	28	26	17	21	2	1	3

资料来源：郑永流等《农民法律意识与农村法律发展》，武汉出版社 1993 年版，第 26 页。

该调查揭示出，在 258 位农户户主和 41 位女性农户户主中，有 86.7% 的人知晓 1 项以上的法律，知晓 3 项法律的人最多。而在对法律的知晓中，知晓《宪法》的人数居第二位。与此同时，农村人口的法律意识也有所增强。该项调查表明，有 77.5% 的农户户主将法律与治国联系在一起，认为法律与个人有关系的为 85.62%。[①]

① 参见郑永流等《农民法律意识与农村法律发展》，武汉出版社 1993 年版，第 30 页。

农村人口法律知识的增多和法律意识的增强，对于农村村民参与基层政治生活，促进村民自治的有效运作有重要意义。特别是在村委会民主选举等村民自治的关键环节问题上，村民开始认识到选举的合法与非法的界限，对不合法的选举表示出不满和反对意见。国家民政部原基层政权司司长李学举举过一个事例：在1992年辽宁省某村的换届选举中，因个别程序不符合要求，该村的十多个村民自费到县、省和北京上访。他们对《村组法》几乎倒背如流，句句不离法，声声讲执法。[①]

但是，从总体上看，农村人口的法律知识还较欠缺，法律意识还较弱，在有限的法律知识中，与村民自治密切相关的《村组法》的知识更为缺乏。这是因为，农村人口的法律知识的获得主要依靠国家大规模进行的普法活动，而国家的普法内容，主要是国家的基本法律和与农村人口经济社会联系密切的法律。1990年，湖北省在16个村对农户户主的一项调查表明，农户户主知道最多的前八项法为:《婚姻法》《宪法》《刑法》《森林法》《土地法》《刑事诉讼法》《经济合同法》和《水法》。[②]《村组法》尚处于试行阶段，人们对其认识有所不同，对这一法律的宣传、普及和贯彻很不平衡。根据前项调查，有40.13%的农户户主不知道《村组法》，[③]而作为村民自治组织领导者的村组干部对法律规定村民委员会性质的认识更是各有不同（见表6）。多样化的认识难免出现多样化的做法。

2. 政治角色意识

政治角色意识是指公民在政治生活中对所扮演角色的自我认识、看法和态度。村民自治的主体是村民，村民对在村民自治运作和村民自治组织中所扮演角色的自我认识，直接关系到村民自治的运作过程。

---

① 参见李学举《中国城乡基层政权建设工作研究》，中国社会出版社1994年版，第80页。

②③ 参见郑永流等《农民法律意识与农村法律发展》，武汉出版社1993年版，第27—28页。

表 6　村组干部对宪法关于村委会性质规定的认识

答案	填写人数	百分比（%）
乡镇政府的下级行政机关	63	36.63
农村经济组织	42	24.63
群众性自治组织	47	27.33
村党支部性质	20	11.63

资料来源：郑永流等《农民法律意识与农村法律发展》，武汉出版社 1993 年版，第 45 页。

随着《村组法》的贯彻实施，村民逐渐在村民自治运作中，对其主体地位、权利与义务等角色内涵有了较为明晰的认识。特别是在一些村，制定了村民自治章程，将村民的地位、权利和义务明文加以规定。村民自治章程是由全体村民参加讨论和制定的，讨论和制定过程本身，是村民对其角色自我认识的过程。1996 年 1 月下旬，笔者到武汉市青菱乡长征村和光峡村调查，访谈了若干名村民代表和村委会干部。被访的村民代表认为，代表就是要反映所代表的村民的意见，“如不能代表老百姓说话，要代表有什么用呢？”（受访村民原话）被访的村委会干部表示：村民选了我，总要为老百姓做点事；村里的大事必须告诉村民，让大家讨论，并接受群众监督，这样可以密切干群关系。

由于村民自治的发展不平衡，特别是相当多的村没有制定村民自治章程，村民对其在村民自治中的地位、权利和义务的认识不明确，对村委会性质的认识尚不清楚。直到 1996 年，不少村民还习惯称村民委员会为大队，将村委会主任称为带有强烈行政管理色彩的“村长”。根据张立荣等人 1993 年在湖北、湖南、广西、贵州、云南部分山区农村对村民政治角色意识的调查，有 41.3% 的人不知道选民和公民的区别；有 34.9% 的人不知道选举人与被选举人之间的关系。[①] 村民的政治角色意识不明确，必然影响其政治行为。有不少村

① 参见张立荣《新视野与大思路——中国山区乡镇政权建设研究》，武汉大学出版社 1995 年版，第 169 页。

民认为“民主”就是“你不要管我”，“任何事情由着我”。[①] 受这样一种“民主”观念支配，村民自治运作难免出现不注重程序和规范的放任主义倾向。这正是政府不少领导人担心农村实行村民自治会失控的重要原因所在。因为任何形式的自治，都是以自治主体所具有的自律意识，即自我遵守有关法律制度的意识为条件的。在现阶段，许多村民作为自治主体，考虑较多的往往是个人利益，而忽视应履行的义务，其行为自然容易出现偏差或失控。

（三）传统习俗

中国农村有数千年历史，古代农村社区治理包含着社区的自我管理。其管理方式主要是依靠长年累月居住在一起的人们结成的人情关系和历史上长期沉淀下来的礼俗对社区形成的约束关系进行调节和规范。这种传统习俗在当代中国农村，仍有相当大的影响力，并不可避免地渗透于村民自治的运作之中。

传统习俗主要用于调节人际关系。村民自治属于公共政治生活，主要依靠公共性的国家法规和村民自治章程加以规范和调节。但是，村民自治在一定的农村社区范围内运作，其主体是村民。村民在选择其政治行为时，难免受到传统习俗的影响，这种影响较为复杂。村民自治的目的是实现村民群众的自我管理、自我教育和自我服务。充分利用这种深深植根于农民心理结构中的传统习俗的凝聚力和约束力因素，对于加强村民的自我管理、自我教育和自我服务，有着积极意义。特别是村规民约的建立和实施，不能不考虑传统习俗的影响力。

当然，对于现代公共政治生活领域运作的村民自治而言，传统习俗的负面影响也显而易见。如一些村民在选举过程中往往是从人情出发做出选择。习惯的礼俗取代公约性的村规民约。特别是传统

---

① 参见张立荣《新视野与大思路——中国山区乡镇政权建设研究》，武汉大学出版社 1995 年版，第 287 页。

习俗与传统性的宗族有着特别紧密的联系，一些宗族组织力量往往利用传统习俗的力量扩大其影响，乃至与建立在法律制度基础上的村民委员会分庭抗礼。在一些地方，老人（如“三老议事会”）对村民自治运作的影响较大，而在传统习俗中处于较低地位的妇女和年轻人，则影响较小，其权利甚至会被老人和家长随意去“代表”。

通过以上的分析，可以看出，村民自治要在实践过程中实现规范性运作，需要相应的支撑条件，并有一个逐步发展、完善的过程。现阶段关于村民自治的看法，有两种不同的意见：一是认为中国农村落后，不适宜搞村民自治；二是认为村民自治发展太慢，应加速推进。这两种看法均与对村民自治的制约因素和变量关系缺乏深入认识和分析相关。前者强调中国农村落后的一面，没有看到农村的变化，这一变化要求和推动着村民自治的规范化运作。后者孤立地看待村民自治，没有看到村民自治受多种因素的制约和影响，不可能一蹴而就。所以，分析村民自治的相关因素和变量关系，有利于积极、稳妥地推进村民自治。

第七章
村民自治运作中的难题与对策

自1987年《村组法》颁布与贯彻以来，村民自治获得了长足发展，但村民自治的运作与理想形态之间尚存在较大差距，以致不少人对其现实可行性存有疑虑，一些地方的政策选择也有所不同。出现以上情况的原因，除了村民自治必须受到多种因素的制约外，还在于在村民自治的运作中存在着不少的内在矛盾。突出表现为乡政管理与村民自治的衔接，乡村社区内党组织与村民自治组织的协调，社区内政务与村务的划分与处理等。科学地认识和有效地处理这类矛盾，是促进村民自治有效运作的必要条件。

一、乡政管理与村民自治的有机衔接

20世纪80年代以后，中国农村基层社会管理体制变化的一个重要特点，就是乡政管理与村民自治的二元并存。过去一直延伸并介入到农村基层社会中的国家权力，被上收至乡，乡作为国家在农村地方的基层政权，对本乡事务行使国家行政管理职能，但不直接具体管理基层社会事务。乡以下的村建立村民自治组织，在党和政府领导下，自主地管理基层社会事务。这样，在现阶段农村社会，管理体制中便存在两种相对独立的权力：一是自上而下的国家权力，具体表现为在党的政治领导下的乡政府行政管理权，其功能是将国家行政管理传递到农村社会。乡镇工作人员领取国家薪金，并对上级政府负责。二是蕴含于农村社会之中的村民自治权，其功能是在国家有关法律范围内，通过村民共约等方式对社区加以自我管理。村民自治组织的领导人由村民选举产生，并对村民负责，村民对其提供一定经济补贴。因此，村民自治权直接来源于农村社会本身。[①]

从权力的来源与功能看，农村社会的“乡政村治”格局，实际上是由两种不同的权力构成的。这两种权力从最终归属和运作目的看是一致的。其一，根据国家法律，国家权力不再是凌驾于社会之上，统治和压迫农民的强权，而是代表包括农民在内的全体人民的利益，有效地组织和领导社会的管理权。村民自治权是国家法律制度规定的、农村村民管理基层社会事务的权力。二者都建立在人民当家做主的权力基础之上。其二，由于具有共同的权力基础，国家权力和村民自治权有可能实现有机的结合。人民民主专政的国家权力在乡村社会有效地行使，有赖于村民自治的配合；村民自治在基层社会的运作，有赖于人民民主专政的国家权力的保障和支持。正是从这一制度本质出发，《村组法》规定，乡政府和村民委员会是指导和协商的关系。这一规定，一方面肯定了乡政府和村民委员会是两种不同的权力载体；另一方面强调乡政府与村委会的关系是指导与被指导，即指导—自愿接受的关系，而不是领导与被领导，即命令—服从的关系。

《村组法》的规定显然是理念性的制度构架，但在现实社会中，这一构架存在难以避免的内在矛盾。首先，现阶段尚存在国家、集体和个人三者之间的具体利益矛盾。这一矛盾在主要实行集体所有制和家庭分户经营的农村表现得尤为突出。乡政管理主要代表国家利益或以国家名义运用其权力；村民自治主要反映和表达村集体和村民的意愿和要求。当国家、集体和个人利益较为协调时，乡政管理与村民自治的关系较和谐，村民自治的运作也较为规范；当这三者利益关系较紧张时，结果则相反。其次，乡政管理的权力集中于

① 参见徐勇《论现阶段农村管理体制中乡政与村治的冲突与调适》，《求索》，1992年第2期。

乡政府[①]，但权力运用的范围是整个乡。这实际上表明，在实行村民自治的村，仍然存在乡政管理权的影响，只是其影响程度和方式有所不同而已。这样，在村的范围内，实际上存在乡政管理与村民自治两种权力的影响。这两种权力在运作中构成了一种此消彼长的博弈关系[②]，制约着村民自治的运作。

自《村组法》贯彻实施以来，关于乡政管理与村民自治之间的权限和关系的问题一直争论不休。相当一部分的乡镇管理干部认为，实行村民自治脱离现实，《村组法》超越了现阶段需要。其理由是，实行村民自治后，乡政管理失去了“腿脚”，行政命令难以畅通无阻地贯彻下去，从而造成了“应该管理的无法管”的现象。而乡镇政府的上级对乡政府干部实行任期目标责任制，采取行政命令式管理。乡政管理则只能与村委会协商。村委会受其社区和村民利益和意愿的影响，往往不服从或不太情愿接受乡政管理，以致乡政管理权难以落实到基层。在这一背景下，不少乡镇干部要求进一步强化对农村基层社会的行政管理，强化国家权力的介入，甚至要求从政治体制方面调整“乡政村治”的格局。这一要求反映在一些政策选择意向上。由中共湖北省委组织部和湖北省农村社会经济调查队课题组1995年提交的一份权威报告，就反映了这一要求。该报告主张将村民委员会下沉到小范围的自然村，在自然村之上设村公所之类的乡政府派出机构，目的是进一步强化国家行政权，缩小社会自治权。[③]

与这些乡镇干部的意见不同，不少村民或村委会干部对乡政管理过度干预基层事务表示不满，认为村民自治在较大程度上只是停留在制度条文层面，《村组法》没有得到贯彻落实。在张立荣进行的一项广泛调查访谈中，一些村民说，现在的干部实际上都是上面指

① 考虑中国的现实，这里使用的政府概念仍是广义的，即包括乡党委和乡政府。

② 博弈关系指在冲突和竞争的情况下，每一参加者寻求得到最大收获并把损失减少到最低程度的关系。

③ 参见中共湖北省委组织部、湖北省农村社会经济调查队课题组《村级组织建设研究（1995）》，第43页。

派的。村上的干部要站住脚就要巴结乡领导，乡上的干部要端“铁饭碗”就要巴结县领导，群众的意见没多大的用处。[①]为此，不少村民希望通过民主选举、民主管理和民主监督，维护其权益，即进一步扩大村民自治权。主管村民自治的民政部门积极推进村民自治，反映了村民的这一意愿和要求。

乡镇干部和村民对待村民自治的不同看法，实际上反映了乡政管理与村民自治、行政权与自治权的二元矛盾和冲突，并折射出国家与社会在分权治理过程中的不平衡性。那么，为什么在《村组法》贯彻之后，对于村民自治仍存在不同看法，而且在一定范围内的分歧还较大呢？主要原因是在一些地方，乡政管理与村民自治出现了脱节，行政权和村民自治权运作的冲突加大。对此，不能仅仅做出简单的价值判断，而应对造成这一状况的原因加以深入分析。

乡政管理与村民自治的脱节，与乡政府对农村社会管理的职责增多和权限扩大有关。这种增多和扩大，受宏观、中观和微观三个层面因素的影响。

从宏观层面看，《村组法》的制定和贯彻起始于农村经济体制改革取得重大进展之际。人民公社体制废除后，实行“政社分开”。原有的人民公社是管理经济，组织生产，兼具行政管理职能的组织；政社分开后的乡政府不再直接管理经济，组织生产，其职能大为减少，主要是从事原人民公社兼有的行政管理。而当时的行政管理的内容并不多，村组织的行政化色彩也较浓，所以乡政管理较为顺利。随着社会的发展，农村的宏观环境有所改变，乡政管理的职能迅速增多。首先，中国的市场经济体制正在建立之中，农民还不可能根据市场需要和自我意愿从事生产。国家不能不通过“定购粮”的方式从农民手中获取农产品，以满足迅速扩大的市场需要。这其中就存在国家要求农民种什么或不种什么的问题。承担这一任务的便是

---

① 参见张立荣《新视野与大思路——中国山区乡镇政权建设研究》，武汉大学出版社 1995 年版，第 290 页。

直接面对农民的乡政府，经济调控成为乡政府的一项重要职能。其次，通过农村第一步改革，大多数农民解决了温饱问题，但当代中国农村正处于由传统走向现代化的深刻变革之中，农村发展的目标是深化改革，实现小康，走向现代化。在这一历史变革进程中，农村分户经营的一些局限性日益显示出来。如农村流行“要致富，先修路”。修路显然不是一家一户能够承担和完成的，特别是一些公共水利工程年久失修，不仅制约着农村的发展，而且危及正常的农业生产。在这一背景下，乡政府必须承担起领导和组织当地经济发展的任务。再次，随着农村的发展，农村中存在的一些深层次矛盾日益显露出来，并且出现了一些新的矛盾和问题。最为突出的是人口不断增多与资源有限性的矛盾，农村社会治安问题日益严重等。由于人口和治安问题关系着国家稳定和公共安全，国家予以高度重视。控制人口和维护治安成为乡政府必须完成的硬任务。为完成这两大任务，地方政府采取“一票否决制”，即达不到一定指标，就没有参加评优获奖的资格，而评优获奖直接关系到政府的政绩，乃至政府官员的升迁。

从中观层面看，《村组法》的制定贯彻与分权式改革有关。这种分权除了国家与社会分权外，还包括中央与地方、地方与地方的分权。各个地方和各个部门在获得自主权的同时，也有其相对独立的利益和意志。一是各级政府部门制定出本部门的发展目标，要求所管辖的部门达标升级。如教育行政部门要求学校在一定时间必须达到一定目标。二是地方政府为本地的经济社会发展制订出种种计划。在农村，这些目标和计划最终都要通过乡政府加以贯彻落实，即所谓“上面千条线，下面一根针”。而上级政府在确定目标和下达计划时并没有为乡政府提供相应的手段和条件。乡政府为实现目标和完成计划，只得采取行政命令的方式加以贯彻，从农民手中汲取实现目标和完成计划的人力、财力和物力。

从微观层面看，《村组法》制定贯彻之际，正处于市场经济初步发育之时。在人民公社时期，计划经济和集体主义道德教育，使农村基层领导人的私欲受到强有力的遏制。人民公社体制废除后，随着农村商品经济发展和向市场经济过渡，农村基层干部的谋利意识迅速增长，行为得不到相应的制约。分权式改革赋予农村基层干部更大权限，但分权没有与制约相匹配，以致不少农村基层干部运用权力获取不正当利益。其重要行为方式就是“搭便车”，即在贯彻执行上级某一政策时，谋取和扩大其自身利益。而出于利益冲动，基层干部要求增加其行政权限范围，强化对农村社会的深度介入。这一要求尽管属于一定范围的行政行为，但由于行政人员所代表的身份，而被视为国家意志。

以上三个方面使乡政管理面临着前所未有的挑战。这一挑战主要来源于改革初期一度缓和的国家和农民的关系再度趋于紧张。在农村经济发展的同时，农民的利益受到损害，农民的负担问题成为难以根治的“痼疾”。1992 年，湖北一个名为樊哲福的农民因负担过重，层层上访未果而自杀。湖南省湘乡市农村妇女潘群英因摊派过重，不堪受辱，当着乡村干部的面跳塘自杀。[①] 此类事件的出现，引起了中央领导人的高度重视，政府采取了一些措施，使问题有所缓解。但随后，农民负担又趋沉重。1995 年 12 月 4 日，湖北省随州市万和镇沙河办事处党总支副书记、主任余万新一行 19 人，强制要求农民蔡守国上缴各种钱款费 1349.19 元，蔡无力上缴被迫自杀。蔡按国家规定只应交 370.27 元，其余钱款均为违规集资。[②] 同年 12 月底，湖北省浠水县刑满释放回乡种地的农民沈海清向县长写信，愤激坦言：“回乡种地当农民，不如坐牢当囚徒。”[③] 面对种田效益较低、负担沉重的现实，一些农民只好外出务工经商，与乡政管理不合作；另一些农民则直接诉诸反抗行为。如四川省某县 30 多个乡村农民集

① 参见李超贵《中国农村大写意》，湖南文艺出版社 1993 年版，第 298 页。

② 参见刘向东、袁志国《农民负担减下去了吗？》，《瞭望》，1996 年第 12 期，第 14—15 页。

③ 刘向东、袁志国：《农民负担减下去了吗？》，《瞭望》，1996 年第 12 期，第 16 页。

体抗议集资过重；安徽某县韩寨村 26 岁的农民王永生，当着催交钱款干部的面，拉响炸药包，王当场死亡，4 名干部受伤。[①] 农民的合法权益受到损害，必然造成乡政管理难以有效实施。

与此同时，随着农村经济社会的发展，特别是《村组法》的贯彻实施，村民的民主意识增强，要求通过村委会这一群众自治组织维护其合法权益。农村村民对村委会干部由乡政府指派表示不满，反映了他们对村委会作为群众自治组织应代表村民利益、反映村民意愿这一理念的认同。尽管现阶段大多数村委会的行政化倾向较突出，但村委会产生于村民之中，需靠村民的支持来获取和巩固其合法性。为此，一些村委会对乡政管理不再是唯命是从，而是采取各种方式弱化甚至抵制乡政管理的影响。因为，法律赋予了村委会相对独立的权力，乡政管理不得对村委会随意发号施令，将其作为下属组织。

当然，村民和农村社区在争取更多自主管理权的过程中也出现了“过分自治化”，即力求摆脱乡政管理的倾向。《村组法》规定了乡政府与村委会的关系是指导关系，这就意味着乡政管理的手段主要是协商式。而一些村委会出于本社区利益需要，往往不愿接受乡政府指导，甚至力求摆脱乡政管理。相当一部分村民认为，自治就是想做什么就做什么，政府管不着。因此，他们不愿接受乡政管理，一些本来应尽的公民义务如计划生育、缴纳税款等，也不履行。

以上状况使乡政管理与村民自治之间出现一种悖论：乡政管理要求强化对农村基层社会的行政控制，弱化村民自治；村民自治则使村民和自治组织要求减少行政干预，甚至力求摆脱乡政管理的控制。基层社会愈失控，乡政管理愈要求强化控制；乡政管理的行政干预愈强，基层社会愈要求获得更多的自主权，超越行政干预……这犹如一场拔河赛，双方均在加力，难以达到均衡。它不仅直接制约村民自治的运作，而且影响着政策选择意向。有关乡政管理与村民自治之间关系的截然不同的认识，便来源于此。

---

① 参见李超贵《中国农村大写意》，湖南文艺出版社 1993 年版，第 299—300 页。

通过上述大量的背景分析，笔者认为不宜笼统地强化乡政管理，也不宜孤立地看待村民自治。

从国家和社会分权的趋势看，“乡政村治”格局有其必然性和合理性。它有利于调动两个方面的积极性，既实现有效的国家管理，又不至于压抑社会的自主性和活力。所以，“乡政村治”的格局作为得到法律支撑的制度框架，应该长期坚持，不宜随便动摇。

那种因为农村有所失控而要求强化行政权的选择，显然尚囿于中国历史长期以来关于权力放与收的思维定式。根据这一选择意向，村设立乡政府派出机构，村民委员会下沉到自然村，即现在的村民小组层次。这一思路虽是为了强化乡政管理，但同时也会将国家权力与农村基层社会置于更为直接的对立之中。在“乡政村治”格局下，村委会实际上是国家与农民之间的中介组织，许多矛盾和冲突可以通过这一中介组织的上传下达加以缓和和整合。如果将村委会下沉到村民小组，村民对基层社会管理的参与渠道就更少了，缺乏社会制约的行政干预出现偏差的可能性将大为增多。在实行分户经营和存在农民相对独立利益的现实条件下，行政干预过多或出现偏差都容易引起干群关系、国家和农民关系的紧张。七届全国人大常委会委员长万里从国家长治久安的角度，于1990年指出，“民主建设主要在基层”，“民主与法制不加强，民主渠道不畅通，群众会闹事”。[①]

那种脱离中国现实背景，单纯地强调村民自治的选择也不合适。在走向现代化的当代中国，乡政管理对农村社会的改造和推动，不仅必要，而且必须。离开了乡政府的指导，村民自治很难有效运作，而且很容易受社区和村民利益驱动，成为超越国家法律的“村自治”，将村变成不受控制的“土围子”。

所以，从中国农村的现实和发展出发，应在坚持“乡政村治”

① 万里:《发挥人大作用，搞好民主和法制建设》,《万里文选》，人民出版社1995年版，第605页。

的制度框架下，努力寻求乡政管理与村民自治的有机衔接。

（一）创造有利的宏观环境

自《村组法》实施以后，乡政管理与村民自治的关系不甚协调，并出现一定程度的脱节，重要原因在于农村发展的宏观环境面临新的矛盾和问题，即农业在市场经济发展中处于弱势地位，农村和农民处于不利地位，使得国家和农民的关系趋于紧张，从而为乡政管理和村民自治的衔接带来困难。根据大量的材料分析，在农业较为发达的中西部地区，如湖南、湖北、安徽、河南、四川等省，干群矛盾较为突出，国家和农民的关系较为紧张。1992年底，由于农民负担迅速加重等农村问题日益突出，中共中央总书记江泽民在视察湖北等地的农村后，专门在武汉召开了中部地区六省农业和农村工作座谈会，强调要切实保护农民利益，牢固树立农业是基础的思想。而在乡镇企业较为发达的东部地区，情况要好一些。因此，在中西部地区，既存在强化乡政管理的呼声，也存在摆脱行政干预的要求，村民自治运作的规范化受到严重影响。所以，要从根本上解决乡政管理与村民自治的脱节问题，必须在现代化进程中高度重视农业、农村和农民问题，为农村发展创造有利的宏观环境。离开了这一点，任何简单的收权与放权，都将收效甚微。

（二）合理划分权限

《村组法》对乡政管理与村民自治之间的关系和各自权限做了一般性规定，即乡政府有权指导村委会的工作，村委会在乡政府指导下自主管理本村事务。但由于对乡政府和村委会的职责权限范围缺乏明确、具体的规定，乡政管理和村民自治在运作中难以有效衔接，乡政府或是因为“指导关系”，对村里的事务不愿管、不敢管，致使村委会的工作放任自流；或是对村里的事务干预过多、过深，乃至包办代替，致使村委会成为其下属机构。而村委会或是完全听命于乡政府，成为乡政府事实上的派出机构，或是过分强调自主性而不愿乃至拒绝乡政府的指导。所以，根据《村组法》原则，从制度上合理划分乡政府和村委会各自的权限，是促使乡政管理与村民自治有机衔接的重要环节。为此，一些地方在贯彻《村组法》的过程中，制定了有关乡（镇）政府指导村委会工作的规则。如山东省莱西市1991年制定了《乡镇人民政府指导村民委员会工作通则（试行）》，对乡镇政府指导村委会工作的内容、范围做了11条明确、具体的规定，其中最后一条是维护村委会的法律地位，支持村委会的工作。该市牛溪埠乡在制定乡人民政府指导村委会工作规则的同时，制定了村民委员会协助乡政府做好工作的规则，由此对乡政府对村委会的指导、村委会协助乡政府工作的内容和范围，做出了明确、具体的规定，便于操作，有利于行政管理与村民自治在制度规范基础上的有机衔接。

（三）规范政府行为

根据有关制度规定，乡政府有权管理本区域的事务，村委会亦有权自主处理本村范围的事务。但村在乡的管辖范围内。由于对乡政管理和村民自治的对象缺乏明确、具体的规定，以致管理行为的人为性、随意性较大，容易出现偏差。如《村组法》规定，村委会有义务协助乡政府完成国家任务。但在实际生活中，乡政府往往将包括乡政府各种决定在内的所有事务，都以国家任务的名义下达给村委会，要求村委会完成。如前文所述，湖北省随州市万和镇农民蔡守国因不堪重负而自杀一事即是如此。按国务院和省政府的有关规定，蔡守国家的合理负担只有370.27元，但村里下达的收费高达1349.19元。其中，由万和镇为通过“双基”达标验收决定征收的教育集资款占了很大比重。[①] 由于乡政府下达的任务均属于政府行为，村委会对哪些属于应该完成的国家任务，哪些属于不合理负担很难

① 参见刘向东、袁志国《农民负担减下去了吗？》，《瞭望》，1996年第12期，第15页。

分清，只得按乡政府的规定执行和完成。蔡守国所在的冷岗村一组组长石玉林，是由万和镇沙河办事处党总支副书记、主任余万新带队的清款组的成员之一。蔡守国死后，他说："那几天，村里的人看见我们来了，都说：'鬼子进村了。'可上面还让我连夜贴标语：'兑现合同打硬仗，不获全胜不收兵。'"[①] 特别严重的是，少数乡干部将个人意志凌驾于法律之上，并要求村干部执行。如1992—1994年，河南省邓州市徐楼村农民陈中身，针对乡里不合理摊派等问题向有关部门上访。陈所在乡的乡长段其占对此不满，两次授意村干部张德恩等人"收拾收拾"陈中身。陈后被村干部打死。此事引起强烈反响，《人民日报》曾在头版专门发表评论员文章。[②] 由于村委会只是机械地执行"上面"的要求，难以履行维护村民合法权益、反映村民意见和要求的职责，与其村民自治组织的性质相去甚远。而在另一方面，也有的村委会过分考虑本村村民和社区利益，应该完成的国家任务不完成，与乡政管理明争暗抗。如对本村村民的超计划生育不加管理，甚至网开一面。这种情况在偏远地区尤为突出。据笔者1995年5月与位于鄂南山区的湖北省崇阳县政策研究室的一位干部座谈所知，由于缺乏有效管理，部分山区超计划生育现象颇为严重。

以上两方面显然都不利于村民自治的正常运作。所以，无论是乡政管理，还是村民自治，都必须通过建立相应的法律制度规范其行为，以明确哪些属于正常的政府行为，哪些属于不合理的干预；村民自治既要维护村民的合法权益，又必须接受正常的乡政管理。通过制定统一的法律，使乡政管理与村民自治有机地衔接起来。

（四）改进工作方式

乡政管理是国家最低一级的行政管理。作为国家行政管理机构，

---

① 刘向东、袁志国：《农民负担减下去了吗？》，《瞭望》，1996年第12期，第15页。

② 参见本报评论员《国法难容》，《人民日报》，1995年3月29日，第1版。

乡政管理使用最多或最熟悉的是行政的管理手段。特别是长达 20 多年的人民公社体制所运用的单一行政管理方式，在农村基层影响甚深。但是，人民公社体制废除后，乡以下实行村民自治，多年来主要由政府依靠行政手段去办的一些事，改由村民群众民主讨论决定。农村村民和社区有其独立利益和依法自主管理社区事务的权利及要求。为此，乡政管理除采用必要的行政管理方式外，应更多地运用法律、经济和教育等管理方式，在尊重村民自主权和村委会相对独立性的基础上实现有效管理。如福建省上杭县庐丰乡的乡政府与所辖的横岗村的村委会签订“村民自治协约”，将各自的职责以制度条文的形式加以规范，乡政管理富有成效。该乡领导认为，“签订自治协议后，乡里不用派工作队，不用派包村干部，各村自己的事情自己管理，各自的任务各自完成，大大减轻了乡政府的工作和负担，我们乡领导也有更多时间、精力集中到政府其他工作上去”。

显然，采用经济、法律和教育等综合手段比单一采用行政命令方式所需的时间、精力和条件更多，但这也是在实行村民自治条件下乡政管理发展的必然趋势。乡政府只有顺应这一趋势，充分尊重村民和村民自治组织的自主权利，通过引导、指导，积极发挥村民自治组织的作用，才能促进乡政管理与村民自治的有机衔接。

首先，是以思想教育、利益驱动等方式积极引导村民和村民自治组织的活动。实行分户经营和村民自治后，兴修大型公共工程，一直是困扰乡政管理的一大难题；也是许多人不赞成实行村民自治的重要理由。但是这一难题并非无法攻克。湖北省孝感市境内有一条长达五六公里的河流，因年久失修，河床淤积，导致水灾频繁，血吸虫病卷土重来。自 1994 年开始，该市经过有效的动员，使广大农民认识到治理此河的重要性，农民积极地参与此治理工程。该工程所需的一半费用由村民义务工解决，有的村民还为此推迟了婚期。1996 年 3 月，中央电视台在晚间黄金时间的《焦点访谈》节目，报道了这一多年难见的情况。这说明，在现有的“乡政村治”格局下，兴修公共工程并非是不可逾越的难关。

其次，积极指导村民和村民自治组织在实践中学习民主，运用民主。不少乡镇干部之所以对村民自治持怀疑态度，主要是认为村民的民主素质低，实行民主容易失控。然而，村民的民主素质不是自然生成的，只有在实践中通过指导，才能逐步提高。乡政府通过宣传法律、制定规则，帮助村民和村民自治组织在法律制度范围内行使民主权利，既有利于提高村民民主素质，又可以使村民自治在法律制度的轨道上运作，从而实现乡政管理与村民自治的有机衔接。

再次，对村民自治的运作进行必要的督导。在现阶段，完全依靠自治单位自身的力量，实现村民自治的有效运作，显然比较困难。特别是在村民自治组织体系尚不健全，功能不完备，村民的参与能力和作用有限的情况下，乡政管理对村民自治运作的督导十分重要。如村务管理中，财务管理较为困难，由于文化水平和专业知识的限制，村民难以实施财务监督。为解决这一问题，一些地方实行乡、村二级管理制度，除了发挥村民的监督作用外，还由乡政府有关部门对村财务实行监督和检查。所以，当村民自治通过乡政管理的必要督导得以正常运作时，乡政管理与村民自治便可以实现有机衔接。

二、村党组织与村民自治组织的协调

中国的村民自治是农村社区村民群众自治，而非地方自治。同时，中国共产党是中国的执政党，共产党的领导地位为宪法所规定。那么，在实行村民自治的农村社区单位内，同时存在着两个进行村务管理的政治组织，一是村党组织（一般在村一级设立党支部，少数设村党总支或村党委），一是村民自治组织，主要是村民委员会。

村党组织和村民自治组织显然是两个性质和功能不同的组织。村党组织是中国共产党在农村的基层组织，承担着对农村社区的政治领导职责。党组织由村民中的党员组成，其领导人在党组织系统内通过党员选举或上级党组织任命产生。村民自治组织是村民的群众性自治组织，其功能是实现村民的自我管理、自我教育、自我服务。村民自治组织由全体村民组成，其领导人由全体村民选举产生。村党组织和村民自治组织在村内同时存在，使中国的村民自治有其自身的特点。村民自治能否正常有效地运作，很大程度上取决于它们之间的关系是否协调。

从理论和制度上看，村党组织和村民自治组织的地位和关系是明确和协调的。根据《中国共产党章程》的规定，中国共产党是中国工人阶级的先锋队，是中国各族人民利益的忠实代表，是中国社会主义事业的领导核心。中国共产党是在先进思想指导下由先进分子组成的政治组织。在长期的革命斗争和社会主义建设中，中国共产党与农民建立了密切的联系。农村社区是一个“微型社会”，融经济、政治、文化和社会事务于一体，需要各种组织来处理各种公共事务。而在村级组织体系中，中国共产党的基层组织居核心地位。中共中央 1990 年 12 月发出的《关于批转〈全国村级组织建设工作座谈会纪要〉的通知》（中共中央〔1990〕19 号文件），明确提出加强以党组织为核心的村级组织建设。同时规定，村民委员会是在党的领导下，在国家法律规定的范围内，由村民实行自我管理、自我教育、自我服务的基层群众性自治组织。村党组织与村民委员会是领导与被领导的关系。党组织对村委会的领导主要体现在：（1）提出全村经济发展与精神文明建设的意见，通过村民委员会的工作，把党的方针、政策和党组织的意图变为群众的自觉行动。（2）讨论村民委员会的重要工作，支持和帮助村民委员会按照法律独立负责地开展活动。（3）协调村民委员会同其他组织的关系。（4）对在村民自治组织工作的党员和干部进行考核和监督。党组织领导村民自治组织，但不是包办代替。

根据以上规定，村党组织能够和村民自治组织有效协调，并能够促进村民自治的正常运作。但在实践中，村党组织和村民自治组织的协调仍是一个尚待解决的问题，并影响着村民自治的运作。突出的问题主要有：

1. 权限范围不确定

一方面，党组织在村级组织中居核心地位，拥有对社区事务的决定权。村民委员会是村民实行自我管理的自治组织，亦拥有处理社区事务的权力。这就意味着在一个社区内，同时存在两个公共事务管理的组织，即所谓“两套班子”。从有关政策和制度规定上看，党组织主要是就村中重要事务的决定提出建议，同时通过村民自治组织的工作，将党的方针政策和村党组织的意图变为群众自觉的行动。与此同时，村民自治组织可以按照法律独立负责地开展活动。但是，这一规定没有将党组织和村民自治组织的权限范围做出明确的限定。特别是在农村基层，对公共事务的领导和管理体现在日常具体事务的处理方面。农村党的组织系统较为健全，组织性强，长期的历史形成了权威能量资源，这使党组织在领导和管理村级事务中，并不只是提出建议，而更主要的是决策或直接做出决定。许多地方党组织的领导人认为，领导就是对事务做出决定，否则就无法体现领导地位。所以，在农村许多地方，仍然是党组织，特别是党的书记“说了算”，村中事务的决定权由党的书记执掌。

另一方面，农村基层党组织和村民委员会的关系，不同于国家政治系统中各级党组织和政府的关系。因为，村民委员会是群众进行自我管理、行使自治权的自治组织。而村民在行使自主权时的意志，往往与党组织的意志不相一致，甚至出现矛盾和冲突。这种矛盾和冲突通常反映为村党组织和村民委员会两套领导班子出现不合的问题。据中共湖北省委组织部等单位对 111 个村的调查，村委会和村党组织关系紧张的有 13 个，占 11.8%。由于关系紧张，两套班子，两套人马，各定各的调，各唱各的戏，内耗严重，难以形成合力。[①] 为了解决这一问题，有的地方实行交叉任职。如由党的书记同时兼任村委会主任，或村委会主任兼任党组织副书记等。

---

① 参见中共湖北省委组织部、湖北省农村社会经济调查队课题组《村级组织建设研究（1995）》，第 19 页。

以上两个方面都意味着决定村中事务的权力主要由党组织，特别是党的书记所掌握，村民自治组织在法律制度上拥有的管理本村事务的权力难以得到充分体现和具体落实。许多地方的村民委员会只是作为贯彻村党组织意图的机构而存在，难以有效履行作为村民自治组织进行自我管理的功能。

2. 一元化领导方式的影响

由于村党组织和村民自治组织之间的权限范围不明确，村里的权力主要由党组织，特别是党的书记执掌，因此，村民自治组织的地位和作用如何，较大程度上取决于党组织，特别是党的书记个人的民主素质和作风。在一些村民自治运作较为规范的地方，村党组织书记发挥着重要的作用。如在国家民政部 1995 年评选的 200 个“全国模范村民委员会”中，有相当一部分是由村党组织的书记任村委会主任。但是，人民公社体制的传统影响和农村基层工作的复杂性与艰巨性，使相当多的村党支部书记习惯于一元化领导方式，即事无巨细都得由党的书记一人说了算。许多农民也习惯于事事听书记的。书记成为事实上的“一把手”，村委会主任则是协助书记工作的“二把手”。在这种情况下，村民自治组织很难独立发挥作用，村民自治的规范运作也会受到影响。河南省一个村的党支部书记，因为其亲戚未能在村委会选举中继续当选村委会主任而拒绝承认这次选举结果，致使该村在长达一年多的时间里，村委会主任职位处于空缺状态。1996 年 3 月，中央电视台晚间黄金时间的《焦点访谈》节目对此做了报道，并发表评论。显然，此事并非孤立的个别现象。

3. 党组织领导权威面临新挑战

在村党组织和村民自治组织之间，村党组织居于领导地位。但村党组织存在于农村社区之中，党组织的领导权威不仅来自历史形成和制度规定，更来自村民群众的认同。进入 20 世纪 80 年代以经济建设为中心的新时代以后，农民对村干部的期待有所变化。农民对只知机械服从上级指示的干部缺乏兴趣，更欢迎那种根据党的方针、政策，能带领自己走向富裕的干部。时代的转换和价值观的变化，使农村党组织的领导权威面临着挑战。特别是实行村民自治以后，农民有了选举自己领导人的可能，从而使这一挑战成为现实。

首先，农村一些地方，党员的年龄老化及文化程度低的状况较为严重，基层党组织难以履行新时代赋予它的职能。到20世纪80年代末，农村基层党组织领导人大多是50年代初土地改革时期加入党组织的老党员，其中除了史来贺[①]、吴仁宝[②]等人在时代的转换中迅速实现了自身的转换以外，相当一部分人不适应新时代的要求。而自1987年贯彻《村组法》以后，一批年富力强、知识文化水平高、致富能力强的人通过选举进入村委会。湖北省1995年的一份权威调查报告说明了这一问题。在被调查的111个村中，村委会主任在年龄、文化程度等方面的优势显然高于村党支部（总支）书记（见表7）。

表7　111个村党支部（总支）书记与村委会主任的年龄、任职年限和文化程度比较

任职	年龄（岁）			任职年限（年）			文化程度（%）		
	平均	最大	最小	平均	最长	最短	小学及其以下	初中	高中及其以上
村支部（总支）书记	42	71	33	16	27	4	14.9	40.7	44.4
村委会主任	39	52	24	10.3	18	2	9.5	52.4	38.1

资料来源：根据中共湖北省委组织部、湖北省农村社会经济调查队课题组《村级组织建设研究（1995）》第20页有关数据整理。

其次，农村基层党组织建设亟待加强。在人民公社时期，加入党组织不仅能够获得较高声誉，而且是提高地位的主要渠道。进入以经济建设为中心的时代以后，农民的价值观趋于多样化，改变地位和环境的方式增多。特别是大量青壮年农民外出务工经商，造成

① 全国劳动模范、河南省新乡市刘庄党支部书记。
② 全国劳动模范、江苏省江阴市华西村党总支书记。

农村基层党组织中青年党员所占的比例较小。在少数地方，村党组织领导人为维护其地位，不愿发展新党员。湖北省秭归县在1978—1990年的12年间，5—9年没有发展党员的村有87个，10年以上没有发展党员的村有96个。有的村党员发展严重断档，整整空了一代人，连村支书都没有人选。[①] 据王新根等人1995年的调查，在浙江省金华县909名村党支部书记中，35岁以下的只有89名，占9.8%，56岁以上的144名，60岁以上的50名，年龄最大的达74岁。913个村中，5年以上未发展党员的村有210个，其中10年以上未发展党员的村有60个。[②] 与党组织的运行机制有所不同，村民自治组织由全体村民组成，村委会实行面向全体村民的民主公开选举。3年一度的开放式选举，有助于及时补充、更换村委会的领导人。村委会因此能获得较大的活力。山西省临猗县在1993年村委会换届选举时提出党委要放手，范围要放开，目的是让群众真正把自己信得过的、能带领群众致富的能人选进村委会。结果使20个乡镇的106名有才干的致富能人进入村委会。[③]

再次，农村基层党组织运行机制面临新的挑战。民主集中制是中国共产党的工作准则。农村基层组织的重要功能是将上级党组织的意图转换为农民群众的自觉行动，而上级党组织的意图与农民的愿望有时会存在冲突和矛盾。在这种情况下，农村基层党组织往往更多地倾向于贯彻上级党组织的意图，由此有可能失去部分村民群众的支持。而村民自治组织在决定事务过程中会较多地考虑和重视村民和本社区的意愿和利益，因此较容易获取社区群众的支持。

以上情况将会导致两种结果：一是党组织缺乏足够的权威支撑

---

① 参见中共湖北省委组织部、湖北省农村社会经济调查队课题组《村级组织建设研究（1995）》，第22页。

② 参见王新根、倪玉文《正确把握〈决定〉精神，加强村级组织建设》，《乡镇论坛》，1995年第2期，第3页。

③ 参见刘爱莉《村民自治——农村社会的稳定器：访山西省临猗县委书记姚高宽》，《中国社会报》，1995年12月2日，第2版。

而难以引导村民自治的运作。如山东省村委会换届选举中，当选的村主任非党员成分逐步增加。1984 年党员比例占 99% 以上，1987 年村主任非党员比例在 5% 以下，1990 年则迅速上升为 24.8%。该省枣庄市非党员村主任达 70.5%。1993 年的换届选举中这一趋势有增无减。[①] 江西省宜春地区 26 000 个村民小组长中，80% 不是中共党员。[②] 这一状况必然造成党组织难以通过党员对村委会施加影响。二是村民自治组织的领导人对村党组织的权威发起挑战。如有的村委会领导人认为自己是民选的，村党组织领导人是上级任命的，自己应在村里居主导地位。这两种结果都会影响村民自治的正常运作。

在现阶段，无论从制度层面，还是从现实需要来看，村民自治都必须在党组织的引导下运作。没有以先进思想为指导、由先进分子组成的党组织的引导，村民自治很难自动地规范化运作，甚至会走向封建性的“土围子”政治。而要加强党组织对村民自治运作的引导，必须有效协调党组织与村民自治组织的关系，改进党组织的领导方式，强化和巩固党组织的领导权威基础。

第一，从制度上合理划分党组织和村民自治组织的职权范围。党组织和村民自治组织作为具有社区公共事务管理权的组织，将长期并存。要使这两个性质不同的组织各自发挥其应有的功能，必须从制度上对其职权范围做出合理的界定。党组织要使自己真正成为村级组织的核心，应该避免行政化倾向，从大量日常具体事务中解脱出来，将主要精力用于对村的发展方向的把握，对其他村级组织建设的指导，对各类组织之间关系的协调以及自身建设等方面。由村民自己能够处理好的事情，应尽可能让村民群众根据法律制度自主处理，以支持和帮助村民自治组织独立负责地开展活动。如河北

---

① 参见张魁中《换届选举后的喜与忧》，《乡镇论坛》，1994 年第 1 期，第 12 页。

② 参见唐忠新《村落社区的权力结构透析》，《天津社会科学》，1995 年第 5 期，第 92 页。

省藁城市制定的农村党支部、村委会议事规则和办事规则，对党支部和村委会的职权范围做出了明确、具体的规定。党支部的决策范围有五个方面，主要是研究决定贯彻上级党委、政府的方针、政策、重大决策的具体措施；研究决定本村社会和经济发展的重大事项；研究决定其他村级组织的协调问题；部署党组织自身建设等。村委会的决策范围主要是，研究本村公共事务和公益事业的有关问题；讨论发展生产、搞好社会化服务和维护社会治安以及村民教育管理的具体措施。这一划分体现了党组织管方向性的大事，村民委员会管具体事务的原则精神，各自分工负责。为使大事和具体事不脱节，使村党支部和村委会的工作达到有机衔接，藁城市的制度还规定了党支部和村委会的联席会议，将党支部和村委会的决策内容融为一体，这实际上是村级事务的最高决策形式。这一规定既有利于在村党组织领导下发挥村委会的积极作用，又有助于加强党组织和村民自治组织的联系和协调。

第二，改进领导方式和工作方法，将党组织和村民自治组织的活动纳入法律制度的轨道。依法治国是中国政治发展的基本原则和目标。农村的依法治理具体体现为依法建制，以制治村。在村民自治的运作中，村党组织和村民自治组织之间容易产生矛盾，重要的原因是在带有强烈“人治”色彩的一元化领导方式的影响下，组织的协调主要依靠个人特别是党的书记的素质。而要充分保证党组织和村民自治组织的持续稳定协调，必须寻求共同的原则基础，这就是既体现党组织意志又集中反映人民意愿的法律制度。早在 1983 年，彭真就指出：“在我国，党领导人民制定宪法和法律，党也领导人民遵守、执行宪法和法律。坚持党的领导，遵从人民意志，严格依法办事，三者是一致的、统一的。”[①] 因此，法律制度应成为政治生活中的最高权威，而不是人为地排“一把手”“二把手”。特别是

① 彭真：《进一步实施宪法，严格按照宪法办事》，《彭真文选》，人民出版社 1991 年版，第 489 页。

在村级组织中居核心地位的党组织，更应该在法律制度范围内活动。村党组织书记可以兼任村委会主任，但必须是经过法律制度规定的民主选举才能当选。村党组织可以在村委会选举前对选举施加影响，但对合法选举结果应予以承认。党组织拥有重大决策权，但在决策前应充分听取群众意见，其工作应接受全体村民的监督。对村党组织及其成员的失当行为，村民和村民自治组织有权向上级党组织反映，促使其改正。

第三，建立竞争机制，强化和巩固村党组织的权威基础。村党组织在村级组织中居核心地位，同时也要求具有更充分的权威基础。村民自治组织通过民主选举这一公开竞争机制，将一些优秀分子吸纳进村委会，增加了村委会的影响力。党组织不同于村民自治组织，但村民自治组织通过竞争机制强化和巩固其权威基础的做法值得借鉴。在一些地方，村党组织领导人要求改任村委会主任，认为村主任经过民主选举，得到群众认可，比较有威信。因此，随着社会民主的发展，党内民主应进一步扩大。首先，应能够将村民中的优秀分子吸纳到党组织中来，并通过健全的管理使党组织成员保持先进性。其次，在党组织内，应通过民主选举将党员中的优秀分子选为党组织领导人，并通过必要的制度加以督促。通过这两个层次的竞争选拔，有利于保证党组织的先进性，扩大其权威基础，党组织的核心地位才可以得到充分保证，村民自治组织也才有可能自觉接受党组织的领导，从而使村民自治的正常运作获得强有力的政治保证。

三、政务与村务的合理划分和有效处理

20 世纪 80 年代以来，中国农村实行“乡政村治”的治理模式，国家基层政权设在乡镇一级，乡镇以下的村实行村民自治。这一模式规定由乡镇政府对所管辖范围的事务行使管理权。由于乡镇属于国家在农村的基层政权，其管理的事务体现着各级政府的意志，通

常被称为政务，即政府下派的任务。在村一级实行村民自治，自治的范围主要是涉及本村村民利益的事务，通常称之为村务，即社区自身的事务。由于村隶属于乡，由乡所管理的政务必然会延伸到村。这样，在村的范围同时存在着政务和村务。村民自治的运作必然涉及对政务和村务的处理，如何处理政务与村务，关系到村民自治能否正常运作。在一些地方，村民自治运作不甚规范，与政务和村务的划分和处理不当密切相关。

政务和村务是两种性质不同的事务。政务体现着政府的意愿，要求必须执行。主要包括：（1）贯彻落实法律规定公民应尽的义务，党和国家有关路线、方针和政策以及上级政府的要求，如计划生育、服兵役、经济和社会发展规划、收缴税款、公安司法、民政事务、文化教育等；（2）由乡镇政府决定的事务，如乡镇范围的发展规划、经济管理、公共工程、公益事业等。村务则是涉及本村村民利益的事务，由村民共同讨论协商处理。主要包括本村范围内的公共事务和公益事业、经济和社会规划、社会公共秩序、社区文化教育、村规民约及有关制度的建立等。

政务和村务性质不同，要求不一样，由此需要相应的管理机构。但是，在“乡政村治”体制下，政务下沉到村，村却没有相应的管理机构。村民委员会实际承担着贯彻落实政务的行政功能。但是，村民委员会属于群众自治组织，其主要职责是根据村民意志处理村务，而在实际生活中，村民委员会既要处理政务，又要处理村务，扮演着双重角色。在相当多的村，没有对政务和村务做出明确的划分，村委会有什么事就做什么事。一般来讲，政务要求必须贯彻执行。村委会因此成为主要贯彻落实政府下派任务的“准政府”机构，而应由村委会处理的村务却被搁在一旁或无暇顾及。这样便出现了村委会的“角色错位”，使其难以履行应尽的职责。村民自治的运作由于缺乏组织依托而难有成效。

在有些地方，为了解决政务的落实和村务的自主处理问题，在村级组织中做了适当分工。由村党组织负责落实政务，村民委员会只负责处理有关村务方面的事宜。将政务和村务分开并进行机构分工，从政治体系的结构和功能方面看，有其合理性和积极意义。党组织是根据民主集中制建立起来的政治组织。在中国共产党执政条件下，由基层党组织负责贯彻落实政务，效率较高。村民委员会主要处理村务，能比较好地实现其村民自治组织的角色功能。

但是，将政务与村务分开，并实行严格的机构分工，也会产生新的问题。因为，无论是政务还是村务，最终都要落实到每个村民头上，都需要村民的参与。如果政务只是由党组织负责处理，难免引起村民的不理解甚至产生抵触情绪。如计划生育是农村政务中的一件难事。党组织在负责这项工作的同时，便掌握着计划生育指标分配这一资源。党组织能否公正地分配指标，主要取决于负责人的品质。负责人很有可能利用对计划生育指标的分配获取个人好处，损害公正性。村民由于不了解计划生育指标的多少和分配原则，也会对负责计划生育的人员能否持公正立场产生怀疑。这两方面都会影响计划生育政策的有效贯彻，也是导致干群关系紧张并削弱党组织权威的重要原因。另一方面，村民委员会作为群众性自治组织，具有向政府反映村民群众意愿和要求的职能。如果村民委员会只负责村务，不参与政务的处理过程，就很难了解和听取村民在有关政务方面的意见和要求并向政府反映。村民委员会的功能和威望因此会大大弱化，从而影响村民自治的运作。

所以，在村民自治的运作中，既要对政务和村务加以合理划分，又不能使其决然对立；既要有处理政务和村务的相应机构，又不能将其决然分开。

1. 合理划分政务与村务

准确认识和把握管理对象是科学管理的基本前提。一个村犹如一个“小社会”，包含着各种各样的事务。村庄是国家和社会的联结点。村级事务大体可分为两类：一是政府下派的任务，即政务；一是本村涉及村民利益的公共事务，即村务。两类事务的内容、要求及完成方式有所不同。只有对村级事务加以合理划分，村民自治才有可能根据所涉及事务的性质、要求有区别地对待它们。

2．根据事务建立必要的组织分工机制

任何事务的完成都必须有相应的组织机构负责。现阶段在村级事务的处理方面主要有三种模式：（1）村党组织和村民委员会合为一体，既处理政务，又处理村务，村党组织做出决定，村委会负责执行。（2）根据有关法律制度，村委会要协助乡政府工作，必须处理政务；村委会又是群众性自治组织，要处理村务。在政治运行过程中，村委会或偏重于处理政务，或偏重于处理村务。（3）由村党组织负责处理政务和村务中的大事，村委会主要是处理村务范围的事务。这三种模式各有特点，但从分工负责制和现行村级组织的性质和结构看，村委会应主要负责村务范围内的事务。如果承担的行政事务过多，便很难将更多的时间用于办理本村的公共事务和公益事业，为本村村民服务。在审议并通过《村组法》时，全国人大常委会委员长彭真就告诫，不要给村民委员会头上压的任务太多，否则会把它压垮。彭真的告诫颇有预见性。《村组法》实施以来，许多地方的村委会并非名副其实的自治组织，而成为名义上的自治、实际上的"准政府"组织，重要原因就在于村委会承担的政务太多。所以，从某种意义上讲，村委会只有少做一些事，才能更好地做其应做的一些事，真正发挥村民自治组织的作用。村民自治的运作也才能有强有力的组织依托。

3．合理分工基础上的相互融合

根据政务和村务的分类及村级组织的性质，对承担处理政务和村务的组织机构做出适当分工是必要的，但这种分工并不是将政务和村务绝对分开由两个不同的组织处理。无论是政务还是村务，都需要通过尽可能多的组织机构，进行多方面的动员、整合，才能有效处理。

兼顾效率和民主的管理原则，从现有村级组织的性质和结构出发，采用以下模式较为合理。即由村党组织主要负责政务，村民自治组织参与政务的处理；村民自治组织主要负责村务，村党组织在处理村务中发挥引导作用。

村是国家与社会的联结点，村有政务，没有相应的政府组织。但中国共产党的基层组织一直延伸到村。在村一级，没有政府组织，更不存在党政分开的问题。党组织的重要功能是将上级党组织和政府的意志转换为农民群众的自觉行动，成为党和国家与农民联系的纽带。而且党组织遵循少数服从多数、下级服从上级和全党服从中央的民主集中制原则，能够较好地贯彻执行上级党组织和政府的决定。所以，由党组织负责处理政务较为合适。

而党组织负责处理政务，又必须建立在村民和村民自治组织广泛参与的基础上。因为，党组织负责处理政务，主要贯彻上级党组织和政府的意志，体现着自上而下的关系。要使来自上面的意志为村民群众自觉接受，还需要一系列中介环节，特别是村民的参与。其方式主要有：(1) 村委会参与讨论、制定完成政府下派任务的具体措施，以了解有关政务情况，并协助党组织动员村民群众，反映村民群众的要求和意见。(2) 对涉及全体村民利益的重大政务应交由村民大会、村民代表会议等村民自治组织讨论，共同制定落实措施。(3) 村民和村民自治组织对政务的处理如计划生育指标的分配、税款的征缴等实施监督。通过以上方式，可以避免党组织因为负责处理政务而可能造成的与村民群众对立的状况。

国家在乡以下的村实行村民自治的目的，是将与村民利益密切相关的村级事务交由村民自己处理，使政府从繁杂的日常事务中解脱出来，并提高村民群众参政议政能力。因此，村内事务中的村务应主要由村民自治组织负责。村民通过民主选举、民主决策、民主管理和民主监督，共同处理与自己切身利益密切相关的村务，如本村的经济和社会发展事项、村民关系的协调、社区安全和环境等。村民委员会负责处理这些事情，能够自下而上地、较广泛地听取村民的意见，这样，能有较充分的民意基础，事情能得到较好的处理。

由村民自治组织负责处理村务，并不是将村党组织排斥在村务管理之外，而是要以村党组织的指导为前提条件。因为，当代中国农村的村并不是封建性的封闭村庄，村的发展需要接受现代因素的影响。在先进思想指导下，由先进分子组成的政党具有传递现代因素的功能。村民自治组织在处理村务过程中接受村党组织指导的方式主要有：（1）村党组织就重大村务问题提出建议；（2）村党组织积极支持和帮助村委会独立、负责地处理村务；（3）村党组织通过党员的先进作用积极引导村民自治组织对村务的处理；（4）村党组织通过思想教育等方式将村民自治组织对村务的处理与国家的法律政策有机衔接起来。由村民自治组织主要负责处理村务，可以使村党组织从大量的日常事务活动中解脱出来，集中精力处理政务和指导村民自治组织更好地处理村务。当村民自治组织能较好地自主处理村务问题时，村民自治的运作将会大大向前跨进一步。

第八章
村民自治的发展趋向与启示

自《村组法》颁布以后，村民自治进入规范化运作时期。尽管村民自治的发展进程尚处于初始阶段，但它犹如家庭承包责任制一样，已植根于亿万村民群众的日常生活之中，成为当代中国农村政治体系的重要组成部分。然而，当代中国农村正处于由传统走向现代化的社会转型时期。急剧的社会变迁使村民自治面临着一系列挑战，对村民自治的发展提出了进一步的要求。村民自治将呈现出规范化和多样化发展的趋向，并不断向广度和深度拓展。作为先行一步的直接民主实验，村民自治将为中国的民主化进程提供有益的经验和启示。

一、规范化：总体框架下的推进完善

随着20世纪80年代农村经济体制改革和国家民主化进程的发展，中国农村的政治体系发生了重大变化，即由“政社合一”的人民公社体制转变为政经分开的“乡政村治”格局，在“乡政村治”格局下，村民自治得以兴起，并成为当代中国农村政治体系的重要组成部分。

村民自治的兴起为中国农村政治发展和国家的民主化进程提供了一种新选择。这一选择的合理性最终要以事实来证明。同其他任何一种民主的进程一样，村民自治的发展不会一帆风顺，更不会收到点石成金、立竿见影的功效。因此，对村民自治合理性的争议也就会一直延续下去。

早在《村组法》制定之时，村民自治便成为一项颇有争议的选择。《村组法》颁布以后，村民自治已具有合法性，村民自治的运作已达十年时间。但是，有关村民自治合理性的争议仍不绝于耳，并直接冲击着“乡政村治”的总体框架。其主要原因有以下两个方面：

其一，农村的改革和发展正在走向深化。村民自治兴起的重要背景是以家庭承包责任制为主要内容的经济体制改革。家庭承包责任制适应社会主义初级阶段农村生产力的状况，大大促进了农业生产的发展。但正如任何一种生产关系一样，家庭承包责任制也会存在不可避免的局限性。分户经营着重于“分”，但由于未能建立起有效的社会整合机制，难以将众多农户的利益有机地联系起来，农业生产的社会化、现代化受到一定程度的限制。伴随家庭承包责任制而兴起的村民自治亦是一样。村民自治包括村民对个人利益的维护和个人权利的运用，这本是任何社会民主化进程的原始起点。但由于村民自治所需要的一系列经济、社会条件尚未成熟，特别是国家系统缺乏足够的政治智慧和经验来迅速寻求到引导村民自治运作的有效机制，村民很难以现代公民的角色进行村民自治的运作，以致不少村民对个人利益的维护和个人权利的运用成为不受法律制度制约的放任行为。这亦是中国传统政治结构“一统就死”“一放就乱”的特性在社会转型时期的一种回光返照的反映。

其二，政策选择偏向于强化国家控制。20 世纪 80 年代中期，中国改革重心由农村移向城市，一度被抑制的工农、城乡差别再度显现，并呈扩大趋势。1992 年，市场经济导向的改革加速，农业、农村和农民处于市场竞争中的弱势地位，工农、城乡差别扩大。[①] 这种扩大致使农村社会矛盾加剧，从而引起国家的高度重视。中共中央在 1993 年 10 月至 1995 年 2 月，连续召开三次农村工作会议，商讨

① 参见郭书田等《失衡的中国》，河北人民出版社 1990 年版；张厚安、徐勇等《中国农村政治稳定与发展》，武汉出版社 1995 年版，第 236—246 页。

对策。其重要对策之一就是加强农村基层组织建设。1994 年 11 月，中共中央发出《关于加强农村基层组织建设的通知》。1994 年 12 月，中共中央组织部发出《关于进一步整顿软弱涣散和瘫痪状态党支部的意见》。其目的是通过农村基层组织建设，加强党和国家对农村的领导。这一宏观决策显然有其针对性和合理性，但是，在这一宏观政策背景下，有关村民自治合理性的争议再度凸现。特别是一些地方领导认为，要把农民很好地"管起来"，就不能搞村民自治。因为村民群众的权多了，政府管理的权就会少；政府管理的权少了，就难以把分散的农民"统"起来"管"好。这种意见也反映到一些政策建议中，如主张强化村委会的行政功能，或是在村设立村公所这一政府派出机构，村民委员会下沉到自然村，即现在的村民小组。为此有的地方要求修改现有的宪法条文。1995 年湖北省的一份权威报告主张，应在《宪法》第 30 条中增加"村级行政组织是基层政权机构，对乡镇人民政府负责，行使行政职能"；应在宪法中补充"我国目前对村一级实行的是行政管理，村民小组或自然村实行自治"等有关条文。[①] 这一政策建议对现存的"乡政村治"格局提出了强有力的挑战。

由于以上背景，村民自治在一些地方进展缓慢，甚至成为何去何从的政策选择问题。在笔者看来，即使存在诸多问题，"乡政村治"的总体框架不宜轻易变动，村民自治仍应继续前行。

首先，农村经济体制改革及相应的政治构架与农村经济社会发展基本适应。尽管分户经营的家庭承包责任制有其局限性，但它促进生产的潜力远远没有发挥完。根据马克思主义理论，任何一种生产关系，当其仍能容纳生产力发展时，就不能人为地消灭它。家庭承包责任制仍是适应现阶段大多数农村生产力状况的生产经营体制。因此，中共中央一直强调要长期坚持家庭承包责任制。1990 年，邓小平在《国际形势和经济问题》一文中指出："中国社会主义农业的

---

① 参见中共湖北省委组织部、湖北省社会经济调查队课题组《村级组织建设研究（1995）》，第 52 页。

改革和发展，从长远的观点看，要有两个飞跃。第一个飞跃，是废除人民公社，实行家庭联产承包为主的责任制。这是一个很大的前进，要长期坚持不变。第二个飞跃，是适应科学种田和生产社会化的需要，发展适度规模经营，发展集体经济。这是又一个很大的前进，当然这是很长的过程。”[①] 由此可见，农村第二步改革不是对第一步改革的否定，而是对第一步改革的深化；第二步改革只是生产经营形式的变化，并不否定第一步改革中蕴含的尊重农民个人利益和自主权的原则，因为这一原则有利于调动农民的生产积极性。

既然现行的农村经济体制与生产力发展基本适应，不宜做大的变动，那么，与现行农村经济体制相适应的“乡政村治”框架也不宜做大的变动。一方面，“乡政村治”框架基本适应农村经济社会发展的要求，没有像“政社合一”的人民公社体制那样成为阻碍生产力发展的桎梏。“乡政村治”将国家的宏观管理与村民的自主参与结合起来，有利于调动基层和村民群众的积极性。而任何国家管理的合理性都是建立在促进经济社会发展，而不是单纯地便于管理和控制的基础上的。即使主张改变“乡政村治”的政策建议，也承认这样一个现实，即现行“乡政村治”框架总体上运行基本正常。这一结论被认为是建立在对857个村的科学调查的基础上的，具有代表性。[②] 既然现行政治体系基本运行正常，就不宜做体制上的更换。因为，基本体制和基本政策的连续性和稳定性，是中国农村改革、发展和稳定的重要前提条件。

与此同时，随着农村经济社会发展，农村民主政治建设的条件将更加充分，农民政治参与的要求将更为强烈。对这一趋势只能因势利导，而不宜抑制，否则会蕴藏更大矛盾。许多地方的情况表明，农村的矛盾和问题增多或激化，主要不在于农民权利增多，而恰恰

---

① 邓小平：《国际形势和经济问题》，《邓小平文选》第3卷，人民出版社1993年版，第355页。

② 参见中共湖北省委组织部、湖北省社会经济调查队课题组《村级组织建设研究（1995）》，第14—18页。

在于农民制度化参与政治的渠道太少，或不畅通，村民自治运作不规范。通过“乡政村治”框架，实行村民自治，有利于村民群众以制度化的方式参与政治，并在政治参与中规范其行为，从而化解矛盾，消除冲突。[①] 这正是国家逐步走向民主化、法制化的必要环节。原中共中央政治局委员、国务院副总理姜春云，在1995年11月21日的一次讲话中指出：“实践证明，凡基层政权和基层群众性自治组织建设搞得较好的地方，都取得了显著的成效。真正实行了村民自治，发扬民主，尊重群众，大事群众讨论，群众决定了以后组织实施，这样工作起来就顺利得多，好多农村的热点问题、难点问题就迎刃而解了。如果不是这样，而是仅仅靠干部去管群众，去要这个，要那个，就比较难办了。”[②] 湖北省有关人士主张改变“乡政村治”框架，以解决农村存在的矛盾和问题。然而，湖北省的村民自治从全国范围来看发展并不快，绝大多数村委会仍带有强烈的行政色彩。可见，农村中存在的矛盾和问题并不是“乡政村治”框架所引起，也不可能通过改变这一框架而得以解决。

其次，应通过制度创新和完善，走出历史沿袭已久的“一统就死”“一放就乱”的政治困境。旧中国是一个有着长期专制历史传统的国家。由于专制高压，没有社会民主，民众也缺乏在制度规范内维护个人利益、行使个人权利的公民素质。所以，一旦专制控制放松，极易失去控制，导致社会动乱。正因为如此，“一统就死”“一放就乱”成为长期困扰中国政治发展的两难选择。这一困境对当代中国的政治发展仍然有强大影响。中国的改革和发展正是为了寻求摆脱这一困境影响的有效机制。“乡政村治”将国家管理与村民自我管理结合起来，体现着当代政治发展的趋势，以及中国为寻求摆脱

---

① 参见王仲田《推进村民自治　实现农村稳定——山西、陕西、四川三省村民自治调查》，引自张厚安、徐勇等《中国农村政治稳定与发展》，武汉出版社1995年版，第1070—1082页。

② 《姜春云与城乡基层代表座谈时要求：加强农村基层政权建设，完善村民自治制度》，《乡镇论坛》，1995年第12期，第3—4页。

政治困境影响所做出的积极努力。尽管“乡政村治”运作中尚存在一些问题，但其基本原则精神，反映了中国政治发展的走向，不宜轻易改变。中共中央《关于加强农村基层组织建设的通知》等文件，在强调发挥村党组织核心作用的同时，亦高度重视村委会等村民自治组织的积极作用，并提出了一系列推进村民自治工作的意见。

另一方面，通过改变“乡政村治”框架，强化行政治理，则容易再次步入“一统就死”的困境，在现有条件下也缺乏可操作性。在村一级设立对乡镇政府负责的村政府，实质是让国家权力再次深度介入农村社会。而过度或超强的行政干预势必抑制农村基层社会和村民群众的自主活力，使基层社会和村民群众难以发挥出自我管理的积极性，亦难以获得理想的效果。六届全国人大常委会委员长彭真在通过《村组法》时就此问题专门指出：“能不能把村民委员会搞成一级政府？不好。因为那样一来，本来可以通过村民自治办的事情，反而需要政府用很多不必要的自上而下的方式去处理。如村民公共事业的筹划等，由政府来管，事实上很难完全处理得适当，往往事倍功半，而且根本不能达到扫除几千年封建残余影响的目的。”[①] 将设在行政村一级的村民委员会下沉到村民小组或自然村，必然会大大弱化群众自治能力。因为村民小组或自然村大多只有20—30户农户，100人左右，18岁以上的村民仅60—80人。在这一范围内，很难形成功能健全的村委会组织，村委会所具有的办理公共事务和公益事业、人民调解、维护社会治安、向政府反映村民意见等功能势必丧失，村民自治也会因缺乏健全的组织依托和适当的管理对象而自然消解。

此外，农村改革以来，中国的行政管理层次并未减少，反而在不断增加。最主要的原因是过去的地区改为市，成为一级功能完备的政治实体，不再是省级政府的派出机构。这样，村以上事实上已

---

① 彭真：《通过群众自治实行基层直接民主》，《彭真文选》，人民出版社1991年版，第609—610页。

存在乡、县（市）、市（地级市）、省（市、自治区）、中央五级政府，如果再在村一级设立政府，则达六级之多。这将严重影响管理效率，与精干、高效的行政管理改革趋势格格不入。而伴随体制变更的财政问题也是一大难题。如在现有的70多万个村建立政府机构，以每村3—5名政府公务人员计算（事实上3—5名政府公务人员很难构成一级政府），意味着将增加210万—350万政府公务人员。政府公务人员应由国家支付工资，如果以每人每年3000—5000元计算，共需63亿—175亿元，这对于国家是一笔巨额的财政支出。主张设立村政府的人士提出这笔费用可由“乡村统筹”解决，而“乡村统筹”的来源主要是农民。行政机构的费用由农民直接支付，本身不仅违反国家管理准则，同时更会加重农民的负担。以一个村3—5名政府公务人员年人均工资3000—5000元计算，仅全年工资支出就约需1万—2.5万元。以一个村的人口约1000人计算，人均将负担10—25元。如加上必要的行政机构开支，费用将更大。试图通过建立村政府解决农村中的矛盾和问题不仅难以达到目的，而且有可能增加管理成本，从而加剧矛盾冲突，引发新的问题。广西壮族自治区之所以要在1995年撤销村公所，改设村委会，主要是村公所体制存在不少弊端，如管理层次多、效率低、干部增多、农民负担重，每年全区农民要多负担6000万元；自然村设立村委会，导致村委会难以发挥作用；村公所干部属聘任制，村级管理难以实行民主选举、民主决策、民主管理和民主监督，干群矛盾大。①

所以，无论对于经济社会的发展，还是国家有效的管理，“乡政村治”都是较为合理的选择。至于“乡政村治”格局下出现的问题，应通过制度创新和完善逐步加以解决。为此，应根据农村改革和发展的趋势和要求，在“乡政村治”的总体框架下，推进完善村民自治制度，将村民自治运作导向规范化。

---

① 参见广西壮族自治区民政厅《撤销村公所改设村委会，理顺村级组织关系》，《乡镇论坛》，1995年第11期，第9页。

1．完善法律制度体系

村民自治是在法律制度体系安排下的基层民主实践活动。换言之，健全的法律制度体系是保证村民自治运作规范化的基本条件。由于村民自治的开创性和复杂性，有关法律制度体系不可能一开始就尽善尽美。特别是当代中国农村正处于巨大的历史变革之中，出现了许多新的情况和新的问题，尚有待法律制度给予明确的界定和解释。所以，随着村民自治的发展，应不断完善法律制度体系。

有关法律制度体系的完善问题，本书第二章已有论述，在此不再赘言。值得强调的是，与其他法律制度体系主要由国家制定并由国家公务人员执行相比，有关村民自治的法律制度体系，特别强调村民对法律制度体系制定和执行的参与。因为村民自治意味着村民在本村范围内享有管理本村事务的自治权。村民在进行自我管理时，除了遵守国家法律制度安排外，还必须依照国家法律制度的原则精神，根据本村的实际，制定本村的章程和制度，作为其管理的具体依据。离开了这一点，村民自治不仅难以实行，而且容易出现偏差。河南省新野县是模范村民自治县。1996年初，笔者到该县调查了解到，该县村民自治进展顺利、运作规范、成效显著的一个重要原因是，每个村都制定了作为本村“小宪法”的村民自治章程，每个农户都有专门印制的村民自治章程手册，村干部和村民根据章程规定进行管理。通过这样一个过程，使村民自治由国家法律制度条文转换为规范化的具体实践活动。

2．政府积极引导，加强调控

任何自治都是相对的。实行村民自治，不仅仍需要政府的管理，而且对政府的管理要求更高。这就是要学会在民主和法制的轨道上与农村居民打交道，合理运用政府特有的权威，积极引导村民自治的运作，加强宏观调控。一些地方的村民自治运作不规范，成效不大，甚至失控，重要原因是政府放弃管理或管理不得法。不少人对村民自治产生怀疑，甚至失去信心，主要原因在于，政府部门有关人员对在实行村民自治条件下与农民打交道方面缺乏经验，甚至束手无策。事实上，实行村民自治以后，政府完全有能力积极引导和规范村民自治的运作。因为政府掌握着特有的公共组织和公共政策资源，能够运用这一资源优势管辖本区域范围的事务。1996 年初，笔者通过对河南省南阳市的调查，对此有较为深刻的理解。

南阳市位于河南西南部，是一个有 1000 多万人口的地级市。1995 年，该市进行村民委员会换届选举。在换届前，政府对县、乡、村有关人员组织培训学习，帮助他们掌握法律和政策精神，进行理论和组织准备。随后在换届选举中，由政府有关人员直接到村加以指导，并及时处理选举中的问题。经过政府的积极引导，该市 95% 的村根据《村组法》精神，成功地完成了换届选举。另有 200 多个条件不成熟的村没有进行换届选举。如有一个村，94% 的村民是基督教徒，教会干预和影响选举。政府决定对条件不成熟的村暂时不搞村民委员会换届选举，而是委派人员代为管理，通过创造条件再进行换届选举。这样可以避免一些村民自治运作中的非规范现象。南阳市的做法说明，在实行村民自治的条件下，政府有责任亦有能力，通过积极引导和适度调控，为村民自治运作的规范化创造必要的条件。

3. 注重村民自治运作的步骤和节奏

同任何一种民主政治形式一样，村民自治的发展亦是一个长期的渐进的过程。在这一过程中，充满着各种各样的矛盾和问题。同时，村民自治的内容非常丰富，其活动不可能齐头并进。要使村民自治走向规范化，必须注重村民自治运作的步骤和节奏，逐步解决村民自治运作中的矛盾和问题，特别是要及时、有效地处理一些群众最关心、反映最强烈的重点和难点问题，并从最需要解决的问题入手，以各方都能接受的方式开展村民自治活动。在现阶段，村民自治应注重以下几个方面：

（1）在村民自治活动的“四个民主”环节中，着重于民主选举和民主监督，以此带动民主决策和民主管理。这是因为，村委会干部直接从事村务管理活动，在以经济建设为中心的现阶段，村民特别需要一个有能力的领导人和领导集体，带领群众走向富裕、文明之路。民主选举则有利于满足群众这一最为紧迫的需要。河南省南阳市经过 1995 年村委会换届选举，村委会主任平均年龄 40 多岁，政治思想、经济才干和文化素质普遍有所提高。同时，民主选举是一项内容复杂、程序性强的活动。通过民主选举，可以增强村干部和村民的制度规范意识，有利于民主决策和民主管理。因为村委会干部经过民主选举产生，也有可能经过民主选举落选，这样促使村委会干部在从事决策和管理时尊重民意，注意与村民群众协商。与民主选举不同，民主决策、民主管理和民主监督是经常性的活动，而决策和管理除了民主化要求外，还要求科学化。科学决策和管理，需要一定的专业技术知识和才能。在现阶段，每个村民直接参与决策和管理，既不可能亦不现实，决策和管理主要由村干部实施。对于村民群众来说，最重要的是加强民主监督，特别是加强与村民利益最为密切的财务监督。通过民主监督，可以促使村委会干部的决策和管理活动尊重民主，尊重科学。

（2）健全村民自治组织体系。村民自治组织是村民参与政治、实行自治的组织依托，也是村民自治运作规范化的保证。很明显，没有必要的组织依托，村民就会寻求其他的参与渠道和方式，从而影响村民自治的规范运作。

在村民自治组织体系中，最早建立的是村民委员会。随着村民自治的发展，除了继续健全村委会组织，并发挥其作用外，应加强村民代表会议和村民会议组织建设。村民代表会议和村民会议是现阶段村民自治组织体系的薄弱环节，而它们是村民群众参与村级事务管理的重要渠道和必要条件。没有组织健全的村民代表会议和村民会议，村民自治很可能演变为少数村干部的“自治”。考虑到现阶段农村实际条件，应特别注重村民代表会议建设，发挥村民代表议事、监督的作用。通过村民代表会议建设，培养训练村民自治的骨干力量，从而带动和促进村民会议建设。村民委员会 ⟶ 村民代表会议 ⟶ 村民会议，可视为村民自治组织建设的基本轨迹。这一轨

迹反映了间接民主 ⟶ 半间接半直接民主 ⟶ 直接民主的发展转换过程。

（3）围绕经济建设这一中心开展村民自治活动。任何民主形式都只有与实现和保障人们的实际利益紧密联系，才能长期持久地坚持和发展。在现阶段，广大农民的主要利益是发展经济，实现小康，并走向现代化。村民自治只有围绕这一中心和目标开展活动，才能获得坚实的基础。为促进经济发展，必须正确处理以下两方面关系：

一是村委会与村经济组织的关系。随着经济的发展，特别是农业产业化的进程，村的经济组织将日益增多。村委会作为村民自治组织，应将发展集体经济作为主要任务之一，为此，在不少地方，村委会同时又是村集体经济组织。这在一定时期内是必要的，但如果由村委会直接管理经济，势必陷入大量的日常经济事务之中，从而丧失其他功能。因此，从发展目标看，村委会主要是为发展经济创造有利环境，而不宜直接管理经济，以此充分实现农民集体和个人的经营自主权。

二是村委会要动员村民完成政府任务，同时也要代表村民向政府反映其意见和要求。在发展市场经济过程中，农民的合法权益有可能受到侵害，村委会作为群众自治组织，只有通过积极向政府反映农民群众的要求、意见和呼声，切实保护农民的合法权益，才能得到村民的信任和支持，为经济发展创造有利条件。正因为如此，国家农业部原政策法规司司长郭书田提出，村民自治内容除了“自我管理、自我教育和自我服务”外，还应加上“自我保护”。这是很有见地的。

（4）加强村与组的联系。实行“乡政村治”以后，村的地位得以提升，村民自治的活动主要集中于村一级。但是，村的范围较大，人口较多，村民经常性参与村级事务管理较为困难，村的有效管理也受到较多限制。为此，应特别注意加强村与组的联系，充分发挥村民小组的作用。村民小组大多建立在自然村的基础上，范围较小，人口较少，特别是村民间的联系较紧，从而形成一个小的自治单元。

村民通过经常性参与村民小组事务的管理，可以为进一步参与村级事务管理创造主体条件，并推动整个村级范围内的自治活动。

二、多样化：自治形式的创造性转换

任何政治形式总是与一定的经济形式相适应，并随着经济形式的变化而变化的。村民自治亦是如此。伴随农村经济的发展和变迁，村民自治必将或正在发生变化，从而在多样化的格局中完成向新的自治形式的转换。

根据宪法规定，在城市实行居民自治，在农村实行村民自治。这一规定建立在城乡二元经济和社会格局的基础上。20 世纪 80 年代以来，中国农村经济社会正在发生着深刻的历史变迁，主要表现为两大趋势：一是农村工业化、城镇化，在原有的田野上崛起了一个个"乡村都市""农民城镇"；二是城乡一体化，大量的城市现代因素进入农村，昔日的农村与现代城市联为一体，形成亦城亦乡、亦工亦农的新型社区。这两大趋势突破了传统的城乡二元格局，并将促使村民自治向新的形式转换。

其一，由村民自治向居民自治过渡。随着村办企业的发展，一些村的经济结构由以农业为主转向以工业为主，原来的农民成为村办企业工人或农业工人，原来按自然状况分散居住的村民成为根据经济组织需要集中居住的居民，农村社区的经济社会状况发生了根本性的变化。以传统农业为基础的农村社区变为以现代工业和第三产业为主的城镇社区。现以笔者调查过的天津静海的大邱庄和河南临颍的南街村为例。

大邱庄原是一个典型的农村社区，有 3500 人，4857 亩（约合 324 公顷）耕地，7 平方公里地域。1978 年以前，该村（原大邱庄大队）的 1200 名劳动力全部种植粮食作物。1978 年，大邱庄率先一步兴办工业。1982 年，从事农业生产的人员减至 220 人，1988 年仅 34 人，1992 年则只有 16 人。务农人口的急速下降是以务工人数迅速增加为条件的。该村的经济结构由以农为主转向以工为主。1993年工农业总产值高达56亿元，而农业产值不到总产值的5%。经济结构的转变和经济实力的增强使该村的生活发生了剧变，昔日的农业村落变为今日功能齐备的新兴小城镇。村西为工业区，村东为居民生活区。居民集中居住，商店、学校等服务设施一应俱全。该村绝大多数村民在工厂企业上班，另外还有上万名外来人员在此务工经商。

南街村原来也是以农业为主的农村社区，有3000来人，2006亩（约合133.8公顷）耕地，1.78平方公里地域。1978年以后，该村依托农业发展工业，经济结构迅速向工业化方向转变。村办企业26家，本村大多数村民转为企业职工，另有外来职工9000多人。村办有集体农场，70多人从事农业生产劳动，并与工人一样实行工资制。1994年全村总产值8.02亿元，农业产值仅占极小份额。村内新建了高标准的现代化6层村民集体住宅楼。幼儿园、学校、商店、邮局、文工团、派出所、法庭等机构设施一应俱全，村民生活已经城镇化。

以上两个村早在《村组法》颁布以前，就已实现经济结构的转变，并以集体统一经营为主。村民与村经济组织的联系十分紧密。因此，尽管这两个村后来按照国家法律要求，建立了村民委员会，但村委会的功能十分微弱，大多数功能由村经济组织所代替，即所谓“厂指挥村”。大邱庄建有农工商总公司，南街村建有中原工贸公司。所有村民均为公司职工，服从公司的集中统一管理。在这一背景下，这两个村的自治几乎处于真空状态。由于工业化、城镇化，它们已很难像全国大多数农村一样，实行村民自治，但农村的“身份”又使他们很难像城镇一样实行居民自治。经济结构和政治形式的错位必然会影响社区的管理和发展。1993年，大邱庄发生了该村党委书记、农工商总公司董事长禹作敏包庇罪犯并聚众抗拒执法机关执行公务的事件。[①] 此后，大邱庄的建制由村变为镇，村民亦由农

① 参见佘洪丰《辉煌中的阴影——中国“首富村”大邱庄揭秘》，警官教育出版社1993年版。

村居民变为城镇居民。随着建制的变动，该村将逐步与城镇一样实行居民自治。南街村已意识到现有体制不适应经济变化。1996 年笔者调查时，该村正酝酿改名为“南德公社”。

随着农村工业化、城镇化的发展，愈来愈多的农村社区将会像大邱庄、南街村一样变为城镇社区。但与大邱庄和南街村有所不同的是，这些社区的村民自治不仅起步，而且有了一定程度的发展。在这些社区，将由村民自治过渡到居民自治，从而实现自治形式的创造性转换。因为，与农村相比，中国城市的居民自治进程较慢。城市居民过分依赖各自所在的企、事业单位，居民自治的事务很少。随着城市经济体制的改革，企、事业单位“办社会”的现象将得到改变，居民自治的范围将有所扩大。因此，在村民自治向居民自治的转换中，不能简单照套现有的城镇居民自治形式，而应在发挥村民自治核心精神的基础上有所创造，以寻求更为合理、有效的居民自治形式。

其二，现有村民自治形式向开放性转换。城镇实行居民自治，农村实行村民自治的格局建立在地域性基础上，具有一定的封闭性。如《村组法》规定，村民自治的主体是居住在本村的村民，村民会议由本村 18 周岁以上的村民组成。然而，随着城乡一体化进程，城乡互相融合，具有封闭性的城乡格局被打破。特别是传统封闭的乡村社区的开放程度愈来愈高，并进而冲击着原有的政治形式。这种情况在城乡接合部的城郊乡村社区尤为突出。现以湖北省武汉市洪山区九峰乡新洪村为例。

新洪村位于武汉近郊，但在郊区农村中属于贫困偏远的农业社区。1995 年，武汉市当代高科技产业股份有限公司出资 600 万元，在新洪村创办了农工商股份有限公司。因为在该公司董事长艾路明为首的 7 名硕士看来，农村现代化不等于农村城镇化，而应是“农村社区化”，即通过新技术、现代化管理和资金的投入，将传统乡村改造为现代农村社区。随着艾路明等人的构想和试验付诸实践，新洪村的封闭格局被打破，大量现代因素注入，村里的面貌迅速改变，受到90%的农民欢迎。1995年底，艾路明被村民们选为村委会主任，后又被九峰乡党委任命为村党支部书记。[①]

一个户籍不在农村的“城里人”当选为村委会主任，显然缺乏足够的法律制度依据，亦较为少见，但这一现象反映了乡村社区的开放性给政治形式带来的影响。面对开放性格局，村民自治的形式及有关规定也需有相应变化。如对选民资格的限制应随着户籍制的改变做相应调整，暂住人口也应享受某些参与村级事务管理的权利。其中应包括艾路明等由城市到乡村社区的暂住人口和由一地到另一地乡村社区务工经商的暂住人口。

此外，随着城乡一体化进程，除了在田野上崛起了一个个“乡村都市”外，还出现了因城市扩大而产生的一个个“都市里的村庄”。城镇居民自治与农村村民自治融为一体。如武汉市洪山区青菱乡除下属城镇居民委员会外，还管辖农村村民委员会。居民自治和村民自治融为一体，有利于相互吸收积极因素，同时也对国家管理提出了新的要求。特别是乡镇管理，必须注重分类指导，不能简单地以居民自治代替村民自治。即使在由村民自治向居民自治的转换中，也应承继村民自治的一些行之有效的形式，如村民代表会议制度等。

三、先行一步：村民自治对中国民主化进程的启示

20世纪80年代，当人们较多地关注着城市知识阶层对某些热闹的民主形式的追求之时，很少注意到以村民自治为主要内容的民主化进程正在广阔的乡村田野悄无声息地兴起。以至于到90年代中期，不少人士为村民自治的发展和所取得的成效而惊呼：中国农村出现了静悄悄的民主化“革命”。[②]

---

① 参见《一个崭新的农村现代化构想正在实践——七硕士重返广阔天地开拓希望田野》,《武汉晚报》, 1996年3月22日，第1版。

② 参见吴贵民《中国农村基层民主在改革中发育成长——国外学者和传媒关注村民自治》,《中国社会报》, 1995年7月13日，第3版。

事实上，自 80 年代以来，中国的民主化进程从未停止，更不是如一些西方人士所认为的那样，自 1989 年后出现了“停滞”和“倒退”。而且出乎人们预料的是，村民自治的兴起和发展，使以基层直接民主为主要内容的政治民主化进程在农村得以先行一步，并取得明显的成效。

民主化进程在农村先行一步，与经济体制改革在农村先行一步是一致的。以家庭承包责任制为主的农村经济体制改革，促使“政社合一”的人民公社体制废除而形成新的“乡政村治”格局，村民自治由此兴起，民主化进程在农村取得了实质性进展。这一进程不仅使占中国人口绝大多数的农村人口品尝到现代民主的果实，而且给中国民主化进程提供了许多有益的启示：

其一，民主化必须与法律化、制度化相匹配。随着农村经济体制改革和政治体制的变动，国家及时将出现不久的村民自治纳入国家民主和法制轨道，以宪法和专门法律的形式将村民自治的原则精神确立下来，并做出了明确的规定。根据有关法律，地方和自治单位制定了相应的规则和章程，形成了一个比较完整的制度体系。由此使村民自治一开始就表现出制度化运作的特点，从而为广大农民开拓出制度化的政治参与渠道。其成效主要表现为：（1）由于有较充分的法律制度保证，村民自治的发展未出现大的波折。20 世纪 90 年代初，当国家和农村出现了一些不稳定因素、有人对村民自治持怀疑和动摇态度时，中央领导人及时指出，现在的问题不是争论要不要搞村民自治，而是如何搞得更好。[①] 因为，村民自治已由国家法律规定，并进入农村实际生活中，如果随意变动，势必损害依法治国的权威原则。出现不久的村民自治因此得以经受挑战而得到发展。（2）由于一开始就将村民自治纳入法制轨道，避免了可能出现的混乱情况。受长期的专制历史影响，中国农民极度缺乏民主经验和民

① 参见李学举《中国城乡基层政权建设工作研究》，中国社会出版社 1994 年版，第 73 页。

主习惯。而实行村民自治以后，由于多种原因，农村出现了一些不稳定因素，许多人担心给农民以自主权会引起动荡和混乱。但有关的法律制度体系保证了村民自治的制度化运作，既为农民广泛参与政治生活、表达政治意愿提供了制度化渠道，又减少和避免了农村可能发生的大的动荡和混乱，将农民的政治参与成功地导入国家秩序允许的范围内，为国家的长治久安提供了难得的保证。1995年"全国村民自治模范县"之一的山西省临猗县的状况颇能说明这一点，该县县委书记姚高宽将村民自治视为农村社会的稳定器。[①]

在急剧变革的现代化进程中，将较为落后的广大农村人口的政治参与纳入国家法制轨道，加以积极引导和有效调控，这对于民主化进程尤为艰难。以研究发展中国家政治而著名的美国学者亨廷顿认为，政治参与与政治制度化的比例是产生政治不稳定的最直接、最关键的因素。政治参与急剧扩张与政治制度化的滞后，必然导致社会动乱，并破坏民主化进程。[②]将民主化与法制化融为一体的中国农村村民自治进程，则在实现民主和稳定的均衡发展方面取得了引人注目的成就，为中国的民主化进程提供了十分有益的经验。

其二，民主化必须有领导、有步骤、有秩序，循序渐进地进行。对于中国这个缺乏民主传统的国家来说，在民主化进程中容易出现急躁情绪，即希图在短期内取得惊人的成效，不注重细致扎实的工作；追求轰动性形式，不重视严格、规范的制度程序，结果往往是欲速而不达。村民自治产生后，党和国家一开始就在村民自治运作中取得主动地位，努力在民主和法制的轨道上有领导、有步骤、有秩序地稳步推进村民自治。如开展村民自治示范活动，注意政府对村委会的指导和村党组织对村民自治组织的领导等。经过近十年的努力，村民自治初步建立了一套较完整的制度体系，形成了较严格

---

① 参见刘爱莉《村民自治——农村社会的稳定器：访山西省临猗县委书记姚高宽》，《中国社会报》，1995年12月2日，第2版。

② 参见［美］塞缪尔·P. 亨廷顿《变革社会中的政治秩序》，华夏出版社1988年版，第4—5页。

的规范程序，有关的原则精神日渐深入人心，为村民自治这一民主化进程的不可逆转提供了有力的保证。福建省自 1984 年到 1995 年进行了五次村委会换届选举，实现了民主化进程中的两大飞跃：一是村委会干部的产生由乡镇任命过渡到间接选举；二是由间接选举发展到全部直接选举。[①] 根据制度化进程和国家调控能力，逐步推进村民自治，使其由形式向实质转换，无疑有利于村民自治的不断发展、完善。

与此同时，村民自治循序渐进的发展不仅没有否定党和国家的领导，而且促进了党和国家领导方式的改变。村民自治这一社会民主有可能与党内民主、国家民主相互促进，互为依托。在不少村民自治卓有成效的地方，出现了以村民自治促使党内民主和乡政管理民主的趋势。这对于在共产党领导下的中国推进民主化进程，无疑有重要的启示性作用。1992 年，印度社会科学研究所所长马修博士，在考察了中国农村村民自治后认为："尽管村民自治在中国只是一个开端，却是具有深远政治意义的，是非常可观的一大飞跃。""中国村民自治之所以引起我们注意，是因为他们已下决心尽量将权力交给农民，而又不忽视共产党的领导作用。这种具有中国特色的基层民主政治制度，将令整个世界震惊。"[②]

其三，民主化必须与经济发展和社会进步紧密联系。民主不是仅供观赏的花朵，民主化进程只有在推动经济发展和社会进步中才能获得坚实的基础。中国农民是最讲实际的，他们不欣赏形式上的华丽而重实际成效。村民自治之所以能为广大农民所接受，并在广阔的田野扎下根，关键在于它有利于农村的经济发展和社会进步。村民选出的干部，对村民更富有责任心；只有集思广益，村里的事才能办得更好；没有制度，管理就无依据；没有监督，权力势必蜕

---

① 参见相自成《庄稼人的夙愿——中国农村村委会直选透视》，《民主与法制》，1995 年第 2 期，第 12 页。

② 转引自李学举《中国城乡基层政权建设工作研究》，中国社会出版社 1994 年版，第 83 页。

变。普通村民对村民自治的“四个民主”的概念，也许不甚明确，但对其中蕴含的道理却有深刻的理解。在吉林省梨树县八盘碾子村的村委会换届选举中，一个不务正业的村民雇上吉普车到处许愿拉选票让群众选他。他前脚走，他的哥哥随后赶来诚恳地对村民说：“可千万不要选他，选他大家就吃不上饭了。”[①] 正是村民自治有助于经济发展和社会进步，人们才逐步认识、接受，进而欢迎、追求这一基层民主形式。吉林省梨树县名列国家民政部 1995 年表彰的“全国村民自治模范县（市）”之首，尤以实行“海选”而著名海内外。该县通过民主治村，经济持续发展，社会不断进步，不仅调动了广大农民的积极性，而且为治理农村找到了一条有效的途径。[②]

同任何民主形式一样，村民自治也有一个不断发展、完善的历史过程。它将随着经济社会发展而变化，进而升华为另一种形式。但村民自治发展进程内含的经验和启示，却值得人们努力探寻，并为中国民主化进程提供有益的范例。如 1997 年 9 月召开的中共十五大，第一次将“民主选举、民主决策、民主管理和民主监督”作为健全民主制度的重要内容写进政治报告，而“四个民主”首先是在村民自治进程中提出并具体实施的。党的十五大政治报告还提出要扩大基层民主，保证人民群众直接行使民主权利，依法管理自己的事情。这说明，村民自治的直接民主形式不仅再次为党和国家所肯定，而且，它作为社会主义民主最广泛的实践形式，对于将社会主义民主进一步推向前进具有不可估量的意义。

“民主化和现代化一样，也要一步一步地前进。”在占中国人口绝大多数的农村，实行和推进村民自治，将为中国的民主化展示出崭新的景象！

---

① 参见相自成《庄稼人的夙愿——中国农村村委会直选透视》，《民主与法制》，1995 年第 2 期，第 11 页。

② 参见中共吉林省梨树县委书记刘崇东《努力构建农村基层民主管理体系》，《乡镇论坛》，1995 年第 4 期，第 4 页。

下篇

专题研究

伟大的创造从这里起步[①]

——探访中国最早的村委会的诞生地

中国的许多历史性创造往往产生于不经意之中。谁也没有意料到，20 年前产生的村民委员会这一村民自治的组织载体，竟在中国得到普遍推行，并引起世界的广泛关注。江泽民总书记在视察安徽农村的讲话中对村民自治给予了高度评价，指出，包产到户、乡镇企业和村民自治，都是在党的领导下我国亿万农民的伟大创造。

那么，村民自治这一伟大创造是怎样发生的呢？人们对包产到户的发源地——安徽小岗村已十分熟悉，而对村民自治的发源地尚很陌生。值村委会产生 20 周年之际，我们对中国第一个村委会的发源地——广西宜山县（现宜州市）合寨村进行了实地探访。

一、伟大的创造源于包产到户之急需

或许是人们当初没有意识到村民自治的历史意义，正式文献中有关村委会发源地的记载很少，一般只是提到在广西宜山、罗城一带。从我们在宜山、罗城一带的考察中了解到，我国最早产生的村委会不是只有一个或数个，而是有多个分布在这一带。但有比较完整的历史记录，并经过多方考察后确认的中国第一个村委会是诞生在宜山县的合寨村。

---

① 本文在 2000 年第 9 期《炎黄春秋》上发表时，曾改名为《最早的村委会诞生追记——探访村民自治的发源地——广西宜州合寨村》。

宜山县位于广西西部山区，自然条件恶劣。中华人民共和国成立后，农业生产有了一定发展，但受人民公社体制的限制，历史上延续下来的贫困面貌未能得到根本性改变。1979 年农民人均收入仅 63 元。位于宜山县边远地区的合寨村的生产更为落后，饱尝饥饿之苦的农民迫切需要改变现状。1979 年，当风闻外地兴起“分田到户”时，合寨的农民自发地将田分到农户，生产积极性迅速高涨。

然而，获得了自由的农民很快又面临着新的问题。最为突出的是社会治安恶化，社会矛盾增多。合寨有 11 个自然村,41 个生产队，规模较大，难于管理，因为位于三县交界之处，历史上社会治安状况就不好。在人民公社时期，合寨虽然通过强化思想政治教育和发动政治运动，使社会秩序较为稳定，但由于贫困，小偷小摸等现象从未断绝，特别是在 20 世纪 70 年代后期，人民公社体制的约束力越来越弱，偷盗现象日趋严重，加上分田到户的结果，人民公社组织的凝聚力迅速弱化，原有的社会秩序更加受到强烈冲击。由于缺乏有效的组织和管理，社会治安急剧恶化，偷盗成风，赌博成风，每天少则三五十人，多则两三百人参与赌博，赌输了就偷，偷了又去赌，形成恶性循环。处于“几不管”地带的合寨村深受其害，特别是耕牛大量被盗，严重影响了正常的农业生产。为了防盗，村民只好将牛拉到自己的房子里与人同住。分田到户后，因争水争地，社会纠纷也大大增多，农民将当时的生活描述为“吃得饱，睡不好”。

包产到户打破了原有的农村利益格局，社会秩序激烈动荡，但新的秩序又难以依靠支撑原有秩序的组织和干部建立起来。当时的农村干部面对新的形势，要么放任不管，要么束手无策，要么无能为力。当初，分田到户是农民自发地、在偷偷摸摸状态下兴起来的。由于中央的精神仍然是不许包产到户，当时的个别省委主要领导表示不能搞责任制，否则要抓人。宜山县委领导只得采取强制措施加以阻止，并限制分田到户之风的蔓延。县委书记在全县干部会上针对农民的分田要求，对干部说：“我是管总闸的，你们是管分闸的，我这个闸没有开，你们也不要开。”但是，由于农民的强烈要求，分田到户已成不可阻挡之势。面对这一情况，刚刚经历过“四清”和“文革”的基层干部只得放任不管，特别是许多生产队干部干脆躺倒不干，以免再遭批判。合寨村也因此一度陷入“无人管事”的境地。事实上，就是干部想管，也没有很好的办法管。因为，以往干部工作主要是听从上级安排，所熟悉的是以行政命令的方式指挥生产，分田到户，对农民由于新的要求带来的新任务，他们不熟悉，也难以用新的办法处理农民迫切需要解决的新问题。

分田到户后，获得了自由的农民迫切需要有一个安定的社会秩序，当原有的体制难以满足这一紧迫需要时，农民只得自己来创造自己的幸福生活。

二、村民委员会：农民的自我创造

合寨村原为合寨生产大队，是由10多个自然村（当地称之为屯）组成的。自然村的村民居住集中，百多户村民形成相对独立的村落。面对社会治安状况恶化，又无人管事的困境，果地和果作两个自然村的村民率先自己组织起来，寻求摆脱困境的出路。

果地村虽然由8个生产队组成，但村民居住十分集中，农户住房一家连一家。村民中以蒙姓为主。该村1978年以来连续发生多起耕牛被盗的事件，乱砍滥伐严重，多年封山育林的成果有可能毁于一旦，村民们忧心忡忡。1979年底的一个晚上，村里的老支书蒙宝亮，老党员蒙正昌、蒙正奉到曾任民办教师的蒙光新家里，表示要吸取旧社会和“文化大革命”无政府状态的教训，在责任田到户后，要搞好社会治安，要有人牵头，将村民组织起来。为此，他们提出方案，通过党员、群众推选出治安带头人。这一提议得到党员和群众的拥护。过了几天，召开全村户主会议，要160多户每户派一人参加。主持会议的老党员介绍会议目的，说要通过会议选举产生社会治安带头人，并代表部分老党员提出蒙光新和蒙成顺为候选人，因为蒙光新年轻、有文化，蒙成顺敢于制止乱砍滥伐的行为。随后宣布实行无记名投票。每人发一张白纸，同意的就写，不同意的就不写。结果村民代表们几乎都写了同意。

蒙光新和蒙成顺当选为治安带头人后，不负众望，想办法搞好社会治安。为此召开了数次老党员会议，决定订立村规民约，组织治安联防，村内自我约束，村外搞好防范。1980 年元月 20 日召开全村会议，16 岁以上的村民都参加，共 510 多人。在会上宣读事先起草的村规民约，并进行讨论。其主要内容为：有外来人来本村需要过夜的，户主必须找治安带头人报告（如果有外来人住宿，导致治安不好，要找户主）；山林水田纠纷一家一户解决不了的，汇报给治安带头人；对乱砍滥伐者要教育处罚，本村人也不能到村外乱砍滥伐，否则会败坏本村的名声；组织村民架桥补路，整修挑水码头；集资购买低压线路设备，解决照明问题等。讨论后，每户出一个代表在村规民约上按手印，以便人人负责，自我约束。可惜的是，几年后政府部门将这份村规民约的原始材料要去，并未能保存下来。

订立村规民约后，治安带头人又联络邻村搞治安联防，一村有事，共同协力。1980 年 2 月的一个深夜，邻村有一个外来人偷走了一头黄牛，凌晨 6 时联防小组得到消息，2 小时后便分工把守路口，其中一个治安小组一直跟踪小偷到邻近的柳江县，第二天便将牛追了回来。

村民由这件事认识到有治安带头人带头管事、有村规民约进行相互约束的好处，便要求将这一组织固定下来。但是这一组织是群众自发建立的，对组织的名称和治安带头人的称呼也各有不同。有的将治安带头人称为主任，有的称为片长。

与果地村相比，邻近的果作村在建立自己的组织时就规范一些。果作自然村原有 6 个生产队。该村的村民是在人心惶惶中度过 1980 年新年的。按以往的习惯，春节前后本是总结过去、安排新年生产计划的时间，但原来的生产队长们此时都愁眉难展，一下子失去了主见，认为现在搞生产责任制，没有什么队长了。当时任生产队长的韦焕能（果作村以韦姓为主）主动站出来说，这样下去不行，要把大家组织起来。于是他把其他几个生产队的干部都叫到一起，商量以自然村为基础建立新的组织，大家都表示同意。韦焕能提出新的组织不是生产队，不需要太多干部，由五个人组成，一正两副，一个会计，一个出纳。后来考虑到原有 6 个生产队，就增加了 1 个人。而新领导人怎样产生呢？过去的生产队长由上级任命，新的组织没有人任命，也不能自己宣布自己为领导，村民也不会承认，经讨论，决定由群众自己选举村领导。

1980 年 2 月 5 日，根据事先的商定，果作村召开全村大会选举村领导。在五人合抱的大樟树下，坐满了村民。全村 85 户，一家一个代表，当时的生产大队长蒙光捷来主持会议。他说，各队队长叫我来，我也愿意来，选村里的领导要选好。我同意群众意见，不用搞候选人，搞无记名投票。大队长讲话后，由群众议论。当时由于担心没有人愿意当干部，就说选上谁谁就得当，谁的票多谁就当领导。因为当时社会治安很乱，没有人愿意当。同时，“四清”和“文革”把干部整苦了，原来的大队党支部书记在“文革”中被打死，干部们都心有余悸。但是群众又怕乱，强烈要求组织起来，于是提出，选了谁谁就必须当，不能推辞。随后，每个人发了一张用信纸裁开的纸条，一张纸条上可写 6 个人，多写的作废。经过投票计票，大队长当场宣布选举结果，韦焕能得了满票，6 人中最少的也有 62 票。

新的村干部选出来后，却没有一个正式的组织名称。选举之前，只是讲选举村领导，选举后，村领导要分工，需要有一个组织名称，大家纷纷议论。有人说原来公社和大队有管委会，生产队有队委会，我们在大队以下，但又不是生产队，就叫村委会。有人说，公社和大队的领导机构叫革委会（即革命委员会），我们就叫村委会。还有人说，城里有居委会，我们是农村，应该叫村委会。也有人说，我们村历史上就叫村，中华人民共和国成立后成立了行政村才改称为屯，还是叫村委会好。总之，大家都比较赞成“村委会”的说法，“村委会”也因此成为正式的组织名称。由于当地的村民还是更习惯叫村委会为村民委，认为村民委是村民选举出来的，不同于原来的管委会和队委会。直到现在，人们大多还是延用村民委这个叫法。

与果地村相同，果作村选举村领导是为了满足农民分田后要求建立良好社会秩序的紧迫需要。因此，村领导当选后做的第一件大事，就是领导村民制定村规民约和管理章程。1980 年 7 月 14 日，召开全村大会，讨论并通过事先起草好的村规民约和封山公约。村规民约的主要内容为：

一、必须提高思想觉悟，认真体会安定团结的重要意义。

二、严禁赌博，不准在私宅、村里开设赌场，违者罚款 10 元。

三、为了保苗夺丰收，严禁放猪，违者罚款 5 角，并给予赔偿损失处理。

四、维护正常的娱乐活动，不准在村内、村附近对唱野山歌，违者罚款每人 10 元。

五、不准在路边、田边、井边挖鸭虫，受损失的罚工修补。

六、不准盗窃，违者按件加倍赔偿并罚款 5 元，情节严重者，呈报上级处理。

七、捡拾东西，拿回交给村委，归还原主。

八、不准在泉边、河边大便，不准在上游洗衣、洗头梳发，晾晒蚊帐、床单等污染东西。

九、讲卫生光荣，不讲卫生可耻，自觉做到码头经常冲洗，保护清洁。

封山公约的主要内容为：

一、严禁毁林开荒，违者每平方尺罚款 5 角。

二、不准在封山内砍柴、挖树根、割草皮、打石头，违者每百斤罚款 10 元。

三、村里的风景树不准折枝乱砍，违者罚款 15 元。

四、不准盗窃林木，违者每百斤罚款15元。

五、实行护林有功者奖、毁林者罚的办法，对维护林木有功者奖5%的资金。

六、不准在育林区放牛羊群，违者每头罚款1元，外村罚2元。

以下署名是果作村委会，再以下是韦焕能等85户村民的手印或签名盖章。这一份村民自我管理的章程至今还完好地保存在韦焕能的手中，成为历史的有力见证。

村委会和村规民约很快收到了实效，一度盛行的赌博风被刹住了，偷盗事件大为减少。成立村委会后的两年时间里，只发生过两起外地人到当地偷窃的案件，而且在村委会的组织下得到及时的处理，村民又过上了安宁的生活。

村委会成立后，还为群众办了不少实事。因为是想群众之所想，急群众之所急，要办的事得到了群众的踊跃响应和积极支持。1980年，其他村乱砍滥伐日益严重，果作村却开展了造林大会战。接下来修建码头、机耕路。在解决村民照明用电问题时，村里没有足够的资金，感觉为难，于是与群众商量。村民说有钱，但要村领导和组织集资。村领导根据群众意见，按人口集资，人均12元钱，解决了资金紧张问题，村民终于用上了盼望已久的电。由于资金款来自于村民，村干部用钱时十分谨慎，会计出纳账目清楚，定期向村民张榜公布，从而取得了村民的充分信任。村干部办事更加注意与群众协商，干群关系十分融洽。

果作村委会是迄今发现的全国第一个有正式记录为依据的村委会。这一组织从开始就体现出自我管理、自我教育、自我服务的群众自治组织的性质，体现了“民主选举、民主决策、民主管理、民主监督”的原则精神。一种适应家庭经营新的生产形式的新组织，一种新的组织管理运行机制就这样在一个十分偏僻的小山村里诞生了。

三、党对农民创造的积极支持和引导

尊重实践，尊重人民群众在实践中的创造，这是共产党成为人民利益代表的源泉所在；善于总结实践经验，积极支持和引导人民的创造，这是共产党作为领导力量的根基所在。中国第一个村委会的产生并得以扩展到全国，生动具体地证明了这一点。

农村实行生产责任制后，基层干部正为社会治安恶化等问题困扰时，群众自发地组织起村委会等新的组织，不仅在解决社会治安问题中发挥了积极作用，而且通过村委会组织群众举办公益事业，办成了许多过去干部群众想办而没有办成的事情。当了解到果地和果作等村因建立起群众组织使治安好转、公共事务有人管的情况后，大队和公社干部都很高兴。随之，合寨所有的自然村都建立了村委会等群众自治组织，其他地方的农民也自发建立了自己的组织。因为是群众自发建立的组织，最初各种叫法都有，有的叫治安联防队，有的叫村主，有的叫村管委会，有的叫村委会。1980 年上半年，合寨大队所在的三岔公社党委书记向文忠就新的群众组织发表意见说，既然是村民选的，就叫村民委员会。以后，村民委员会便作为规范的名称确定下来，上报的材料均使用了“村民委员会”。所以，村民委员会的发明权属于农民，冠名权则是当时的党组织。

随着生产责任制为中央所肯定，宜山县广泛推行以分田到户为主的责任制。为了解决实行责任制后公共事务无人管的问题，合寨村成立村委会的经验很快引起了宜山县所在的河池地委的高度重视，并得到地委书记金宝生的直接关注，派人专程调查。中共河池地委 1981 年发出 26 号文件，即《转发宜山县合寨大队村委会、罗城县牛毕大队新回村委会情况调查的通知》，指出“村委会建立后，发挥了较好的作用”，希各地“组织干部社员学习讨论，并根据各地情况从实际出发，参照执行”。宜山县委领导由于对责任制态度的转变，也开始重视实行责任制后的村委会建设。到 1982 年，宜山县 12 个公社的2288个自然村中，有598个建立了村委会。1982年，合寨村还在全县的精神文明建设经验交流会上介绍了建立村委会的经验。但是在这一过程中，县委领导还只是将村委会作为过渡性组织，在领导村委会建设中出现了徘徊。

广西壮族自治区领导敏锐地注意到宜山县农村改革中出现的新的组织形式。当时的区党委书记肖寒带人到最先兴起责任制的河池地区调查，了解到宜山实行责任制过程中农民自发地组织起来修水坝，保证了正常生产，他很感兴趣，认为这是实行生产责任制后出现的新事物。后又组织区委政策研究室、区办公厅、区农委、区公安厅、区民政厅等八家单位再次进行专门的实地调查。1982年4月15日完成调研报告《关于宜山、罗城两县村委会的调查报告》。这篇近万字的调查报告对村委会的由来与发展、作用与问题，反映与意见做了详细的阐述。调查报告充分肯定了村委会的作用，但也反映了由于对村委会的认识不同，一部分人认为村委会的存在只是权宜之计、不宜倡导的意见。《广西日报》专门编发了《村委会办了十件好事——宜山县的调查》一文，但为慎重起见，此文只是刊载在由该报群工部主办的内部参考上。

地方领导人的矛盾心态与当时中央没有明确意见有关。但事实上，20世纪80年代初，随着农村经济改革的深入发展，中央就在思考农村的管理体制和基层组织建设问题，对农村改革中出现的新组织形式给予了相当的关注。1981年6月20日，广西壮族自治区区委研究室主办的《调研通讯》第4期上刊载了随肖寒调查的区农委干部宋毅的调研报告《宜山县冷水村建立村管理委员会管理全村事务》。这份报告很快引起彭真等中央领导同志的重视，由彭真任书记的中央政法委员会专门派人到宜山调查。全国人大和民政部也专门组成调查组到宜山调查。中央数次来人调查后，又引起了广西壮族自治区的重视，并再次到宜山实地调查。在大量调查基础上，彭真在1982年7月22日全国政法工作会议的讲话中专门谈道："村民委员会过去是有过的，中间一个时期没有，近几年有些地方又建立起来了，是群众自治性组织，大家订立公约，大家共同遵守，经验是成功的，应普遍建立。”“有些地方村民或乡民委员会搞乡规民约，规定不准偷、不准赌、不许会道门活动、不许游手好闲不务正业等，很解决问题，群众很高兴。”并提出：“居民委员会、村民委员会如何搞，包括和基层政权的关系问题，各地可以根据实际情况采取多种形式试验，待经验比较成熟后，再作比较研究，并修改居民委员会条例，制定村民委员会条例。”[①] 同年 8 月，中共中央 36 号文件指出，近年有些地方建立的村民委员会是“群众性自治组织”，大家订立公约，大家共同遵守，“经验是成功的”；并要求各地“有计划地进行建立村民（或乡民）委员会试点”。1982 年底，村民委员会正式被载入《宪法》第 111 条，并强调村民委员会的群众性自治组织性质。至此，村民委员会及其村民自治得以合法化，并开始在全国广泛推行，村委会建设走向法制化的轨道。

从全国第一个村民委员会的产生及发展看，村民委员会的建立，村民自治的实行，是党领导下中国农民的伟大创造，它是中国农村经济改革的必然产物，深深扎根于坚实的土地上，具有强大的生命力。只要依靠党的领导，依法办事，村民自治一定会绽放出更加夺目的光彩！

（作者调查中得到广西壮族自治区有关部门和人士的大力支持，特此致谢！）

（原载于《炎黄春秋》2000 年第 9 期）

---

① 彭真：《新时期的政法工作》，《彭真文选》，人民出版社 1991 年版，第 430—431 页。

中国农村村级选举竞争的若干支配因素

——以25个村的调查及跟踪观察为例

1987年颁布实施的《中华人民共和国村民委员会组织法（试行）》以法律的形式明确规定，村民委员会成员由村民直接选举产生。1998年修订后通过的《中华人民共和国村民委员会组织法》再次肯定了直接选举的原则，并在程序上规定得更为详细、明确，更加突出村级民主选举的竞争性。在这样一种制度安排下，多个人角逐一个职位的竞争机制开始进入村级领导人的产生过程。然而，在实际的村级选举中，选举的竞争程度和表现有很大不同。那么，是什么因素支配或者影响着村级选举的竞争过程呢？一些学者开始注意解释这一问题。笔者与所在的华中师范大学农村问题研究中心的学者自20世纪80年代中期开始致力于中国农村基层政治研究，1996年以来在全国选择了25个村进行实地调查及跟踪观察，村级选举是重要内容之一。根据我们的调查和跟踪观察，支配和影响中国农村村级选举竞争的因素十分复杂和特殊，远非一般性理论可以解释，也很难通过若干案例导出一般性结论，需要深入观察和具体分析。从我们的调查看，利益分化与资源分配、正式组织与非正式组织、制度安排与规则运用、体制赋予与个人自致是支配和影响选举竞争性的重要因素。

一、样本村概况

中国农村不仅地方大，而且经济社会发展很不平衡。特别是农村改革后，农村基层的自主性增强，经济社会发展的非均衡性更为突出。在考察农村选举状况时，必须充分注意到村庄之间的差异性。为此，我们在选择调查样本村时，十分注重地区分布的广泛性和经济社会发展的非均衡性。

就全国而言，中国的东、中、西部无论是自然地理条件和经济发展水平，都呈现明显的差别。我们在选择样本村时，首先考虑到这一因素。在25个样本村中，东部地区5个，中部地区12个，西部地区8个。中国的农业生产主要集中于中部地区，所以选择的村较多一些。

即使在同一地区，各个村的经济发展水平也有较大差异。从经济发展水平来看，25个样本村又分为三种类型。一是人均年收入在3000元以上的富裕村，有6个；二是人均年收入在1000—3000元的温饱—小康村，有13个；三是人均年收入在1000元以下的贫困村，有6个。考虑到20世纪90年代中期农村人口人均收入平均为2000元左右的情况，中等水平的温饱—小康村在样本村中占的比例较大。[①]

二、利益分化与资源分配

政治发展理论一般都认为，经济发展水平与民主发育程度密切相关，人均收入甚至被视为考量政治发展的主要指标。而Jean C. Oi和Scott Rozelle在对中国村委会选举的调查和研究中，注意到经济水平与民主竞争选举之间关系的复杂性。在他们看来，那些集体经济对村民有着重要生存意义的村，往往会出现高投票率和竞争性选举。而在许多经济发展水平较高的富裕村，随着收入的增加和村办企业

---

① 富裕、小康、温饱、贫困是中国政府对农村人口贫富状况的分类，其标准是人均年纯收入。在20世纪90年代，富裕型大体为3000元以上，小康型为2000元以上，温饱型为1000元以上，贫困型为1000元以下。

的发展，竞争性选举和参与会减弱。[①] 肖立辉和孟令梅根据中国民政部有关选举统计报告认为，集体经济愈发达，村委会选举的竞争性就愈强。[②] 而从我们的调查看，不宜笼统地将集体经济作为影响村委会选举竞争的因素。

在实行家庭承包改革后的中国农村，集体经济通常指由村集体（村干部作为集体代表）所直接控制的经济组织，主要指村办企业。由于村民成为村办企业的员工，对集体经济组织有很强的依附性，从理论上看，这些村民比较关心村集体发展，重视对集体事务的参与。但是，在一些集体经济较发达的富裕村，村级选举的竞争性并不是很强，甚至远远不如集体经济不发达的贫困村。我们所调查的河南省 A 村，集体经济程度在全国为最高，却从未有过竞争性选举，村民也没有主动要求。

Jean C. Oi 和 Scott Rozelle 已注意到集体经济与竞争性选举之间的复杂性。根据我们的调查，利益分化与资源分配对村级选举竞争性的影响更为直接。利益分化和资源分配反映的是村民之间、村民与村集体之间的利益关系。在中国农村，土地等生产资料在法理上属于集体所有，其法人代表是村干部。这就使村民与村集体构成双重关系，一是村民对村集体的依存，一是村民希望村干部处事公正，或者有利于自己。中国农村改革废除了村民过度依赖集体的体制，承认并支持个人利益要求的正当性，农村改革的市场取向进一步强化了农民的自我利益。农村社会开始出现利益分化，产生具有不同利益的家庭和群体，正是这种利益动机，推动着农村的竞争性选举。当然，由于经济发展和经济体制的不同，利益分化的表现有很大差

① C. Oi Jean, *Economic Development, Stability and Democratic Village Self-governance, China Review*, 1996. Hong Kong: The and Rozelle Scott, *Democracy and Markets: The Link Between Particpatory Decision-Making and Development in China's Economy*, presented at the International Symposium On State and Society in China University of Shizuoka, Japan, November 23–24, 1997.

② 参见肖立辉、孟令梅《对村委会选举进行比较研究的指标分析》,《荆门职业技术学院学报》，1999 年第 4 期。

别。一般来讲，不管经济水平和集体经济发达程度怎样，村干部和一般村民的利益分化是普遍现象。这主要在于，土地等生产资料仍属于集体所有，村干部事实上仍然控制着相当一部分资源，并且会因为其干部身份获得许多村民所难以企及的“好处”。特别是改革后，绝大多数村干部由于获取固定工资收入（来源于村民提留或者村办企业）而脱离生产劳动，成为一个独立于一般村民的特殊利益群体。村干部职位因此引人关注：一是吸引着村民的角逐；二是要求村干部公平分配资源或者在分配时有利于自己；三是对村干部利用职权获取利益的控制。村干部的直接选举则为实现这一要求提供了可能。所以，在经济发展水平和集体经济发达程度均有很大差别的村，我们都可以发现村级选举竞争程度较高的案例。而在河南省A村，出于对平均主义道德王国的追求，村干部高度控制资源的分配权，但在经济收入方面与村民的利益分化不明显，高度依赖于村集体和信赖村干部的村民，对村级选举缺乏动力。广东省B村的集体经济发达程度与河南A村相似。由于其集体经济是以股份合作制方式运行的，村民虽然均已成为企业员工，但仍然对村集体资产享有最终决定权，处于经济主体地位。尽管在集体经济发展之初，与河南省A村一样，村民对村级选举并不关心，但是随着村干部与村民之间的利益分化，村民愈来愈关心经济增长后的分配问题，村级选举的竞争迅速强化。这也是尽管广东省1998年才启动村级选举，而竞争却特别激烈的重要原因之一。

村民之间的利益分化也是影响村级竞争性选举的重要因素。这在市场经济较为发达的地区表现得较为突出。浙江省C村的个体私营经济十分发达，村民间的利益分化明显。1998年以前，由于乡镇政府对村民选举影响较大，村级选举的开放度不高，有能力的村民都忙于务工经商，参与村级竞争选举的积极性不高。1998年，新的《村组法》颁布后，在制度程序上为村级竞争选举提供了可能。在1999年的村级选举中，该村务工经商的村民纷纷回村参与选举，竞争空前激烈，上届村委会成员在预选中几乎全部落选。由于村民利益分化尚没有加以组织整合，村民选举意向差异较大，票数分散，新一届村委会的产生也较为困难。四川省D村是一个典型的封闭农业村落，村民都从事单一的农业，与外界接触很少。在1998年的选举中，尽管村民不满意原村主任，但经乡村领导做工作，原村主任仍以高票顺利当选。

三、正式组织与非正式组织

竞争性选举意味着不同人的参与和角逐。而在竞争中，组织的影响力远远大于个体。不同组织的介入是支配竞争性选举的重要因素。

在中国，国家主导社会的特点十分突出，而农村改革的核心便是权力的逐步下放。村级选举正是在这一背景下起步和发展的。[①]1998年以前，村级选举的竞争性一般都不强，主要是作为国家力量延伸的乡村正式组织对村级选举影响较大，影响方式主要是对候选人提名的控制。在我们调查的25个村中，由乡镇政府和村党组织提名或者直接影响提名的占大多数，只有个别村是由村民提名并决定候选人。正因为如此，湖北省3个村1996年选举的竞争程度竟远远低于前两届。虽然在一些村，非正式组织，特别是家族组织的活动，增加了选举的竞争性，但是，在那些正式组织较健全的村，家族等非正式组织的影响力较弱，选举的竞争程度并不高。湖南省的E村有着十分悠久的家族传统。20世纪80年代以来，家族力量迅速复兴，但由于正式组织力量较强，且将家族力量巧妙地纳入到正式组织的控制下，致使家族力量对村级选举的影响力不大，村级选举结果更多地是组织安排或者体现着组织意图。[②]

---

① “中国大陆村级组织建设研讨会”，香港中文大学，1998年10月。

② 参见徐勇《浸润在家族传统文化中的村民自治——湖南省秀村调查》，《社会科学》，1997年第10期。

随着村民自治的发展，特别是1998年修订后颁布的《村组法》对村级选举的竞争性程序有了明确的规定，村委会候选人应由村民提名，使正式组织难以再直接介入村级选举。非正式组织的活跃程度则成为选举竞争的重要支配因素。而据我们的跟踪观察，影响选举竞争的非正式组织均带有强烈的功利性色彩，即以利益为纽带的群体。这种群体大多是为了获利而临时组合结盟，并参与村级选举竞争。其表现：一是具有共同利益的帮派；二是靠选举期间的承诺形成的团体力量。湖北省F村是所在县实施新的《村组法》的示范点，在1999年村委会换届选举中，完全由村民提名候选人，开放度很高，正式组织不直接介入选举活动。在村民积极参与选举的同时，有意竞选村干部的人纷纷活动，选举竞争十分激烈。最后是一位私下承诺当选后将给支持他的人带来"好处"的利益群体首领当选。在非正式组织中，家族组织的功利性大大高于其文化性。在湖北省G村，一个大家族分属于两个组，由于土地纠纷，两个组有着不同利益取向。在1998年村主任改选中，同一家族的成员主要根据利益偏好参与选举，竞争性因此增强。家族同一性的影响远远低于利益差异性的影响。①

四、制度安排与规则运用

村民自治是随着农村改革出现的国家治理农村的一种新形式。村级直接选举是在国家制度安排下从外部输入到乡村的。1987年全国人大常委会通过的《中华人民共和国村民委员会组织法（试行）》，是村民自治的具体制度安排。该法律第一次明确规定村民委员会由村民直接选举产生，从而拉开了村级竞争性选举的序幕。但是，20世纪90年代以来，国家主要是通过在少数地方试点示范，积累经

① 参见徐勇《利益与体制：民主选举背后的变数分析》，《华中师范大学学报（人文社会科学版）》，1999年第2期。

验，逐步推行村民自治。特别是《村组法（试行）》对村级直接选举的具体程序没有做明确具体规定，从而为地方实施贯彻直接选举原则预留下许多活动空间。在国家主导社会和权力逐步下放的格局下，就全国而言，进行村级竞争性选举的地方并不多，大多为体现组织安排的动员式选举。在我们调查的25个村中，有3个为国家级村民自治示范村，就是在这几个村里，选举的竞争性也不强。在选举程序上也实行差额选举，但在差额人选上，谁是要选上的人，谁是陪选者，都事先做了安排。由于正式组织力量直接介入，选举结果大多与事先预设相同。

1997年，中共十五大决定在全国农村广泛推进村民自治，加强基层民主政治建设。根据一些地方创造的直接选举的成功经验，1998年新修订的《村组法》对直接选举的具体程序做了明确具体的规定，如规定村级选举由村民推选产生的村民选举委员会主持，由村民直接提名候选人，实行差额选举、无记名投票、秘密写票、公开计票等。这些规定都充分体现了公开竞争的精神，大大推进了村级的竞争性选举。[①] 笔者调查的地方的许多政府部门公开表示1998年后的选举才是第一次真正的直接选举，即第一次由村民直接提名的竞争选举。在我们调查和跟踪观察的村，1998年以后的选举竞争程度均有明显提高，这些村所在地提出了增强选举竞争性的纲领性口号。如四川省D村所在市提出“公推公选”，江苏省I村所在省提出的“两个直接”等。其核心是由村民直接提名并直接投票选举。以“海选”，即由村民提名并直接选举而走在全国前面的吉林省梨树县，在1998年选举中进一步强化竞争性。该县J村的1998年选举完全开放选举资源，不提候选人，在选举大会上由希望当选的村民竞争，村民直接投票产生村主任。这使竞争变得异常激烈，同时也导致选票分散，直到数轮投票后，才以简单多数原则产生了村主任。

---

① 参见徐勇《历史的跨越与激荡——1998年以来村委会选举评述》,《农民日报》,1999年8月31日。

特别是作为竞争者之一的村党支部书记，出乎意料地落选。

当然，国家制度安排不可能对所有的村级选举竞争规则给予具体明确的规定，特别是国家制度输入过程中会受到各种具体因素的影响，使具体规则的制定运用在不同的村落出现较大的差异，从而影响竞争程度。四川省D村所在市是国家级村民自治示范县（市）。在1998年的村级选举中，D村一般村民难以很快了解和熟悉新选举规则，村正式组织领导人对上面传达下来的选举精神做了自己的解释，制定了选举运作过程的具体规则。这些规则在形式上并没有违背上级精神，但却十分巧妙地体现了组织的意图，由此使该村选举只是微起波澜便平静完成，其竞争程度与过往无明显差异。

五、体制赋予与个人自致

村级选举是在整个村级治理体制中进行的。在现阶段的中国农村，党组织居领导核心地位，党的书记被认为是第一把手，村民委员会主任被认为是第二把手，相当程度上取决于村主任能否有效配合党组织。从我们所调查的村来看，党组织之所以极力介入村委会选举过程，主要是考虑党村配合问题。党的书记希望自己信得过的人能够当选村主任，并因此利用体制赋予的主导地位影响村级选举，其主要方式就是影响候选人提名并利用正式组织的力量进行动员。在这种情况下，随着村级选举的竞争规则和程序越来越严格并深入人心，党组织难以再直接介入村级选举过程，使村级选举的竞争空间增大。一些并不为党的书记所认可、甚至是对立面的人通过直接选举当选为村主任，从而引起党的书记的不安。1998年以来这种情况较为突出，湖北省M村是当地贯彻新《村组法》有关选举规定的试点村，村级选举的竞争空间较大。尽管村党支部书记做了一些工作，所当选的仍然被认为是难以与其配合的人，以致党支部书记在选举结果宣布后便表示要辞职。

所以，随着村级选举制度的竞争空间增大，个人力量在竞争选举中的作用愈来愈明显，个人能力或特殊影响力的自致性因素是获取职位的重要来源，而在个人自致因素中经济能力或经济影响力的比重不断增大。在25个样本村中，有20个村的村主任具有较为突出的经济能力或经济影响力。在东部地区的样本村中，所有的村主任都是当地的经济能人或具有较大经济影响力的人。特别是在1998年以来的竞争选举中，一部分农村先富起来的人动用经济资源参与或影响选举，使选举竞争格外激烈。

（原载于《政治学》2000年第3期，
中国人民大学报刊复印资料）

草根民主的崛起：价值与限度

一直让笔者奇怪的是，村民自治，即所谓的草根民主在中国崛起已有十多年，在知识界却反应寥寥：一时间曾有这一说法，中国有九亿多农民，研究村民自治的学者却不到九个人。直到近两年，村民自治这一“静悄悄的革命”才引起一些知识精英的关注。村民自治这一草根民主由寂寞被冷落到兴盛火爆，个中缘由，令人深思。

一

在中国，20 世纪是对民主追求的世纪，一批仁人志士为民主奔走呼号，但民主化进程却屡屡受挫，使我们不得不把民主这一问题带向 21 世纪。究其原因，笔者以为有两点是不可忽视的：一是民主长期未深入民间大众、植根于社会经济和心理结构之中，而是上层人士动员民众获得权力的手段。民主与运动紧密结合在一起，而运动犹如风暴，有起有落，民主也往往随风而去。二是民主长期停留在理念的层面，未形成一套严密的规则和程序。在中国，民主是舶来品，是外部传递的一种价值理念，而不是内生的游戏规则和程序。人们只知道要民主，却不知道怎样运用民主。特别是当民主只是作为动员民众的手段后，人们所注重的是目的的合理性、道义的正当性，容易忽视过程的规则性和程序的严密性，以至于许多对民主理念一往情深的知识精英进入民主过程后却一筹莫展，甚至理念是民主的，行为却是反民主的。一直至 20 世纪 90 年代，这一缺憾都没有引起知识界的足够注意，人们仍然只是期盼着某一“春天”的来临。出乎意料的是，村民自治这一草根民主的崛起，正以其实践的力量弥补着中国民主的缺憾。

草根民主开始并没有引起知识界的注意，因为根据舶来的民主理论，民主只可能在经济文化发达的地方生长，应该以精英民主带动大众民主。笔者在20世纪80年代后期专门写了一篇文章，题目就是《城市应该走在民主化进程的前列》。那么，为何民主却在经济文化相对落后的乡村率先崛起呢？这与中国特有的制度结构及改革进程是密切相关的。

近年来，在谈至中国改革时，一直流行着所谓体制内体制外的说法，在笔者看来，这一说法是不确切的。笔者以为用国家结构中心和国家结构边缘的表述可能更准确。中国与西方国家最大的不同是，历史上一直有一个强大的国家，并由国家主导社会。中华人民共和国成立后，在生产资料实行公有制的过程中，社会被国家结构化，即社会被内在地纳入到国家的结构体系内。尽管根据产权的公有性质，我们在制度上精心构造了民主参与制度，如现在为一些人所时常提及的“两参一改三结合”的“鞍钢宪法”、“人民公社六十条”中的民主治理结构和选举制度。但在一种自上而下命令—服从关系的国家科层制体制下，这种民主化的努力至多只能成为民主动员的一种手段。不过，与苏联不同的是，中国在农村一直实行的是生产资料集体所有制。尽管国家通过“政社合一”的人民公社将亿万农民纳入到国家体系之中，但他们从来没有取得城市国有单位员工所具有的“国家人”的身份，即他们只能依靠自己的劳动而不是固定的国家工资生活。因此，即使在人民公社体制下，农村社会也没有完全被国家体系结构化。这种国家结构的边缘性地位正是经济改革率先从农村突破的重要原因。事实上，1984年，国家就决定将改革的重点由农村转向城市和国有企业，但一直未取得突破性进展，其深层次原因就是国有企业处于国家结构的中心，被完全国家结构化，这种刚性的结构是很难被迅速突破的。

农村的经济改革不仅突破了人民公社这一国家结构性外壳，而且使亿万农民成为相对独立的利益主体，国家的体制性权力上收至乡镇，在乡镇以下便产生了一个相对独立的社会空间。这个社会空间是由一个个独立的利益主体组成的，同时也存在公共事务、公共权力，有了群己的界限，有了个人权利与公共权力的博弈，也就有了民主的原始动机：在原有体制下，公共权力组织是“给”农民，现在是向农民“要”；当向农民要时，农民理所当然会问“为什么要，要多少，要去干什么，对自己是否有利”。由此对统治的合法性提出挑战。这种挑战来自于农村社会经济和心理结构，是草根民主的原始起源。

当然，有民主动机并不意味着就有民主。民主作为一种制度总是与国家制度安排密切相关，特别是我们这样的东方国家。当农村承包突破人民公社体制的国家外壳时，国家急于以一种替代性组织填补国家治理“真空”，为此决定在乡镇以下设立村民委员会。显然，当时并没有多少人意识到设立村民委员会的民主价值，但是村民委员会既然是群众性自治组织，就不可能按照命令—服从的国家治理关系构建；既然是由村民组成的组织，其公共权力来源就只能是村民。所以1987年通过的《中华人民共和国村民委员会组织法（试行）》明确规定，村民委员会由村民直接选举产生。民主正是在这种不经意的过程中悄然生成。

在一个有着长期专制传统的国度里，国家对民主的启动是十分谨慎的。所以，《中华人民共和国村民委员会组织法（试行）》长期处在试行之中，达十多年之久。一部法律试行这么长时间，这在中国的法制史上是罕见的。这也是村民自治长期为知识界所冷落的重要原因。但为什么在20世纪90年代中后期，村民自治一下子“走红”了呢？有人说是中国政府“作秀”，演戏给外国人看。这自然只是表面的认识。事实上，村民自治经过十来年的发展，其潜在功能和价值日益凸现，其中的重要功能就是遏制日益失控的乡村干部的“谋利”行为。中国是一人口众多、地域辽阔的超大国家，政府系统由多个层级构成，国家对基层的治理鞭长莫及，所谓“天高皇帝远”。基层官员的为所欲为往往会蛀空国家治理的基石，这是历代王朝都十分头痛的事。即使在中华人民共和国成立后的人民公社体制下，农村社会被直接纳入国家体系，也无法有效控制基层官员的行为，所以才从农村外部下派干部到农村发动农民搞“四清”运动，解决基层干部脱离群众的问题。人民公社体制废除后，与人民公社体制相匹配的集体主义意识形态迅速松弛，取而代之的是与市场经济相一致的个人主义价值取向，基层干部的谋利意识急剧增加，而国家的体制性权力又上收至乡镇，这使得国家很难以体制性权力架构制约基层干部，特别是许多政府行为需要由基层干部去代为完成，而国家并没有支付相应的报酬，以至于基层干部只得以“搭便车”的方式为自己谋利，作为完成不讨好的某些政府行为的补偿。而有着谋利行为的基层干部必然与作为利益主体的农民发生尖锐的冲突，并直接导致国家与农民关系的日益紧张化（尽管上层官员腐败的问题更严重，但由于与农民的利益没有直接的联系，农民对能够感受和体验到的基层干部腐败更为痛恨）。显然，国家不可能再以下派干部进行群众运动的方式解决基层干部的失控问题，这就需要寻找一种新的治理方式，村民自治特有的以大众参与制约公共权力的民主功能因此得以挖掘。1998 年修订后正式颁布的《中华人民共和国村民委员会组织法》所增加的内容主要就是选人、议事和监督等方面，强调民主选举、民主决策和村务公开，并以法律条文规定了必须向村民公开的内容。对自治的内容规定得如此详细，这在世界有关自治的立法上也是少见的，说明国家十分注重村民自治的功能性价值。这正是村民自治这一草根民主得以引起广泛关注的重要原因。

二

村民自治由冷寂到兴盛，人们对其寄予多种不同的关怀。而在笔者看来，村民自治的价值主要在于，它既是对中国民主化进程的缺憾的一种补充，又为中国民主化道路提供了一种经验性范式。

我们之所以将村民自治称为草根民主，首先在于它植根于社会经济和心理结构之中，使民主的理念得以深入到广大的农村民众当中。近代以来，民主一直未真正进入占中国人口大多数的农民之中，成为农民的日常生活方式。而持民主缓行论观点的一个重要根据，就是中国农民太多，他们的经济文化落后，不具备运用民主的素质。而在中国，民主如果不进入占人口大多数的农民的日常生活中，就缺乏牢固的根基。我们也不可能专门开办学校对亿万农民进行民主培训，提高农民民主素质的最好学校只能是民主实践。农村经济改革激发了农民的民主要求，村民自治的制度安排使这一要求有可能变为现实，民主第一次大规模深入到千百年作为专制统治最深厚社会土壤的农村。三年一次的换届选举使农民逐渐建立起公共权力必须来自于人民同意并接受人民监督的现代民主理念。也许从高标准、严要求看，村民自治的形式还很粗糙，在相当多的地方大有形式主义之嫌，这正是不少知识精英对草根民主不屑一顾的重要原因。其实，在东方国家，民主化进程往往就是一个由形式的权利到实质内容，由通过形式民主训练民众、培养民主习惯，到民众运用形式民主争取权利的转换过程。正如军人上操必须从“一、二、一”的基本形式开始训练一样，久而久之，民主就会由一种形式权利固化为日常生活方式和习惯。这正是中国民主的牢固的根基所在。

村民自治既然是大众参与式民主，在实际运作过程中必然会在各种冲突和矛盾的交互作用中形成一套规则和程序。尽管这些规则和程序有许多是在无意中形成的，并没有深厚的理论作为支撑，也不是刻意的制度设计，但它毕竟为中国贡献出了一套民主操作规则和程序。如由村民直接提名候选人的“海选”、差额选举、秘密写票、无记名投票、集体会议议事决断、干群双向约束的公约性章程和规范、村务公开等。或许人们对这些并不以为然，但如果从我们这样一个长期缺乏民主规则和程序意识的国度看，它又是何等的可贵。作为国家最高权力机构全国人大的会议，虽然设立了秘密写票间，可多少年来仅仅只有几位港台代表进去过。许多地方人大选举和议事表决仍然通行的是举手，所以才有“人大举手、政协拍手、政府动手”的流行语。由于民主规则和程序的建立，在中国长期讳莫如深的竞选也随着草根民主的崛起而浮出水面。所谓的“泥腿子”竟然也一板一眼地各自发表其“治村演说”，争取选票。这在中国历史上恐怕是前所未有的。所以，中央电视台的新闻纪实节目《大官村里选村官》竟然引起许多城里人的好奇和新鲜感。

草根民主的价值不仅在于提供了一套规则和程序，更重要的在于它为国家政治生活提供了一种示范。如果连“泥腿子”都知道要秘密写票、无记名投票，全国人大会议的举手表决不是有些相形见绌了吗？如果村委会主任只有通过选举才能获得合法性权力，那么，其他的村干部以至更高层次官员的合法性权威又应该怎样建立呢？如果村里的公共事务都必须公开，与更多人的重要利益密切相关的国家政务是否更应该公开呢？近几年村党支部书记选举的“两票制”、乡镇长的直接选举、政务公开、警务公开、检务公开、审判公开、人大旁听、公开听证、依法行政等，正是对草根民主示范作用的回应。

将村民自治视为草根民主，还在于这一民主形式植根于中国的土地，在它的进程中必然会形成与西方国家不同的经验范式，并对从西方国家经验中产生的西方民主理论构成挑战。由于民主是舶来品，知识精英构造民主的理论资源长期也来自于西方，作为学生，是无法与“老师”进行平等对话和交流的。通过对草根民主的提炼，我们可以发现，中国的民主化进程有其独特性，因为它生长于中国特有的经济社会结构之中。这种独特性所提供的经验范式可以对传统的西方民主理论进行证明或证伪，并建构新的理论范式。如根据西方经典理论，民主和私有财产是相关联的，集体主义只能产生集权专制。然而，中国的村民自治却发生于财产集体所有的背景下，是土地等财产的集体所有权和家庭经营权相分离的结果。财产的集体所有是集体公共权力归属并来自于村民的基本依据，财产的家庭经营是村民希望通过公共权力维护和扩展自己利益的基本起点。正是这种个人与集体的互动交换孕育着民主。在人民公社体制下，由于国家主导着集体，村民没有相对的独立利益，自然会扼杀民主的萌生。而财产的完全私有使个人与集体公共权力缺乏财产上的联系，民主也缺乏经济的依托，这正是西方国家基层自治日益“空洞化”的重要原因。事实上，西方的民主主要发生于公民与国家权力之间，在财产占有不均衡的经济社会组织内部，是无所谓民主的。由此，我们可以看出，从经济社会单位看，集体主义并不天然产生专制，个人主义并不天然生长民主。另外，根据西方经典理论，民主是在大众压力下统治者让步的结果，政府在民主化进程中扮演着消极的角色。但从中国的村民自治进程看，政府的主动性是民主化进程必不可少的因素。尽管政府各部门的预期有所不同，但客观上推动了民主化的进程，如主管村民自治的民政部积极推行村民自治示范，通过示范总结出民主选举、民主决策、民主管理和民主监督等民主构成要素。在亿万农民处于分散孤立的状态下，没有政府的有效领导、组织，甚至行政法律的干预，民主是很难进入农民的实际生活之中的。“还权于民”会由于种种正当或非正当的理由而被层层截留。这就意味着，对于中国这样一个由众多人口和多级政府构成的国家，政府在民主化进程中有可能扮演积极的角色。中国的经济和政治改革已进行了 20 多年，积累了丰富的经验，这些经验是十分宝贵的理论资源。知识精英在睁大眼睛向外看的同时，低头向下发掘本土资源，才能建立起与西方平等对话的机制。

当然，当村民自治成为民主的一个亮点时，许多人又将过多的光环加诸其上。而在笔者看来，村民自治的形式示范效应远远大于其实质性。村民自治的限度也是显而易见的。

将村民自治视为草根民主，一个重要理由就是它的弱小性。村民自治只是社会形态的民主，而不是国家形态的民主。这种民主的范围只是局限于村庄。它可以通过一套民主规则和程序培育农民的现代公民意识和公民人格，让他们选举本村领导人，决定本村公共事务，但在超越社会之上的国家权力面前却往往无能为力。吉林省梨树县是“海选”的发源地，曾经被人视为民主的“圣地”。但在这个县所在的四平市，市长一声号令，所有人都被摊派上几条当地生产的“吉烟”。梨树县的村民可以“海选”村干部，以此制约其权力，却无法阻挡“上面”派下的“吉烟”。当这些曾几何时面对中央电视台的镜头兴奋地参加“海选”的村民，又手拿“吉烟”，再次面对中央电视台镜头时，却是满脸的无奈。这一典型的“黑色幽默”说明，在强大的国家权力面前，村民自治还只是弱小的小草。只有当村民由“草民”变为能够有效影响和监督国家权力的公民时，村民自治才可能正常发育成长。村民自治作为草根民主，还在于它的粗糙性。作为村民自治组织载体的村民委员会一开始是作为人民公社的替代性组织产生的，民主的价值和功能是在民间经验中逐渐凸现出来的。这种来自于民间经验的民主，缺乏足够的理论支撑和精心的制度构造，从而使它的进一步发展受到种种限制。村民自治的活动范围尽管是在村里，但必须有相应的国家制度环境作为依托和保障，而在现阶段，国家的权力体制与村民自治的原则存在着结构性矛盾。在人民公社体制废除后，国家的体制性权力虽然上收至乡镇，但功能性权力却进一步向下延伸，政府任务日益增多，如税费收取、计划生育任务等。在城市，这些政府任务由相应的政府部门办理，但在广阔的乡村，这些政府任务却交由村民委员会办理，且不支付行政费用。由此便形成这样一种格局：村民委员会作为群众性自治组织，其功能却主要是执行政府任务；村干部拿的是村民的钱，办的是政府的事，村民自治的原则因此被消解于无形之中。这也是在许多地方村民委员会成为“准政府”，地方政府极力控制村民委员会选举的深层次原因。所以，不从制度构造上解决现代化进程中国家权力不断向乡村渗透和国家与乡村的权力边界模糊的问题，村民自治的发展限度是可想而知的。

遗憾的是，知识精英只是单向度地看到了村民自治的民主价值，而没有深入探究这一草根民主的崛起背景和发展限度，没有考察民主成长所面临的种种结构性矛盾和相应的支撑条件，只是一味地设想民主由村到乡、到县的路径，甚至陷入“民主大跃进”的狂热，再次暴露出知识界的民主急性病和幼稚病问题。就笔者看来，现在不应担心民主来得太慢，而应担心民主来得太快，知识界不能提供足够的理论支援和制度构造。

（原载于《中国社会科学季刊》[香港] 2000 年夏季号）

村民自治、政府任务及税费改革

——对村民自治外部行政环境的总体性思考

中国农村村民自治发展已有十多年。继村民自治之后，随着社区建设，城市社区自治也得以迅速生长。根据笔者的调查和体验，经过十多年的发展，农村村民自治内部的制度和运行机制已基本建立，“四个民主”理念已开始深入人心，但与城市社区自治相比，外部环境面临的行政压力较大，村民自治在政府任务的“紧约束”下运行，总体效果尚不尽如人意；城市社区自治虽然起步不久，其内部的制度及运行机制与自治原则相距较远，但外部环境较村民自治更为宽松，自治性成长迅速。而在现阶段，农村村民自治面临的最主要的行政压力是税费收取。21 世纪开始的农村税费改革，不仅为农民减负，同时也将为村民自治“减负”，促使村民自治向“本我”回归，并对村民自治提出了更高的要求。本文将结合农村实地调查，从村民自治的外部环境出发，就村民自治、政府任务与税费改革的关联性做一探讨。

一、村民自治的成长与政府任务的“紧约束”

中国农村村民自治是在人民公社体制被废除的过程中形成的，它是国家下放权力，在通过家庭承包制给予农民经济自主权的同时，以村民自治体制赋予农民政治自主权，在新的历史条件下对农村进行整合和再组织的一种民主化治理方式。根据村民自治的起源及其 1987 年《中华人民共和国村民委员会组织法（试行）》的法律精神，村民自治最初主要是承接农村人民公社体制废除后基层社会管理的一定职能，如办理本村的公共事务和公益事业，调解民间纠纷，协助维护社会治安等。[①] 村民委员会不直接从事生产经营和行使政府管理等职能，这是村民委员会与“政社合一”的人民公社组织的主要区别所在。但是，人民公社体制废除后，乡镇以下建立的村民委员会尽管属于群众性自治组织，却仍然属于乡镇管辖下的行政村，也就是说，政府工作最终要落实和延伸到村。国家的体制性权力虽然上收至乡镇，而功能性权力仍然会下沉到村。因此，政府行政管理与农村村民自治之间的关系便成为村民自治生长发展最重要的变量因素。政府任务过重，或者仍然将村作为自己的下属组织对待，村民自治所承受的行政压力过大，作为村民自治载体的村民委员会的行政化倾向就愈突出，村民自治的原则精神就愈难体现。六届全国人大常委会委员长彭真在主持通过《中华人民共和国村民委员会组织法（试行）》时，就对此提出了警告，认为在实行村民自治过程中有两大危险，其中之一就是政府“给村民委员会头上压的任务太多，‘上面千条线，底下一根针’，这样就会把它压垮”[②]。

在1987年以后实施《村组法（试行）》的过程中，彭真委员长的警告不幸言中。其重要原因就是由乡镇政府承担的经济和政府管理职能必然会延伸到村，本来只是村民委员会给予协助的政府工作，却以政府任务的方式要求村民委员会加以执行，由此势必导致村民委员会的行政化。非常有意思的是，进入20世纪90年代以后，一方面，随着《村组法》的实施和修订完善，以“四个民主”为标志的村民自治运行机制日益完备，村庄内部民主迅速生长；另一方面，现代化进程和赶超发展战略导致政府任务日益增多，并以强有力的

① 笔者曾经就村民委员会组织的最早产生问题，在广西宜山（现为宜州）、罗城等地做过数月调查，获得上百万字的资料，基本弄清当时村委会产生的背景情况。可参见《最早的村委会诞生追记》，《炎黄春秋》，2000年第9期。

② 彭真：《通过群众自治实行基层直接民主》，《彭真文选》，人民出版社1991年版，第611页。

行政方式进入乡村，从而导致即使是以非常民主的方式选举出来的村民委员会也不可避免地趋于行政化，即不得不直接完成许多村民委员会难以承载的政府任务。村民委员会的行政负担过重，必然使其在一种政府任务的“紧约束”状态下运行，由此会大大影响村民自治的应有成效。

当然，在不同历史时期，村民委员会的行政负担内容有所不同，其成效及反映也不一样。根据本人及同行的实地调查，自 20 世纪 80 年代农村改革以来，村民委员会所承载的行政任务主要有三个方面：一是计划生产，二是计划生育，三是税费收取（即通常所说的“要粮、要钱、要‘命’”）。这三个方面的任务在不同时期所占的分量有所不同。如果以百分比加以分割，其序列和比重大致为：

	序列　比重	序列　比重	序列　比重
	第一位	第二位	第三位
80 年代初中期	计划生产 60%	计划生育 35%	税费收取 5%
80 年代后期到 90 年代初期	计划生育 60%	计划生产 30%	税费收取 10%
90 年代中后期	税费收取 70%	计划生育 20%	计划生产 10%

政府任务即由政府所指定承担的工作或担负的责任，具有强制性和行政约束力。计划生产主要指政府的经济活动安排，包括中央政府下达的农业生产指标和地方及基层政府确定的经济任务。在 20 世纪 80 年代初中期，国家经济体制仍然实行的是计划经济体制，具体到农村主要表现为国家为各地区下达农业生产指标。在“政社合一”的人民公社体制下，国家的生产指标可以轻而易举地落实。作为政府组织系统的一个生产单位是没有与上级政府讨价还价的任何可能和要求的。随着家庭承包责任制的推行，农民在理论和政策上有了种什么或不种什么的可能，从而出现了许多乡镇干部所说的农民不再像以前“听话了”、农民“不好管了”的现象。为此，基层政府必须以前所未有的力量来落实国家的农业生产指标。完成政府生

产任务成为当时考核基层干部的主要指标。尽管从 20 世纪 70 年代起，国家就开始实行计划生育政策，但是一直到 80 年代初中期，在农村的计划生育措施主要还是教育与引导，国家还没有对其提出严格的行政指标和实施相应的行政奖惩。[①] 在人民公社体制下，农村实行先向国家上缴公、余粮后再在内部进行分配的制度，农民负担处于隐性状态。[②]80 年代初中期实行家庭承包责任制，家庭成为经营分配主体的同时，也成为税费收取的对象。但自 20 世纪 50 年代以来，国家在农村一直实行“稳定负担，增产不增税”的政策。特别是农村改革初期，国家对农村实行“休养生息”政策，农民承受的负担较轻。仅以农牧业税而言，1985 年全国为 42.1 亿元，占全国财政总收入的 20%。当年乡村人口为 80 757 万人，平均每乡村人口承受的农业税为 5 元左右。[③] 这一“轻徭薄赋”的政府行为显然不足以成为基层政府及其基层组织的行政负担。

面对以上政府任务，农民的态度较为积极。当时的头等任务是计划生产。对于农民来说，由于长期的计划经济体制，完成政府的生产指标已成习惯，且由于国家通过提高农产品价格调动农业生产积极性，农民可以从计划生产中获得一定好处，农村社会矛盾较为缓和。这种状况为村民自治的生长发育提供了较为宽松的行政环境。村民自治也因此作为国家废除人民公社体制后治理农村的一种新的制度性选择。

然而，正是在《村组法（试行）》通过和实施之际，村民自治面临的外部环境发生了快速的变化。首先，随着农村改革的深化，特别是长期困扰国家的农产品“短缺”状态得以改变，国家对农业生

① 1973 年，国务院成立了计划生育指导小组，倡导“晚、稀、少”的生育原则。1981 年，中国各级政府设立了计划生育委员会的政府机构。1982 年中共十二大提出“实行计划生育是我国的一项基本国策”。但在 80 年代初，国家对农村地区和少数民族的计划生育政策“开小口子”，计划生育政策在农村没有得到严格执行。

② 笔者在 1993 年发表的《论现阶段农民负担问题的特点及对国家和农民关系的影响》一文中，对人民公社时期及之后的农民负担的特点有较为详细的论述。参见《社会科学》，1993 年第 7 期。

③ 参见国家统计局《2000 中国统计摘要》，中国统计出版社 2000 年版，第 58、4 页。

产的任务性指标逐渐减少，允许部分农产品进入市场自由流通，这意味着农民的生产自主权愈来愈大，基层政府及基层组织所要承担的计划生产的任务迅速减轻。与此同时，计划生育成为国策，并很快上升为政府的主要任务。在农村，推行计划生育是一件十分困难的事情。一则千百年伴随农耕文明的“多子多福”观念根深蒂固；更重要的是，人民公社体制废除后，家庭重新成为生产经营单位，在主要依靠手工劳动和缺乏社会保障机制的前提下，男性在生产和生活中仍然占有重要地位。所以，计划生育政策在农村的推行相当困难，被视为“天下第一难”。面对亿万分散的农民，仅仅依靠政府的力量来实施这一政策显然是不可能的。于是，基层政府将上级下达的计划生育指标再分解到村，要求刚刚建立的村民委员会将它作为一项政府任务来完成，并与其报酬和待遇相联系。为了完成包括计划生育在内的日益增多的政府任务，基层管理成本逐渐增大。在废除人民公社体制恢复建立乡政府时确立的乡镇财政包干制，致使基层管理成本不得不主要由农民承担（尤其是在工商业不发达的中西部地区农村）。与此同时，国家的农业税收比例也有所提高。如1990年国家农牧业税达87.9亿元，比1985年增加1倍，占全国财政总收入的33%。当年乡村人口84 141万人，人均承担的税费为10元多，[①] 而农民收入的增长速度却迅速减缓。1989—1991年农民人均纯收入年均仅增加0.7%，农民负担因此开始加重。1992年甚至出现因农民负担加重导致农民非正常死亡的现象。向农民收取税费在政府任务中的比重有所上升。

面对政府任务的变化，农民及村民自治的反应也相应发生变化。一是与计划生产相比，农民对计划生育的接受较为困难，对逐渐增加的税费也有所不满。这就增加了完成政府任务的难度。为此，基层政府自觉不自觉地将村民委员会作为自己工作的“一条腿”，直接向村民委员会下达任务指标，要求完成。刚刚建立的村民委员会

---

① 参见国家统计局《2000中国统计摘要》，中国统计出版社2000年版，第58、4页。

便具有明显的行政化倾向。二则随着《村组法（试行）》的实施，村民委员会普遍开始由村民群众直接选举产生，普通村民参与公共事务管理的民主意识逐渐萌生。村民委员会完成政府任务“理所当然”的合法性受到挑战。村民开始以“跟上”或“跟下”来区分村干部。[1]尽管村民对村干部只“跟上”的行为往往无能为力，但由于村干部生活在农村，使他们在贯彻政府指令时不得不适当顾及村民的利益。而这更进一步增加了完成政府任务的难度，促使基层政府进一步采取行政措施强化村民委员会的行政化倾向。这使得村民自治从一起步就不得不在行政“紧约束”下运行。这与城市社区建设中社区自治的发育和运行有很大区别。

进入90年代中后期，农村面临的行政环境又发生重要变化。首先，随着计划生育政策的贯彻，计划生育作为一项必须实施的国策已为大多数农民所接受，“天下第一难”的难度有所降低。其次，随着1992年国家确立建立社会主义市场经济体制，农村经济的市场化导向更为明显，计划生产的任务比重进一步减少。与此同时，税费收取的任务迅速突出，成为基层政府的主要任务。在这一时期，国家的农牧业税的比重有所减少。1998年的农牧业税只占国家财政总收入的4%，[2]但农民的负担却大幅增长。其主要原因：一是随着现代化进程的加速，各级政府规定的目标任务迅速增加。1993年5月仅国务院授权农业部宣布取消的农村达标升级活动便达42项，从中央政府到乡镇政府，各个层级政府的达标活动更是不胜枚举。这些达标升级活动所需要的经费绝大多数由村民负担，特别是农村教育达标所需经费数量极大。二是自1992年以后，地方政府实施经济“赶超战略”，以行政推动的方式发展经济。如内地向沿海地区学习，不顾客观条件发展乡镇企业，甚至提出“超常规，大跨度”的口号，

---

① 参见张厚安、徐勇、项继权等《中国农村村级治理——22个村的调查与比较》，华中师范大学出版社2000年版，第419—423页。

② 参见国家统计局《2000中国统计摘要》，中国统计出版社2000年版，第58页。

要求“乡乡点火，村村冒烟”，结果是乡村企业的成功率极低。90年代后期一些地方政府通过行政手段调整农业经济结构，由于违背市场规律导致失败，失败所产生的结果就是出现了前所未有的乡村负债现象。更多地方的干部为谋取政绩多报农民的纯收入。三是实行财政包干制度使一些本应由政府承担的经济责任转而由农民承担。如教育本应属于公共产品，但在民办学校转为公办学校的过程中，迅速增加的公办学校费用却由基层政府所承担，而在没有多少工商业基础的内地农村，其费用主要由农民承担。90年代中期实行分税体制，好的税源逐级上收，地方政府可支配的财力更少。在这一背景下，基层政府用于公共管理的成本迅速增加，特别是管理机构、人员及相应的费用急剧膨胀。为了实现“赶超战略”和满足迅速增加的公共管理成本的需要，地方政府将收取税费作为头等大事。2000年河北省灵寿县委下发文件强征提留统筹，包括公安、检察、法院在内的万名干部进村“讨债”，引起各方面强烈反响。[①] 而地方政府向农民收取各种费用的一个重要特点就是非规范性和随意性，即通常所说的“国税轻，二税重”。

因此，自90年代中期以来，村民自治面临的政府任务愈来愈重。特别是当收取税费成为政府主要的下派任务时，农民负担不断增加，村民自治的行政“紧约束”运行愈益突出。首先，在以上所述的三项政府任务中，最不为农民所认同的是税费收取，主要是地方政府和村组织的各种摊派收费（由于长期的历史传统，农民对所谓的“皇粮国税”的认同率一般较高）。其结果是直接导致了农民与政府的疏离，甚至于对立和反抗。1999年湖北省浠水县4171名农民状告乡政府，成为《行政诉讼法》颁布以来规模最大的“民告官”案件。[②] 税费收取成为新的“天下第一难”。为了完成日益加重且为农民所不满的税费收取任务，地方政府进一步加强对村民委员

① 中央电视台报道，《报刊文摘》，2000年7月31日。
② 参见迟宇宙等《千家诉讼》，《南方周末》，1999年12月3日。

会的行政约制。村民委员会行政化的重要后果是村民自治制度的运行结果更加偏离其原则精神，其群众自治性难以生长。据我们的调查，在相当多的村，村干部工作时间的70%以上用于完成各种政府任务。在湖北省，每年春节刚过，各乡镇就制定出税费收取征缴任务表，下发各村，具体指标分解到各村干部头上，即所谓“千斤重担万人挑，人人肩上有指标”。① 安徽省一位县委书记明确说，为完成上级下达的税费任务，乡村干部成了“任务干部”。② 在我们实地调查的湖北省杨村，自1993年开始形成村组干部星期一例会制度，主要内容是传达和落实“上面的精神”“上面的要求”，收取上面下派的税费更成为重中之重，由村党支部书记直接负责。由于下派税费任务太重，书记自1995年至1998年连年提出辞职。③ 湖北省一位担任村干部达16年的村支部书记因实在难以完成税费征收任务被迫服毒自杀。④ 根据法律规定，村干部不脱离生产，只能根据村民会议的意见领取补贴，但村干部事实上成为领取固定工资的“准行政干部”。对于完成政府任务较好的村干部的重要报偿就是提升为政府干部。由于事实上的“准干部”身份，使村民委员会很难按照法律要求向人民政府反映村民的意见、要求和建议，乡村干部与村民的关系趋于紧张化。许多村干部因此说为收取税费到“狗跑熟了，人跑生了，形象黑了”。江苏省北部一个村的村民小组为执行村支部书记收取税费的指示，竟用刀将收费对象刺死。⑤ 在一些地方因此出现了“减负会”（减轻农民负担会）之类的自发的群众自治组织，取代了村民委员会的部分功能。⑥

---

① 参见《半月谈》，2000年第23期。

② 参见《半月谈（内部版）》，2000年第9期。

③ 参见张厚安、徐勇、项继权等《中国农村村级治理——22个村的调查与比较》，华中师范大学出版社2000年版，第655—672页。

④ 参见孙保罗《村支书之死》，《南方周末》，2000年3月21日。

⑤ 参见闵捷等《要命的农民负担》，《中国青年报》，1999年12月7日。

⑥ 参见于建嵘《利益、权威和秩序——对村民对抗基层政府的群体性事件的分析》，《中国农村观察》，2000年第4期。

非常有意思的是，当村民自治外部面临的行政压力愈来愈大之时，村民自治内部却按照法律规定的自身逻辑发展生长，这就是“四个民主”规则及其相应程序的确立。特别是1998年经过修订的《村组法》，更加强调依法自治。严密的法定规则和程序强化了村民的主体利益和权利意识，也使得村民委员会行政化倾向的合法性受到进一步挑战。一些村民不再认为村干部为政府办事是天经地义的，反而认为村干部拿村民的钱干政府的事是不合理的。在笔者所调查的村，有村民将进村收取税费的乡镇干部比喻为“鬼子”，将协助乡镇干部的村干部比喻为“汉奸”。内蒙古自治区一个农民向前来收取税费的干部提出要求：一是公布村财务；二是开出税票。[①] 由此形成一种“恶性循环”：农民愈是反对乱收费、乱摊派、乱罚款，政府就愈要强化行政力量，村民委员会的行政化倾向就愈突出；这又会进一步增加农民负担，农民反应更为强烈，政府于是进一步增加行政压力……

当然，面对强大的行政机器，分散的村民力量尚不足以抵制来自于村外的行政摊派。如，就在以“海选”闻名于世的吉林省梨树县，村民面对政府摊派的本地香烟的任务却无能为力。向干部要求村务公开和索要税票的农民却被干部铐上手铐。但这只能说明，村民自治要得到顺利发展，必须具备必要的外部环境，主要是由国家权力系统构成的行政环境。而为解决农民负担问题的税费改革将为村民自治的发展提供有利的条件。

二、农村税费改革与村民自治回归

为了解决日益突出的农民负担问题，自1994年起，安徽、河北等省份就开始尝试改革现有的农村税费征收体制。2000年，在安徽

---

① 参见郝连峰等《农民纳税讨税票 没错　干部生气把人铐 胡来》，《中国青年报》，2000年2月28日。

全省进行全国农村税费改革的试点。经过一年多的试点后，中央政府确定在全国推行。2001年3月，国务院总理朱镕基在九届全国人大四次会议上的《关于国民经济和社会发展第十个五年计划纲要的报告》指出："推进农村税费制度改革，取消乡统筹、村提留和其他面向农民征收的一切行政性收费，同时适当提高现行农业税和农业特产税税率。这是保障农民合法权益，减轻农民负担的治本之策。要在总结安徽省试点经验的基础上，加快改革步伐。"

农村税费改革的基本目的是"保障农民的合法权益，减轻农民负担"。根据朱镕基总理在九届全国人大四次会议记者招待会上的讲话，目前向农民收取的税费一年达1200亿元甚至更多。税费改革"就是要把现在收取的300亿元的农业税，提高到500亿元，也就是农业税率从5%提高到8.4%；与此同时，把乡统筹、村提留的600亿元和各种乱收费一律减掉"[①]。这就意味着农民的负担有相当程度的减少。安徽省第一年改革，人均减负达25%。

农村税费改革的基本方式是"并税制"，即将原来收取的各种税费统一归并为单一的农业税，由此从本源上堵住政府部门和基层组织向农民乱收费、乱摊派、乱罚款的口子。农村基层兴办的公益事业，如涉及收费，要采取"一事一议"的方式进行。即每项公益事业必须获得51%以上的村民认可，且每件事收费人均不得超过一定数额（安徽省为20元）。率先改革的安徽省将农村税费改革的方式归纳为"一正一附"（即正税7%，附加税1.4%）和"一事一议"。

农村税费改革不仅为农民减轻负担，也为村民自治减轻行政压力，促使村民自治由行政化向自治性的"本我"复归。

其一，"保障农村的合法权益，减轻农民负担"的农村税费改革目的与村民自治的基本原则精神是一致的。20世纪80年代以来，我国农村改革在经济上实行家庭承包责任制的基础上，为维护农民的经济权益，在政治上实行村民自治。家庭承包和村民自治是保障农

① 新华社北京2000年3月15日电。

民经济自主权和政治自主权的重要制度。但是，家庭承包和村民自治都属于自上而下下放权力的结果。长期形成的强大的行政权力以其巨大的历史惯性和市场经济发育初期的利益驱动，经常性地侵害农民的合法权益。这在收取农村税费方面表现得尤其突出，也最为农民所反感。但面对各种“上面”下派的摊派和收费，村民自治往往是无能为力的。特别是在强大的行政压力下，作为群众性自治组织的村民委员会也不可避免趋于行政化，成为拿村民的钱为政府办事的“准政府”组织，难以担负维护农民合法权益的重任。农村税费改革在减轻农民负担的同时，也将为村民委员会减轻沉重的行政压力。地方政府不能再以政府指令的方式要求村民委员会必须完成收取税费的任务，村民委员会可以从沉重的行政事务中解脱出来，将主要精力和时间用于本村的公共事务，以更好地发挥维护和保障农民合法权益的职能。

其二，“并税”式改革将各种税费合并为税，并由国家税务部门征收，有利于规范政府行为和村民委员会的工作。一是政府部门不能再以各种名目向农民收费和摊派，农民以纳税人的身份直接与税务部门发生交往。如税费改革以来，安徽省许多地方设立了专门的税收交纳地点。在最早进行税费改革的安徽省涡阳县新兴镇 1992 年下发的有关税费改革的文件中，明确规定“不准任何单位和个人擅自向农民摊派或增加提留款。增加 1 分，农民有权拒收”[①]。二是村民委员会也没有义务完成“上面”下达的各种摊派和收费任务。相对城市而言，农村居住分散，村民委员会还需要协助政府部门工作，包括农业税的收取，但不承担相应的行政责任。这与《村组法》关于“村民委员会协助乡、民族乡、镇的人民政府开展工作”的原则精神是相一致的，有助于真正根据村民自治的法律精神重新构造乡与村的关系。如政府需要村民委员会协助工作时，应该根据工作量支付相应的报酬。这类似于现阶段开展城市社区自治过程中一些

① 何开荫、孙力：《中国农村税费改革初探》，中国致公出版社 2000 年版，第 250 页。

地方出现的“政府购买服务”的方式。村干部的报酬主要取决于为本村村民服务的情况，并由村民会议决定。这是《村组法》关于“村民委员会成员不脱离生产，根据情况，可以给予适当补贴”的原则精神的具体体现，有助于村干部从政府代理人的“准行政干部”向服务于本村村民的“村民当家人”的角色转换。

其三，公益事业“一事一议”的规定促使村民积极参与公共事务，推进基层民主。《村组法》开宗明义指出，制定该法是“为了保障农村村民实行自治，由村民群众依法办理自己的事情，发展农村基层民主，促进农村社会主义物质文明和精神文明建设”。但是由于政府任务太多太重，致使村民委员会准行政化，村民自治往往成为少数村干部的自治，村民的民主自治权利难以落实。在现阶段，基层民主的最主要内容是经济民主。村民最关心的是与自己经济利益密切相关的事务。为此，1998 年修订并通过的《村组法》第 19 条专门规定，涉及村民利益的八个方面的事项，“村民委员会必须提请村民会议讨论决定，方可办理”。第 22 条还规定“村民委员会实行村务公开制度”。但是，由于村民委员会的准行政化，需要提交村民会议讨论的事情往往是少数人决定，特别是过重的税费收取也无法经由村民会议讨论。如《村组法》第 19 条规定需要村民会议讨论决定的八项事宜之首的“乡统筹的收缴方法，村提留的收缴及使用”，在绝大多数村都难以办到。因为上面下达的税费额度远远超出农民可承受的范围，乡村只能以强力的方式要求村民完成。为了保证税费收取，许多地方实行“村财乡管”，村级财务公开和村民监督也难以落实。农村税费改革取消“乡统筹、村提留”，农民负担中最重的一部分得以减轻且加以规范化。而兴办需要收费的公益事业，村民委员会必须提交村民会议讨论，这就意味着村民拥有预算权和对财务开支的审计权。这有助于促使村民积极参与公共事务管理，使他们当家做主的权利得以真正落实。

三、在推进税费体制改革中发展村民自治

正如朱镕基总理所说，农村税费改革是一次很大的革命。随着税费体制改革，国家对农村的治理格局将发生重大变化，一方面，村民自治将获得前所未有的宽松环境，另一方面也要对自身的发展提出更高的要求。

第一，深化农村税费体制改革，建立以公民权为基础的现代公共财政制度，强化村民作为纳税人的现代公民意识。

应该看到，长期以来，中国的财政体制是将财政收支视为国家通过超经济强制参与国民收入分配与再分配的过程。现阶段的农村税费体制既有历史沿袭性，又与计划经济时代的财政体制密切相关，它是建立在农民只向国家履行义务基础上的，即所谓“皇粮国税”，理所当然。至于农民纳税后应该享有什么权利却无相应规定。由此便为政府确定税费标准留下许多随意性的空间，苛捐杂税屡禁不止，农民负担不断加重而不得不极力逃税避税。这正是中国历史上多次税制改革都未能见明显成效的重要原因。[①] 我国在改革农村税费体制的过程中，应该吸取历史经验，通过改革的深化，建立以公民权为基础的现代财政制度。公民权首先意味着人人平等。由于传统的城乡二元结构，我国在农村的税费是以产业为线，即所谓农业税，在城市却主要以经营单位和个人的所得收税。从公平性看，所得税更为公正合理。所以，在农村税费改革中，农村的税种和税源应该做相应的调整。公民权更意味着公民是财产的主人，公民向政府交税，是基于只有政府才能提供公共产品，满足自己某些需要。政府对税收的收取和支出都应该得到公民的同意和监督。只有这样，公民才能形成自觉纳税的习惯，形成作为纳税人的公民意识。我国实行村

---

① 关于中国历史上税制改革的失败，秦晖有较为详尽的论述。参见未刊稿《税费改革、村民自治与强干弱枝：历史的经验与现实的选择》。

民自治，规定涉及村民利益的公共事务都必须交由村民讨论决定，实行村务，特别是财务公开制度，便是建立在村民是财产主人的基础上的。通过村民自治制度可以培育起村民的现代公民意识。只是由于自上而下的行政压力太大，村民对于来自“上面”的各种税费难以行使同意权和监督权，村民的公民意识受到影响，即所谓“该交的也不交”。在深化税费体制改革中，逐步建立以公民权为基础的现代财政制度，就需要改革政治体制，为农民作为平等的公民参与政治事务的管理提供更多渠道，促使国家民主化与社会民主化相配套。只有这样，农民才能逐步形成权利与义务对等的现代公民意识，村民自治也才能获得更为广阔的发展空间。

第二，在农村税费改革中推进县乡管理体制改革，促使县乡政府依法行政与村民依法自治的有机结合。《村组法》明确规定，乡镇政府与村民委员会是指导与协助的关系。但是，由于沉重的政府任务，特别是财政压力，使县乡基层政府更多地是将村民委员会作为自己的“一条腿”，主要依靠行政方式管理农村，乡镇政府与村民委员会的关系事实上是命令与服从的关系。那么，随着农村税费改革，县乡管理体制也需要进行相应改革，特别是转变政府职能和改变领导方式。县乡政府的职能主要是解决村民委员会难以解决的事务和协调村民委员会的关系，着重于提供公共服务；凡属于村民自治范围的事务应该尽可能交由村民委员会自己办理，充分保障村民委员会自我管理、自我教育、自我服务的法定权利。如果县乡政府仍然沿用传统的治理方式，不适当地干预各种事务，必然导致政府机构扩大，管理成本增加，从而巧立名目向农民伸手。这不仅会使农村税费改革难以取得成效，还会妨碍村民依法行使自治权利。

第三，在农村税费改革中顺势而为，推进村民自治走向新的阶段。税费改革为村民自治发展提供了重要条件，但也提出了更高的要求。应该看到，我国村民自治发展的时间还不长，由于多种原因，发展十分不平衡。在村民自治的“四个民主”方面，民主决策、民主管理和民主监督相对比较薄弱。随着农村税费体制改革中“一事一议”的推行，对民主决策、民主管理和民主监督提出了十分紧迫的要求。在现阶段的农村，还存在大量一家一户农民无法解决而又需要解决的公共性事务和公益事业，如小型水利、道路交通、用电用水、公共卫生等。如果这些事务没有人管，没有钱办，必然会影响农村的经济和社会发展，大大抵消农村税费改革的成效，行政管理的方式也会再度恢复。所以，在全国农村普遍实行村民委员会民主选举之后，必须适应农村税费改革，围绕“一事一议”，加强农村村民自治中的民主决策、民主管理和民主监督的制度建设。

（原载于《中国农村经济》2001 年第 11 期）

“绿色崛起”与“都市突破”

——中国城市社区自治与农村村民自治比较

在中国，与市场导向的经济体制改革一样，民主导向的政治体制改革有以下特点：从层级结构上看，是从基层社会开始；从城乡关系上看，是由农村启动再向城市扩展；从变革动力看，是自下而上和自上而下的互动过程。正是在这一进程中，随着农村村民自治的率先崛起，城市社区自治又迅速突破，成为中国政治体制改革与民主化过程中最有活力的基础性部分。城市社区自治与农村村民自治处于不同的背景和生态之下，有着各自的特点。本文将从制度变迁的路径、过程与走向等角度对两者做一比较。

一、制度变迁的背景与初始路径

改革是以新体制取代旧体制的制度变迁过程，而任何制度变迁都是在特定的历史背景下发生的，并会形成初始的路径。这一初始路径对于制度变迁的过程和结果都将构成重要影响。

现代意义上的自治建立在人民主权基础上，是国家与社会分离，以法定的分权方式治理社会的产物。人民通过自治组织直接参与一定区域的公共事务管理，行使民主权利。中华人民共和国是经过自下而上的底层革命后建立的。中华人民共和国成立后，国家法律确定了人民的主权地位和公民民主权利。但在中国这样一个有着数亿人口的发展中大国，如何实现人民参与对国家和社会的治理仍是一个有待解决的重要课题。当在国家层面主要实行自上而下集权制治理的情况下，公民参与的最大可能性来自于社会层面，方式就是在一定区域内实行自治，直接参与公共事务管理，而这又取决于国家与社会的结构关系。

中华人民共和国成立以后，国家全面主导社会，形成了“公社制”为基础的农村社会和“单位制”为基础的城市社会。但公社制与单位制又有所不同，前者在经济上属于集体所有制，后者属于国家所有制。在这一城乡不同所有制结构下，虽然国家通过政社合一的公社制主导农村社会，但公社成员并不是国家单位的成员，也不能享受国家单位成员的待遇与保障。他们的生活更多地是依靠自己的生产条件和生产状况，并有一定的社会自主性，即“三级所有，队为基础”[①]的体制。一旦公社制难以满足农民的需求，农民便以各种方式突破公社制的限制。这正是“分田到户”的改革最先从最贫穷的农村开始的重要原因。分田到户的农村改革不仅最终造成了公社制的废除，而且使农民有了更多的自主权，一个以农民人身自由和自主经营为特点的自主性农村社会得以发育生长。但伴随强控制的公社制式微的是，农村社会出现了一定的无序状态，这种自由而无序的状态既为国家所担忧，也是农民不愿意忍受的。越是贫穷和偏远的地方，这种情况越严重。为此，在广西与贵州交界带山区的广西宜山、罗城等县，农民自发地组织起来，建立村民委员会之类的自治组织，共同维持公共秩序，创造公共福利。这种农民自己管理自己的组织和方式很快得到中央领导人的重视，并加以推广。[②]村民委员会这一组织第一次被写入宪法，并在1982年《宪法》第111条被明确规定为群众性自治组织。1987年全国人大常委会又通过了《中华人民共和国村民委员会组织法（试行）》，中国的村民自治制度

---

① “三级所有，队为基础”是人民公社建立后经过调整最终确立下来的一种体制。在这一体制下，农村生产资料为公社、生产大队和生产队三级共同所有，但是以生产队为基础。这既能保证国家通过政社合一的公社组织平调农村财产，同时又为农民的自主性活动提供了一定的可能。

② 参见徐勇《最早的村委会诞生追记》，《炎黄春秋》，2000年第9期。

因此得以产生。

与政府和经济组织同为一体的公社组织不同，村民委员会是一种全新的组织，它是在一个具有一定自主性的农村社会空间中发育的。在这一新的社会空间里，一家一户自主经营的农民需要一人一票的民主权利加以维护；村庄的公共产品需要村民的共同参与才能得到满足。国家实行村民自治制度满足了农民由于经济自由而带来的民主需求，为农村社会的自主发展提供了更为广阔的制度空间。为便于村民自治，法律规定村民委员会建立在社会关联性强的自然村基础上。但是，村民自治是在公社体制解体的过程中产生的。公社是一种在一定地域基础上通过行政加以统合的政治、经济和文化共同体。公社制解体后，国家需要以新的方式将分田到户的农民组织起来，达成对农民的行政管理。为此，作为群众性自治组织的村民委员会又具有国家整合农村社会的“替代性”组织的特点。村民委员会因此大多建立在过去的生产大队基础上，成为乡以下的经济、政治和文化共同体及行政单元，即所谓的行政村。作为行政村的村民委员会不仅自己管理自己的事务，同时还要承担协助政府工作的职能，具有一定的行政功能。但与人民公社体制不同的是，在村民自治的法律架构下，政府不能再以直接命令的方式对待村民委员会，村民委员会可以利用法律赋予自己的权利自主发展，并与政府互动。中国农村的村民自治正是在这一背景下启动和发展的，是村民自发创造和政府主导规划互动的结果。

从萌芽形式看，中国城市社区自治比农村村民自治更早萌生。早在20世纪50年代初期，城市就建立了居民委员会。1954年12月，全国人大刚建立不久就颁布了《城市居民委员会组织条例》，规定居民委员会属于城市居民自治组织。1982年《宪法》第111条正是比照居民委员会而将村民委员会定性为群众性自治组织。但是，50年代以后形成的城市社会是以“单位制”为主体的；各个企事业单位从属于各级政府，城市成员从属于各个单位；单位自成一体，包揽其成员的所有事务。居民委员会只由少数缺乏就业能力而未能进入单位的人组成，不仅处于边缘地位，而且高度依附于政府。为此，城市社会被高度结构化于国家体系，国家与城市社会几乎是重合的，城市社会的自主性及城市居民自治空间十分狭小。

但是，这种国家与社会高度重合的结构难以持久。自20世纪60年代始，随着城市人口的迅速增长，一部分成员因为难以进入单位而游离于“单位制”社会以外。成千上万的城市成员“上山下乡”到农村，虽然一度缓解了城市就业压力，但20世纪80年代初城市成员大规模返城却造成了更大的压力，更多成员无法进入单位。这使得原有的国家统摄社会的体制不得不发生动摇，因为这一体制是以为社会成员提供充分就业等社会保障为前提的，而使这一体制发生根本性变化的则是“单位制”本身的解体。在以政企分开起始的城市经济体制改革中，生产单位的自主性增强；在市场导向下，企事业单位原来承载的社会功能被剥离，政府承载的部分社会职能也要被转移。为此，城市社会发生两方面重大变化：一是非固定单位的成员愈来愈多；二是“单位人”向“社会人”转变，人们需要的满足更多依靠的是社会而不是单位。[①]一个自由自主的城市社会得以产生，并开始促进国家与城市社会的分离。

在城市社会与国家的分离过程中也伴随着社会的无序和失范。城市治理面临的公共秩序、公共卫生、公共治安等公共问题愈益突出。如尽管国家数次进行严厉打击犯罪活动，但城市公共安全仍然面临严峻的挑战。特别是20世纪90年代后期，“法轮功”团体大规模地挑战政府权威，更显现了加强和改进城市治理的紧迫性。为此，国家民政部在倡导社区服务的基础上启动社区建设，并很快得到中央认可。2000年12月，中共中央办公厅、国务院办公厅发出通知转发《民政部关于在全国推进城市社区建设的意见》，要求在全国推进城市社区建设。

---

① 参见徐勇《论城市社区建设中的社区居民自治》，《华中师范大学学报（人文社会科学版）》，2001年第2期。

城市社区建设的实质是在传统“单位制”解体的过程中对社会进行整合，重新建构一个以“社区制”为主体的治理体系。这一体系试图在政府权威能量愈来愈有限的基础上将一部分治理权力让渡给社会，通过社会自身的力量管理社会，以实现社会的自我管理、自我教育和自我服务。为达到这一目的，一方面重新划分社区，并以新的社区为基础构造居民组织；另一方面承继居民自治传统，促使新建立的社区居民组织向自治精神回归。城市社区自治由此而产生和发展。

从制度变迁的初始路径看，中国的城市社区自治与农村村民自治有其共同特点：其一，两者都是由于经济体制改革所引起的国家与社会的分离，并开始出现一个自由自主社会空间而发生的；其二，两者都是为了解决国家与社会分离过程中出现的紧迫性公共问题而对治理体系的变革；其三，治理体系变革的重要特点是向基层社会和公民让渡和下放部分治权，以实现对社会的有效整合，结果是基层社会和公民通过运用这部分治权而行使民主权利，由此启动了社会民主化进程。

由于城市与农村在制度变迁中的次序和城乡社会结构不同，城市社区自治与农村村民自治在制度变迁的路径和特点方面又有不同之处：第一，由于农村经济改革率先从分散落后的农村地方开始，使农村村民自治一开始就具有较强的自发性，村民自治的特点较为突出。城市社区自治则具有很强的规划性，主要是在政府有意识地推进社区建设的过程中产生的，因而只蕴含在社区建设之中，其特性尚没有充分显现出来。第二，农村村民委员会作为农村的主要组织，对原有人民公社组织具有很强的替代性。而城市社区建设中建立的社区居民委员会更强调社区基础，没有也不可能全面取代原有的城市组织，它主要是为城市治理提供了一个崭新的制度平台。第三，在农村村民自治活动中，自治主体基本上都是自然人。而在城市，除了作为自然人的居民外，还大量存在各种单位和组织。因此，在城市社区自治的制度平台上，法人团体也是自治活动中的重要角色，只是其地位及作用与自然人有所不同而已。第四，农村村民自治建立在土地等生产资料集体共有基础上，村民一出生就是村庄的当然成员，自动享受自治权利。而城市社区没有共同的经济基础所维系，社区成员的界定较为困难，其流动性较强。在某一社区出生，之后并不一定就是该社区成员；不在某一社区出生，但也可能成为该社区成员，并享受社区自治权利。第五，农村的村民委员会具有一定的经济管理职能，自治活动的内容不仅有公共社会事务，还包括经济事务。在城市，经济事务主要由各种企业所承担，社区自治组织一般不承担管理经济事务的职能，自治活动的内容主要是非经济的社会发展方面。因此，社区自治与社区建设密切相关。

二、组织体系的建构与运作机制的创立

自治与民主紧密相连。民主以平等的个人权利为基础，平等的个人权利又来自于平等的财产支配权。在中国农村，土地等主要生产资料为集体所有，作为集体一员的农民既是劳动者，同时处于经济主权者地位。正因为如此，人民公社制将不同层级的管理权力赋予社员代表大会和社员大会，从而蕴含着一定的民主自治因素。但政社合一的行政统合和支配使这种民主自治实现的空间十分有限。只有农村“分田到户”的经济改革和“政社分开”的政治改革，才为民主自治提供了广阔的制度空间。

公社制废除后的村民自治组织具有很强的替代性。村民委员会替代的是原生产大队管理委员会，村民小组替代的是原生产队，相当多的村民在很长时间内还习惯于称村委会为大队，称村民小组为生产队。但是，村民委员会组织毕竟与原公社组织有着根本的不同。最主要的是由于“分田到户”后，它不再直接组织生产；由于“政社分开”后，它不再直接行使政权职能。其主要功能是在一家一户自主生产经营基础上从事公共事务管理和发展公共事业。村庄公共事务和公益事业直接关系到村民的切身利益，如承包经营权的获取，税费的收取，村集体经济效益的分配，村办学校、村建道路等公益

事业的兴办及经费的筹集，村干部的工作补贴及村集体的公共财务等。这就使得村庄公共事务和公益事业必须依靠村民的广泛参与，村民处于主权者地位。因此，村民委员会一开始就是根据民主自治原则加以建构的。1998 年修订通过的《中华人民共和国村民委员会组织法》第 2 条明确规定："村民委员会是村民自我管理、自我教育、自我服务的基层群众性自治组织，实行民主选举、民主决策、民主管理、民主监督。"同时，法律还规定了村民委员会要按照便于群众自治的原则设立，村民委员会向村民会议负责并报告工作，村的重要事项必须经由村民会议讨论决定。

由此可见，农村村民自治的组织体系建构在形式上源自公社组织，但与公社组织的性质又有着根本性的不同，主要表现为村民的主权者地位得以通过相应的形式加以表现。为保障这一主权者地位，在村民委员会的运作中创立了民主选举、民主决策、民主管理、民主监督的机制。民主选举指村民委员会成员必须经由村民直接选举产生；民主决策指村庄重要事项必须经由村民会议或村民代表会议讨论决定；民主管理指村务管理必须遵循村民共同制定的村民自治章程等制度，并广泛听取村民意见；民主监督指村民委员会的工作必须接受村民的直接监督，实行村务公开。因此，从制度创设看，农村村民自治强调村民参与，具有较强的民间性、平等性色彩。

与农村村民自治不同，城市社区自治是在社区这一新的制度平台上形成的。尽管社区自治的主体是居民，但更突出其社区地域性。特别是社区建设中的社区自治具有很强的政府规划性。在社区建设的初期，政府部门自觉不自觉地按政府模式建构社区组织，从而使社区组织具有较强的行政化色彩。如在社区建设之中，一些地方按照地方行政组织的模式成立社区管理委员会，社区领导人被称为"小巷总理"；按照地方人大的模式建立社区成员代表大会而未建立社区成员大会制度，前者被称为"小人大"；按照地方政协的模式建立社区协商议事会。如加上社区党组织，社区系统与国家系统一样，也建立了所谓"四大班子"领导机构。

行政化的社区组织在运作机制方面具有较强的精英化色彩和代议性民主的特点，社区成员的广泛直接参与严重不足。如在中央两办（2000）23号文件下达之前，社区居民委员会的选举基本上都是实行社区成员代表大会间接选举，社区干部实行招聘、考试与选举相结合，社区事务的决策主要由社区居民委员会做出，很少经过社区成员代表大会讨论，更没有召开过社区成员会议。

当然，在社区建设之初，政府的主要目的是通过行政力量迅速建构城市基层组织，社区组织的行政性较为突出。但是，社区毕竟不是一级政府，社区建设如果没有社区成员的广泛参与，也难以获得持久的动力。随着社区建设的扩展，一些地方开始按照民主自治的导向建构社区组织，并得到中央政府的认可。中央两办（2000）23号文件将扩大民主、居民自治作为社区建设的基本原则之一，规定要按照便于社区居民自治的原则设立社区，社区居民委员会属于社区居民群众性自治组织；在社区内实行民主选举、民主决策、民主管理、民主监督，逐步实现社区居民自我管理、自我教育、自我服务、自我监督。

中央两办（2000）23号文件的下达，为地方的大胆探索提供了更为广阔的制度空间，特别是一些地方运用农村直接民主的经验建立新的社区组织。如在广西中小城市社区建设中，新建立的社区自治组织实行社区成员直接选举；武汉市江汉区通过“门栋自治”、居民论坛、居务公开等方式为居民直接参与社区事务管理提供更多的制度化渠道。许多地方不再是按照国家系统，而是根据社区自治的原则建立社区组织，如更强调社区成员会议的地位与作用的原则。特别是在一些市场经济较发达的城市，非常重视社区中介组织的培育，使社区自治更能体现自下而上的特点。

从总体上看，中国的城市社区自治的组织建构正在由起初的行政主导向自治性复归，运作机制正在由精英主导向居民广泛直接参与扩展。

三、城乡基层自治的发展绩效与特点

中国城乡基层自治制度建立时间不长，但已展示了不可忽视的成效。主要表现在以下三个方面：

首先是创造了国家与社会分权治理的一种新范式。中国历史上的长期专制集权体制使治理权高度垄断于皇帝—官僚体系，虽然出于统治成本的考虑，社会有一定的自治空间，但这种自治权高度依附于国家政权，且没有法律保障。当代中国城乡基层自治是在人民主权基本制度下国家将部分治权让渡于社会的结果，并由法律所认可。城乡基层自治组织在法律的框架内享有自主管理社会的自治权，城乡居民通过自治组织直接参与基层事务的管理，自己创造自己的幸福生活。由此为改变传统的一元性治理结构，在基层社会层面建构国家与社会分权治理体系创设了基本的制度范式。

其次是促进公民社会的形成。在中国走向民主化的过程中，必须建立一个以民主和法治为基本理念的公民社会。要将一个自由的人变为一个具有坚定的民主和法治理念的人，其唯一方式就是民主实践。中国城乡基层自治制度第一次大规模地将民主与法治制度输入到基层社会，成为城乡全体居民最广泛的民主与法治实践活动，也成为全体居民学习民主、运用民主的大学校。正如全国人大常委会委员长彭真在通过《中华人民共和国村民委员会组织法（试行）》时所说的，村民自治是亿万农民的民主训练班。[①] 因此，城乡基层自治的发展将有力地促进公民社会的形成，从而为中国的民主化进程奠定牢固的基础。

再次是推进改善党和政府的治理。与中国的经济体制改革一样，中国的政治体制改革也是先从社会和基层开始的。社会的变化和基

---

① 参见彭真《通过群众自治实行基层直接民主》，《彭真文选》，人民出版社 1991 年版，第 608 页。

层改革一方面改变了原有治理体制的基础，另一方面也要求进一步推进治理体制的适应性和创新性改革。中国城乡基层自治制度是在党和政府的主导下建立的，它的发展又推动着党和政府的治理方式的改变。如在村民自治的推动下，农村党支部实行“两票制”[①]选举，乡镇一级实行乡镇长直接选举，县乡基层政权实行政务公开。在城市社区自治的推动下，城区政府转变职能，重心下移，公共服务意识得到强化；通过“民评官”和发挥社区中人大代表的作用，将政府置于社区居民的监督之下。这种底层变革所引发的扩展效应还在继续延伸。

当然，中国城乡基层自治制度建立的时间尚不长，其突出特点之一就是发展不平衡。农村村民自治在20世纪80年代初就开始出现，但直到1998年才在全国广泛实行。城市社区自治的萌芽形式从20世纪50年代初就已产生，但直到20世纪结束之际才在全国广泛推行。而在城乡基层自治发展中，农村率先崛起，正在深度扩展；城市迅速突破，正在蔓延开来，在其发展中有着不同的特点，并由于相关因素的制约而影响其走向。

中国的城乡基层自治是在党和政府主导下兴起和发展的，其发展进程取决于党和政府所扮演的角色，这是城乡基层自治发展的重要制约因素和外部环境。在农村，自20世纪50年代以来，党的组织体系一直延续下来，并成为领导核心。村庄事务的治理权力主要由党支部、特别是党支部书记所执掌，村民委员会受党支部领导。但是村民委员会由全体村民选举产生，其权力基础在程序上更具有广泛性。根据法律，村务大事必须经由村民会议或村民代表会议讨论决定，这无疑会改变原有的权力格局。在村庄内部，如何处理好村党支部和村民委员会的关系，如何处理村党支部决策和村民会议

① “两票制”是在实行村民自治过程中创设的一种新的制度。在这一制度下，农村党支部的选举首先要让村民投信任票，然后再由党员投选举票。这样可以在制度上扩大党支部的群众基础。

或村民代表会议集体讨论决策的关系便成为村民自治能否有效贯彻的主要因素。而在村庄外部，根据法律，村民委员会与乡镇政府的关系是协助与指导而不是服从与命令的关系。但是，乡镇管理要依托村民委员会加以实施，为此，乡镇政府会以各种方式影响和控制村民委员会的活动，从而压缩村民自治的空间。因此，“两委关系”（村党支部与村委会）和“乡村关系”（乡镇政府与村委会）中的矛盾便成为农村村民自治发展的主要制约因素。目前在这方面尚需出现突破性的进展。

在城市社区自治发展中，党和政府所扮演的角色方面有了一些新的突破。由于原有的居民委员会处于城市社会的边缘，居委会的党员不多，党组织也不健全，从事居务管理的主要是居委会成员。在城市社区建设中，虽然强调社区党组织建设，但党组织的权威力量和影响在城市不如在农村的大。特别是党组织和社区自治组织是在社区建设中同步建立的，社区成员代表大会和社区协商议事会等组织相应建立，使社区党组织一开始就在社区自治的基本制度架构下运行。社区事务管理具有多样化合作治理的特点，党组织和自治组织的关系较为宽松。与此相应，为了创建城市治理的新的制度平台，在社区建设的一开始，一些试验区的政府就注意按照自治的原则构造一种新型的政府与社区的关系。如沈阳市在赋予社区组织自治权的过程中，明确规定社区自治包括社区组织有权拒绝政府部门不合理的任务摊派，武汉市江汉区更是从社区建设一开始就强调为保障社区自治，政府工作必须重心下移，转变政府职能，变过去单向的行政管理为以服务为基础的管理，将政府工作置于社区居民的监督之下，实行“民评官”。这种在社区建设构造的政府与社区组织之间的新型关系，无疑为社区自治的发展提供了较为宽松的外部环境。

当然，城市社区自治在党组织与自治组织、政府与自治组织的关系方面的突破性进展，与城乡自治组织所承担的功能和面临的治理压力不同有关。在农村，村民委员会承担区域内所有事务的管理，包括促进经济发展和经济管理的职能。政府往往将包括经济发展在内的各种行政指标直接下达给村。为保证这些任务的完成，政府更多地运用直接的行政干预方式，由此必然压缩村民自治的发展空间。特别是政府在下达行政任务时，不仅没有向村里支付行政费用，反而要求村里支付更多的财力，导致为获利而收权。这势必增加农民负担，并加剧村民与村干部的紧张关系，从而影响村民自治的开展。[①] 与农村不同，城市的经济功能主要由企业组织所承担，社区居委会主要承担的是非经济的社会事务，政府没必要向社区居委会下达经济指标，并以施予行政压力的方式促使其完成。这是政府与社区的关系较为和谐的重要原因。特别是城市的经济实力较强，政府不向社区收取行政管理费用，反而为社区提供财政支持，不仅放权，而且让利。如武汉市江汉区在社区建设中明确提出"费随事转，权随责走"，要求社区协助政府部门做事，政府必须支付相应的费用。不仅政府为社区干部支付工资，而且社区干部的报酬取决于其社区工作成绩及其社区成员的评价。这自然有利于保障社区干部努力为社区居民服务，建立和谐的社区关系。

虽然城市社区自治发展的环境较为宽松，但与村民自治相比，也面临社区参与不足的问题。在农村，村庄是一个经济、政治、文化和社会融为一体的共同体，经济利益的关联度较高，为维护和扩展其经济利益，村民积极参与公共事务。这正是农村村民委员会实行直接选举能够取得较好成效的重要原因。而在城市，居民的经济利益与其工作单位密切相关，与社区的关联不直接。在缺乏经济利益的牵引下，城市居民对于社区公共事务缺乏足够的参与热情。这在公共意识较为薄弱的现阶段中国，尤其突出，这也是城市社区自治组织大多实行间接选举的重要原因所在。所以，就公民参与的深度和广度而言，城市尚不如农村。

中国城乡基层自治的发展还面临着共同的问题，这就是自治能

---

① 参见徐勇《村民自治、政府任务与税费改革——对村民自治外部行政环境的总体性思考》，《中国农村经济》，2001 年第 11 期。

力的培育。农村村民自治的行政压力较大和城市社区自治的参与不足都与此相关。这是因为，无论是农村村民委员会，还是城市社区委员会都带有很强的政府建构性，公民的自组织性较弱，而公民的自我组织则是自治的重要条件。农民只有通过自我组织，学会和掌握依法自治，才能有效抵制不适当的行政干预；而社区群众组织的发育，则有利于扩大城市居民的参与。

（原载于《学习与探索》2002 年第 4 期）

村民自治：中国宪政制度的创新

——为纪念1982年《宪法》第111条产生20周年而作

建设社会主义民主是中国现代化建设的重要目标，依法治国正在成为中国治国的基本方略。要保证民主和法治精神的实现，必须在政治体制方面建立以宪法精神为基础的宪政制度。中国的宪政制度正在建立完善之中，特别需要根据中国的国情与需要，不断进行制度创新。1982年《宪法》第111条第一次规定了农村村民委员会为群众性自治组织，由此形成村民自治制度。这一制度的发展是对中国宪政制度的重要创新，正在推动着复合民主制、程序性民主和代表制民主的建设。

一、村民自治与复合民主制的构造

在古希腊，“宪法”和“政体”通用。现代民主国家都是在宪法基础上构造国家政治体制。但是，宪政体制与宪法精神并不是完全相吻合的。宪法精神是宪政体制的灵魂和本原，宪政体制是宪法精神的表现形式。为了充分体现宪法精神，宪政体制需要不断加以创新。

宪政制度是民主，即人民主权国家发展的产物和结果。毛泽东曾经给宪政一个简单明了的定义：“宪政是什么呢？就是民主的政治。”[①] 在中国，虽然1908年颁布了《钦定宪法大纲》，但并没有形成

① 毛泽东：《新民主主义的宪政》，《毛泽东选集》第2卷，人民出版社1991年版，第690页。

宪政制度。经过数十年的人民革命，1949年成立中华人民共和国。1954年一届全国人大一次会议通过了《中华人民共和国宪法》，开启了宪政制度的大门。但从20世纪50年代到70年代，不间断的阶级斗争，严重破坏了宪法精神及其权威。所以，直到20世纪80年代，随着社会主义民主政治建设目标的确立，宪法权威及其相应的体制才开始得以逐步建构。

中华人民共和国的一切权力属于人民，这是《中华人民共和国宪法》(以下简称《宪法》)最基本的法律精神和最高准则。为体现这一精神和准则，《宪法》第2条规定“人民行使国家权力的机关是全国人民代表大会和地方各级人民代表大会”。根据这一规定，国家建立了人民代表大会制度(以下简称人大制度)。人大制度有两个基本特点：其一是国家和地方的最高权力机构；其二是人大代表由民主选举产生，对人民负责，受人民监督。由于人民代表大会处于权力的核心，因此人大制度被视为国家的根本制度。

我国经济文化较落后，是一个有着数亿人口的大国，且有着漫长的专制历史。实行人大制度在现阶段中国具有充分的合理性。但是，从宪政民主形式来说，人大制度属于间接民主和代议性民主，它通过人民选举其代表管理国家。这一制度有助于统一意志，提高决策效率，但也可能出现一个重大缺陷，就是在不断的代理活动中，民意得不到充分有效的表达，从而将人民民主的宪政精神演变为“替民做主”“代民做主”。一般来讲，范围愈大，成员愈多，权力被代理而走向过分集中的可能性愈大。特别是在中国，人大制度具有多层次代理和多重间接民主的特点。首先，县级及县级以下的人民代表由选民直接选举，县级以上的人民代表则是由下一级人民代表大会间接选举。其次，人民代表按一定比例分配，这种比例具有不平衡性。如县级人大代表按农村每一代表所代表的人口数四倍于镇每一代表所代表的人口数的原则分配。根据2002年3月召开的九届全国人大五次会议审议的十届人大代表名额草案，农村按人口每96

万人选代表一人，城市按人口每24万人选举一人。[①]这就意味着那些96万人口以下的农村县份，连一个全国人大代表也难以产生。再次，由于县级以上的人民代表为间接选举，分配到各地的代表名额较少，从而造成县级以上的人民代表大多为地方党政领导人。如全国人大代表多为地级以上的党政领导人，省级人大代表多为县级以上的党政领导人，地级市人大代表多为乡镇以上的党政领导人。第四，人大会议一般每年召开一次大会，人大的日常工作，甚至于部分立法权，都由人大的常设机关行使。在这种多层次代理和多重间接民主的体制下，治理权力逐步向少数人集中，以至最终形成全权全能的单一性治理体制。

全权全能的单一性治理体制蕴含着这样一种假设，即权力的执掌者是全知全能的，天然代表人民的意志。但事实上并非如此。一方面，治理者不可能是全知全能的，仅仅依靠政府并不一定能管理好所有的事情；另一方面，治理者也可能发生错误，即使是毛泽东这样的伟人也可能发生错误，甚致发生“文化大革命”这样的灾难性错误。这就需要从政治体制上加以改革。“文化大革命”结束后，邓小平就提出了这一重要课题，认为权力过分集中是发生“文化大革命”的重要原因之一，越来越不能适应社会主义事业的发展，不利于调动基层和广大人民群众的积极性。[②]对于政治体制改革和发展社会主义民主的路径，邓小平认为，“高层搞直接选举现在条件还不成熟”[③]，而主张“把权力下放给基层和人民，在农村就是下放给农民，这就是最大的民主”[④]。以上说明，政治体制改革和社会主义民主政治建设必须从中国实际出发，着眼于调动广大人民群众建

① 新华社北京2002年3月9日电。《楚天金报》，2002年3月10日，第8版。

② 参见邓小平《党和国家领导制度的改革》，《邓小平文选》第2卷，人民出版社1993年版，第329页。

③ 邓小平：《改革的步子要加快》，《邓小平文选》第3卷，人民出版社1993年版，第242页。

④ 邓小平：《一切从社会主义初级阶段的实际出发》，《邓小平文选》第3卷，人民出版社1993年版，第252页。

设社会主义的积极性。而在中国这样一个大国，要体现人民主权地位，保障人民的民主权利，仅有人大制度是远远不够的。由此就要创设一种新的宪政体制，这就是复合民主制。所谓复合民主制，是相对单一代理制民主而言的，它是间接民主与直接民主相结合、人民代表管理与人民直接参与相结合，共同行使管理国家与社会权力的制度。

复合民主制具有相应的法理基础。《中华人民共和国宪法》第2条首先规定了国家的一切权力属于人民；接着规定人民行使国家权力的机关是人民代表大会；随后又规定，人民依照法律规定，通过各种途径和形式，管理国家事务，管理经济和文化事业，管理社会事务。各种途径和形式就包括人民的直接参与。

但是，人民的直接参与受制于国家的治理体系，取决于高度集中的权力的下放。自20世纪50年代，随着生产资料所有制的改造，中国在农村的治理实行政社合一的“公社制”，在城市实行政企合一的“单位制”[①]，其共同性特点就是国家统合社会，政府体系控制着所有的社会资源，实行单一式的行政管理，社会成员附属于政府，缺乏社会自主性。在农村，由于实行生产资料集体所有制，农民处于经济主权者地位。从人民主权者地位出发，人民公社制度建立了公社社员代表大会，规定公社和生产大队的重大事情，都应该由社员代表大会决定。[②]但是由于政权机关和经济、社会组织的合一性，使经济和社会事务的管理权逐级集中于少数管理者手中，公社社员难以通过社员会议和社员代表大会等方式直接参与共同性事务的管理。由此将农村社会内在地结构化于国家体系之中，使集体组织与农民、国家与集体组织的关系具有国家行政管理的命令—服从制的特点。

与城市社会“单位制”完全同构于国家体系不同，集体所有制

---

① 单位制是由政府管理的社会共同体，并控制着共同体资源，使其成员高度依附共同体的组织体制。

② 《农村人民公社工作条例修正草案》，1962年9月27日中共八届十次全会通过。

使农村社会有一定的自主性空间。虽然同属国家公民，但农村公社成员并不是国家单位的成员，也不能享受国家单位成员的待遇与保障。他们的生活更多地是依靠自己的生产条件和生产状况，并有一定的社会自主性，即“三级所有，队为基础”[①]的体制。而当公社制难以满足农民的需求，农民便以各种方式突破公社制的限制。面对农民的强烈要求，中央开始推动以下放权力为特点的“分田到户”的农村经济改革。

分田到户的农村改革不仅最终造成了公社制的废除，而且使农民有了更多的自主权，一个以农民人身自由和自主经营为特点的自主性农村社会得以发育生长。但伴随强控制的公社制式微和国家与社会分离的是，农村社会出现了一定的无序状态。这种自由而无序的状态既为国家所担忧，也是农民不愿意忍受的。越是贫穷和偏远的地方，这种情况愈严重。为此，在广西与贵州交界地带山区的广西宜山、罗城等县，农民自发地组织起来，建立村民委员会之类的自治组织，共同维持公共秩序，创造公共福利。据考察，早在1980年2月，广西宜山县三岔公社合寨大队的果作自然村6个生产队，面对实行包工包产到户后，原有集体生产组织瘫痪，社会治安等农村公共事务无人管的情况，其85户农民自发组织起来，以无记名投票的方式选举自己的组织和领导人。新选出来的组织被称为村委会，人们更习惯于叫村民委，认为村民委是村民自己选举出来的，不同于原来的生产大队管委会和生产队队委会。村委会建立后，召集村民共同制定村规民约和管理章程，组织农民修建路桥，植树造林，维护社会治安，为当地村民提供了一个安定的生产生活环境。这一农民自己管理自己的行之有效的做法不仅在合寨，而且很快在宜山、罗城县等地广泛兴起，并得到主持中央政法工作的彭真等领导人的

---

① “三级所有，队为基础”是人民公社的一种基本制度，在这一制度下，农村土地等生产资料为公社、生产大队、生产队三级所有，但以生产队为基础，生产队是农民生产、生活的基本组织。

重视。彭真特别委托人到广西调查，帮助当地总结经验。[①]与此同时，全国其他一些地方也先后出现了类似于村委会的新的群众自治组织形式。在大量调查的基础上，彭真在1982年7月22日全国政法工作会议的讲话中专门谈道："村民委员会过去是有过的，中间一个时期没有，近几年有些地方又建立起来了，是群众自治性组织，大家订立公约，大家共同遵守，经验是成功的，应普遍建立。""有些地方村民或乡民委员会搞乡规民约，规定不准偷、不准赌、不许会道门活动、不许游手好闲不务正业等，很解决问题，群众很高兴。"并提出："居民委员会、村民委员会如何搞，包括和基层政权的关系问题，各地可以根据实际情况采取多种形式试验，待经验比较成熟后，再作比较研究，并修改居民委员会条例，制定村民委员会条例。"[②]同年8月，中共中央36号文件指出，近年有些地方建立的村民委员会是"群众性自治组织"，大家订立公约，大家共同遵守，"经验是成功的"。并要求各地"有计划地进行建立村民（或乡民）委员会试点"。1982年底，村民委员会第一次正式载入《宪法》，第111条明确规定了村民委员会是群众性自治组织。至此，由农民群众自己创造的村民委员会和村民自治得以合法化。

但是，人们对于村民委员会组织的建立在国家治理体系变革中的作用有一个认识过程。随着人民公社体制的废除，国家急于寻求一种替代性组织。在许多地方，村民委员会只是作为公社组织的替代物而存在，政府仍然将其作为下属组织对待。特别是在村民委员会出现最早的广西等地，将村民委员会更换为村公所这一乡政府的派出机构，以行政管理取代村民自治。在人民公社体制废除后，农村基层究竟要建立什么性质的组织，一时存在很大争议，并反映到《中华人民共和国村民委员会组织法》的制定过程中。在此时，作为

① 参见徐勇《最早的村委会诞生追记》，《炎黄春秋》，2000年第9期。

② 彭真：《新时期的政法工作》，《彭真文选》，人民出版社1991年版，第430—431页。

全国人大常委会委员长的彭真发挥了重要作用。他坚持按照1982年《宪法》精神，明确村民委员会属于群众自治性组织，并多次发表讲话，积极推动村民自治的法律制度建设。

彭真之所以积极推动村民自治的法律制度建设，取决于他对村民自治制度在整个国家治理体系变革和宪政制度创新方面的深刻认识。首先，在他看来，在国家治理中，一些事情由人民自己办理，可能比政府办理得更好。早在1983年，在彭真当选全国人大常委会委员长的全国六届人大一次会议上，他就指出："在城乡按居民居住地区设立的居民委员会、村民委员会，是具有中国特色的基层群众性自治组织。它们作为人民群众自我教育、自我管理、自我服务的组织，办理公共事务和公益事业，调解民间纠纷，协助维护社会治安。这些工作中有许多由它们来做比政权机关来做更适当，更有效。"[①] 其次，他认为，村民自治等群众自治制度是国家一切权力属于人民的宪法精神的重要体现。他提出："十亿人民如何行使民主权利，当家做主，这是一个很大的根本的问题。我看最基本的是两个方面：一方面，十亿人民通过他们选出的代表组成全国人大和地方各级人大，行使管理国家的权力。""另一方面，在基层实行群众自治，群众的事情由群众自己依法去办，由群众自己直接行使民主权利。在这方面，我们还有欠缺。""没有群众自治，没有基层直接民主，村民、居民的公共事务和公益事业不由他们直接当家做主办理，我们的社会主义民主就还缺乏一个侧面，还缺乏全面的巩固的群众基础。""办好村民委员会，还有居民委员会，是国家政治体制的一项重大改革，对于扫除封建残余的影响，改变旧的传统习惯，实现人民当家做主，具有重大的、深远的意义。"[②] 正是在彭真等中央领导人的努力下，1987年，全国人大常委会通过了《中华人民共和国村

---

① 彭真：《在第六届全国人民代表大会第一次会议上的讲话》，《彭真文选》，人民出版社1991年版，第477页。

② 彭真：《通过群众自治实行基层直接民主》，《彭真文选》，人民出版社1991年版，第607—608页。

民委员会组织法（试行）》。该法明确规定了村民自治的原则和村民委员会组织的性质、组成、职能及工作方式。村民自治制度由此得以正式产生。

村民自治制度是在国家与社会分离过程中产生的，是为了解决国家与社会分离过程中出现的紧迫性公共问题而对治理体系的变革；治理体系变革的重要特点是向基层社会和公民让渡和下放部分治权，重新构造对社会的整合体系。其结果是基层社会和公民通过运用这部分治权而直接行使民主权利。这样，公民不仅通过自己的代表间接行使对国家的管理，而且通过自治组织直接行使对本社区公共事务的管理。国家的治理由以往的单一性治理转变为国家与社会双重性治理。中国的宪政体制因此具有上层间接民主和基层直接民主双层复合、国家代议民主和社会直接参与双重复合的特点。没有基层直接民主和社会的广泛参与，中国的宪政制度就是不完整和有缺陷的。所以，村民自治制度，以及20世纪90年代产生的城市社区自治制度，对于建构复合民主制的中国宪政制度具有重要的制度创新意义。

二、村民自治促进程序性民主和代表制民主建设

宪政制度的建立是宪政理想与宪政实践的统一，是实体性民主与程序性民主的统一。实体性民主指原则规范，来自于宪政理想；程序性民主指的是具体操作，来自于宪政实践。要实现宪政理想，必须有严格的程序性制度加以保障。在中国，之所以宪法缺乏必要的权威，宪政制度经常受到破坏，公民的民主权利得不到有效保障，一个很重要的原因就是缺乏严格的程序性制度。宪法规定了公民管理国家和社会事务的政治权利，公民享有言论、出版、集会、结社、游行、示威等自由，但如果没有相应的程序性制度加以保障，这些权利和自由就难以充分实现和保障。如中国的“文化大革命”，提倡广泛参与的“大民主”，但这种“民主”没有严格的程序逻辑和规

范，结果造成的是大动乱，民主和法制受到严重践踏。所以，宪法规定的实体性民主必须有程序性民主作为保障。

在中国的宪政体制下，多层次和多重性的人民代表大会制度特别需要建立严格的程序，以保证人民代表能充分代表人民。但由于历史和国情的因素，中国是以党领导暴力革命的方式实现国家权力更迭的，革命后又要通过强有力的党—国权威改造和治理社会。在这种党领导国家、国家主导社会的体制下，国家实行自上而下的集中制治理，人大制度的程序性民主建设相对较为困难。同时，由于各级人大代表实行提名式选举，与选区的利益没有直接的关联，也缺乏通过程序性民主保障实体性民主的强烈冲动。所以，在一些地方流行着“党挥手，人大举手，政府动手，政协拍手”的说法，人大制度的民主原则难以得到体现。

而村民自治制度则在中国宪政制度的程序性民主建设方面取得了突破性进展。1987 年，虽然经过彭真等中央领导的努力，《中华人民共和国村民委员会组织法（试行）》得以通过，但同时加以严格的限定，这就是明确标明为“试行”。其重要原因就是村民自治制度是一项具有很大风险性的民主实验，它涉及亿万农民，而农村是最缺乏民主传统的，一些人因此担心出乱子。但是，村民自治在实践中并没有发生大的问题，反而有力地保障了农村的稳定和发展。正因为如此，党中央给予其高度评价。江泽民总书记在 1998 年视察安徽时指出:“包产到户、乡镇企业和村民自治，都是在党的领导下我国亿万农民的伟大创造。”① 同年 11 月，经过修订后的《村组法》取消试行的限定，在全国普遍实施。

村民自治制度由试行到普遍实施的重要原因就是在民主实践中建立了较为严格的民主程序。一是村民自治属于直接民主实践活动，要保障社会成员平等地行使民主权利，必须建立相应的程序制度；

① 江泽民:《全面推进农村改革，开创我国农业和农村工作新局面——在安徽考察工作时的讲话》,《人民日报》, 1998 年 9 月 25 日。

二是农村改革后，村民成为利益主体和权利主体，为保障利益和民主权利的实现，要求建立严格的民主程序；三是一个村的范围较小，程序性民主建设相对较容易。正因为如此，广大农民在实践民主中学习民主，在了解民主自治精神的过程中创造民主自治程序。其主要体现就是在贯彻《村组法（试行）》的过程中，创造了以保障村民民主自治权利为目的的民主选举、民主决策、民主管理、民主监督的规则和程序。

民主选举指村民委员会的干部由全体村民选举产生，任何组织和个人不得指定、委派或者撤换村委会干部。凡是年满 18 周岁的村民，只要没有法律限制政治权利，都有选举权和被选举权。在村委会选举中，从提名到结果，都有严格的规则和程序：（1）选举委员会制度，即村民委员会选举，由村民选举委员会主持。村民选举委员会由村民会议或者村民代表会议推选产生。（2）直接提名制度，即由村民直接提名村委会候选人。（3）差额选举制度，即候选人的名额应多于应选名额。（4）半数以上选举有效制度，即只有有选举权的村民过半数投票，村民委员会选举才有效；候选人获得参加投票的村民过半数的选票，始得当选。（5）秘密写票制度，即选民应在秘密状态下写票。（6）无记名投票制度，即选民画票时不必署本人姓名。（7）公开计票制度，即计算选票时应该在对选民公开的场合下进行。（8）当场公布选举结果制度，即计票结束后便向选民宣布选举结果。（9）罢免制度，即本村 1/5 以上的选民联名，可以要求罢免村民委员会成员，过半数选民通过，罢免有效。

民主决策指涉及村民切身利益的事项，必须由村民民主讨论，按多数人的意见做出决定。民主决策的基本形式是由本村 18 周岁以上的村民组成的村民会议，其决策规则和程序为：（1）会议双重召集制度，即村民会议由村民委员会召集；当有 1/10 以上的村民提议，应当召集会议。（2）会议及会议决定过半数有效性制度，即召开村民会议，应当有本村 18 周岁以上村民的过半数参加，或者有本村 2/3 以上的农户的代表参加；会议决定应当经到会人员的过半数通过。（3）村民会议授权制度，即人数较多或者居住较分散的村，经常召开村民会议有困难的，可以推选产生村民代表，由村民委员会召集村民代表开会，讨论决定有关事项，但村民代表会议的职权必须由村民会议授权。（4）村民会议权威保证制度，即凡涉及村民切身利益的事项，必须由村民会议讨论决定方可办理。

民主管理指对村内公共事务的管理要遵循村民意见，吸收村民直接参与。主要包括两个方面：一是共约式管理制度，即根据法律和本村实际，由村民会议讨论和制定村民自治章程和村规民约，明确界定村内组织的权力和责任，个人的权利和义务，使之成为村务管理的基本依据。自治章程和村规民约具有共约性，任何人都不得违背。二是参与式管理制度，即村民委员会在进行日常管理中，要广泛吸取村民意见，不得强迫命令；要认真听取不同意见，不得打击报复。

民主监督指村民对村民委员会的工作和村内公共事务进行监督，保证村民意志得到充分体现。主要包括：（1）民主评议制度，村民委员会向村民会议负责并报告工作，村民会议每年审议村民委员会的工作报告，并评议其工作。经村民民主评议不称职的，可以撤换和罢免。（2）村务公开制度，即村民委员会要将村中各项重要事务和涉及村民利益并为村民所关心的事务，向村民公开，接受村民的监督；特别是涉及公共财物的事项，至少每个月公布一次；村民委员会应当保证公布内容的真实性，并有义务接受村民的监督。

以上制度充分体现了直接民主和广泛参与的原则，有效地保障了村民自治权利的实现，同时也促进了社会稳定。我们知道，在中国，农村人口数量最多，经济和文化相对落后，传统的家族影响较大，特别是派性和黑社会势力开始崛起，加上单一的行政命令式管理的长期延续，使农村村民自治制度的推行面临着十分复杂的局面，并有可能因为民主自治的介入，激发原来处于隐性状态的矛盾，进而影响民主化进程。但是，由于有严格的规则和程序，将人们的利益诉求及社会矛盾限定在一定范围内，为村民自治制度的实行提供了有效的保障。1998年以来，中国8亿多农村人口直接参与村民委员会选举，却没有发生大的动荡，这在中外历史上都是罕见的。这也说明，程序性民主对于中国宪政制度建设具有何等重要的作用。

程序性民主是民主实践中的产物。没有民主实践，也无所谓民主程序。坚持不懈的民主实践活动则对于增强人民的民主和法治理念，建设公民社会，从而推动宪政制度的发展具有至关重要的意义。在中国，宪政制度之所以难以建立，重要原因就是缺乏公民社会这一坚实的基础。清代末年，清王朝被迫行宪，但仍然希图行专制之实，其重要理由就是认为“百废待兴，民智未开”。梁启超虽然强烈主张自由，但在政治上又持保守态度，其原因在于他认为要“立新国”，必先“立新民”。民主革命的先行者孙中山为中国的政治发展规定了三个阶段，即军政、训政和宪政。他认为，首先以军事力量改变旧制度，建立新的权威，随后要“以党治国”，目的在于对民众进行宪政训练，然后才能到达宪政。以上主张都蕴含着这样一种预设，即在民智未开的情况下推行民主，会破坏权威。而对于中国来说，权威则是第一的。这一预设也因此演变为国民党推行专制统治的借口。到了20世纪80年代，人们才开始意识到，人民的民主法治意识只有通过民主实践才能形成和强化，只有在民主实践中才能学习民主、运用民主，并通过程序性民主在民主与权威中寻求平衡。彭真之所以强烈主张制定和通过《村组法（试行）》，实行村民自治，目的之一就是希望通过村民自治的民主实践活动促使广大农民学习民主、掌握民主、运用民主。在通过《村组法（试行）》时，他有针对性地指出：“至于说到群众的议政能力，这也要通过实践来锻炼、提高嘛。有了村民委员会，农民群众按照民主集中制的原则，实行直接民主，要办什么，不办什么，先办什么，后办什么，都由群众自己依法决定，这是最广泛的民主实践。他们把一个村的事情管好了，逐渐就会管一个乡的事情；把一个乡的事情管好了，逐渐就会管一个县的事情，逐步锻炼、提高议政能力。”[①] 农村实行村民自治，实际上就是一个面向8亿农民的民主训练班。如果没有广泛的民主实践活动，就难以建立起严格的程序性民主，宪政制度所依赖的公民社会也难以形成。

村民自治制度的实施对于变传统的单一性国家治理为国家与社会分权治理，变传统的臣民社会为公民社会有着重要意义。与此同时，它还将推动代表制民主的发展，进一步促进中国宪政制度的创新。

首先，村民自治的发展具有扩展效应。在中国双层民主制中，农村基层的村民自治通过建立严格的程序，使亿万农民行使当家做主的权利，从而在民主化过程中先行一步。这一事实说明，在一个发展中的大国，推进民主化并不是一件可怕而危险的事情，关键在于是否有严格的规则和程序并能否切实遵循。与农村村民相比，人大代表的文化素质要高得多；与村民自治制度相比，人大制度的物质条件要好得多。如果在广大的农村都能切实推进民主，那么，上层的代表制民主更应该加强。随着农村村委会的直接选举，农民开始关心县、乡人大代表的直接选举。特别是由村民自治引起的社会民主化对于国家政权的合法性压力愈来愈大。如许多农民认为，既然村主任可以由村民直接选举，为什么不能直接选举乡镇长？这种村民自治引起的扩展效应已开始引起中国乡镇长的直接选举。

其次，村民自治的发展具有溢出效应。中国的村民自治毕竟属于社会自治，其自治范围较小，内容也较简单。特别是面对政府的权力，村民自治是无能为力的。如果政府做出不适当的决定，村民自治制度没有办法加以制约和纠正；而人大制度也难以及时充分反映民意，对村民自治制度的实施加以支持，对政府侵害农民利益的行为加以有效监督。由此就会造成在国家管理层面，农民仍然不得

---

① 彭真：《通过群众自治实行基层直接民主》，《彭真文选》，人民出版社1991年版，第608页。

不更多地运用传统的越级上访“告状”的方式来表达自己的意愿。特别是随着市场经济的发展，在地方政府不仅不能有效保护农民利益，反而容易出现损害农民利益行为的情况下，农民利益迫切需要体制性的有效保护。这一要求显然已溢出村民自治制度之外，是村民自治制度难以实现的。村民自治制度实施以后所产生的动力和压力，要求加快国家层面的代表制民主建设，进一步创新中国宪政制度。

在中国，由于城乡基层自治制度的发展，宪政民主体制具有上层与基层双层复合、国家治理与社会自治双重复合的特点。但在现阶段，这种复合还只是板块性复合，即两个层次、双重治理互不连接，互不渗透。所以，当基层自治和社会民主已出现重大变化之时，人大制度和国家治理却没有适应性的变革。为此，就需要通过推动代表性民主建设，使复合制民主由板块式复合向融合性复合发展，促进国家与社会的良性互动。

（原载于《中共党史研究》2003年第1期）

现代国家的建构与村民自治的成长

——对中国村民自治发生与发展的一种阐释

如果从1987年《中华人民共和国村民委员会组织法(试行)》的颁布算起，村民自治作为一项国家法律确定的制度，已近20年。在这一期间，村民自治制度已日渐深入到乡村田野，成为亿万农民的政治实践和日常行为。与此同时，有关村民自治的争论也一直伴随着村民自治的实践进程。最有代表性和极端的批评言论是沈延生先生于1998年《中华人民共和国村民委员会组织法》修订颁布之际发表的5万字的长篇论文《村政的兴衰与重建》。在该文中，沈先生断言“村民自治作为一种‘基层群众性自治’，无论是在马恩列斯著作中，还是在政治学理论中，均找不到它的理论源头”，“是一种理论上的怪胎”，“唯一倡导者是彭真”，“只是民政部门前途未卜的一块自留地”。① 事隔数年，沈先生对自己的观点做了一些修正，表示“对特定背景下理论提出者的良苦用心也要有‘同情的理解’”，但还是希望“尽快抛弃‘群众性自治’的理论怪胎”。② 其他有关批评村民自治的声音也不绝于耳。但概括说来，主要有三种观点：一是认为村民自治不合乎想象中的“正胎”标准而将其视为“怪胎”；二是认为村民自治只是个别领导人和个别部门的异想天开，只是因为外国人的重视才“时来运转”③；三是认为村民自治是国家外部嵌入乡村

---

① 沈延生:《村政的兴衰与重建》,《战略与管理》,1998年第6期，第19、21页。

② 沈延生:《对村民自治的期望与批评》,《中国农村研究(2002年卷)》，中国社会科学出版社2003年版，第175—176页。

③ 沈延生:《村政的兴衰与重建》,《战略与管理》,1998年第6期，第20页。

的，没有社会根基。概括起来，就是认为村民自治只是个别人的行为，缺乏历史的必然性和合理性。由于本人是最早的研究村民自治者，因此受到的批评也最多。但在相当长时间里，我没有正面回应，因为村民自治本身在实践过程中，如果是一个“怪胎”，它就只能很快变为仅供人观赏的“标本”，而没有必要再去论证其存续的价值了。令批评者遗憾的是，村民自治不仅仍然存活着，而且在成长着。当然，它的成长还会面临各种非议，也需要进一步研究。所以，本文试图从现代国家建构的视角，探讨村民自治在中国的发生与发展的历史进程。

一、政权—政党—群众：村民自治的背景

正如历史是人创造的一样，村民自治也是人们一种自觉行为。只是，如马克思所说：“人民自己创造自己的历史，但是他们并不是随心所欲地创造，并不是在他们自己所选定的条件下创造，而是在直接碰到的、既定的、从过去承继下来的条件下创造。”[①] 如果离开了特定的历史条件，我们就无法解释一种事物出现的必然性和合理性，也不可能建构一个共同讨论问题的学术平台。

当代中国的村民自治产生的历史条件是什么呢？最主要的是两点：其一，村民自治作为一种国家法律制度，是在现代化背景下的国家建构中产生的；二是村民自治作为一种政治实践活动，是在由亿万农民构成并极具传统性的乡村社会中发生的。现代国家和农民社会是我们理解村民自治发生的两个支点。离开了这两个支点，我们就无法将村民自治作为一种历史过程，置于特定的历史背景下加以考察。

进入 20 世纪，中国愈来愈深地卷入到现代化进程中。现代化作

---

① 马克思：《路易·波拿巴的雾月十八日》，《马克思恩格斯选集》第 1 卷，人民出版社 1995 年第 2 版，第 585 页。

为一种进程，是一种全方位的历史变迁，其中，建构一个现代国家，既是现代化的逻辑结果，也是现代化的推进动力。作为一种区别于传统国家类型的现代国家，有两个基本特性：一是主权，二是合法性。随着日益广泛和深入交往的世界体系的形成，出现了有明确边界并在疆域内独立自主行使统治权的国家，这就是以统一的主权为核心的现代民族—国家。民族—国家需要借助日益扩展的国家机器加以维系。但与传统国家不同，构成国家机器的统治权力必须获得人民同意，由此建构起合法性。这种以人民同意为合法性来源的国家即是现代民主—国家。正是民主制度，才能保障国家机器持续不断地运转而不至于失去控制或异变。所以，现代国家至少包括两个不可分离的部分，一是作为领土单位的民族—国家，一是作为政治制度的民主—国家。①

现代国家作为国家的现代性规定，有其普遍性。这正是现代化进程中建构的国家一般都命名为“共和国”或者类似名称的重要原因。但是，任何现代国家的建构都是在特定的历史环境中发生的，必然有其特定的历史起点和发生逻辑。这是现代化道路多样性的必然规定。20世纪的中国，已进入到一个各民族交往日益紧密和世界体系，现代化成为必然之路。面对开放的并奉行强者逻辑的世界体系，必须建构一个现代国家。但现代国家建构所要面对的却是一个有着数千年农业文明传统和主要人口为农民的社会。对于正在建构的现代国家来说，占人口绝大多数的农民成为决定性的政治力量。正如研究政治发展问题的大师亨廷顿所言：“在现代化政治中，农村扮演着关键性的‘钟摆’角色。作为把农民纳入政治制度方式的‘绿色起义’，其性质决定着以后政治发展的路线。”“农村的作用是个变数：它不是稳定的根源；就是革命的根源。”② 如何将农民带入国

---

① 笔者有关现代国家建构的系统阐述可参见徐勇《“回归国家”与现代国家的建构》，“中国农村研究网”，2005年7月5日。

② ［美］塞缪尔·P. 亨廷顿:《变化社会中的政治秩序》，生活·读书·新知三联书店1989年版，第266—267页。

家政治并置于合适的地位，便成为现代中国面对的重要任务。村民自治作为将农民带入国家政治的一种方式，是根据政权—政党—群众的历史顺序逐一展开而发生的。

在传统中国，农业是国家的根本，农民却处在政治的边缘。中国曾经是一个“早熟的国家”。就权力集中和统一的角度看，它已具有某些现代民族国家的外壳，但是，它的治理结构却是传统的。受经济和技术条件所限，中央权力并不能直接抵达乡村田野。由此形成两个极端：一极是纵向的政治权力高度集中于中央，实行中央的绝对统治；一极是横向的实际统治乡村社会的权力高度分散于各个村落共同体，构成上下分立、国家统治与乡村自治分治的治理体系。“王权不下县”，国家体制性的正式权力只到县一级为止，县以下主要依靠非体制性的权力进行治理，形成“县官治县，乡绅治乡”的“⊥型”权力格局。在这一格局下，农民所直接面对的是乡绅、族长、头人等组成的一个个“小主权者”。农民与国家的联系主要是纳税服役。正如孙中山先生所说：“在清朝时代，每一省之中，上有督抚，中间有府道，下有州县佐杂，所以人民与皇帝的关系很小。人民对于皇帝只有一个关系，就是纳粮，除了纳粮之外，便和政府没有别的关系。因为这个原故，中国人民的政治思想就很薄弱，人民不管谁来做皇帝，只要纳粮，便算尽了人民的责任。政府只要人民纳粮，便不去理会他们别的事，其余都是听人民自生自灭。”[①] 除了纳税以外，农民与国家缺乏有机的联系，从而导致“一盘散沙”的离散状态。人民与帝国的联系是水与油的关系。就一般民众而言，个人生活和交往关系由内向外：个人—家庭—家族（扩大了的家庭）—地方—国家。由此才有了家族主义、地方主义而少有现代国族主义。孙中山是现代国家在中国的创立者，他深刻地反思了为什么作为人口最多的中国在西方列强的入侵下不堪一击，甚至有亡国灭种之忧的原因，这就是“一盘散沙”。他认为：“中国人最崇拜的是家族主义

① 孙中山：《三民主义》，岳麓书社 2000 年版，第 89 页。

和宗族主义。”“中国人的团结力，只能及于宗族而止，还没有扩张到国族。”① 因此，要建构一个现代国家，首先必须将分散和外在于政治的农民组织到国家体系中来，使他们成为政治上的现代国民。这就需要从纵向上建立农民与国家沟通的治理体制。

正是基于此，自晚清开始，国家政权开始由县到乡村，出现了所谓“政权下乡”的过程。“政权下乡”的目的主要有两个：一是将散落于乡里村落的政治权力集中到国家，纵向集权，形成统一的国家“主权”；二是从统一的权力中心发散，纵向渗透，使政治权力的影响范围在地理空间和人群上不断扩大，覆盖整个领土的人口，渗透到广泛的社会领域，特别是分散的乡里村落。要实现权力集中和渗透的国家目的，需要有相应的制度构造。从晚清新政到孙中山，都以地方自治制度为框架。孙中山集中表达了地方自治的理念：“以当地人，用当地财，办当地事。”但他的地方自治理论有两个特点：一是以县为自治单位，二是以民权为基础，“移官治于民治”。他的结论是：“中华民国之建设，务当以人民为基础；而欲以人民为基础，必当先行分县自治。”② 孙中山试图以民权民治为渠道，以地方自治为基础，建立国家与民众的政治联系，改变传统的上下分立阻隔、国家统治与乡村自治分治分割的权力格局。中华民国时期的“政权下乡”基本上按照孙中山的理念展开的，在乡村社会建构起县、区、乡的政权体制。

但是，民国时期的“政权下乡”没有能够取得预期的成功，无论是权力集中还是权力渗透，都遭遇到严重挑战。首先是传统乡村精英的抵制。乡村社会长期是以乡村精英治乡，这种权力结构并不会因为“政权下乡”而很快发生改变。传统精英摇身一变进入新的体制，继续把持地方和乡村的统治权，“政权下乡”的后果是“新瓶

---

① 孙中山：《三民主义》，岳麓书社 2000 年版，第 2 页。

② 孙中山：《中华民国建设之基础》，《孙中山集外集》，上海人民出版社 1990 年版，第 36 页。

装旧酒”。与此同时，晚清以来的乡村精英发生了重大变化，他们中的相当多数不再是借助于国家功名和乡土威望的“道德权威”，而蜕变为“利益获取者”，特别是可以借助国家权力“赢利”，[1]成为“土豪劣绅”。第三，国民革命赋予农民以民权，却没有兑现，特别是没有实现国民革命承诺的“平均地权”等，对农民来说最为紧迫的民生问题没有能够解决。相反，国民党庞大的军队和连年的战争使农民不得不支付更多的赋税和被迫去服兵役。民国政权统治的合法性因此受到严重质疑，乡村治理成为“无根的统治”，处于政治边缘的农民并没有因为“政权下乡”而进入国家中心。

而将外在于政治的广大农民带入国家政权体系的是中国共产党。亨廷顿通过研究发展中国家的政治体制与乡村动员，认为“一个政党如果想首先成为群众性的组织，进而成为政府的稳固基础，那它就必须把自己的组织扩展到农村地区”。“政党是一个现代化组织，为成功计，它又必须把传统的农村组织起来。”[2]国民党是一个上层人士组成的精英型而不是群众性的政治组织，未能将乡村动员起来支持国民革命和之后的民国政府。在国民党忙于以城市为中心自上而下建立政权体系之时，后崛起的中国共产党却迅速将重心移向农村，通过动员农民，在农村建立革命根据地，以在全国获得政权。中国共产党得以将农民带入国家政治生活的成功之处，不在于自上而下地建立政权体系，而在于“政党下乡”，通过自下而上的底层革命，以从根本上改造传统的精英统治的结构。其主要内容是以农民为主体，以土地问题为核心。从民主革命时期的土地革命到中华人民共和国成立后的土地改革，都体现着这一理念。土地改革不仅仅是一场经济革命，更是一种政权基础的重建。首先，通过土地改革及相

① 美国学者杜赞奇对这一状况有过深入的研究，提出了地方精英的“经纪人”概念。参见［美］杜赞奇《文化、权力与国家：1900—1942年的华北农村》，江苏人民出版社1995年版。

② ［美］塞缪尔·P. 亨廷顿：《变化社会中的政治秩序》，生活·读书·新知三联书店1989年版，第401、402页。

伴随的清匪反霸，推翻实际控制乡村的地主势力，从而将千百年以来实际控制乡村的统治权第一次集中到正式的国家政权组织体系中来。其次，土地改革在给农民分配土地的同时，也增强了农民对政权组织的认同，使农民第一次具体意识到这一政权是属于自己的。民国时期赋予农民的抽象的民权地位得以实现，并增强了农民对新政权的认同和中央权力对农村基层的渗透能力。作为土地改革的领导者之一的杜润生深刻地认为，土地改革是“农民取得土地，党取得农民”。它的历史意义在于“彻底推翻乡村的旧秩序，使中国借以完成20世纪的历史任务：‘重组基层’，使上层和下层、中央和地方整合在一起。使中央政府获得巨大组织和动员能力，以及政令统一通行等诸多好处。这对于一个向来被视为‘一盘散沙’的农业大国来说，其意义尤为重大”。[①] 通过土地改革，不仅政权组织第一次真正地下沉到乡村，而且摧毁了非正式权力网络的根基。

土地改革使农民获得了土地权。但出于对分散经营的传统农业改造，防止新的社会分化和为工业化提供积累的需要，土地改革完成不久就开始了对农业的社会主义改造。其重要内容就是将农民组织起来，实行集体化。政权组织建设与经济组织建设合为一体，并因此发展为“政社合一”[②] 的人民公社体制。

人民公社体制是全新的政权组织方式，它的重要功能是使农民社会前所未有地国家化了，建立了一个上下垂直、纵向高度集权的治理体制。首先，通过生产资料的集体所有，将分散于农民之中的经济权力集中于政权组织体系。如果说土地改革只是将乡村的政治统治权集中于国家手中，那么，经过集体化建立的人民公社体制，则将散落于农民社会之中的经济社会权力也高度集中在国家之手。乡村权力的集中程度从未有过的程度。其次，人民公社体制将所有的农村居民都改

① 杜润生：《杜润生自述：中国农村体制变革重大决策纪实》，人民出版社2005年版，第20页。

② 所谓“政社合一”就是政权组织与经济组织合为一体。

造为统一的公社社员。这种社员身份没有亲缘、地缘之分，也弱化了对家族和地方的认同。农民作为公社社员，不仅是生产者，同时也是政权组织体系的成员，并因此具有国家身份。第三，人民公社体制实行科层制和标准化管理。公社同时属于政权组织，并统一生产、统一分配，因此按照科层制和标准化加以组织和管理。第四，人民公社体制使农村基层政权的功能大大扩展了。公社是一个无所不包的组织体系，公社体制的建构过程，也是政权组织的功能扩展过程。除了政治统治功能以外，还包括组织生产、宣传教育、社会服务等功能。由此在乡村建构起功能性的权力网络。这种权力网络尽管不是正式的国家政权组织，却具有服务于国家意志的功能。农民更多地是通过功能性的权力网络感受到国家的“在场”。所以，在人民公社体制下，政权组织的权力集中和渗透能力都达到了从未有过的程度，国家终于将离散的乡土社会高度整合到政权体系中来了。

中国共产党是通过“政党下乡”来完成对农民社会的政治整合的，其最突出的特点就是赋予农民以主体地位，强化政权体系的人民性。由中国共产党建立的国家名为中华人民共和国，建立的政府为人民政府，公社被称为人民公社。农民作为一个群体在历史上前所未有地进入国家的政治中心，工农联盟成为国家政权的基础。

但是，“政权下乡”和“政党下乡”主要是打通农民与国家的政治联系，建立起纵向集中与渗透、高度统一的治理体制。这一治理体制面临新的挑战：

其一，干群分化与权力过度集中问题。随着国家权力体系的建构，出现了新的社会分化，即干部与群众之分。干部与群众是现代组织概念。干部是团体的负责人或从事公务的人员；群众则是团体内一般成员。干部与群众之分本身就表明它们之间的距离和差别。“政权下乡”和“政党下乡”的重要后果，一是进行乡村动员，二是造就了一个新兴的农村精英群体，这就是具有党员身份的农村干部。这一精英群体虽然来自农民，但一旦取得权力地位之后，就有可能根据权力的逻辑运行。特别是随着土地等生产资料的公有化，政治权力的诱惑性更为增大，由此就有可能产生新兴农村精英的特权化、脱草根性的问题。对于作为依靠人民获得政权的中国共产党来说，非常重视党员干部与农民群众的联系。一是试图以自上而下的外派工作队开展群众性的政治运动，整治被认为是蜕化变质的干部，如“四清”运动；二是要求干部参加劳动，群众参与管理，避免干部与群众身份的固定化和体制化；三是强调“民主办社”，为群众参与公社事务创造制度化的机制。但是，这一努力并没有收到也不可能收到预期的成效。首先，长期依靠外部力量解决农村内部矛盾是难以持久的，而且会进一步加剧政治紧张和冲突。其次，社会分化是一种必然现象，任何组织都有领导者（干部）与被领导者（群众）之分，将这两种角色一致化是不可能的。再次，人民公社体制将一切权力集中于公社管理组织，公社管理组织实行党的一元化领导，党的一元化领导又具体体现为党的书记的一人化领导。干部处于乡村治理的中心，甚至独占治理权力；群众缺乏独立的权力基础和生活空间，更没有力量通过自主参与改善干群关系，他们更多地是以消极被动的姿态生活在人民公社体制之下。由此就产生了一个政治悖论：农民作为一个抽象的群众概念，他们获得了前所未有的政治主体地位，进入政治中心；而作为一个生活在乡村治理体制中的具体个体，他们又处于被支配性的地位，被挤压到乡村治理体制的边缘地带，对于实际的乡村治理并没有太多的发言权。

其二，农民的自主性和乡村发展多样化问题。人民公社体制赋予农民以公社社员的统一性身份，公社组织是按照工业组织的科层制和国家组织的统一性对乡村加以治理的。在自上而下的科层制和全国高度统一的领导体制下，农民的自主性和乡村发展的多样化受到抑制。与城市国有制的职工不同，农民虽然有统一的国家（公社）身份，却不可能享有统一的国家工资和待遇，他们必须依靠自己的劳动获得生活来源，需要通过多样化的方式来满足自己的需要。同时，与统一性的工厂企业不同，自然性的乡村社会千差万别。但自上而下的纵向集权体制不允许有自主性和多样性选择，实行的是体制上的“一刀切”和治理上的“切一刀”的机制。如自20世纪50年代后期对农民要求“包产到户”的压制和20世纪70年代要求“全国农业学大寨”。“一刀切”和“切一刀”的治理体制从根本上说是将农民的主体性虚置化了，必然影响农民和乡村社会的主动性和积极性。

对于现代化进程中的国家来说，通过外部力量进行乡村动员并不是一件难事，难的是持续不断地将乡村社会整合到国家体系中去，保持农民对国家的认同。通过政权下乡，特别是政党下乡，打通了农民与国家的政治联系，建构了农民的政治主体意识。但是，仅仅是依靠自上而下的外部性力量，是无法建构一个以农民为主体的乡村治理体系的。继政权下乡和政党下乡之后，农民群众的“登场”便成为历史的必然。作为基层群众性自治的村民自治也由此而来。

村民自治是在政权—政党—群众的政治顺序的历史背景下发生的，不是“自天而降”的“怪胎”。

二、吸纳—参与—主体：村民自治的发生

现代国家是由统一的主权和国民对统一的国家高度认同两部分构成的。在亨廷顿看来，发展中国家是一个“多元社会”，存在各种原生的社会势力。“怎样把这些原生的社会势力糅合为单一的民族政治共同体，就成为一个棘手的问题。此外，现代化已造就出或者在政治上唤醒了某些社会和经济集团，这些集团过去或者根本就不存在，或者被排除在传统社会的政治范围之外，现在它们也开始参与政治活动了，它们要么被现存政治体制所同化，要么成为对抗或推翻现代政治体制的祸根。因此，一个处于现代化的社会，其政治共同体的建立，应当在‘横向’上能将社会群体加以融合，在‘纵向’上能把社会和经济阶级加以同化。”①

---

① ［美］塞缪尔·P. 亨廷顿：《变化社会中的政治秩序》，生活·读书·新知三联书店1989年版，第366页。

中国共产党通过赋予农民这一原生社会势力以主体性，在“政权下乡”和“政党下乡”的过程中组织和动员农民，从而将农民吸纳到党和国家的政治体系中，建立起国家与农民的纵向联系。但是，过分集中的权力体制又有可能将农民从具体的乡村治理体系中排挤出去，无法建构真实和个体的农民主体性。如何在乡村治理体制中确立农民的主体性，建构一个“横向”的整合机制，这是20世纪后期中国共产党建构现代国家必须面对的问题。基层群众性自治则是历史的必然选择。

沈延生将村民自治视为“理论怪胎”的重要理由在于，“无论是在马恩列斯著作中，还是在政治学理论中，均找不到它的理论源头。村民自治与毛泽东无关，因为毛的理想模式是政社合一的人民公社。村民自治也与邓小平无缘，在三卷《邓小平文选》中没有一句话涉及村民自治”[①]。做出如此结论，显然是轻率的。无论是现代政治学，还是现代政治领袖，无不将人民主权作为其基本的理论话语，而无论其是否真正信仰。至于其人民主权的实现形式则是多种多样的，不能因为已有的文本没有涉及而否定其合理性。更为重要的是，村民自治作为一种体现人民主权原则的民主实践形式，是在中国现代化进程中发生的。作为一个后发现代化的国家，其当务之急是建构一个独立主权的民族—国家，迅速形成集中统一的权力体制。但是，要使国家机器持续不断地稳定运转，形成牢固的合法性基础，必须建立一个以人民主权为核心理念的民主治理体制。村民自治则是国家以民主治理体制吸纳农民，将农民置于乡村治理体制中心的重要方式。

就村民自治的原生态而言，它来自于农民的自我组织。20世纪70年代后期，由不断的政治运动维持的人民公社体制日益废弛，农村出现了以包产到户、包干到户为主的经营方式。以家庭承包经营为主的农村改革是中国农村继土地改革之后的第二次革命性变革。

---

① 沈延生：《村政的兴衰与重建》，《战略与管理》，1998年第6期，第19页。

如果说土地改革的政治结果是“农民取得土地，党取得农民”，那么，农村改革则是“农民取得土地经营权，党取得农民”。总体上，农村改革增强了农民对党和国家的政治认同。但是，家户经营又直接动摇了建立在统一经营基础上的公社组织体制，农民由公社这种国家性的地方经济政治共同体迅速回归到家庭组织中，农村社会面临公共事务无人管、农民无组织的离散和混乱问题。当时的中央一方面鼓励家庭经营，以此调动农民积极性，另一方面也对农村公共事务无人管的混乱状况深表担忧。1982年中共中央在批转《全国农村工作会议纪要》的一号文件中指出：“当前一些地方，由于放松了领导，生产队的机构和领导班子陷于瘫痪、半瘫痪状态，致使很多工作无人负责。”[①] 这说明，以往通过政权下乡和政党下乡而构成的自上而下的纵向的乡村治理体制无法应对经济体制的变动，国家需要寻找一种能够适应经济体制变动的新的治理机制，以此重组农民。这种新的治理机制只有在实践中去发现。

20世纪80年代初，广西北部的宜山、罗城一带出现了农民自发形成的组织。由农民群众共同参与建立村民委员会（名称不一，有的称“村管会”，有的称“议事会”或“治安领导小组”），并通过这一组织管理公共性事务。[②] 这一农民自发创造的管理机制很快引起了当时主管中央政法工作的彭真的重视，并视为吸纳和重组农民的重要方式。

将村民委员会作为吸纳和重组农民的方式，一开始就具有民主性，即赋权于民的特性。虽然，彭真是村民自治的积极倡导者，但村民自治作为一种法律制度得以确立，是与整个政治体制改革和民主政治建设要求相一致的。基于对“文化大革命”的反思，中共领导人认为，中华人民共和国成立后之所以会发生“文化大革命”这

① 中共中央文献研究室、国务院发展研究中心:《新时期农业和农村工作重要文献选编》，中央文献出版社1992年版，第131页。

② 笔者为弄清村民自治的起源，于2000年在广西进行了数月调查，并在之后进行了继续调查，收集了大量资料。

样的社会大动乱，从根本上说是由于权力过分集中的体制出现了问题。为此，必须改革体制，推进民主化。尽管《邓小平文选》中没有提到村民自治，但邓小平对于党和国家领导制度改革做出了精辟的论述。中共十一届三中全会是改革开放的起始标志，邓小平在该会的主题报告《解放思想，实事求是，团结一致向前看》中强调，民主是解放思想的重要条件。“当前这个时期，特别需要强调民主。因为在过去一个相当长的时间内，民主集中制没有真正实行，离开民主讲集中，民主太少。”“要切实保障工人农民个人的民主权利，包括民主选举、民主管理和民主监督。……必须使民主制度化、法律化，使这种制度和法律不因领导人的改变而改变，不因领导人的看法和注意力的改变而改变。”[①]1982 年 9 月召开的中共十二大指出，社会主义民主要扩展到政治生活、经济生活、文化生活和社会生活的各个方面，发展各个企业、事业单位的民主管理，发展基层社会生活的群众自治。根据以上主张，1982 年通过的宪法充分肯定了加强民主的原则精神。为适应经济体制改革要求和落实基层直接民主的原则，《宪法》第 111 条还规定：“城市和农村按居民居住地区设立的居民委员会或者村民委员会是基层群众性自治组织。居民委员会、村民委员会的主任、副主任和委员由居民选举。”1983 年 10 月，在《中共中央、国务院关于实行政社分开建立乡政府的通知》中，强调在建乡的过程中，设立村民委员会，村民委员会是基层群众性自治组织。1986 年 9 月，在中共中央和国务院发出的《关于加强农村基层政权建设工作的通知》中强调，村民委员会要发动广大村民积极参加社会生活的民主管理。1987 年召开的中共十三大更是明确地指出：“基层民主生活的制度化”，“要充分发挥群众团体和基层群众性自治组织的作用，逐步做到群众的事情由群众自己依法去办。”[②] 很显

① 邓小平：《解放思想，实事求是，团结一致向前看》，《邓小平文选》第 2 卷，人民出版社 1994 年版，第 144、146 页

② 中共中央文献研究室：《十三大以来重要文献选编》（上册），人民出版社 1991 年版，第 39 页。

然，中央决策者强调设立村民委员会的重要目的是以民主整合分散化的农民。仅仅依靠彭真一个人和民政部门一个部门的力量，要将村民自治确立为一项国家法律制度，是完全不可能的。

当然，在中央决策者中，彭真作为六届全国人大常委会委员长，是村民自治的积极倡导者和推动者。1987 年，彭真在全国人大常委会讨论《中华人民共和国村民委员会组织法（试行）》时发表了长篇讲话，其题目就是《通过群众自治实行基层直接民主》。该讲话对于通过民主的方式重组农民做出具体的阐述。其一，通过村民委员会将农民组织起来。彭真认为，通过群众自治，实行基层直接民主，早在 1953 年就提出来了。只是当时只限于城市居民委员会，其主要任务就是把工厂、商店和机关、学校以外的街道居民组织起来。[①] 而在农村则是通过合作社、人民公社这类集体经济组织来组织农民。农村改革以后，必须寻求组织农民的新方式，因为党的基层组织不可能将所有农民吸纳到自己的组织内。这就需要一种新的组织形式，即村民委员会。村民委员会是群众性自治组织，既不是政权组织，也不是政党组织。其特点就是群众性，凡是农民都可以获得"村民"这一公共性的组织身份。从这一意义上说，村民委员会是地域性的农村基层群众组织，是国家按地域组织社会成员的目的而设立。《中华人民共和国宪法》规定农村按居民居住地区设立的村民委员会是基层群众性自治组织。其二，村民委员会是具有公共事务管理职能的组织，拥有管理村庄事务的权力。在人民公社体制下，公社各种事务由公社、大队两级管理委员会（实际上是党组织）和生产队干部负责。人民公社体制废除后，按农村居民居住地设立的村民委员会也需要有相应的管理机构，只是这一机构的名称也叫村民委员会。与一般的群众团体不同，它"依法办理本村的公共事务和公益事业，调解民间纠纷，协助维护社会治安，向政府反映村民的

① 参见彭真《通过群众自治实行基层直接民主》，《彭真文选》，人民出版社 1991 年版，第 606 页。

意见、要求和提出建议”。其三，群众成为乡村政治生活的主体。在人民公社体制废除后设立的村民委员会内，“农民群众按照民主集中制的原则，实行直接民主，要办什么，不办什么，先办什么，后办什么，都由群众自己依法决定”。[①]尽管村庄内仍然存在党组织，但党组织的成员也属于村民，是地域性的村民委员会的一员；尽管村民委员会要接受乡镇政府指导，但政府不得干预村民自治范围内的事务。村民群众从人民公社体制时期所处的政治边缘进入了乡村政治中心。其四，村民自治成为训练民众的大学校。彭真认为：基层群众自治是最广泛的民主实践。通过参政议政，“逐步锻炼、提高议政能力”[②]。

村民委员会作为基层群众性自治组织，实际是一种具有地域性和公共管理职能的国家基层组织单位。村民群众通过这一组织直接参与公共事务管理，它是整个国家制度和组织建设的一部分。首先，村民委员会组织及农民的民主权利是国家依照法律赋予的，并属于国家整体秩序的一部分。其次，村民自治的产生并不是从根本上改变乡村治理体制，它只是一个基层政权和基层党组织之下的群众自治组织。换言之，村民委员会只是一种政权和政党组织的补充。仅仅依靠政权和政党组织还无法进行充分的乡村组织和动员，不可能处理好所有的乡村事务，更难以建构农民的主体性。正如彭真所说：“没有群众自治，没有基层直接民主，村民、居民的公共事务和公益事业不由他们直接当家做主办理，我们的社会主义民主就还缺乏一个侧面，还缺乏全面的巩固的群众基础。”[③]再次，村民委员会不得借助暴力强制，也没有自上而下的组织保证，它主要依靠共同参与确立的公共规则和公共舆论，处理本村的公共事务和公益事业等涉及全体村民利益的事务。即村民委员会不得如传统的乡村自治那样随意干涉自治体成员的自由和实施强制暴力，从而截留本应由现代

①②③　彭真：《通过群众自治实行基层直接民主》，《彭真文选》，人民出版社 1991 年版，第 608 页。

国家垄断的强制暴力。

自1987年以后，村民自治作为一项国家法律制度，开始在全国试行和推广，并取得了意想不到的效果，这就是农民重新回归到国家组织体系，国家也可以凭借组织化的条件进行政治整合。如果仅仅依靠由少数人构成的基层政权和基层党组织，是无法赋予农民以统一性的法定村民身份的。因为村民委员会属于国家体制内的组织，作为村民委员会一员的村民并不是自然村的自然共同体的成员，而是属于国家体制内的村落共同体的成员。国家可以凭借村民委员会与分散的农民交往，由此可以大大减少国家政权下乡的成本。同时，通过赋权于民，可以为建设社会主义民主政治奠定稳固的基础，而这一点，一直是现代国家设计者的目标之一。正因为如此，1997年中共十五大高度评价了村民自治的意义。1998年全国人大修订《中华人民共和国村民委员会组织法》并正式实施。

在发展中国家，现代国家建构的重要任务之一，就是对占人口多数的农民的吸纳。谁能吸纳农民，谁就能获得国家稳定的基础和国家发展的动力。中国的新民主主义革命通过吸纳农民，取得革命成功。革命后建立的人民公社体制尽管坚持吸纳农民的理念，但更主要的是一种动员式吸纳，是动员农民支持党的领导，而农民的主体地位未能在乡村治理体制中得到实现。替代人民公社体制的村民自治制度，其实质是党支持农民当家做主，鼓励农民主动参与自治，在农民的参与中确立其主体地位，从而将分散的农民吸纳到国家体制中来，并使其建立对国家的认同感。因为，村民自治、村民参与都是国家赋予权利的产物。这正是在村民自治进程中，农民为争取村民自治权利总是诉诸国家法律和国家机关，而不是颠覆国家法律和国家机关的重要原因所在。

由此可见，现代国家建构中产生的村民自治与传统乡村自治有本质的区别。一是村民自治是在政权下乡和政党下乡过程中产生的，它是伴随政权下乡和政党下乡之后民主下乡的结果。村民自治属于国家组织体制的内在组成部分。其次，村民自治的主体是全体村民，而不是少数精英。传统的乡村精英自治与传统国家的专制统治在实质上是一致的。现代村民自治的群众自治与现代国家的主权属民原则和参与性治理在实质上是一致的。

三、制度—示范—创新：村民自治的成长

随着现代国家机器日益广泛地覆盖和深入地渗透到社会，需要以稳定的法律制度规范公共权力，界定和保护公民权利。因此，现代国家的建构过程，同时也是政治制度化的过程。政治制度化被视为政治现代化的重要内容。而当现代国家将农民带入政治生活的同时，也需要以制度加以规范。

与政权下乡和政党下乡的他组织不同，村民自治的最大特点就是自组织，它来自于乡村社会内部，是一种群众性的自我整合。这种整合所产生的结果首先就在于建构了农民的主体性，农民在自我整合中是“自治者”，而不是“他治者”。正如彭真所说：“八亿农民实行自治，自我管理、自我教育、自我服务，真正当家做主，是一件很了不起的事情，历史上从没有过。几千年的封建社会，什么时候有过村民自治？没有。”[①] 其次在于满足农民和乡村社会的多样化社会需要。任何一种组织都有其自主性目的。政权和政党组织的性质尽管也体现着人民的意志，但自上而下的标准化体制使它们很难充分体现民众的多样化需要。群众整合的实质，是通过村民委员会为村民群众根据村庄实际和村民的内在需要实行多样化治理，提供一个组织和制度平台。在这个平台上，实行直接民主，要办什么，不办什么，先办什么，后办什么，都由群众自己依法决定。这种多样化治理反映了多样化农村社会特性，它不仅不会导致社会的分裂，反而更有利于实现有机的而不是机械的团结。因为，人们通过这种

① 彭真：《通过群众自治实行基层直接民主》，《彭真文选》，人民出版社1991年版，第608页。

组织和制度平台，能够各得其所，就会产生和强化对组织和制度的认同。所以，群众性的自我整合能够起到外部性的政权和政党整合所不具有的作用。

当然，村民自治作为一种内部取向的治理机制，必然受乡村社会各种因素的制约和影响。特别是农村社会各种内生的因素与现代国家的取向不相一致，甚至相背离，由此产生对国家的离心力。中国历史上缺乏民主传统，农民对民主的学习、理解和接受还有一个过程。同时，村民自治作为一种历史上前所未有的民主化治理机制，还需要与自上而下的政权和政党治理机制相互对接和磨合。在村民自治的发展过程中，必然会出现各行其是，甚至扭曲村民自治原则精神的状况。因此，中国在一开始实行村民自治时，就十分强调制度建构，以国家制度规范村民自治进程，特别是强调将村民自治纳入法治化的轨道。

1983 年 10 月，《中共中央、国务院关于实行政社分开建立乡政府的通知》就明确指出："各地在建乡中可根据当地情况制定村民委员会工作简则，在总结经验的基础上，再制定全国统一的村民委员会组织条例。"[①] 随后，村民委员会组织的立法工作得以展开。由于村民委员会属于基层群众性自治组织，与原有的纵向垂直的党政领导系统如何衔接成为一个突出问题，并引起很大争议。从垂直纵向的行政领导角度看，希望将村民委员会作为乡镇的下属组织，从群众性政治参与的角度看，将村民委员会定位于村民自治组织更为合适。从以民主法治作为国家长治久安的根基出发，六届全国人大常委会委员长彭真非常重视村民委员会的立法工作。早在 1982 年 7 月，他就在全国政法工作会议上提出："居民委员会、村民委员会如何搞，包括和基层政权的关系问题，各地可以根据实际情况采取多种形式试验，待经验比较成熟后，再作比较研究，并修改居民委员会条例，

---

① 中共中央文献研究室、国务院发展研究中心：《新时期农业和农村工作重要文献选编》，中央文献出版社 1992 年版，第 222 页。

制定村民委员会条例。”[①]1987年在全国人大正式讨论村民委员会组织法之时，针对立法过程中出现的争议，彭真再次就村民委员会组织的立法发表看法，就在中国实行村民自治的长远意义进行了充分的说明，并提出关于村民委员会是农村基层群众性自治组织的认识基本上是一致的，“有不同意见的，不是原则问题，是具体问题。在这方面，我建议，凡是有争论的，大家认为还有问题的，不必忙于写上，以后可以另外研究处理。一个法搞得很宽很细，势必难于在全国通用”[②]。在彭真等领导人的积极推动下，1987年11月六届全国人大常委会第二十三次会议通过了《中华人民共和国村民委员会组织法（试行）》。尽管这一法律条文明确限定为试行，但它对于确立村民委员会的自治组织性质和法律地位，对于广大农民通过村民委员会参与基层治理，提供了基本的法律保障。这之后，全国有20多个省、市、自治区陆续制定了有关《村组法》的实施办法，针对性更强、更具体。

经历了十多年的试行，在村民委员会组织法的框架下，不仅分散的农民组织参与到法定的村民委员会组织中，而且村民得以通过村民委员会组织直接参与乡村治理，达到国家治理与村民自我管理的协调，构成了中国民主政治建设中一道亮丽的“风景线”。正如彭真1987年在推动村民委员会组织法立法时所说的：“八亿农民实行自治，自我管理、自我教育、自我服务，真正当家做主，是一件很了不起的事情，历史上从没有过。”1997年，党的十五大对村民自治给予了很高评价。为了进一步完善村民自治制度，保障农村基层群众直接行使民主权利，九届全国人大常委会根据中共十五大精神，总结《村组法（试行）》实施十年来的经验，针对实际存在的问题，于1998年11月修订通过了《中华人民共和国村民委员会组织法》。

① 彭真：《新时期的政法工作》，《彭真文选》，人民出版社1991年版，第430—431页。

② 彭真：《通过群众自治实行基层直接民主》，《彭真文选》，人民出版社1991年版，第607页。

这部法律的通过，标志着中国的村民自治进入到一个国家整体推进的全新阶段，村民自治的总体框架得以确立。当然，一部法律不可能解决所有问题，特别是村民自治法律所面对的是一个千差万别和千变万化的农村社会，相关的制度建设也是一个没有止境的过程。1998年之后，国家又根据实际情况，以不同的形式发布文件，以引导村民自治的发展。如2002年下发的《中共中央办公厅、国务院办公厅关于进一步做好村民委员会换届选举工作的通知》中，明确指出："由村民直接选举村民委员会，是法律赋予村民的一项基本民主权利，是基层民主的重要体现。搞好村民委员会换届选举，必须充分发扬民主，切实保障广大村民在选举各环节中的权利，使村民委员会的选举真正体现农民群众的意愿。"特别是就党组织成员如何参与村民委员会选举这一体制性问题提出了建议。[①] 为了推动民主决策、民主管理、民主监督与民主选举相配套，在2004年下发的《中共中央办公厅、国务院办公厅关于健全和完善村务公开和民主管理制度的意见》中，提出了"进一步健全村务公开制度，保障农民的知情权；进一步规范民主决策机制，保障农民群众的决策权；进一步完善民主管理制度，保障农民群众的参与权；进一步强化村务管理的监督制约机制，保障农民群众的监督权"[②]。在国家立法建制的同时，地方也积极开展立法建制工作。如在国家层面没有专门制定村民委员会选举法的情况下，一些省级地方制定了专门的选举法，且各有特色。

可以说，村民自治从产生起一直是在法律制度的规范下成长的。既然是以法律制度为基础，村民自治的发展就必然遵循有步骤、有秩序的逻辑运行，而不是一场自上而下推进的政治运动。所谓有步骤，就是分步实施，而不是一步到位；所谓有秩序，就是保证村民

---

① 参见全国村务公开协调小组办公室《中共中央办公厅、国务院办公厅关于进一步做好村民委员会换届选举工作的通知》，《人民日报》，2002年7月15日。

② 全国村务公开协调小组办公室：《健全和完善村务公开和民主管理制度学习读本》，中国青年出版社2004年版，第2—8页。

自治活动不超越必要的限制。为此，在村民自治的成长中，开展示范活动成为其重要方式。

通过示范的方式引导农民，本来是马克思主义的一个基本原则，中国的集体化最初也非常强调示范引导。但是，由于自上而下的推动，集体化成为一场上下联动的政治运动，特别是仅仅只有一年时间，就完成了人民公社体制的建构。与公社化不同，村民自治坚持示范引路的原则，不强求一律和齐步走，更不搞“一刀切”。彭真在通过《村组法（试行）》时特别指出：“办好村民委员会，实行村民自治，是一项长期的、艰巨的工作，不要把它看得那么容易，绝不是作一个决定，国家发一个号令，就能短期都搞好的。要求一下子铺开，所有的地方都做到，绝不可能。”要求“创造条件，经过试验，逐步推广”。①

1988年，《村组法（试行）》开始生效。1990年，中央五部门联合召开“全国村级组织建设工作座谈会”，中共中央专门转发了座谈会纪要。纪要强调要认真实施《村组法（试行）》，加强基层民主政治建设。特别是提出：“每个县都要选择几个或十几个村，开展村民自治示范村活动，摸索经验，树立典型。”②1990年9月，主管村民自治工作的国家民政部发出《关于在全国农村开展村民自治示范活动的通知》。《通知》指出，为进一步加强对《村组法（试行）》实施工作的指导，有组织、有计划、有步骤地在农村基层逐步实行村民自治，决定在全国农村开展村民自治示范活动。这之后，由民政部命名和表彰了一批村民自治示范村、乡（镇）和县（市），通过示范，摸索经验，以先进典型带动村民自治的发展。2004年下发《中共中央办公厅、国务院办公厅关于健全和完善村务公开和民主管理制度的意见》之后，建立了跨部门的全国村务公开协调机构，并开

① 彭真：《通过群众自治实行基层直接民主》，《彭真文选》，人民出版社1991年版，第610—611页。

② 中共中央文献研究室、国务院发展研究中心：《新时期农业和农村工作重要文献选编》，中央文献出版社1992年版，第649页。

展村务公开民主管理示范活动。可以说，村民自治成长进程中的经验有相当一部分来自于示范单位。

示范引路为村民自治的制度创新提供了广阔的空间。1987 年通过的《村组法（试行）》只是对村民自治做了一些原则性规定。这在于村民自治毕竟是一种崭新的政治实践，不可能事先就建构起一个完备的制度体系。同时也在于村民自治本身也需要在实践中创造丰富多样的形式。自 1988 年正式实施《村组法（试行）》以后，各地根据自己的情况进行制度创新。如《村组法（试行）》最初规定的村委会一般设在自然村。这是因为自然村是在长期的历史进程中形成的地域共同体，有利于共同议事，实行直接民主。但是，由于村民委员会是继公社组织之后的替代性组织，一般都建立在原生产大队的基础上，所以其所辖的人口较多，地域较大，不利于直接议事决策。为此，在一些地方建立起村民代表会议，村民群众通过村民代表参与村务决策和管理，以解决直接议事决策难的问题。再如，长期以来，农村社会习惯于从上面指定和安排干部。《村组法（试行）》规定村民委员会的干部由村民直接选举产生，但如何具体操作却没有相应的程序规定。吉林省梨树县在实施《村组法（试行）》的过程中，创造了“海选”的形式，即将村委会干部的提名权完全交由村民。村民代表会议和“海选”原则后来都进入到 1998 年修订的《中华人民共和国村民委员会组织法》之中。特别是在实行村民自治过程中，主管部门将村民自治的实践活动概括为民主选举、民主决策、民主管理和民主监督，从而大大丰富了村民自治的内容。如果说原来只是将村民委员会定位于“自我管理、自我教育、自我服务”的组织的话，那么，民主选举、民主决策、民主管理、民主监督则是村民自治的活动方式，是村民自治原则的具体体现。1998 年修订的《村组法》专门补充了“四个民主”的内容。而且，党的十五大和党的十六大报告都将“四个民主”提升为社会主义民主实践的原则。

制度—示范—创新的村民自治成长逻辑，既保障了现代民族—

国家的制度统一性，又充分体现了现代民主—国家的社会自主性和多样性，为农村发展提供了广阔的制度空间。由于乡村社会构成不同，在中国出现了多种多样的村民自治实践模式。如经济能人主导的能人型村治、以企业为中心的村治、以村民共同参与为特征的村治等。这些村治形式尽管表现不同，但都遵循着村民自治的基本原则，即群众同意和自愿。江苏省的华西村是中国最富的村庄，该村是典型的能人主导的村治模式。该村原领导人吴仁宝在谈及华西村治理体制时，表示："要说管理民主，华西的管理是民主的。什么叫管理民主？我们依法办事，我们以村规民约办事，也就是说我们村民自治，发动群众大家讨论，自己来制定村规民约。但是，制定村规民约不能同国家的法律有抵触。有国家法律考虑得不够细致和完备的，那由我们自己村民自己来修订，以乡规民约办事，这是最讲民主的。如果想干什么就干什么，这个是最不民主的。"[①] 河南省南街村实行村企合一的治理体制，企业组织取代了村民委员会组织。对于这种能够得到该村村民认同的治理体制，也没有因为它与一般的治理模式有不同而强行要求其改变。所以，村民自治的精髓是在国家统一的法律制度下充分尊重当地村民的选择，而不是大一统的"一刀切"和行政化的"切一刀"。这正是村民自治比人民公社的治理体制更为优越之处。在村民自治实践过程中，人们之所以会对村民自治产生各种误解，相当程度上是因为对村民自治的真精神缺乏深入而透彻的理解。

四、沟通—整合—草根：村民自治的走向

现代国家的理想治理体制是纵向统一和横向多元的有机结合，以期既保障主权国家的一致性，又促使社会充满活力。但要实现纵向集权和横向分权的结合，就需要在政治沟通过程中整合相应的权

① "中组部介绍农村先进性教育活动"，新浪网，2006年3月1日。

力资源。

在中国的现代国家建构中，首先是以政权和政党下乡为依托，建立起高度集权、上下统一的纵向治理体制。村民自治作为一种来自乡村内生型的治理机制嵌入到原有的自上而下的治理结构中，必然会产生机制性摩擦。最突出的是纵向的行政机制与横向的自治机制的碰撞。这种碰撞在 1998 年《村组法》全面实施以后表现得格外突出。1998 年经修订的《村组法》取消了“试行”的字样，更为刚性。这一法律的实施对于自上而下的行政渗透提出严峻的挑战。《村组法》规定村民委员会是群众性自治组织，与此同时，村民委员会又是国家行政建制地域单位，国家必然对村民委员会提出工作要求。如仅仅是现行法律规定的要求村民委员会执行的法定任务就多达数十项，更无论地方党政对于村民委员会提出的任务要求。据笔者 20 世纪 90 年代末在河南一个村的调查，村民委员会要完成的“上级”任务多达 100 多项。在众多任务之下，村民委员会不堪重负。正如彭真 1987 年所担忧的，上面“给村民委员会头上压的任务太多，‘上面千条线，底下一根针’，这样就会把它压垮”[①]。如果说，1998 年前，向村委会压任务还有一定制度空间的话，那么 1998 年之后的制度性空间便越来越小。行政任务的完成需要有村庄的“腿”作为依托，而实施《村组法》以后，这条“腿”越来越不听使唤了。因为村委会干部的权力来源于村民授予，法律规定任何组织或者个人都不得指定、委派或者撤销村民委员会成员，乡镇政府对村民委员会不是直接的行政领导关系。行政任务如何透过村民委员会向乡村渗透，村民委员会如何在强大的行政压力下保持其自主性，纵向的行政权如何与横向的自治权相结合，便成为村民自治面临的突出矛盾。

农村党组织是联系国家与农民的重要组织。在基层，通过党组织，将国家意志转化为村民意志，将村民意见反映到国家系统；同

① 彭真：《通过群众自治实行基层直接民主》，《彭真文选》，人民出版社 1991 年版，第 611 页。

时，党组织发挥核心作用，将农村各种组织整合到党和国家的体系中来。但是，在自上而下的国家权力运行体制下，党组织在这一体制中，更多地是服从和传达上级党政组织的意志。同时，党组织作为村级治理的领导者，执掌着村级治理的主要权力，甚至是党组织负责人的一人化领导。这一状况难免造成党组织既难以代表国家意志，更不可能反映村民意见，出现“双重代理”的“缺失”。随着村民自治的成长，党组织的治理面临双重挑战：一是村民自治具有内向性，有可能与纵向治理脱节；另一方面，村民委员会领导人的权力来自于全体村民的授权，而村组织负责人更多地是上由级党组织委任或者党员选举出来的，其民意基础可能较弱。由此就出现了村党组织和村民委员会之间的矛盾，即通常所说的“两委矛盾”[①]。“两委矛盾”很实际地反映了党的领导与群众当家做主之间的关系。

“乡村关系”和“两委关系”成为现阶段村民自治进程中的突出矛盾，也是村民自治进程中理论上争论最多、实践中难点最突出的问题。面对这一问题，只有将村民自治放在现代国家建构的治理框架下才能得到有效处理。

传统国家的乡村治理是上下分立的，现代国家的乡村治理则是纵横交错的。“纵”就是国家权力一直延伸到国家地域的各个部分和领土单位。“横”就是社会成员可以通过各种自组织表达和反映自己的意见和要求，行使公民权利。从治理结构看是“纵向到底”，“横向到边”。国家权力下沉到乡村，乡村社会中自组织生长，这是现代国家建构中乡村治理的双向趋势。与此同时，现代国家还有一种含义，这就是民主—国家，即国家的目的是造福于民众。国家权力下沉，并不只是管治乡村，更重要的是为乡村社会提供公共福利。乡村社会自组织的生成不是为了地域性的自我管理，而是为了可以更好地处理复杂而多样化的公共事务，造福于社区民众。所以，从现代国家建构的角度看，中国的乡村治理体制也需要相应的转型，对

① 两委矛盾，通常是指村支委和村委会之间因权力的分配和使用而产生的矛盾。

各种权力资源和治理机制加以整合，实行国家治理与乡村自治的共同治理，并在这一过程中推进村民自治的发展。其基本走向是：

其一，国家权力延伸，建立现代政治沟通机制。随着社会发展，特别是伴随着社会主义新农村建设的进行，愈来愈多以国家名义出现的公共事务将进入乡村，行政渗透是历史必然。但这种渗透将有两个条件：一是行政渗透需要承担成本，政府行为需要政府支付费用。如需要村委会协助政府工作，政府需要支付相应的费用；村委会难以协助的工作，由政府直接委托工作人员办理，包括委派干事、助理等。城市社区建设中“费随事转，权随责走”的原则是乡村治理中值得效仿的。二是行政渗透也需要获得民意支持。没有民意支持的渗透是不成功或者是难以持续的。为此，自上而下的行政渗透的民主性指向也将愈益明显。一些地方将村民自治进程中产生的民主选举、民主决策、民主管理、民主监督机制引入乡镇一级，在乡镇或者更高一级层次的治理体制中扩大民主，这都反映了国家权力运行民主化的走向。而这一走向又会进一步改善村民自治的制度环境。

其二，党组织在村民自治框架下发挥核心领导作用，建立现代整合机制。党组织作为先进分子组成的组织，在乡村治理中发挥着政治整合功能，这种功能在相当长时间内都是必要的，问题在于如何发挥这种功能。随着村民自治制度的引入，党组织不可能再作为超越群众之上的权力组织进行治理，而需要将自己纳入村民自治的框架下以获得和证明自己的先进性，并发挥政治整合功能。中央提倡党组织成员首先参加村民委员会选举，如果选不上村民委员会主任，就不再被提名为党组织领导人的候选人。这一理念实际上反映了中央鼓励党组织成员参与竞争，并在竞争中取得领导地位。一些地方实行党支部选举“两推一选制”或“两票制”，[1] 都反映了将党

① “两推一选制”“两票制”都是近年来村党组织选举制度的一种改革方式，主要内容就是在党支部选举中增加村民群众的推选环节，如先由村民投信任票，获得足够票数的候选人才能进入党组织选举。群众意见因此成为支部书记能否当选的决定性因素。从制度建设的角度看，这是一个很大的变化。

组织寓于群众之中而不是凌驾于群众之上的治理走向。这一走向既可以引导村民自治的健康发展，又可增强党组织对村民自治的领导能力。

其三，培育村民自治的多样化组织基础，强化村民自治的草根性。村民自治的主体是村民。相对于其他主体的治理而言，村民自治作为一种治理机制，其核心价值就在于草根性，即它来自于村民群众，又依靠村民自己解决自己所面临的公共性问题。因此，村民通过自我产生的组织在一定区域范围内实行自治。在这个组织里，村民们长期共存，在相互依赖的生产和生活交往中形成相互信任的共同体，也就是费孝通先生所说的“熟人社会”。在这一社会群体内，人们无须借助更多外部性力量便能了解他人，可以最大限度减少治理的交往成本。因此，村民共同生活并形成共同的认同和归属的自然村是村民自治最基本的组织资源。村民自治的组织载体——村委会最早便产生于广西宜山县合寨的两个自然村。但是，村民自治制度是在人民公社体制废除后的替代性制度，必须面对人民公社体制的组织遗产。村民委员会一般都建立在原生产大队基础上，村民小组则建立在生产小队基础上。村民委员会以及其下属的村民小组都具有很强的行政建制的特点。它们尽管是村民自治的主要组织单位，但毕竟组织形式较单一，且承载着难以避免的行政工作，由此会限制村民自治的发展空间。在村民自治的进一步发展中，一方面，要使村民委员会和村民小组尽可能从过多的行政任务中解脱出来，保持其“草根性”；另一方面要大力培育农村社区草根组织，如基于共同经济生活需要建立的专业合作组织，基于公共生活需要建立的社区群体组织等。这些组织属于完全的自治组织，不承载自上而下的公共管理职能。在这些组织内，“要办什么，不办什么，先办什么，后办什么”，完全由组织成员自己决定。草根组织的发育及其自治活动将大大丰富村民自治的内容，开拓出村民自治的新天地。

村民自治作为一项制度在中国实行已有近 20 年时间，但是在中国政治文明建设的历史长河中只是一瞬间。尽管它的产生、发展并不尽如人意，更不是预先设定的标准“模特儿”，但它是中国这一土地上生长起来的，并将随着现代中国的建构而逐步成长。在成长过程中，它的形式可能会出现许多我们现在难以想象的变化，但是，其基本精神——尊重社会的自主性和多样化，并在此基础上建构一致性和认同感，则会长期延续！

（原载于《学习与探索》2006 年第 6 期，
《新华文摘》2007 年第 3 期转载）

村民自治的成长：行政放权与社会发育

——20 世纪 90 年代后期以来中国村民自治发展进程的反思

20 世纪 90 年代以来，中国农村村民自治发展迅速，一度引起世人注目。但随着村民自治的深化，它与现有的政治体制的结构性矛盾日益突出，村民自治进程中出现的问题远远超出人们的预料。一个基本事实是：20 世纪 90 年代后期，正在村民自治制度广泛推行的同时，中国的“三农问题”日益严重，村民自治也因此再度引起学术界的质疑和否定。本文试图以 20 世纪 90 年代以来中国村民自治的进程为例，从理论、制度安排和实际运作的角度对村民自治进行反思和梳理，以探讨村民自治的成长空间和社会基础。

一、村民自治的成长空间：行政放权

20 世纪 90 年代以来，中国农村村民自治的发展出现了一个十分奇特的现象。一方面，国家立法长足进步。继 1987 年全国人大常委会通过《中华人民共和国村民委员会组织法（试行）》，1988 年全国人大常委会对其进行了重要修订，并正式实施。由于其修订后含有强烈的现代民主理念和严格的民主程序，使村民自治一时间成为世人关注的公共话题，包括笔者在内的相当一部分人甚至认为村民自治是中国民主政治发展的新的突破点。但村民自治的发展实践并不令人乐观，在一些地方甚至相当令人沮丧。伴随村民自治制度进入乡村的是，“三农问题”日益突出，特别是农民负担加重的问题。村民自治不仅难以维护农民的利益，而且其自身的成长空间也愈来愈小。地方党政在难以公开干预村委会选举之后，便利用行政权力控制村的领导人和村的公共治理。如对村干部实行“诫勉制”，对村级财务实行“村财乡管”，代替村委会出让农民土地等等。人、财、物均由县乡地方政府所控制，村民自治有自治形式而无自治的内容，因此沦为空壳。

那么，如何解释村民自治实际运作中的这一悖论现象呢？透过这一现象，可看到其背后事实上存在着国家立法理念与地方行政运作的冲突，而这一冲突又是从何产生的呢？

对村民自治持质疑态度的人往往运用的是西方的国家政权建设理论。这一理论认为，现代化将乡村社会卷入其中，与此相应的是国家政权将愈来愈深地渗透到乡村社会。乡村治理的行政化、官僚化在所难免。根据这一理论，村民自治作为一种地方草根性的民主，本身就是与国家政权建设相悖的，因此也是不合时宜的。村民自治作为一种体现现代民主理念的制度安排，具有的仅仅是供人观赏的价值。这一理论看起来有其道理，但如果深入分析，则大有可商榷之处。

村民自治是在现代国家建设的过程中生长的。现代国家建设包含着双重含义，一是民族—国家建设，一是民主—国家建设。前者表现为国家行政权力渗透到国家主权内的所有地域，通过行政权力将各个地方整合为一体，这一过程即国家化过程。后者表现为国家主权及相应的国家意志是建立在人民主权和民众意志基础上的，国家的产生和存在的前提就是确认和保护人民权利，通过人民参与保障国家的人民性，这一过程即民主化过程。在西方，特别是英美等典型的西方国家，民族—国家与民主—国家的建构基本上是同步的。因此，在英美，民族—国家的建立并不否定人民在基层地方的自治权利，反而是建立在地方自治基础上的。国家和地方政府权力不过是地方自治无法容纳更多的公共事务而让渡出去的。国家以立法的方式确认人民治理地方的权利，并保障地方自治与国家统治的一体化。

与西方不同，中国有着长期专制官僚统治的传统。20世纪以来，随着现代民族—国家的建构，国家行政权力愈来愈深地渗透到乡村社会，最为极端的体现是政社合一的人民公社体制。与此相比，中国的民主—国家建构却严重滞后。而没有民主—国家的建构，民族—国家也缺乏持续巩固的基础，导致发生如“文化大革命”的社会动乱。正因为如此，“文化大革命”结束后，中国的领导人关注并思考民主—国家的建构问题，提出“没有民主就没有社会主义，就没有社会主义的现代化”的命题，并提出“民主化和现代化一样，也要一步一步地前进”。[①] 村民自治的产生便与这一理念相关。倡导村民自治最为积极的彭真在推动全国人大常委会通过《中华人民共和国村民委员会组织法（试行）》时表示：“有了村民委员会，农民群众按照民主集中制的原则，实行直接民主，要办什么，不办什么，先办什么，后办什么，都由群众自己依法决定，这是最广泛的民主实践。他们把一个村的事情管好了，逐渐就会管一个乡的事情；把一个乡的事情管好了，逐渐就会管一个县的事情，逐步锻炼、提高议政能力。八亿农民实行自治，自我管理、自我教育、自我服务，真正当家做主，是一件很了不起的事情，历史上从没有过。”这“是国家政治体制的一项重大改革，对于扫除封建残余的影响，改变旧的传统习惯，实现人民当家做主，具有重大的、深远的意义”。[②]

从村委会组织法的立法理念看，实行村民自治，确实有通过基层民主的建设进而逐级上推以民主建构国家体制的思路。与此同时，由这一思路，我们也可以看出，与西方地方自治是经过长期自然生成而得到国家法律认可的路径不同，中国的农村村民自治一开始就有国家立法以授权的性质，即村民自治是基于国家难以通过单一的行政管理有效治理社会而将部分治理权下放给基层，并在这一层次采用直接民主的方式进行治理。村民自治产生于人民公社体制废除

---

① 邓小平：《坚持四项基本原则》，《邓小平文选》第2卷，人民出版社1994年版，第168页。

② 彭真：《通过群众自治实行基层直接民主》，《彭真文选》，人民出版社1991年版，第608页。

之际。人民公社组织废除后，国家面对的是亿万分户经营的农民，交易和治理成本甚高。通过设立自治性的村民委员会，将分散的农民组织成一个共同体，将一部分治理权授予村民委员会，既有助于国家的治理，又可借此推进中国的民主—国家的建构。所以，中国的村民自治权不是自然生成的，而是国家赋予的。

同时，中国的政权系统又是由多级政府构成的。中国的政治体制以行政为主导，国家治理权更主要的是为行政政府（党组织处于中心地位）所执掌。换言之，国家法律精神的落实在相当程度上取决于各级政府系统的作用。村民自治的成长空间、村民自治权利的实现与政府下放权力直接相关；而政府是否下放权力，下放哪些权力，又与政府的多重目标及其选择相关。政府要遵循国家法律，担负指导和推进民主自治的功能，由此在民政部门专门设置了主管机构。同时，政府还担负着发展经济、维护社会治安等多项目标。要实现这一目标并不一定需要依靠民主的方式，有时所依靠的甚至与民主方式相冲突。正是这种政府目标的多重性所造成的内在紧张关系，使作为国家赋权的村民自治一进入实际运作过程，就很快显现其矛盾。

英美国家的基层地方自治组织，一般不承担自上而下的行政功能，国家行政功能与基层地方自治功能的边界非常清楚。而中国农村的村民委员会并不是完全意义的群众性自治组织，它具有一定的基层地方行政功能，即政府的目标和任务要通过村民委员会这一基层组织来实现。1982 年宪法第一次将村民委员会组织载入时，就是将村民委员会列在地方各级人民代表大会和地方各级人民政府这一节内。特别是村民委员会是作为人民公社组织的替代组织产生的，事实上是一级包含经济、政治、社会、文化等各种功能在内的基层组织。村民委员会建设是基层政权建设的重要内容和基石。在这一体制下，地方政府在完成其目标时，势必将村民委员会作为自己的“一条腿”。

本来，国家的立法目的之一是农民通过村民委员会实行直接民主，“要办什么，不办什么，先办什么，后办什么，都由群众自己依法决定”，但是，政府也希望村民委员会贯彻自己的意志和任务。而大量目标和任务并不是村民愿意接受的，如果由农民决定“要办什么，不办什么，先办什么，后办什么”，可能就办不成。由此就会出现政府与村民意志的角力。作为拥有强制力的政府在实现其目标时具有天然的优势，更希望由自己决定“要办什么，不办什么，先办什么，后办什么”，即将决定权集中于自己手中。由此使政府陷入放权和集权的矛盾之中。促使政府做出选择的则是政府目标的民意基础。

自20世纪90年代以来，村民自治经历了试点、示范进而向全国推广的阶段。特别是1998年修改并正式实施的《中华人民共和国村民委员会组织法》更强调现代民主自治理念，在民主自治运作程序方面做出了比较严格的制度安排，从而引起了社会的广泛关注。与此同时，进入90年代以来，中国的改革重心转向城市，现代化进程加快。80年代初的农村改革使农村得到的休养生息的宏观环境发生重大变化，这就是各级政府运用行政力量试图迅速改造农村，如各种达标升级活动急剧增加，政府自上而下层层下达各种经济社会发展任务。而这些政府任务有相当一部分需要农民出资出力，为完成政府任务而消耗的人力财力成本需要农民分担，为完成政府任务所欠的债务得由农民承受。其最终结果就是农民负担的不断加重，并激起农民的强烈不满。这种现象从20世纪90年代初便开始出现。1993年6月20日，国务院专门召开“全国减轻农民负担工作电话会议”，宣布取消中央国家机关各有关部门涉及农民负担的37个集资、基金、收费项目，纠正强制性、摊派性和“搭车”收费。1994年10月底，中央召开“全国农民负担监督管理工作会议”，再次强调减轻农民负担，但这一问题在短时间内并没有得到解决。在各种经济社会发展指标的压力下，地方政府为完成可能增加农民负担而并不为农民所接受的政府任务，必然采取各种行政措施控制村民委员会，将村民委员会行政化，村干部成为主要完成政府任务的“准行政干部”。由此就出现了本文开头所描述的情形：一方面，国家立法在不断扩大村民自治的空间；另一方面，各级政府为完成更为紧迫的经济社会发展任务又力图将“要办什么，不办什么，先办什么，后办什么”的决定权集中于自己手中，从而不断地压缩村民自治的空间。2001 年，笔者在河南农村调查时发现一个乡一年给村民委员会下达的任务竟高达 120 多项，平均每三天就要完成一项政府任务，其中相当一部分需要农民出资出力。村干部根本没有时间和精力考虑本村的公共事务和公益事业。这正如彭真在 1987 年通过《中华人民共和国村民委员会组织法（试行）》时所预见的：“给村民委员会头上压的任务太多，‘上面千条线，底下一根针’，这样就会把它压垮。”[①]

由此可见，在中国，依靠国家赋权的村民自治是很难抵御政府权力的无边界渗透的，更难通过村民自治来解决“三农问题”。相反，村民自治的成长必须依赖于政府的行政放权，而政府是否放权又取决于整个国家治理体制和政策选择。

进入 21 世纪以后，村民自治面临的宏观环境发生了一些重大变化。一是由于农民负担日益沉重并激起农民的不满，中央政府决定推行税费改革，减轻农民负担，将城乡统筹作为新的国策，强调对农村和农民实行“多予少取”的政策。各级政府的行政压力相应减小，加重农民负担更成为一根不敢随意碰撞的“高压线”。为此，地方政府对村委会的控制放松，村民自治权逐步回归村民。二是由于行政权的渗透所造成的村干部行政化，使村民更难以对村干部实施监督，引起农民强烈不满，中央试图以进一步推动村民自治来解决村级干部的民意基础和对村干部的民主监督问题。为此，2002 年，中共中央办公厅、国务院办公厅下发了《关于进一步做好村民委员会换届选举工作的通知》，强调加强选举的民主性、程序性，并提出“村支部书记人选，先参加村委会选举，获得群众承认以后，再推荐为党支部书记人选；如果选不上村委会主任，就不再推荐为党支部

① 彭真：《通过群众自治实行基层直接民主》，《彭真文选》，人民出版社 1991 年版，第 611 页。

书记人选”[①]。2004 年，中共中央办公厅、国务院办公厅下发了《关于健全和完善村务公开和民主管理制度的意见》，提出保障农民的知情权、决策权、参与权和监督权。这两个决定不仅将 1998 年颁布实施的《中华人民共和国村民委员会组织法》的精神更加具体化了，而且根据农村新的情况，提出了一些进一步增强村民自治的措施，要求地方党委和政府切实贯彻实施。一些地方在增强村级权力的民意基础方面也进行了一些制度创新。如湖北省随州市实行“两票制”，即村党支部选举要经过两次投票，先是全体村民的“信任票”，只有获得足够的“信任票”，才能作为支部候选人；后是全体党员的选票，只有获得多数党员的选票才能当选村党支部成员。在这一过程中，村民自治的权利得到了较为充分的体现。[②]

随着宏观体制环境的变化，村民自治开始走出行政压力体制的困境，有了更广阔的成长空间。

二、村民自治的成长基础：社会发育

在中国，作为国家赋权的村民自治的成长，需要自上而下的行政放权，提供体制性成长空间。与此同时，我们也注意到，仅仅是行政放权是远远不够的。在 20 世纪 90 年代，由于地方经济发展不均衡，各地的村民自治面临的体制性环境也不相同。行政压力较大、农民负担较重的主要是中部农业地区，东部沿海发达地区的农村村民自治成长的体制性空间相对较宽松。但是，在这些地区，村民自治的成长也不尽如人意。进入 21 世纪以来，随着税费改革，中部地区农村村民自治的体制性环境大为改善，但村民自治的成长又遇到了新的问题。这就是原来为乡和村委会承担的乡村公共事务和公益

---

① 全国村务公开协调小组办公室：《中共中央办公厅、国务院办公厅关于进一步做好村民委员会换届选举工作的通知》，《健全和完善村务公开和民主管理制度学习读本》，中国青年出版社 2004 年版，第 211 页。

② 参见包俊洪、吴治平《乡村选举中的“两票制”》，红旗出版社 2004 年版。

事业，无钱办理了，也无人管理了。村民希望借助村民委员会实行直接民主，以满足日益增长的社会服务需求，也因为无人管事、无钱办事而再次陷入困境，村民自治因此陷入另一种空壳化的境遇。这就需要进一步分析村民自治的成长基础。

中国的农村村民自治具有地方自治的特点，即在行政村的地域，实行自治。行政村有公共事务和公共权力，谁能够担任村的领导人，谁就执掌着村域公共权力。根据逐级上推渐进民主的理念，国家首先在村一级实行村民自治的直接民主，并引入现代民主的制度安排，设计了严密的民主程序，如村委会选举"双过半"制、选举委员会制、差额选举制等。这些制度都是为了更好地根据现代民主自治理念配置村级公共权力资源。因此，村民自治从制度设计看，有着很高的起点。这正是许多人所不可理解的，在中国，竟然是落后的农村先享受着最先进的现代政治文明成果。但要使农村接受和消化这一先进的政治文明成果，将村民自治的制度设计转换为现实却需要相应的现代社会基础。这就是通过高度理性化的社会组织，将分散化的单个人组织起来，通过集体行动，参与公共事务，影响公共权力，并在这一过程中使村民自治权得以体现。

然而，中国农村社会普遍存在的一个问题是社会组织化程度低，体现现代民主理念的村民自治所需要的现代社会发育严重不足。分散的村民难以组织起来以集体行动参与公共事务，影响公共权力，满足个人的社会需求，由此使村委会选举不得不流于一种不得不走的仪式，出现了所谓的"选举疲劳"。这也是许多学者对村民自治进程表示失望的重要原因之一。

正是基于村民自治需要相应的社会组织基础的考虑，一些学者将目光转向乡村本土，提出了发掘村治的本土资源，重视传统的家族组织，将其作为村民自治的自组织资源。这种愿望可能是美好的，但也是不切实际的。这不仅在于经历过近代以来的政治经济大变革，这种传统组织已不再具有完整的组织形态，更在于家族组织本身与村民自治体现的现代民主理念是难以兼容的。

首先，传统家族组织是以血缘关系为纽带的。在家族组织内部，由于天然的亲缘关系，可以形成一个相互信任的“自家人”社会，但这一“自家人”社会则是以将“非自家人”排斥在外为条件的，具有天然的排他性。如果将家族组织作为村民自治的组织资源，可以减少现代政治所需要的动员资本，但带来的必然结果就是出现家族派系及派系之间的争斗。这种争斗强调的不是现代政治的第一要义——是非，而是带有强烈情感性的善恶，因此很难达成以明辨是非为基础的政治共识和妥协。在村民自治运作过程中出现的家族派系争斗，使村委会选举沦为家族获得权力的工具，村民自治体现的现代民主理性精神受到严重扭曲。由此也为本来就不信任村民能够自治的人提供了事实依据。

其次，传统家族组织强调内部的整体性和差序格局，子必事父，妻必事夫，由此建构起家长权威。这种家长制权威是以他人的权利让渡为条件的，从而也将他人排斥在公共生活和公共权力之外。如果将这一权威体制引入村域公共权力，势必进一步强化历史上固有的公权私有的倾向。在近些年的村民自治实施过程中，一些即使通过民选的村委会主任也仍然高度垄断公共权力，凡事个人说了算，使村民自治沦为村主任自治。2004年中央颁布关于健全完善村务公开的意见，正是通过加强民主决策、民主管理和民主监督来保障村民的自治主体地位，使村的公权不至于异化为私权。

所以，传统的家族组织是不可能成为村民自治的社会组织基础的，而且传统家族组织经过政治经济冲击早已面目全非，所谓纯正的家族本土资源只是学者们的一种想象。那么，当今村民自治所依靠的社会基础和组织资源究竟在哪里呢?

体现现代民主理念的村民自治所依托的社会是一个现代理性化社会。理性化社会来自于个人经营活动中的合理算计。这种算计不是传统家庭经营中的内部算计，而是不断扩大的经济社会交往中对个人收益的权衡。这种理念使个人在参与公共事务中，保持着足够的经济理性，而不是盲目地服从和冲动。他们对公共权力寄予期望，并参与影响公共权力的活动，以满足其社会需求，同时又对公共权力保持一份警惕，随时防范公共权力对个人权益可能的侵犯。这种理性化社会正是村民自治蕴含的民主选举、民主决策、民主管理和民主监督精神的社会起源。

传统农业社会的封闭性限制其理性化，现代开放的市场经济为理性化社会的建构提供了相应的机制，也为村民自治的成长提供了必要的经济基础。20 世纪 90 年代以来，随着市场经济发展，在一些市场经济程度较高的乡村，普遍出现了“能人治村”和“富人治村”的现象。一些有致富能力的人纷纷当选为村干部。村民们不选某些人的理由是“自己都不能富，怎么可能带领我们富？”正是出于致富的算计，他们选“富人”“能人”为村干部。他们将权力让渡于“富人”和“能人”是有条件的，这就是带领大家共同致富。一些“富人”和“能人”为了使自己当选，也要做出相应的承诺，甚至以用自己的钱兴办公益事业来博取村民的信任。当然在这一过程中，可能出现“贿选”的情况。村民出于对短期功利目的的冲动而自愿让渡其权力，但利益的算计最终会使他们做出更为理性的考虑而不会轻易让渡其权力，并要求制度创新。在浙江省，一些地方的村民为防止少数“富人”“能人”在当选时轻易承诺、当选后不认账的现象出现，实行当选时财产抵押公证制，以确保当选人履行承诺。

理性化社会的组织建构是自组织过程，即个人基于共同需要和利益而自我形成组织。这是个人参与公共事务必要的组织基础。中国的村委会实际上包含两重含义：一是由村委会干部组成的村委会组织；一是村委会管辖的村委会地域。农民通过村民委员会实行自治，实际上也包含两重含义：一是参与影响执掌村域公共权力的村委会活动，如村委会选举、村务决策、村务监督；二是将村民委员会作为一个不同于县乡等地方行政区域的地域性自治平台，农民通过各种自组织开展自治活动。以往我们对村民自治的理解只限于前一方面，村民自治主要是围绕村委会组织展开，如村委会选举等。事实上，村民自治的最主要方面和有强大生命力的是后一方面。只是这一方面要依托各种自组织的产生。正是基于自组织资源的匮乏，有人提出要利用乡村社会的本土资源，即家族组织。这一设想既缺乏现实依据，也不可能解决村民自治运作的自组织资源问题。

那么，随着经济社会发展，中国农村开始出现各种农民基于共同需要和利益而自我形成的社区组织，如经济合作组织、社区民间组织等。这些组织在村民委员会这一群众自治制度平台上开展各种自治活动，实行自我管理、自我教育、自我服务、自我保护，其内在治理机制实行完全的民主选举、民主决策、民主管理和民主监督。湖北省秭归县杨林桥镇的社区组织的产生具有代表性。

改革开放以来，中国农村社会正在发生重大变化，一是以家庭为经营单位，二是生产的社会化程度愈来愈高，农民对产前、产中、产后的社会化服务的要求和依存度愈来愈大，可以说是社会化的小生产。要满足农民的社会化服务的要求，必须建立农民自己的组织。但现有的乡政府、村委会、村民小组的组织系统难以满足日益增多的农民社会化服务的要求。特别是随着税费改革，为减轻农民负担，乡、村、组合并，机构和人员大量减少，村组干部能维持一般的村务管理，完成政府委托的任务已很不容易，根本无暇考虑为农民提供社会化的服务。在这一背景下，湖北省秭归县杨林桥镇的农民自发地组织社区组织，并将之推广。农村社区按“地域接近、产业趋同、利益共享、规模适度”的原则设立。社区成立理事会，由本社区居民直接选举产生，不拿任何报酬，每届任期一年。社区理事会根据村民的需求开展社区服务活动，如民事调解、举办科技培训活动、提供经济信息等。这一社区组织是完全意义的群众自治组织，不承担行政功能；社区活动是完全意义的群众自治活动，“要办什么，不办什么，先办什么，后办什么”，完全由社区成员自己决定。自组织的自治活动大大丰富了村民自治的内容，开拓出村民自治的新天地。

自组织的产生必然推动村委会组织向村民自治精神回归。尽管村民参与村委会组织选举，但村民个体的分散性使选举后村民难以参与公共事务的管理，从而导致村民自治变为村委会干部自治。随着各种农民自组织的生长，不仅能够培育农民在自组织内的参与意识和自治能力，而且使农民得以借助自组织参与村务管理，影响村域公共权力的运作。2004年10月初，笔者到《中国农民调查》一书涉及的地方——安徽省北部农村调查。有一个村的农民自发组织起养鸡协会。协会成立后可以购买较便宜的饲料，可以统一防治鸡病，方便农民出售鸡产品，使农民得到很大收益。协会很受农民欢迎，获得极高声誉。由此也使当地的村委会干部产生很大压力，促使他们只有更多地为村民提供服务才能获得相应的支持，村委会的行政化势必向群众性回归。到2004年，我国各类农民专业合作经济组织已超过15万个，[①] 它们将在村委会这一自治制度平台上发挥积极作用，构成村民自治运行的组织基础。

当然，理性化社会的建构和自组织发育是一个长期的过程，这也决定了村民自治的成长必然会经历一个漫长的成长过程。对这一点必须有足够的思想认识和准备，否则就会再次犯历史上的民主幼稚、急躁病和陷入因为急躁而带来的失望中，以致抛弃民主的窠臼。

（原载于《华中师范大学学报》2005年第2期）

① 参见汪辑《我国各类农民专业合作经济组织已超过15万个》，《光明日报》，2004年10月18日，B1版。

村民自治的深化：权利保障与社区重建

——21 世纪以来中国村民自治发展的走向

1998 年《中华人民共和国村民委员会组织法》修订通过并实施以来，以“海选”[①] 村委会为突破口的村民自治制度迅速发展，一时间成为世人所关注的公共话题，并成为众多研究者所关注的对象。但进入 21 世纪以来，村民自治的发展在走向深入的过程中出现了“成长的烦恼”和“发展的困境”，未在短时间内实现人们原来附加给它的过多价值和意义，不仅质疑声音重起，而且不少学者也认为村民自治作为一项制度已经确立，已没有更多的问题需要研究。但在笔者看来，村民自治作为一项不同于原有乡村政治有机体的制度刚刚嵌入到乡村社会生活之中，并出现了许多人们原来未预料的新问题，对村民自治的反思性研究也才刚刚开始，还有大量的课题需要深入研究。[②] 本文认为，21 世纪以来，村民自治正在不断走向深化，其主要标志就是它已成为亿万村民政治生活方式中的一项基本权利和自己创造自己幸福生活的制度平台。在这一过程中，从国家层面看，迫切需要建构相应的权利保障和救济机制；从乡村社会看，则需要根据急剧变化的社会重建乡村社区。

---

① “海选”是 20 世纪 90 年代由吉林省梨树县创造的一种村委会选举方式，其主要特点就是将村委会成员候选人的提名权完全交由全体村民。这一方式是对传统的上级组织提名方式的突破，后为全国所推广。

② 过往的村民自治研究基本上是对实行村民自治的合理性的论证，因为村民自治还主要停留在制度文本层面。20 世纪 90 年代末以来，村民自治已由制度文本进入乡村社会，并在运行中产生出新情况、新问题和新矛盾，从而使人们有条件客观观察村民自治的运行过程，从中发现问题，建构问题意识，进行反思性研究。

一、从组织重建走向权利保障

任何一种制度变迁都受历史前提所规制。中国农村的村民自治是在以家庭承包为基本内容的农村改革过程中，作为人民公社组织的替代者出现的。它的产生和发展都不能不受传统的人民公社体制所规制。这使得中国农村村民自治一产生就是以组织重建为重心的。

家庭承包经营的出现直接动摇了人民公社体制的根基。国家原来运用政权的力量，以人民公社的形式组织农民、治理乡村的方式面临严峻挑战。国家面临的突出问题之一是以何种形式将分散化的农民重新组织到国家体系中来，实现对乡村的有效治理。

20世纪80年代初，在广西宜山、罗城一带出现了农民自我组织起来管理公共事务的自治性组织。这一组织形式很快受到当时正为实行家庭承包后农村陷入无人管事的混乱局面所担忧的国家领导人的重视。[①]1982年修订《宪法》时，在《宪法》第111条第一次出现村民委员会的概念。当时对村民委员会角色的定位主要还是从国家组织形式的角度来认识的。《宪法》将村民委员会放在“地方各级人民代表大会和地方各级人民政府”这一节中提出。随着1984年废除人民公社体制，农村基层组织建设的任务更为迫切。1987年，根据宪法精神，全国人大常委会制定并通过《中华人民共和国村民委员会组织法（试行）》，将村民委员会组织建设以法律的形式加以确立和细化。1990年，中共中央组织部等部门联合召开全国性的以党支部为核心的村级组织配套建设会议，将村民委员会作为主要的村级组织之一加强建设。直到1998年，全国人大常委会修订《村组法》并取消试行的规定而在全国实施。[②]所以，在相当长时间内，中国农

---

① 参见徐勇《伟大的创造从这里起步——探访中国最早的村委会的诞生地》，《乡村治理与中国政治》，中国社会科学出版社2003年版，第3页。

② 由于1987年通过的《村组法》有试行规定，因此直到1997年，还有广东等省没有实施《村组法》。

村村民自治的主要任务是组织建构，制定的相关法律主要是《村组法》。不少学者认为，中国农村村民自治应该首先制定村民自治法，然后在此基础上制定村民委员会组织法。但这只是一种理想化的设定，而不是历史逻辑的延续。

当然，村民自治的组织建构并不是对人民公社组织的简单替代，否则就没有必要制定法律制度并用相当长的时间进行组织建设。村民委员会组织作为人民公社的替代组织，最根本的不同就在于乡村治理的主导权由“干部”转移到村民。[①] 它的天然属性是民治而不是官治，是各村村民因地制宜和内在需求的多样化治理，而不是依据统一的国家意志的单一的行政化治理。在这一治理体制下，农民有支配人身活动的自由，而不必像以往必须向生产队干部报告并受其支配；农民有了生产经营的自主，种什么不种什么由农民自己决定而不是完全听命于干部；农民有了参与公共事务管理的自治，农村社区事务不再是完全由干部所决定。村民委员会组织的相关法律都是围绕这一基本治理原则所展开的。1982 年《宪法》第 111 条就明确规定，村民委员会是“基层群众性自治组织”。1987 年通过的《村组法（试行）》开宗明义规定制定本法是“为了保障农村村民实行自治，由村民群众依法办理群众自己的事情”。“村民委员会是村民自我管理、自我教育、自我服务的基层群众性自治组织。”积极推动村民委员会组织立法的彭真对此有过精辟的论述。他作为当时的全国人大常委会主任，在推动全国人大常委会通过《中华人民共和国村民委员会组织法（试行）》时表示：“有了村民委员会，农民群众按照民主集中制的原则，实行直接民主，要办什么，不办什么，先办什么，后办什么，都由群众自己依法决定，这是最广泛的民主实践。”“八亿农民实行自治，自我管理、自我教育、自我服务，真正

① 人民公社是政社合一的组织。这一组织体系内的生产队、生产大队和公社各级组织的干部均主要为政府意志所支配，尽管他们有脱产不脱产、拿工资还是拿工分之别。

当家做主，是一件很了不起的事情，历史上从没有过。”[①]

既然村民委员会是一种完全不同于人民公社，且在历史上从来没有过的组织，那么它的建构就不是一件容易的事情。这一组织的建构意味着国家以法律的形式赋权于民，由群众自己直接行使民主权利。它不仅会受到传统乡村治理体制的影响，而且受国家宏观治理体制的制约。对此，彭真在 1987 年推动村委会组织立法时就预见到了。他说：“办好村民委员会，实行村民自治，是一项长期的、艰巨的工作，不要把它看得那么容易，绝不是作一个决定，国家发一个号令，就能短期都搞好的。”[②]

正因为如此，1987 年通过的《村组法》被称为“试行法”，并且试行了十年多时间。在这一期间，经过试点和示范，全国普遍建立起村民委员会组织，并取得了较好的效果。这一成功的政治实验也促进了国家领导人进一步推动村民自治。1998 年 9 月，中共中央总书记江泽民对村民自治给予了高度评价，指出“包产到户、乡镇企业和村民自治，都是在党的领导下我国亿万农民的伟大创造”[③]。同年，九届全国人大常委会第五次会议通过修订后的《中华人民共和国村民委员会组织法》，并取消试行的限制。修订后的《村组法》最重要的精神价值就是更充分体现了村民民主权利，并以严格的法律制度和程序加以规定。如新修订的《村组法》除了延续“村民委员会是村民自我管理、自我教育、自我服务的基层群众性自治组织”的规定以外，还特别在这之后增加了“实行民主选举、民主决策、民主管理、民主监督”的规定。

1998 年新修订的《村组法》实施以后，以“海选”为突破口的

---

① 彭真：《通过群众自治实行基层直接民主》，《彭真文选》，人民出版社 1991 年版，第 608 页。

② 同上，第 610 页。

③ 江泽民：《全面推进农村改革，开创我国农业和农村工作新局面——在安徽考察工作时的讲话》，《人民日报》，1998 年 9 月 25 日。

村委会选举发展迅猛，亿万农民开始切实享受村级民主选举权利。这是村民自治发展的一个重要的标志性转折。即经过10多年的探索、试点和实验，村民自治的组织建设已基本完成，开始进入一个通过组织重建实现村民民主权利的新的历史时期。村民自治不仅仅是国家治理乡村的一种方式，同时也是国家赋予农民的一项不可剥夺、不可转让的基本权利。

进入21世纪以来，村民自治发展的权利指向更加明确。2002年，中共十六大报告提出建设社会主义政治文明的任务，指出“健全民主制度，丰富民主形式，扩大公民有序的政治参与，保证人民依法实行民主选举、民主决策、民主管理和民主监督，享有广泛的权利和自由，尊重和保障人权”①。“尊重和保障人权”的提法后被写进宪法。在2002年下发的《中共中央办公厅、国务院办公厅关于进一步做好村民委员会换届选举工作的通知》中，明确指出“由村民直接选举村民委员会，是法律赋予村民的一项基本民主权利，是基层民主的重要体现。搞好村民委员会换届选举，必须充分发扬民主，切实保障广大村民在选举各环节中的权利，使村民委员会的选举真正体现农民群众的意愿”。②为了推动其他“三个民主”的建设，2004年下发的《中共中央办公厅、国务院办公厅关于健全和完善村务公开和民主管理制度的意见》中，提出了“进一步健全村务公开制度，保障农民的知情权；进一步规范民主决策机制，保障农民群众的决策权；进一步完善民主管理制度，保障农民群众的参与权；进一步强化村务管理的监督制约机制，保障农民群众的监督权”③。从进入21世纪以来的国家法律和中央政策规定看，村民自治发展的重

① 《十六大报告辅导读本》编写组:《十六大报告辅导读本》，人民出版社2002年版，第29页。

② 《中共中央办公厅、国务院办公厅关于进一步做好村民委员会换届选举工作的通知》,《人民日报》，2002年7月15日。

③ 全国村务公开协调小组办公室:《健全和完善村务公开和民主管理制度学习读本》，中国青年出版社2004年版，第2—8页。

心已由组织建设转向村民权利的保障。

随着村民自治的发展，作为一种外部性制度安排，村民自治正在内化为亿万村民不可剥夺和不可转让的民主权利。尽管村民可能不会参与具体的选举、决策、管理和监督活动，但作为一项权利，则是其他力量不可剥夺的。如笔者及所在机构在乡村调查时发现的一个普遍性现象，一些村民不会在意自己最终是否参与选举，但都在意自己是否具有选民资格。因为这意味着村民是否具有法定权利和相应地位。

正因为村民自治的发展重心已由组织重建走向村民权利，21 世纪以来有关村民自治权利被侵害的上访事件急剧增加。在一些地方的群众来信来访的案例中，有关村民自治权利被侵害的案例所占比例排列第二位，仅次于农民负担。这种现象一方面说明，村民自治作为村民一项基本民主权利正在愈来愈深地进入乡村社会生活之中，成为村民政治生活方式的重要内容；另一方面也说明，村民自治权利还有待保障。没有必要的保障和救助机制，村民自治权利就会被“悬空”。特别是对于中国这样一个缺乏民主传统的国度，对于微观改革与宏观改革不相配套的治理体制，对于经济文化相对落后的农村，村民自治权利的保障更为重要。因此，进入 21 世纪，深化村民自治的重要内容之一，就是由组织重建走向权利保障。

权利保障首先是消除体制性障碍。权利与权力在政治发展过程中往往是不平衡，甚至是相互冲突的。特别是中国的村民自治权一开始就具有国家赋权而不是自然权利延伸的特性，使这种冲突更带有体制和结构性矛盾，也显得特别强烈。20 世纪 90 年代末以来，我们会发现一种十分矛盾的现象：一方面，国家立法和中央政策长足进步，村民自治制度日益深入人心；另一方面，村民自治的发展实践并不令人乐观，在一些地方甚至相当令人沮丧。地方党政在难以公开干预村委会选举之后，便利用行政权力控制村的领导人和村的公共治理。如对村干部实行“诫勉制”，[①]对村级财务实行“村财乡管”，代替村委会出让农民土地等等。人、财、物均由县乡地方政府所控制，村民自治有自治形式而无自治的内容，因此沦为空壳。村民自治实践中最为突出的矛盾是“乡村关系”和“两委关系”。[②]这一矛盾发生在基层，但深层次的原因则是农村微观体制变革与国家宏观治理体制不配套造成的。在实行村民自治的条件下，国家一直延伸到乡村的治理体制仍然是行政—命令式的治理体制，地方党政为完成日益增多的行政任务，势必将“要办什么，不办什么，先办什么，后办什么”的主导权控制在自己手中。为此采取各种行政措施控制村民委员会，将村民委员会行政化为自己的“一条腿”，村干部成为主要完成政府任务的“准行政干部”，其身份也由村民变为“村官”。这种自上而下支配的官僚化体制会大大压缩村民自治的空间。正如彭真 1987 年通过《村组法（试行）》时所预言的，“给村民委员会头上压的任务太多，‘上面千条线，底下一根针’，这样就会把它压垮”[③]。村委会行政化的必然后果是村民的民主权利被“悬空”和“虚置”。村民满腔热情地参与村委会选举，但村委会并不能按照村民的意志开展工作。

所以，保障村民的民主权利首先就要消除体制性障碍，而且这一条件正在成熟。这首先在于国家治理乡村的总体性体制正在发生

---

① 这种现象在山东一些地方比较突出。主要表现在实行村委会“海选”后，乡镇党政不能直接控制村干部人选的产生和撤职，于是运用正式或非正式的停职、警告等方式控制那些“不听话”的村干部。

② “乡村关系”主要是指乡镇党政与村委会的关系。根据《村组法》的规定，乡镇政府对村委会只是指导、支持和帮助，但在实际工作中大量存在的是领导，即命令—服从关系，由此产生了法律文本规定与事实冲突的“乡村关系”问题。“两委关系”主要是指村党组织（绝大多数地方是村支委）和村委会的关系。从法律上说，村党组织是领导者，而村委会是自治组织。前者作为中国共产党的基层组织有义务服从上级党组织的命令，而村民委员会依法自治，自然管理本村事务。由于这两个组织的性质和运行依据不同，因此在实际工作中必然产生矛盾，即通常所说的“两委关系”问题。

③ 彭真:《通过群众自治实行基层直接民主》,《彭真文选》，人民出版社 1991 年版，第 611 页。

深刻的变化。以往的农村治理体制从总体上看都属于“资源汲取型”，即国家的乡村治理体制服从和服务于国家从乡村汲取资源的目标。在这一总体框架下，任何微观体制变革都不会取得突破性成效。而要走出这一历史困境，只有中国经济社会发展到一定程度才有可能。这一可能性终于在进入21世纪时得以出现，这就是国家不仅有能力不从农村汲取资源而实现经济的自我发展，而且有能力“统筹城乡发展”，实现“以工支农，以城带乡”。国家对农村的方针也有了根本性的改变，这就是“多予少取放活”。其开端就是农村税制改革，要在很短的时间内取消农业税，将农民负担减少到最低限度，并改革与向农民索取相适应的农村治理体制。国家宏观政策和治理体制的改变，为村民自治拓展了广阔的空间，村民自治开始走出体制性困境，向自身的特性复归。“多予少取放活”政策的最终目的是调动农民的积极性，而农民的积极性只能来自于其农民的主体地位。村民自治所具有的民治而不是官治的天然属性为确立和实现农民的主体地位提供了制度性平台。其次是经过20多年的实践，农民逐步学习和掌握了村民自治的知识和技能，培养起自治的意识，并运用村民自治法律维护和扩展自己的民主权利。一些地方的基层选举由村向乡镇延伸的实践，说明农民在学会管一个村的事情以后开始学习管一个乡的事情。这为消除村民自治的体制性障碍创造了主体性条件。

权利保障其次是完善法律制度。由于历史条件的规制，中国农村的村民自治首先是从组织建构开始，有关法律也是从村民委员会组织法开始。这虽然符合事实逻辑，但毕竟也具有先天性的弱点，这就是村民自治的法律体系不健全。一是缺失村民自治的基本法律，如村民自治法。从法理逻辑上看，应该是先制定村民自治法，再在此基础上制定组织法。但由于特殊的历史和国情，使我国先制定的是组织法而未出台相关的基本法律，这不利于凸显以村民为主体的基本自治权利，也不利于农民的民主权利在受到侵害后的维护。现行的组织法只规定了应该怎样，却未规定违反后应该如何处理。组织法的权威因此大受影响，并很容易导致农民民主权利被“悬空”和“虚置”。其次是缺乏相应的程序法律。如《村组法》规定了民主选举、民主决策、民主管理和民主监督的原则，但却缺乏相应的程序性法律规定，如没有村民委员会选举法。由此使原则性规定因没有程序性法律的保障而难以落实。所以，在村民自治的深化过程中，需要制定有关村民自治的基本法律和程序性法律，以保障广大农民能够依法自治、依法行使并维护自己的民主权利。

权利保障再次是建构多层次的权利救助机制。权利只是法律上提供的一种可能性，它的实现需要相应的主体性条件，如权利意识、实现和主张权利的能力、维护权利的条件。在现阶段，农村经济文化相对落后，加上数千年的传统影响，农民民主权利的实现还很困难，特别是权利被侵害后得不到强有力的保护。如许多妇女未能意识到参与村务是自己不可剥夺的权利。农民缺乏相应的法律知识，甚至不知道《村组法》，也不能运用相应的法律知识维护自己的民主权利并履行相应的义务。在21世纪，深化村民自治的重要任务就是建构多层次的权利救助机制。以往，对农民的救助主要限于物质上的救助。随着小康社会建设，对农民的权利救助也应该纳入到国家的救助体系中，因为农民不仅是经济上的弱者群体，也是权利方面的弱者群体。首先要对农民进行有关村民权利的教育培训，使他们意识到自己是治村的主体，并参与治村过程；其次是为村民实现和维护民主权利提供法律救助，在他们的权利受到侵害后有相应的司法机制加以处理和维护；再次是动员广泛的社会资源，建构社会救助机制，如新闻媒体的帮助、志愿者的救助等。

二、从乡村改造走向社区重建

自治意味着社会共同体的成员根据其内在需求自主选择其生活方式。村民自治的核心价值不只是“海选”村民委员会，更主要的是为村民的自由自主自治活动提供制度性平台。在这个平台上，农民自己决定“要办什么，不办什么，先办什么，后办什么”，自己创造自己的幸福生活。但农民创造自己幸福生活时必须依托于其生存的乡村社会。村民自治作为一项外部性的制度嵌入到乡村社会后，也必然受固有的乡村社会特性所制约。所以，深化村民自治，还必须考察乡村社会及其变化。

在中国，由于长期的小农经济，乡村治理有着长期的家族性自治的传统。村民自治在一定意义上说，是与大传统的衔接，但这种衔接不是简单的复归。这在于自20世纪以来，中国乡村社会发生了重大变化，其变化的基本内容是适应现代化取向，国家愈来愈深地进入乡村社会，并按照国家意志改造着与现代取向不相吻合的传统乡村社会。整个20世纪，可以说是乡村改造的世纪。20世纪50年代，取得民主革命胜利并获得国家政权的中国共产党很快开始社会主义改造，其重要内容之一就是对乡村的改造，并按国家意志构造农村人民公社体制。20世纪80年代，农村经济改革实际上是对超越现阶段生产力水平的极端化乡村改造的“纠正”，使农村生产关系回归到原有的生产力水平上去，因而实行家庭承包经营。但是，随着大规模的现代化建设，国家再次通过各种力量对乡村进行改造，以使传统落后的乡村社会得以与日益发达的城市社会相接轨。不间断的乡村改造显然不是毫无意义的，甚至有相当成效。但是，中国乡村的基本特性没有实质性改变，这就是一家一户为单位、经营数量不多的土地的生产方式没有变，也就是仍然是传统的小生产。这正是许多学者主张回归传统的重要社会依据。但是，我们也不能不注意到，现阶段的小生产与传统的小生产已有相当大的不同，这就是社会化程度愈来愈高。乡村社会的生产方式和生活方式已不再是封闭的、与外部隔绝的、自给自足的、缺乏分工的，而是与外部、与他人有着十分紧密的联系和很高的依存度。笔者将其称为“社会化的小生产”。这种社会化的小生产将会长期存在，并成为现阶段乡村社会的基本特性。同时，乡村社会仍然长期处在迅速的变动之中。这就是村民自治制度运行时必须面对的社会基础。

由于家庭经营将长期存在，激进的乡村改造不再适宜；又由于家庭经营的外部条件正在发生重大变化，农民的社会化需要愈来愈多，乡村治理必须充分适应这一要求。因此，在深化村民自治的过程中，还面临着新的任务，就是从乡村改造走向社区重建。一般来说，社区建设是一种有目标、有计划引导社会变迁的行动过程。我国现阶段乡村社区建设的要义是在国家全面建设小康社会的总体框架下，通过外部支持和内源发展[①]的结合，以市场化民主化为导向建设新型的乡村社区。通过社区重建，构造村民自治的社会基础，满足村民的社会化需求。它与过往的乡村改造最大的不同在于不是单一地实现国家意志，而主要是为了满足农民实现富裕、民主、文明的内在需求。而要实现这一目标，则需要提供相应的载体和支持，开发村民自治有效运行的资源。

1. 组织资源

村民自治的主体是村民。村民通过自我产生的组织在一定区域范围内实行自治。在这个组织里，村民们长期共存，在相互依赖的生产和生活交往中形成相互信任的共同体，也就是费孝通先生所说的“熟人社会”。在这一社会群体内，人们无须借助更多外部性力量便能了解他人，这自然可以最大限度减少自治的交往成本。因此，村民共同生活并形成共同的认同和归属的自然村是村民自治最基本的组织资源。村民自治的组织载体——村委会最早便产生于广西宜山县合寨、果寨两个自然村。1987 年通过的《中华人民共和国村民委员会组织法（试行）》也是将村委会建立在自然村。但是，我国农村地域广阔，有集中居住的，更多是分散居住的，自然村的类型十分复杂，有的仅有数户，有的可能有数百户。特别是 1949 年后，自然村的构成为人民公社体制按便于集体生产的目的重新塑造。如作

---

① 内源发展是联合国提出的一个旨在改变落后地区状况的思路。根据这一思路，要改变落后地区的状况，更主要的是依靠开发其内在的力量，实现可持续的发展。参见联合国教科文组织《内源发展战略》，社会科学文献出版社 1988 年版。

为第一个村委会产生地的合寨村在人民公社时期就分为四个生产队。土地等生产资料实行公社、大队、生产队“三级所有，队为基础”。而村民自治制度是在人民公社体制废除后的替代性制度，必须面对人民公社体制的组织遗产。人民公社体制废除后，国家决定“政社分开，撤社建乡”，而在乡以下，则建立村民委员会，实行村民自治。正是在这种统一的规划性变迁中，全国的村委会普遍建立在原生产大队一级（有的地方一度在村委会和乡镇政府之间设立了管理区、村公所等中间性组织，如广东、广西、云南等，但后来也取消了）。

生产大队是由若干个生产队构成的，换言之也是由若干个“熟人”共同体构成的，即后来人们通常所说的行政村。组织愈大，人们的相互认识和信任程度愈低，管理成本愈高。特别是作为行政村，有相当程度的公共权力，如资源的分配、政府事务的代办等。这就需要引进与村民作为自治主体相一致的民主自治制度来规范村级公共权力的运作，于是有了所谓民主选举、民主决策、民主管理与民主监督等一系列制度安排。

但是，如果将现有的村委会作为村民自治的主要甚至唯一的组织资源，则不利于村民自治的成长。首先，行政村范围太大，自治的经济和社会成本太高。就如村民大会和村民会议很难召开一样。其次，行政村天然地具有协助政府工作的义务，不可避免有行政化倾向。行政村的范围过大，使村干部很难及时了解农民的生产和生活需求并提供相应的服务。特别是农村税制改革以来，为了减少管理成本，减轻农民负担，许多地方实行合村并组，村组的范围更大，自治活动也更为困难。如果将自治的组织载体仍然局限于行政村一级，无疑会大大限制村民自治的活动范围，农民日益增多的社会化需求难以得到满足。如农村税制改革后的一个突出矛盾就是公共物品的供给困难。

面对这一困境，迫切需要开发村民自治的组织资源。最主要的是按共同居住、相互联系、有共同的认同感和归属感的标准建设乡村社区，进行社区重建。这一社区组织既借助于自然村、生产队等传统组织资源，又不受传统的、天然的、血缘的、行政的组织限制，主要取决于相互的自愿合作。通过这种自愿合作基础上的社区组织，满足村民的各种社会化服务需求。如湖北省秭归县的农村按“地域接近、产业趋同、利益共享、规模适度”的原则设立社区。社区成立理事会，由本社区居民直接选举产生，不拿任何报酬，每届任期一年。社区理事会根据村民的需求开展社区服务活动，如民事调解、举办科技培训活动、提供经济信息等。这一社区组织是完全意义的群众自治组织，不承担行政功能；社区活动是完全意义的群众自治活动，“要办什么，不办什么，先办什么，后办什么”，完全由社区成员自己决定。自组织的自治活动大大丰富了村民自治的内容，开拓出村民自治的新天地。

村民自治的真正价值在于为村民的自由、自主和自治活动提供了制度平台。在这一平台上，只有各种自生自愿的组织存在和活动，村民自治的价值才能得到真正体现。所以，培育各种乡村社区组织是深化农村村民自治的重要内容。而现有的行政村基础上的村民自治还可以继续拓展，发展到县市以下的基层地方自治。

2. 财政资源

村民自治要开展自治活动，必须有相应的财政资源。传统社会实行乡村自治，有其财政基础，如公山、公林、公地、公产，还有大户人家因为“德行”“善事”而捐资。这种情况在一些地方一直延续到人民公社后。在第一个村委会发源地的广西，村干部的报酬有1/3来自于历史延续下来的公田，谁当干部就让谁种公田，公田的收获归干部本人，作为其办理公事的报酬。中国的村民自治得以产生在相当程度上取决于土地等生产资料的集体所有。只要是村集体的成员都能享受一份土地及其集体共同收益。因此，在村的范围内，村民应该成为权力主体。同时，为了办理乡村事务，农村改革后国家在农村实行“村提留乡统筹”的税费体制。土地及其收益的集体所有和“村提留乡统筹”可以说是过往村民自治的财政基础。

但是，农村改革后，土地为家庭经营，特别是在大多数地方，土地分户相当彻底，没有保留公共资产。改革后发展的集体企业也大多转制为个人所有。特别是以农业税和“村提留乡统筹”为名义的各种税费不断加码，使农民难以承受，并产生了强烈的抗拒。同时，税费收取后大多为政府所控制，给村留成的非常少，村根本无财力为村民提供服务，干群矛盾日益紧张。这正是许多地方的村民自治陷于困境的重要原因。

进入21世纪后，为解决农民负担日益加重的问题，国家实行税费改革，并将在较短时间内取消农业税，以尽量减少农民财政负担。与此同时，国家为了解决随意侵占农民土地权益问题，将对农户家庭承包的土地实行物权化，农民对土地的支配具有主导权。税费制度和土地制度的改革可以维护农民的利益，同时也给村民自治提出了挑战，即村民自治的财政资源更为紧缺。李昌平等一些人主张开征土地税[①]。这是一种设想，但在现阶段，在农民负担随时有可能以各种名义反弹及造成反弹的体制性原因没有消除之时，还不可行。对当前的农民来说主要还是减负。

农村税制改革后的村民自治的财政资源应该是多元化的。首先是国家的转移支付。我国现在已进入以工支农、以城带乡的阶段，国家对乡村的财政支持将愈来愈多，如在“十五”期间，国家每年新增加的教育经费将主要用于农村基础教育。但如何将国家资金用好并确实用于农村则成为一个新课题。韩国在完成工业化阶段时，为了支持相对落后的农村，曾经以“新村运动”的方式将资源引入农村，以项目的方式支持新村建设。这对于我国的乡村社区建设有一定启示意义。其次是社区自我集资。由于我国还处于小康社会建设初期，国家对农村的财政支持总是有限的，乡村社区建设的财政资源更主要的还是来自于内部。从我们的调查经验看，只要是农民真正的需求，只要钱用得合理并得到群众的监督，村民还是愿意集资兴办公益事业的。在农村税制改革以后，如何进行集资，如何民

① 参见李昌平《怎样实现和保护农民的产权》,《南方周末》, 2004年12月2日。

主理财，正成为村民自治需要解决的问题。再次是大户的捐资。应该看到，当今农村社会分化程度愈来愈高，收入差距拉大，以往平均出资出力的财政汲取方式愈来愈不适应。通过各种方式鼓励那些先富人群向所在社区捐资捐物，是当今乡村社区建设的重要集资方式。这一可行性不仅来自于中国传统中对做“善事”的褒扬，同时也需要现代税制的支持。如向乡村社区捐资者可在税收方面得到优惠，通过利益机制鼓励人们为社区捐资。

3. 文化资源

村民自治是在一个乡村共同体内由村民自我管理。与政府的外部性管理不同，这种自我管理主要借助于基于共同体内部形成的规则和共同认可的权威。这种共同体更严格地说不是政治共同体，而是一个生活共同体和文化共同体。如英国乡村自治就是以教区为组织基础的，教区是一种以共同的信仰为纽带形成的一个自治共同体。因此，文化资源对于村民自治具有至关重要的作用。传统乡村社会实行的是“礼治”。共产党作为革命党时建构了一套自己的理论，并在革命后运用这一理想和理论去改造和治理乡村社会，因此在人民公社时期实行的是“理治”。但随着人民公社体制的废除，原有支撑这一体制的文化资源也迅速流失，原有被压抑的个人经济理性急剧膨胀，并为市场经济体制赋予了合法性。面对理性化的农民利益主体，国家及其代理人对乡村社会实行的更多地是“力治”，即运用以国家暴力为支撑的行政权力治理乡村社会。[①] 一方面，这种不受限制的行政权力很容易侵害农民利益；另一方面，它会进一步破坏村民自治的文化基础，即村干部缺乏必要的道德权威，村民对干部缺乏基本的信任。这也是为什么在现阶段仍然要进一步强化村级民主选举、民主决策、民主管理和民主监督的重要原因。

但是，竞争性民主毕竟建立在争取和制约权力的基础上，一是

① 参见徐勇《礼治 理治 力治》，《乡村治理与中国政治》，中国社会科学出版社2003年版。

其成本太高，二是代价太大。它带来的后果往往不是社会和谐而是社会分裂与对立。这正是一些人对村民自治的价值持怀疑甚至否定态度的重要原因所在。但在现阶段，市场经济日益向乡村社会渗透并造成人的过度理性化时期，在公共权力的获取和运作层面还必须坚持和发展竞争性民主，通过竞争性民主确立"公意"。而与此同时，在日常村务管理方面则有必要加强协商性民主，通过村民的广泛参与，共同议事决策，强化对社区共同体的认同和归属感，改善乡村治理。对于现阶段中国农民来说，"有事好商量"比"有事进公堂"更容易接受和认同，也更能有利于农民自己创造自己的幸福生活。所以，在乡村社区重建的过程中需要进行文化重建，形成传统与现代有机相通的文化价值和规范，使人们能够在乡村社区生活中获得相应的意义、乐趣和安定感。如通过发育各种社区组织，开展各种社区性自治活动，实现乡规民约的创造性转换，形成现代"乡约"；开发地方性的文化资源，强化人们对本社区的认同感和归属感；建立文化活动中心，以文化活动凝聚分散的人心。

4．社会资源

村民自治是大众参与的过程，同时也需要乡村精英发挥主导作用。传统社会的乡村治理实质上是乡绅治乡，是以乡村精英为主导的自治。但进入以城市为中心的现代社会以后，乡村精英不断向城市流动。毛泽东在20世纪20年代说道的"一等地主到上海，二等地主到汉口，三等地主到长沙，四等地主到县城"，就反映了乡村精英向城市流动，并造成地方精英劣绅化的情况。中华人民共和国成立后，尽管实行严格的户籍制和人民公社体制，农村精英外流的现象仍然存在。而在农村改革以后，大量农村精英外流，使村民自治面临着严重的精英不愿在村的问题。许多地方参加村委会选举的人大多是妇女和老人。这有可能造成一些"土劣"执掌村治权力并得不到制衡的现象。

所以，村民自治的发展在相当程度上需要开发社会资源，将各种精英吸纳到村民自治的治理机制中来。一是面对乡村现实，积极发挥老人和妇女在村民自治过程中的作用。应该看到，农民流动将是一个长时期的社会现象，老人和妇女将成为在乡村生活中的主体，这一方面对村民自治提出了新的挑战。同时也要看到老人和妇女也是村民自治的主体，在成年男性长年不在村的情况下，更有利于发挥他们的主体性作用。近些年，愈来愈多的妇女走出家门，参政议政，强化了她们的当家做主意识。二是在我国乡村有许多民间能人，如手艺人、乡村教师、乡村医生等。这些人有一技之长或特殊优势，他们见识广，又没有脱离乡村社会，可以充分发挥他们的作用。三是从城市回乡人员，相当于古代致仕回乡的官员。这些人有较多学识，且热爱故土，但由于其户籍不在村，而被排斥在乡村治理过程之外。随着户籍制的改革，也要对村民的范畴给予再认定，使他们有机会参与乡村治理过程。四是城市志愿者。这其中包括政府下派干部和自愿到乡村工作和建设的人员。进入 21 世纪以来，愈来愈多的大学生志愿者到农村参与社区建设，用他们各自的知识为农民提供各种服务，正为村民自治和乡村发展注入新的活力。城市带动乡村，其中也包括人力支持。

（原载于《学习与探索》2005 年第 4 期，
《新华文摘》2005 年第 20 期转载）

“组为基础，三级联动”：村民自治运行的长效机制

——广东省云浮市探索的背景与价值

包括村民自治在内的基层群众自治是中国特色社会主义政治制度的四大组成部分之一。随着实践的发展，村民自治也要不断深化和创新。近年来，广东省云浮市强化村民小组的功能，在组、村和乡镇三级建立理事会，发挥广大村民群众的主体作用，扩展群众参与公共事务管理的渠道，形成了“组为基础，三级联动”的治理机制。如果说20世纪60年代初通过“三级所有，队为基础”的治理机制使人民公社体制得以长期保持稳定，那么，“组为基础，三级联动”则为村民自治运行的长效机制提供了有益的探索和经验。本文从村民自治发展背景和未来走向的角度，对“组为基础，三级联动”机制的理论和实践价值进行一些探讨。

一、“组为基础”：村民自治的基本组织单元

任何制度都是在特定的历史背景下形成并受其特定的历史条件所制约。故要充分理解广东省云浮市的探索及其价值，必须将其放在特定的历史背景下来考察。

广东省云浮市创新村民自治机制的主要内容之一是在村民小组或者说自然村一级建立村民理事会，将村民小组作为村民自治的基本组织单元，使村民自治具有更牢固的基础。这既是对中国村民自治本原的回归，也是对现有村民自治体制的完善。

我国的村民自治脱胎于人民公社体制。20世纪80年代初，人民公社体制松弛，农村基层治理出现公共事务无人管的问题。广西壮族自治区的宜山、罗城一带的农民群众自我组织起来，管理社会治安，维持社会秩序等公共事务，由此产生了村民自治制度的萌芽。但从村民自治的发生地看，这一制度的组织基础是自然村。自然村是自然形态的居民聚落，这些由一个或多个家族聚居的居民点，是农民日常生活和交往的基本单位，具有地域相近、人口相熟的特点。通常所说的村民自治发源地实际上发生于果地和果作两个自然屯（当地对自然村的称呼）。[①] 当时主管中央政法工作的彭真十分关注这一现象，专门派人调查，并将其总结提升为村民自治制度。根据地方经验，《中华人民共和国村民委员会组织法（试行）》第7条规定："村民委员会根据村民居住情况、人口多少，按照便于群众自治的原则设立。村民委员会一般设在自然村；几个自然村可以联合设立村民委员会；大的自然村可以设立几个村民委员会。"由此可见，无论是村民自治的起源，还是最早的《村组法》，都将自然村作为村民自治的组织单元。

但是，中国村民自治是在人民公社体制的基础上大规模推行的。人民公社改变了历来的自然形成的村落组织建制，是国家依据军事化方式对农村社会的重新组织，以便于集体化生产。人民公社组织分为公社、生产大队和生产队三级，实行党的一元化管理。公社设立党委，生产大队设立支部，生产队设立党小组。在人民公社"三级所有，队为基础"的体制下，公社是经济单位，同时也是基层政权单位；生产队是生产的基本组织单位和基本核算单位。由此形成

---

① 参见徐勇《伟大的创造从这里起步——探访中国最早的村委会的诞生地》，《乡村治理与中国政治》，中国社会科学出版社2003版，第3—13页。现在通常的说法是将广西宜山县（现宜州市）合寨村作为村委会的诞生地。实际上合寨当时是生产大队，后改为村，而果作和果地是隶属于合寨的两个自然屯。随着村民自治为国家所肯定，两个自然屯的村民都认为本屯是最早的村委会诞生地。实际上当地村民是在不自觉创造历史，现在很难说谁先谁后。因此后来将合寨作为村委会的诞生地，但实际上当时并不是以合寨为单位产生村民自治的。

了"公社和生产队实，两者之间的生产大队虚"，即"两头实，中间虚"的格局。但这一格局在农村改革以后发生了变化。

20 世纪 80 年代，随着家庭承包责任制的兴起，人民公社管理体制迅速松弛，农村社会出现一定程度的失序和混乱问题。中共中央 1982 年一号文件在批转《全国农村工作会议纪要》的前言中指出："最近以来，由于各种原因，农村一部分社队基层组织涣散，甚至陷于瘫痪、半瘫痪状态，致使许多事情无人负责，不良现象在滋长蔓延。这种情况应当引起各级党委的高度重视，在总结完善生产责任制的同时，一定要把这个问题切实解决好。"[①] 为了解决这一问题，国家采取了两方面的举措：一是运用党的系统这一组织资源，加强基层党组织的作用。这是中国共产党组织社会、领导国家的重要法宝，[②] 将分散的农村社会整合为一体的重要手段之一就是将人民军队的"支部建在连上"延伸为"支部建在村庄"。在人民公社体制下，党支部作为一个相对完整的组织形态建立在生产大队一级。支部书记是生产大队的主政者，而生产大队管委会和生产大队长基本上处于"虚置"状态。随着人民公社管理体制的松弛，党的基层组织愈发重要。无论是土地承包、集体经济管理，还是农村社会事务处理，都需要党支部主持和落实，而生产队由于家庭承包的兴起不再需要组织生产和进行核算而迅速萎缩。正是在这一过程中，长期处于较虚位置的生产大队成为"实体"。二是以生产大队为基础建立村民委员会。中共中央、国务院 1983 年下发《关于实行政社分开建立乡政府的通知》，决定在原人民公社基础上设立乡（镇）政府，在乡（镇）政府以下设立村民委员会，并规定村民委员会属于群众自治组织。尽管该文件没有明确说明在生产大队一级设立村民委员会，但公社、生产大队和生产队的三级建制，决定了全国在建立村民委员

① 中共中央文献研究室：《三中全会以来重要文献选编》（下册），人民出版社 1982 年版，第 1061 页。

② 参见徐勇《"政党下乡"：现代国家对乡土社会的整合》，《学术月刊》，2007 年第 8 期。

会时，均以生产大队作为村民委员会成立的基础，并在原生产队基础上设立村民小组。由此形成了乡（镇）、村民委员会、村民小组这一新的三级建制组织。为此，1998年修订并实施的《村组法》中去掉了“村民委员会一般设在自然村；几个自然村可以联合设立村民委员会；大的自然村可以设立几个村民委员会”这段话。“自然村”因此而成为历史，取而代之的是所谓“行政村”的说法。

尽管“行政村”不是法律用语，但却是事实用语。这是因为中国的村民委员会组织具有独特性，它既是村民群众自我管理、自我教育和自我服务的群众自治组织，具有自治性，同时也是国家对农村实行公共管理的基层组织，具有准行政性。而在相当长的时间里，后者更为突出。出现这一状况主要有两方面原因：一是中国分散的传统农村社会历史悠久，而农民在现代法治体系下进行自我组织和自我管理能力还较薄弱。大规模的村民自治实际上是在党和政府主导下进行的。[①]二是长期以来对农业、农村和农民的“汲取体制”没有根本变化，村民委员会作为群众自治组织还必须完成各级政府下派的行政任务。村民自治处于各种行政任务压力下的“紧约束”状态，自治的空间很小。因此，1998年修订《村组法》以来，村民自治的发展远未达到人们的期待。故村民委员会的行政性强于其自治性。

村民委员会的行政性决定其日常运作更多听命于上级政府而不是属下的村民。与村民更为接近的村民小组进一步虚化，从而形成了“村实组虚”的格局。村民小组仅仅只有一个组长，所起的作用也极其有限。

“村实组虚”的格局，不利于村民群众参与基层公共事务的管理，进而发挥群众主体自治作用。基层群众自治制度基于直接民主的理念。早在1987年制定《村组法（试行）》时，彭真就指出，中

① 参见徐勇《民主化进程中的政府主动性——对四川省达川市村民自治示范活动的调查与思考》,《徐勇自选集》，华中理工大学出版社1999版，第190页。

国人民行使民主权利，当家做主，包括两个方面：一是通过人大代表间接行使民主权利；二是"在基层实行群众自治，群众的事情由群众自己依法去办，由群众自己直接行使民主权利"。[①]但直接民主对范围和空间要求较高，民主理论的先驱者卢梭早有论述。为此，中国《村组法》尽管历经两次修订，但都保留了"村民委员会根据村民居住情况、人口多少，按照便于群众自治的原则设立"的规定。由于村民委员会设立在生产大队，地域较广、人口较多、居住较分散，不便于村民直接参与村务管理。为了解决好这一问题，在实践中产生了村民代表及相应的制度，但这一制度毕竟具有间接民主的特性，即村民群众参与村务管理的权利往往因"被代表"而"虚置"。村民进行自治的主要内容就是三年一次参与村民委员会的选举。作为村民自治主体的村民作用难以发挥，村民自治成了少数村干部的"自治"。村民自治作为一项国家基层政治制度难以由村进入农户，落地生根。

进入 21 世纪以来，村民自治的外部条件有了大的改观。一是基层组织日益健全，国家对基层社会的整合日趋完善，群众依法自治的能力有所提高。更为重要的是，国家治理乡村的格局发生了重大变化，如废除农业税费，对农村和农民实行"多予少取"的政策。相比以往，党和国家对于农村更多地是倾向于从各个方面支持和建设，实施惠农工程。村民自治的外部条件大为改善。自上而下的行政压力型体制有所改变，村民自治的"紧约束"变为宽环境，开始向本位回归。[②]

新农村建设的主体是农民。村民自治需要进行广泛的社会动员，以吸纳更多的村民参与建设自己的美好家园，但现有"村实组虚"的格局限制了村民参与公共事务管理作用的发挥。正因为如此，

① 参见彭真《通过群众自治实行基层直接民主》，《彭真文选》，人民出版社 1991 年版，第 607—608 页。

② 参见徐勇《村民自治、政府任务及税费改革——对村民自治外部行政环境的总体性思考》，《中国农村经济》，2001 年第 11 期。

在新农村建设中，处处可见的是“政府主导”，处处难觅的是“群众主体”。显然，如果没有“群众主体”，新农村建设缺乏持续的动力和稳固的基础。这是新农村建设，也是村民自治发展中的一道难题。广东省云浮市强化村民小组的功能，在组一级建立村民理事会，这一做法在破解这一难题方面做出了十分有益的可贵的探索。

广东省云浮市位于广东省西部山区，属于欠发达的农业地区。进入21世纪后，特别是2008年以来，该市积极探索科学发展的道路，通过主体功能划分方法，走出了一条工业化、城镇化和农业现代化“三化融合”，经济发展与社会建设同步，政府主导与群众主体互动的发展道路，被誉为“云浮模式”。“组为基础”的探索正是在这一背景下出现的。

云浮市在探索自己的发展道路时发现，要实现农业现代化离不开农民，要进行新农村建设离不开农民，要在经济发展中实现对农村社会的有效管理更离不开农民。但现有体制却限制了农民主体能动作用的发挥，农民缺乏参与新农村建设和农村社会管理的制度性平台。为此，该市云安县率先在组（自然村）一级建立村民理事会。村民理事会理事由有威望、有能力的老党员、老教师、老模范、老干部以及村民代表、复员退伍军人、经济能人、外出乡贤等有影响的人员组成，采用“三议、三公开”的方式（理事会提议、理事走访商议、户代表开会决议；议案决议公开、实施过程公开、办事结果公开）进行民主议事。村民通过村民理事会这一平台进行自我管理、自我教育和自我服务。

云浮市以“组为基础”，建立村民参与基层事务管理的平台，不仅破解了自身的难题，更具有普遍性的制度价值，有助于将村民自治引向深化。这是因为：

其一，组是最紧密的经济共同体。现行的村民小组建立在原生产队基础上。农村土地等集体资产大多属于村民小组，农民的生产活动范围更多在村民小组内进行，农民的生产互助活动也大多发生于相邻的村民小组内。因此，村民小组是农民最为直接的利益单位。

农民的利益和利益关系绝大多数处于村民小组之内，而农民最关心的是与自身利益直接相关的事务。通过在组一级建立村民理事会，农民参与公共事务管理的利益驱动力更足。相对组而言，村级事务与农民个人利益相对远和相对间接一些，故农民参与村级事务管理的动力也相对弱一些。

其二，组是最紧密的社会共同体。村民小组大多建立在自然村基础上。自然村是历史形成的，居民居住相近，早晚活动随时相见。在这样一个熟人社会里，人们比较容易建立信任关系，也比较容易形成共同性规范，更有利于村民共同参与管理公共事务。在实际生活中，推选组长比选举村委会主任要简单和容易得多，且权威基础更坚实。其原因就在于村民对相邻的本组人有较为充分的了解。

其三，组是最紧密的文化共同体。村民小组是由若干相邻的家庭构成的社会群体。由于历史的原因，这种社会群体具有一定血缘和族缘关系，如许多自然村落是以姓氏命名的。由共同的血脉和族缘关系构成共同的文化，并强化村民对本共同体的认同和归属，而认同和归属是村民参与公共事务、共同建设美好家园的重要基础。在现实中，村民参与村民小组范围内的公益事业的动力与愿望往往更为强烈。如广东省云浮市的外出“乡贤”很多，他们十分愿意为家乡建设出资出力、献计献策。而这一“家乡”，更主要的是与自己有血缘和族缘关系的自然村落。云浮市在组一级设立村民理事会，正好满足了这一需求，这也是动员社会力量参与新农村建设的一个重要举措。

由此可见，如果说以村为基础设立村民委员会，村民通过村民委员会参与村级事务管理，更多地是基于国家法律规定，那么，以组为基础设立村民理事会，更多地是基于农村社会内部的现实需求。这种内在现实需求是村民作为社会主体参与公共事务管理、共同建设美好家园可持续的动力。

二、“三级联动”：行政管理与群众自治的衔接及互动

广东省云浮市村民自治创新的另一重要内容，是在组、村、乡（镇）三级建立理事会，形成三级联动机制。在建设政府行政管理与基层群众自治相衔接与互动的新型乡村治理体制方面做了有益探索。

长期以来，中国乡村治理体制属于“横向板块式”，国家权力与乡村社会权力呈上下分立的二元结构。

在传统中国社会，“皇权止于县政”。除了赋税、兵役、户口、审案等事务以外，国家权力未能进入乡村社会，乡村日常事务更多依靠乡村社会的自我管理。因此，传统国家对于乡村社会而言，属于“悬浮式国家”，即悬浮于乡村社会之上。同时，国家对于乡村社会多为“财政汲取”而不是给予，乡村社会的民生福利和公益事业主要依靠乡村社会内部自己解决，如“守望相助，患难相恤”。民众主要依靠家庭这一初级社会群体和家族村落这一次级社会群体来满足日常需求，国家对于乡村社会又属于“外在式国家”。即孙中山所指出的：“在清朝时代，每一省之中，上有督抚，中间有府道，下有州县佐杂，所以人民与皇帝的关系很小。人民对于皇帝只有一个关系，就是纳粮，除了纳粮之外，便和政府没有别的关系。因为这个原故，中国人民的政治思想就很薄弱，人民不管谁来做皇帝，只要纳粮，便算尽了人民的责任。政府只要人民纳粮，便不去理会他们别的事，其余都是听人民自生自灭。”[①] 近代以来，国家权力开始从体制上向乡村延伸，在乡镇建立国家基层政权而在人民公社时期，国家权力触角甚至一直延伸到农户。改革开放以来，农村的治理体制逐步定型为“乡政村治”的格局，即乡镇一级设立基层政府，实行行政管理；乡镇以下设立村民委员会，实行基层群众自治。这一格局的实质与传统社会不同，但形式上仍然属于“横向板块式”的上

---

① 孙中山：《三民主义》，岳麓书社 2000 年版，第 89 页。

下分立结构。乡镇政府属于国家的基层政权机构，自上而下地对乡村社会进行管理。村民委员会属于基层群众自治组织，其权力来源于本村村民，自下而上地对乡村社会进行自我管理。这一治理体制本身因权力来源、运行机制不同而产生了结构性矛盾。而中国长期沿袭的向农村汲取资源的体制又大大扩张了这一矛盾。乡镇政府为完成各种任务，将村民委员会作为自己的下属机构和"一条腿"，要求村委会必须完成各种下派的任务，而村委会正是在完成各种任务的过程中，消解了自己的"自治性"。但由于国家法律规定村民委员会属于群众性自治组织，必须由村民群众选举产生。这种权力的来源又决定了村委会不可能完全听命于政府，在许多事情上甚至还会与政府相对立。因此，实行村民自治体制以来，中国乡村治理中的突出矛盾是"乡政"与"村治"的脱节、矛盾甚至对立。

乡村治理的"横向板块式"的结构性矛盾到21世纪以后开始有条件地得到解决。这就是国家改革城乡二元体制，实行城乡统筹发展战略。国家实行"多予少取"的方针，对乡村给予支持而不是汲取，实行城乡基本公共服务均等化和各种惠农政策。国家不再通过赋税，而是通过大力改善民生来显示其存在和权威。在这一过程中，国家全面深入地向乡村社会渗透，由传统的"悬浮式国家"向"渗透式国家"转变。如国家每年向农户直接发放农业补贴，在乡村实行全面义务教育，实行政府与农民共同出资的新型合作医疗和新型农民社会保障等。农民在日常生活中可以处处感受到国家的存在，这种存在不是汲取农民的"外在式国家"，而是改善民生、满足农民需求的"内在式国家"。在国家全面向乡村渗透过程中，也需要农民的参与，否则国家的惠农政策就难以真正实现。如近年出现"村官"侵吞惠农资金和农民补贴的问题。更为重要的是，国家全面支持乡村并不能替代乡村社会自身的建设，国家自上而下的行政管理还需要乡村自下而上的群众自治的配合、衔接与互动。否则，"群众主体"就会为"政府主导"所吞没。

因此，随着中国乡村治理总体环境的改变，乡村治理将发生前所未有的重大变化，即由传统的“横向板块式”向“上下互动式”结构改变。所谓“上下互动式”结构是指国家行政管理，特别是公共服务一直延伸到乡村社会，而乡村社会的自我管理，特别是自我服务与政府相互衔接并良性互动，以保障乡村社会成为国家治理的有机组成部分，内化于国家治理体系之中。正是在以上背景下，2007年，中共十七大报告提出了一个重要命题，强调在乡村治理体系中“实现政府行政管理与基层群众自治有效衔接和良性互动”。但这一方向性命题提出后，在实践中却没有破题。广东省云浮市在组、村、乡镇三级建立理事会，实行“三级联动”机制，在回应中央的重大命题方面做出了积极的探索。

2008年以来，广东省云浮市深入贯彻落实科学发展观，在经济建设中加强社会建设，在社会建设中强化社会服务，在社会服务中又注重“向下给力”，让基层群众特别是农民群众享受社会服务成果。为此，该市云安县的乡镇“大部制”改革，将为农民服务作为改革导向，围绕为农民提供公共服务设立乡镇机构。如设立“农情研判中心”，这一机构的设立具有一定的开创性。为了提供便利的公共服务，云安县在村一级设立“社区服务合作社”，乡镇政府有专人在村办理公共事务。同时，村干部和村民代表一起参与办理，不仅提高了办事效率，而且保证了办事的公正、公平和公开。过去农民为办理公共事务需要到乡镇乃至县城，现在本村就可以办理，解决了农民办事难的问题。

农村公共卫生长期以来是政府不管的事情，而云安县在为城乡提供基本公共服务的过程中，将农村垃圾处理作为政府公共服务的重要内容，由政府出资购买垃圾处理设备。但这一政府行为开始收效并不好，垃圾处理设备放在村里无人管，农民将其视为与己无关的东西。为此，该县领导认识到仅仅依靠政府行为，好事或许也会办不好，故要将好事办好，就需要依靠群众的自我管理、自我服务，为此决定将垃圾处理设备交由村民自我管理。接下来，又出现了新的问题：由谁来管？怎样管得更好？这就需要由村民共同讨论和议决。正是在这一过程中，村民共同议事、决事的村民理事会随之产生并开始发挥独特作用。

乡村公共事务因其所涉及的范围和人员有所不同，需要在不同层面设立理事会。与全国一样，云安县的村一级自治组织机制相对较健全，村级理事会率先建立，并通过强化社会服务而充实。云安县探索的重要意义在于，在村级基础上向下延伸和向上扩展。向下延伸，就是在组一级建立村民理事会，使大量公共事务和公益事业在组内议决，只有那些组内解决不了的问题才提到村。这样，可以大大减轻村级理事会的压力。乡村社会中大量事务都属于小范围能够解决的“小事”，不需要也没有必要提到村级，而且通过组内的熟人办理“熟事”，成效更好。向上扩展，就是在乡镇一级建立乡（镇）民理事会，使那些需要在全乡镇范围解决的公共事务和公益事业由乡（镇）民理事会参与讨论决定。以往乡镇事务主要由乡镇领导决定。尽管乡镇设有人民代表大会机构，但一般一年才召开一次大会，时间不长，内容太多，发挥的作用不大。设立乡（镇）民理事会可以根据情况及时召开会议，广泛听取群众意见，吸纳更多的群众参与日常事务管理。而且，当今新农村建设和国家惠农政策已大大超出了村组范围，涉及全乡镇和乡镇政府，如果没有全乡镇范围内的农民群众参与，就难以实现全乡镇的利益及资源整合。

在组、村、乡镇分别设立理事会，是乡村治理和村民自治机制的重大创新，主要表现在以下三个方面：

（1）“三级联动”的基本价值是官民互通。三级理事会的设立打通了政府行政管理与基层群众自治的通道，密切了政府与群众的联系。政府可以及时掌握乡村社会信息和农民需求，更好地提供公共服务并通过优质服务重建权威。农民可以及时了解政策信息和政府行为，将自己的需求及时反映给政府，并通过参与管理改善治理。“乡政”和“村治”通过理事会的方式可以实现有效衔接。

（2）“三级联动”的核心内容是分级治理。社会具有多层次性，人们在不同层级中生活，并形成不同层级的利益关系和公共事务。

中国传统的治理往往喜欢“一刀切”，方式单一，方法简单。云浮市在组、村、乡镇设立三级理事会，使不同层级的事务在不同层级处理，从而将大量矛盾化解在基层。云安县近年来实现“零上访”，其中一个重要原因就是哪个层级发生的矛盾在同层级理事会就可以得到化解。组级村民理事会和村级社区理事会以“自我教育、自我管理、自我监督、自我服务”为基本职责，乡（镇）民理事会则主要履行“表达民意、参与议事、监督政务、调处矛盾、兴办公益”的基本职责。

（3）“三级联动”的主要机制是相互促进。中国长期实行自上而下的垂直式治理，这在一个简单的农业社会和计划经济社会有其存在基础。但当今中国已进入到一个利益和思想多样化、主体意识日益强化的复杂性社会，故有效治理需要不同层级治理实现良性衔接、互动。在现行乡村治理体制下，政府行政管理与基层群众自治存在着内在的张力，从而造成相互阻隔，但这种张力并非系无解难题。“三级联动”以公共服务和公共管理为主线，以造福民生为依归，通过三级理事会共同讨论议决与村民利益相关的事务，可以实现政府行政管理与基层群众自治的良性互动。如农村垃圾处理需要政府决策，垃圾处理设备的管理方式需要村级理事会讨论决定，而垃圾处理设备管理行为则需要小组村民理事会讨论决定和监督，同时垃圾处理决策和改进又需要乡（镇）民理事会讨论。由此形成“三级联动”的乡村治理机制。

三、“组为基础，三级联动”的长效性和方向性价值

广东省云浮市创造的“组为基础，三级联动”不仅解决了自身发展中的治理问题，更重要的是它具有长效性和方向性价值。

近代以来，中国农村体制一直处于变动之中。其中的两次重大变迁：一是人民公社体制；二是家庭承包体制。与之相适应，又有着保障体制稳定运行的机制。

人民公社是在对农业的社会主义改造基础上，伴随着“大跃进”运动出现的。人民公社一开始出现，就有浓厚的理想主义成分，其表现就是公社组织规模愈大愈好，其分配形式愈平均愈好，即通常所说的“一大二公”“一平二调”。由此导致生产关系严重脱离生产力，引起经济困境。中共中央和毛泽东及时发现这一问题，对经济政策进行调整，特别是确立了“三级所有，队为基础”的人民公社体制。其核心就是将人民公社的基本生产和核算分配单位下放到最基层的生产队，而不是生产大队，更不是公社。当时的中央农村工作部认为这一体制有诸多好处，其中最重要的是大大调动了农民的积极性，同时便于干部遇事与群众商量，建立民主管理制度。毛泽东曾强调，以生产队为基本核算单位“至少三十年不变”[①]。至此，“三级所有，队为基础”的机制保障了人民公社体制的长期稳定性，历经“四清”运动和“文化大革命”，虽然有“穷过渡”的干扰，但都未动摇这一体制。如果没有这一机制，人民公社是很难长期稳定和正常运行的。

当然，由于人民公社体制与农业生产有不可化解的矛盾，这一体制最终被家庭经营体制所替代。由此可见，在人民公社内部，相比更高层级而言，只有在生产队这一层级才能更好地调动农民积极性，搞好农村基层民主管理。这是由中国农业生产、农村社会和农民的特性所决定的。也正是由于这一特性，最终引起了以家庭经营为核心的农村经济体制改革。

但是，任何一种体制都有一个不断完善的过程。改革开放以来，中国村民自治制度的基本原则已经定型，即通过民主选举、民主决策、民主管理和民主监督，实现村民自我管理、自我教育和自我服务。但是，村民自治的运行机制还有待完善。近年来，在一些地方，村民自治发展陷于停滞，甚至沦为空壳，农民参与基层管理的积极性受到严重影响，便与此相关。而现行的村民自治机制运行不畅的

① 转引自罗平汉《农村人民公社史》，福建人民出版社 2003 年版，第 255 页。

突出问题就是下缺乏支点，上缺乏空间。广东省云浮市的“组为基础，三级联动”比较好地解决了这一难题。

“组为基础”将村民自治单元由村向下延伸到组，以组为村民自治的支点，使村民小组成为村民自治的组织实体。这有利于调动广大群众参与基层事务管理的积极性，夯实村民自治的基础。应该看到，任何一种管理体制均建立在一定财产关系基础上。农村的管理体制与土地制度密切相关。中国的村民自治体制是伴随家庭承包兴起的，并与土地制度变革相适应。家庭经营是中国农村最基本的经营制度，并将长期坚持，且家庭经营体制仍在继续完善。当今的土地经营处于并将长期处于“大稳定，小调整”，“大稳定，小流转”的格局之中。所谓大稳定，是指土地关系长期稳定不变。这就决定了村民委员会作为集体土地所有者与农民作为土地承包经营者的关系不会发生重大变化。而“小调整”和“小流转”大多发生于村民小组范围内，因此，农民的主要利益关系将在村民小组内。这会促使农民更关心村民小组的事务。同时，现阶段在农村进行以社区为单位的新农村建设。而农业生产的特性决定了农民居住点只能相对集中，不能如城市一样高度集中。因此，农村社区建设的支点应该是受自然条件所决定、长期形成的自然村。无论是生产还是生活，村民小组与农民更接近，农民也更愿意以村民小组为单位管理公共事务，共建美好家园。这是村民自治的持久动力。可见，离开了村民小组这一层级，村民自治便缺乏坚实的支点和持续的动力，就会“悬空”。

“三级联动”将村民自治机制由村向上扩展到乡镇，为村民参与乡镇事务管理提供了制度性平台，促使政府基层治理民主化。村民自治毕竟属于基层民主，需要更高层级的民主与之相适应。否则，村民自治的发展空间也十分有限。在现实生活中，我们可以经常看见彭真当年所担心的“行政干预自治”的现象，因此，村民自治内在蕴含的民主参与机制需要向上扩展。彭真主张村民自治的重要原因是将村民自治作为训练农民民主管理的起点，而不是终点。他认为，农民“把一个村的事情管好了，逐渐就会管一个乡的事情；把一个乡的事情管好了，逐渐就会管一个县的事情，逐步锻炼、提高议政能力”[1]。经过数十年村民自治的发展，村级民主有了基本的制度轮廓，而乡级民主还有待发展。广东省云浮市将村民理事会形式扩展到乡镇，为发展乡级民主提供了制度性平台。

“组为基础，三级联动”机制，可以说解决了中国村民自治运行中的三大问题：一是通过“组为基础”，保障了国家政策和乡村治理的“落地”而非“悬空”在村级的问题；二是通过“三级联动”实现了乡镇行政管理与基层群众自治的有效衔接和良性互动的“对接”而非“脱节”的问题；三是解决了在村民自治运行中发挥党的领导核心作用与群众参与管理的“互动”而非“互斥”问题。这一机制因此而具有长远性价值。如果说“三级所有，队为基础”保障了人民公社体制长期稳定运行的话，那么，“组为基础，三级联动”也将有利于村民自治体制的长期持续运行。

“组为基础，三级联动”机制对于中国基层民主和乡村治理还具有方向性价值。

其一，它有助于选举性民主向参与式民主深化。理论和经验都证明，民主形式与民主层级有关。直接民主适应于较小范围和较低层级，较大范围和较高层级更多地是间接民主。中国的村民自治单位一开始定位于村级。而一个村一般数千人口，地域面积也较大，特别是农村税费改革以后的合村并组，使村的人口更多、范围更大。在这样一个层级上实行村民自治，主要内容是民主选举，村民群众广泛参与村务管理既不现实，也十分困难。因此，中国村民自治中的“四个民主”主要体现在“民主选举”方面，但是，选举性民主的局限性很大。一是村级选举与村民利益的直接关联度不大，农民缺乏积极性，在许多地方成为一项政府三年一次必须完成的工作任务。二是村级选举之后缺乏相应的民主决策、民主管理和民主监督，

① 彭真：《通过群众自治实行基层直接民主》，《彭真文选》，人民出版社1991年版，第608页。

当选的村干部并不能保证权力为民所用，村民自治会蜕化为村干部自治。三是由于村是由若干个村民小组或自然村落构成，竞争性选举可能激活家族派性，甚至恶势力的参与，出现贿选、暴力干扰，从而扭曲选举民主。四是仅仅只有选举性民主将大大限制群众民主权利的广泛行使。因此，基层民主需要从选举性向参与式民主深化。所谓参与式民主，就是群众作为主体广泛全面参与基层公共事务管理，不仅是民主选举，同时要有民主决策、民主管理和民主监督。而后三个民主更多发生于村民小组这一层级，或者以村民小组为基础开展。云浮市的"组为基础"能够更好地体现基层民主的直接性、广泛性和群众性，是对村级选举民主的深化。

其二，它有助于乡村治理由政府主导向官民共治深化。中华人民共和国成立以后，乡村治理体制属于政府主导型。这一体制有助于实现国家迅速对分散的乡村社会的整合，但这种整合属于外部性整合，缺乏内在性动力。乡村治理中的"政府主导"大大强于"群众主体"。在当下中国，如何推进乡村治理，有两种价值取向：一是延续政府主导，政府通过为农民提供公共服务和公共福利而全面深入地渗透到农村社会。这就是所谓政府管理"一竿子到底"的思路，而这一思路已反复为历史证明实不可取。因为现代社会法治型政府是有限政府，既不可能无限地包办所有社会事务，也不可能包办好所有事务。乡村许多事务由村民自我管理会更有效，其成本更低。二是社会主导，通过使民间社会组织得到发育和大力发展去管理公共事务，实行完全的村民自治。这一思路有其合理性，但也有一定局限性。因为目前体制下的中国民间社会的力量相对薄弱，资源不多，离开了政府，许多公共事务难以办理好。同时，在中国，民间是与"官府"相对而言的，民间社会很容易转化为与政府对立甚至对抗的力量。中国政府对"公民社会"这一提法一直非常慎重，就是基于这一考虑。因此，在中国，乡村治理需要寻求第三条道路，这就是"官民共治"，即在党的领导和政府的主导下，群众广泛参与，共同管理国家和社会。云浮市组、村、乡（镇）三级理事会就是党、政府和人民群众共同参与管理的制度性平台。在这一制度平台上，各个组织和群体根据其性质及功能发挥各自不同的作用，共同治理，共同建设。在"官民共治"的过程中，村民自治不仅不会因为政府的介入而受到限制，反而会由于政府的指导、支持和激励获得更大的发展空间。

（原载于《河北学刊》2011年第5期，
《新华文摘》2011年第22期全文转载）

找回自治：对村民自治有效实现形式的探索

在我国，村民自治作为一项制度已实行30多年，经历了一个复杂曲折的过程。21世纪以来，由于以村委会为自治体的村民自治在实践中遇到很多困难和问题，处于发展的瓶颈状态，农村治理更多地是依靠外力推动，有人因此宣告“自治已死”，村民自治研究由一度的红火变为淡出学界，甚至为学界所遗忘。但是，近几年，村民自治以其内在的价值和力量不断在实践中为自己开辟道路，“失落的自治”显示出新的生机和活力。在广东、广西、湖北、安徽等地先后出现了在村委会以下的多种村民自治实现形式。同时，其中的做法也引起了不同的看法和争论。2014年中央一号文件提出，“探索不同情况下村民自治的有效实现形式”。为何和如何探索村民自治的有效实现形式，这需要学界从理论范式上“找回自治”，对我国村民自治的内在价值、发展历程和现实走向进行深入和理论研讨。

一、自治与村民自治的内在价值

人类社会最有力量的是实践。村民自治为何由“失落”到复兴，学界为何要“找回自治”，这源于自治和村民自治的内在价值和力量。

自人类社会产生以来，就有如何治理从而获得秩序和发展的问题。从治理主体和来源看，人类社会治理又可分为两类，一类是自治，即人的自我治理，一类是他治，即自我以外的他者治理。自治总是相对他治而言的，是个人或群体对于自身事务的处理并对其行为负责的一种制度和行为。

自治至少包括以下核心要素：首先是自主性。自我治理来自于个人或群体能够自主支配自己的行为。为外力所强制和限制者，如奴隶、犯人是无所谓自治的。因此，自主性可以说是自治的前提。其次是自力，即自我的力量。人和群体之所以能够自我治理，是因为其自身所具有的治理能力，能够处理其面对的事务，这种能力可能有大有小，有弱有强。再次是自律性。个人和群体都是在一定环境下进行治理活动的，为了获得自治的条件和能力，必须对自己的行为加以约束。只是这种约束来自于自治者的内心和自愿，尽管内心自愿也会受外部性影响。英国政治学者戴维·赫尔德因此认为："'自治'意味着人类自我思考、自我反省和自我决定的能力。它包括在私人和公共生活中思考、判断、选择和根据不同可能的行动路线行动的能力。"①

自治的内在要素决定了其在人类治理过程中的特殊价值。人是社会主体，人自主做出的决定，能够最大限度得到自我认可，并激发其内在的动力。不需要外部压力则可减少相应的成本。自治所产生的自我约束，有助于社会的自我调节和自我平衡。因此，自治可以形成一个社会的基础性动力和秩序。

当人类处于初始状态时主要实行的是自治。但是，自治总是有限度的，这在于自我治理是在一定范围内的活动。如最早的部落自我治理，随着人类的发展，人们的活动范围扩大，人们的需求扩大，仅仅依靠自治难以得到满足；人们在满足其不断扩大的需求时会产生冲突，于是出现了来自于社会并超越社会自我的外部性力量，即国家。国家是人类迈入文明的门槛，国家治理则需要专门从事治理活动的人担当。相对个人或群体自治，国家则是一种外部性治理。

即便是国家产生以后，人类治理的主体是国家治理，自治也并没有消失。相对于个人自身而言，国家是一种具有强制性的外部力

---

① ［英］戴维·赫尔德：《民主的模式》，中央编译出版社1998年版，第380页。

量。国家治理有可能造福于人类，也有可能祸害人类；国家治理还必须支付其成本，这种成本有可能经常超出人类社会可以承担的限度。正因为如此，马克思主义将人类的终极理想状态视为国家消亡的“自由人联合体”，是对原始自治秩序的高层次复归。

当然，人类距离国家消亡还很遥远，无政府主义显然是一种幼稚的幻想，国家还不得不长期存在。但理想的国家与社会状态应该是社会自我调节不了也调节不好时才会寻求国家干预，社会自我发展有限时才会寻求国家推动。就当代经济领域而言，在政府与市场关系方面，市场应该具有决定性作用；就当代社会领域而言，在政府与社会关系方面，社会具有基础性作用。所以，即便是国家在人类治理活动中占据相当重要地位的当下，自治也不可或缺，甚至是相当重要的。在传统国家框架下，自治是国家治理的基础。中国历史上的“皇权不下县”是以乡村有自治为前提条件的。现代国家的力量空前扩大，无所不在，但并不是无所不能的，自治则发挥着对国家治理的强大补充作用，甚至是基础性作用。现代国家奉行的民主法治都需要依托自治加以有效实现。自治不一定有民主，而民主一定需要自治，这在于自治意味着个体的直接参与。法国学者托克维尔对乡镇自治在美国民主中的角色有精到的体认，他认为：“在没有乡镇组织的条件下，一个国家虽然可以建立一个自由的政府，但它没有自由的精神。片刻的激情、暂时的利益或偶然的机会可以创造出独立的外表，但潜伏于社会机体内部的专制也迟早会重新冒出于表面。”[①] 他将自由自治的乡镇精神视为美国民主的精髓和基石。

自治的力量和价值使得人类社会在寻求治理方式时不得不重视和再发现，并在特定的历史条件下寻求自治的方式。中国的村民自治是在国家高度管制的人民公社体制解体过程中产生的，是农村居民在一定地域范围进行自我治理的制度和行为。在人民公社制度废除后，我国之所以选择村民自治制度，在于这一制度内含的自治所

① ［法］托克维尔:《论美国的民主》，商务印书馆 1988 年版，第 67 页。

具有的特殊价值和力量。

其一，社会内在的力量。

在中国长期的历史进程中，农村实行家户经济和乡村自治，农村主要依靠其内部性力量进行自我治理。[①] 近代以来，这种内部性的自治治理遭遇严重危机，即一个个分散的小的共同体无法适应强大的外部性挑战。进入 20 世纪之后，伴随现代国家建设，农村的自我治理日渐萎缩。特别是 1949 年以来，国家对农村实行社会主义改造，农村传统经济及其治理方式被视为“落后”而为人民公社体制替代。人民公社体制尽管有某些农民内在要求的成分，但主要是国家主导下的一种制度性安排。这种适应国家计划经济需要的人民公社体制的一个突出的后果就是农民的自主性和积极性受到严重抑制，农村治理主要依靠外力推动。有过在人民公社时期担任基层干部经历的国务院总理李克强，在履职之时所说的“喊破嗓子不如甩开膀子”就生动地展示了当时农村治理困难的特性。这正是人民公社日渐式微的根本原因。随之，包产到户崛起，其家庭经营特性与中断若干年后的传统家户经济衔接了起来伴随包产到户的村民自治也因此产生，其自我治理特性与中断若干年的乡村自治相衔接。包产到户和村民自治不是简单的历史回归，但其共同的特性就是依靠社会内在的力量进行治理，因此不需要干部“喊破嗓子”。

其二，低成本的社会组织和治理。

中国农村以家户为本位。从国家的视角看，家户本位使社会处于分散状态，孙中山先生因此将中国视为“一盘散沙”。但是，从社会内在构成看，农村社会并不是如散沙一般的个体化、原子化，相反，具有超强的自组织性，这就是以血缘和地缘关系为纽带的村落社会。村落社会也是社会组织，只是这种组织依靠的是自身力量而不是外部力量，且具有相当的坚固性。正因为如此，有学者认为，

① 参见徐勇《中国家户制传统与农村发展道路——以俄国、印度的村社传统为参照》，《中国社会科学》，2013 年第 8 期。

传统中国并不是“一盘散沙”，而是“一盘散石”。只是村落小共同体尽管如石头般坚硬，但从国家大共同体看，仍然缺乏力量。进入20世纪，一方面是小共同体日益解体，另一方面是现代国家大共同体的建构，将村落社会组织到国家体系中来。人民公社体制主要便是国家对分散的村落社会的整合。只是这种外部性整合需要相应的成本，因此衍生了一个干部阶层。特别是在自上而下的纵向治理下，村民之间缺失了横向的联系，农村的组织化程度并没有想象的强。继人民公社而生的村民自治属于群众性自治组织，其主要特性是自我组织，通过村民自治活动将村民从横向关系上联结起来，进行自我治理。由于是依靠乡村社会内部力量的自组织，其治理成本较低。

其三，现代国家治理的基础。

在传统乡村，除了乡绅以外，普通农民与国家的联系甚少。“在处于现代化之中的社会，扩大政治参与的一个关键就是将乡村群众引入国家政治”[①]，并赋予其政治主体地位和民主权利。如何让农民参与国家治理，行使民主权利，是现代化进程中国家治理的重要问题。中国共产党通过政治动员将农民动员进政治体系，但也面临着通过政治参与吸纳农民，从而建设民主国家的挑战。人民公社体制的重要缺陷之一就是农民是动员性参与而非自主性参与。替代人民公社体制的村民自治的一个重要成果是农民自主参与村务管理，并作为参与更大范围公共治理的基础和条件，由自治通向民主。这就是倡导村民自治的全国人大常委会委员长彭真所说的：“十亿人民如何行使民主权利，当家做主，这是一个很大的根本的问题。我看最基本的是两个方面：一方面，十亿人民通过他们选出的代表组成全国人大和地方各级人大，行使管理国家的权力。……另一方面，在基层实行群众自治，群众的事情由群众自己依法去办，由群众自己直接行使民主权利。”“没有群众自治，没有基层直接民主，村民、居民

① ［美］塞缪尔·P. 亨廷顿：《变化社会中的政治秩序》，生活·读书·新知三联书店1989年版，第68—69页。

的公共事务和公益事业不由他们直接当家做主办理，我们的社会主义民主就还缺乏一个侧面，还缺乏全面的巩固的群众基础。”[①] 村民自治内含着民主的要素，同时也是民主的根基。中共十五大报告指出："扩大基层民主，保证人民群众直接行使民主权利，依法管理自己的事情，创造自己的幸福生活，是社会主义民主最广泛的实践。”自治是村民在日常生活中公共事务的参与并培养其能力，从而为民主创造主体条件。没有自治的民主是不牢固的。

“找回自治”在于其内在的价值，从而获得生命力。但内在价值只是一种理想类型，事实状态却与理想状态不相吻合，甚至大相径庭。这在于内在价值还必须有合适的外在形式加以实现，而形式在不同时期受到相应的制约。

二、村民自治实现形式的三个波段及特点

治理是一个过程。从自治的角度看，中国农村村民自治的实现形式经历了三个波段并有其特点。

第一波段：以自然村为基础自生自发的村民自治。

20 世纪 50 年代农村实行人民公社体制，而这一体制的基础并不牢固。自人民公社产生以来，国家就力图通过外部性手段，甚至高压方式加固体制，如不间断的社会主义思想教育和“四清”运动等。70 年代后期，政治压力减轻，包产到户再次抬头。[②] 包产到户的出现从根本上动摇了人民公社体制，并造成治理困难，特别是人民公社体制的“三级所有，队为基础”的生产小队层次面临的挑战更大。生产小队是直接从事生产的单位，生产小队队长主管生产，当生产经营由农户直接负责时，生产小队队长就会成为多余的人。正如当年的农民所

① 彭真:《通过群众自治实行基层直接民主》,《彭真文选》，人民出版社 1991 年版，第 607—608 页。

② 参见徐勇《包产到户沉浮录》，珠海出版社 1998 年版。

说"生产到了户，不再要干部"。但是，人民公社体制下的基层干部不仅负责生产，同时也管理其他社会事务。人民公社体制解体过程中，尽管生产由农户自我负责，但基层公共事务和秩序却陷入无人管理的"治理真空"状态。特别是农村社会治安问题日益突出，引起中央高层的高度关注。伴随人民公社体制解体，如何有效进行乡村治理成为重要问题。正是在这一背景下，广西宜山、罗城一带出现了农民自我组织管理社会秩序的形式，得到了中央高度重视。

以当下国家承认的中国村民自治第一村的广西宜山县合寨村为例，当时的村民自治萌生有如下特点：其一，以历史上长期形成的自然村（当地称之为屯）为基础。合寨是由多个自然村共同构成的，这些自然村在公社时期又划分为若干个生产队。随着人民公社体制解体，生产队组织涣散，但作为农民居住单位的自然村仍然保留下来。合寨的村民自治首先就起源于该村的果作和果地两个自然村（屯）。其二是基于村民的内在需要。合寨位于几县交界，偷盗问题比较严重，一家一户难以防治，只能共同解决。其三是自我组织。村民自发组织起来自我解决治安等公共问题，解决问题过程中形成了自我组织，并定名为村民委员会。其四是历史传统。历史上广西长期位于国家边缘地带，合寨更处于边缘地带的边缘山村，自上而下的官治鞭长莫及，具有自治的久远传统。当人民公社体制解体之际，村民理所当然地依靠自治解决"治理真空"问题。其五是具有共同体基础。自然村的居民地域相近、利益相关、文化相连，具有共同体的特点，便于自治。合寨的村民自我组织起来不仅共同解决社会治安等公共问题，而且以村规民约建立起村民的自律性。[①]

人民公社解体之际，农民通过自我组织和自我管理的方式解决了基层治理的紧迫问题，这使得国家治理者看到了自治的价值和力量，并加以充分肯定，将农民的自发行为转换为国家行为。1982 年，国家第一次在宪法中提出了村民委员会的概念，并确定为基层群众

---

① 参见徐勇《最早的村委会诞生追记》，《炎黄春秋》，2000 年第 9 期。

自治组织。1987年全国人大常委会通过《中华人民共和国村民委员会组织法（试行）》，将村民委员会的内涵界定为村民自我管理、自我教育、自我服务的基层群众性自治组织。

无论是农民的自发行为，还是国家的法定行为，村民自治主要是通过村民委员会加以实现。同时，《中华人民共和国村民委员会组织法（试行）》还明确规定："村民委员会根据村民居住状况、人口多少，按照便于群众自治的原则设立。""村民委员会一般设在自然村；几个自然村可以联合设立村民委员会；大的自然村可以设立几个村民委员会。"这一规定将"村"界定为"自然村"，意味着村民自治的实现形式是以"自然村"为轴心和基础展开的。

村民自治第一波段的主要成就是确立了群众自治的性质，其内涵则是自我管理、自我教育、自我服务。解决的主要问题是"治理真空"，自治以秩序为导向。

第二波段：以建制村为基础规范规制的村民自治。

中国地域辽阔，人口众多，历史上长期以来形成的自然村范围有大有小，农民居住有集居也有散居，这给在自然村基础上设立村民委员会带来了困难。更重要的是，村民委员会是作为人民公社体制的替代品设立的。人民公社组织体制是在国家规制下设立的，其经济基础是集体经济。设立人民公社体制的目的之一，是建立一个差别不大、相对平均的共同体社会，鼓励其规模愈大愈好，即"一大二公"。但是，过大的规模显然不利于管理，过于平均的主张难以调动积极性，为此，20世纪60年代国家确立了"三级所有，队为基础"的体制，共产党领导人毛泽东还专门批示，"队"是指生产小队。生产小队的规模相对较小，一般在百人左右，便于生产管理，同时，生产小队与历史上存在的自然村大致匹配。尽管人民公社属于"政社合一"的组织，但其层级的功能还是有差别的。公社的政权功能较强，生产大队具有一定的行政功能，而生产小队主要是生产功能。生产小队是基本生产单位、经济基本核算单位，也是基本的居住单位。

1984 年，人民公社体制开始废除。由于包产到户已自动延续农村经济发展，国家在农村最为紧迫的任务是农村公共治理，其方针是实行“政社分开”，恢复乡镇政府，接替原公社所具有的政权组织功能，在乡镇以下设立村民委员会，由村民自我管理本村范围的公共事务。1987 年，随着《中华人民共和国村民委员会组织法（试行）》的贯彻，全国在乡镇以下设立了村民委员会，形成“乡政村治”体制。

为了迅速填补人民公社体制留下的“治理真空”，全国大多数地方是在原公社基础上设立乡镇，在原生产大队基础上设立村民委员会，在原生产小队基础上设立村民小组，形成“乡镇—村民委员会—村民小组”体制。但是广东、广西、云南三个省区分别在乡镇和村一级设立了乡镇派出机构，形成“乡镇—管理区（村公所）—村民委员会”体制，其村民委员会大多设立在自然村。为了统一规范村民委员会制度，1998 年全国人大常委会修订通过了《中华人民共和国村民委员会组织法》，其重要修订内容就是从法律上取消了“村民委员会一般设在自然村；几个自然村可以联合设立村民委员会；大的自然村可以设立几个村民委员会”的规定，而增加了“村民委员会可以根据村民居住状况、集体土地所有权关系等分设若干村民小组”。广东、广西、云南也改变了原有体制，与全国一样实行“乡镇—村民委员会—村民小组”体制。

1998 年法律规定的村民委员会所在的“村”不再是“自然村”，而是建制村，即国家统一规定并基于国家统一管理需要的村组织，且是村集体经济单位。建制村是国家统一规范和规制的产物。1998 年之后，中国的村民自治的实现形式就是以建制村为基础而展开的。

相对于自然村而言，建制村的规模较大，一般在 2000 人左右，由此需要新的方式加以组织和治理。由于村民委员会属于群众自治组织，由政府指派其领导人已不具有法定意义，而在一个村民相互不熟悉的村庄，也难以如自然村一样依靠共同习俗加以组织和治理。于是，在村民委员会建设中，出现了不得已的“海选”方法，即将村民委员会组织领导人的产生完全交由村民去直接选举。这一做法与20世纪90年代的民主潮流高度吻合，被视为社会主义基层民主的重要内容。1998年修订通过的《中华人民共和国村民委员会组织法》在规定村民委员会性质时，除了保留原有的三个自我以外，就是增加了“实行民主选举、民主决策、民主管理、民主监督”的内容。如果说“三个自我”是20世纪80年代村民自治实现形式进展的主要成果的话，那么，“四个民主”则是1998年以后村民自治实现形式的重要内容。自1998年之后的中共历次代表大会报告都是将村民自治置于基层民主的框架下论述的，无论是政治体制安排，还是学界研究，民主的范式都取代了自治的范式。这对于将传统自治体系纳入到现代民主体系的导向无疑具有重要意义。

然而，从自治的角度看，以建制村为基础开展村民自治遭遇了极大困难和体制性障碍。其一，行政抑制自治。建制村作为国家的基层组织单位，仅国家法律赋予其法定的行政职能就达100多项。正因为如此，建制村又被称为“行政村”。大量的行政任务要通过建制村的村民委员会加以落实，由此导致村民委员会的“行政化”，村民自治事务难以通过村民委员会这一组织加以处理。其二，体制不利自治。建制村更多是基于国家统一管理的需要，尽管法律仍然保留了“根据村民居住状况、人口多少，按照便于群众自治”的原则设立，但也增加了“有利于经济发展和社会管理的原则设立”，建制村的设立更多地是从后者考虑的。从国家的经济发展和社会管理看，建制村规模较大，更合适一些，但是，自治属于直接参与行为，对地域和人口范围要求更高，规模过大、人口过多不便于群众自治。特别是2006年废除农业税后，为减少财政支出，一些地方实行“合村并组”，村组规模扩大，直接参与性的自治更难。尽管法律上在直接参与方面做出了由村民代表会议代行村民会议部分职责，但事实上村民代表会议召开也困难。其三，外力制约自治。随着我国经济发展，城乡差距日益扩大。为了解决日益突出的农村问题，国家更多地是运用外部性力量，如废除农业税、建设新农村更多地是政府主导。开放的市场经济也造成传统村庄共同体日益解体，农村内生的自我治理能力减弱并被忽视。

正在于以上因素，使得建制村基础上的村民自治难以有效实现，甚至陷于制度“空转”，难以“落地”，村民自治在农村治理过程中“失落”。

第三波段：在建制村之下的内生外动的村民自治。

村民自治在农村治理中的一度“失落”，并不意味着村民自治没有价值，相反，其内在价值总会让其不断在实践中展示自己的力量。

进入21世纪以来，突出的“三农问题”和扩大的城乡差距，使得共产党一再将解决好“三农问题”作为全党工作的重中之重，特别是农村治理问题成为“三农问题”的重要内容之一。在这一影响下，地方政府采取了许多积极干预措施。如经济最发达的广东省加大对农村的投入，以改变急剧扩大的城乡差距；重庆市开展干部下乡“三进三同”；江西省开展“十万干部下基层，排忧解难促和谐”活动；湖北省推进“万名干部进万村入万户”；山西省“六个一五个不准”促干部下乡驻村常态化；安徽省“五级书记带头大走访”；内蒙古自治区组织“万名干部下基层”；广西壮族自治区推行“美丽乡村　清洁广西”的干部下乡活动。这些活动对于改变农村无疑具有推动性，但是，农村的主体毕竟是农民，不能激发农村内部主体性力量，农村改造和改变就难以持久。正是在寻求解决农村治理之道的背景下，一些地方的村民自治再次活跃。

广东是中国经济最为活跃和发达的地区，但其内部的差距，特别是城乡差距甚大。位于广东西北部的云浮市是欠发达地区，不仅农村经济相对落后，社会建设也很欠缺。2010年以来，该市努力探索不同于珠三角地区的科学发展道路，并将农村社会建设作为重点之一。社会建设需要社会参与，在促进社会参与中，该市在乡镇、村、村民小组建立三级理事会，特别是以组（自然村）为单位的理事会，开发农村内在的资源，在兴办农村公益事业中发挥了重要作用。时任省委书记的汪洋数次去云浮考察农村社会建设和社会参与成果。

清远位于广东北部，是中原文化与岭南文化的交汇处，保留了完整的农村自然村形态。这些自然村大多有家族传统，内聚力和自治性较强。近些年，该市一些地方运用自然村的自治力量兴办公益事业，解决了不少问题。清远市为此推进体制改革，将村委会下沉到自然村，在乡镇与村委会之间建立党政服务站，回归了 1998 年之前的乡村治理体制。

广西在新农村建设中，将“美丽乡村　清洁广西”作为重要内容，并下派大量干部到农村清洁乡村、整治环境。但外部力量总是有限的，在一些非干部负责的典型村地方，只能开发和利用当地的力量，其方式就是在建制村以下的屯建立理事会，组织农民参与清洁乡村活动。比较典型的是村民自治发源地河池。之后，当地的领导人认为此办法可行，将党的基层组织与村民自治结合起来，创造“党领民办，群众自治”机制，并将自治内容扩展到更为广泛的范围。广西贵港市也有类似的做法。

为加强社会管理，湖北省宜昌市推行网格化管理，成为全国的典型，后来，网格化管理在湖北全省农村推行。但在分散的农村实行网格化管理显然困难较大，农村大量公共事务和公益事业还得依靠农村社会内部力量办理。宜昌秭归县是大山区，早在 21 世纪初该地就注意划小治理单位，提出农村社区建设。近年在建设“幸福村落”活动中，以利益相关和地域相近为标准，将建制村以下的村落作为自治单位，发挥村民内在的主动力量，实现自我发展。

以上案例具有以下共同特点：其一，运用农村内部力量参与解决农村社会问题，问题和解决问题的力量是内生的。其二，在解决问题过程中，运用的组织资源是在建制村以下，特别是利用自然村或者地域相近的村落建立起相应的自治组织。这些自治组织不具有行政功能，属于完全自治。其三，建制村以下的理事会组织不完全是农民自发建立的，而是地方领导发现了农民的内在力量，对村民自治活动加以总结提升后广泛推行的。如河池将党在农村的基层组织建设与村民自治组织建设联动起来，突出党组织的作用。其四，以上案例不约而同地将历史上的自然村（屯）作为自治单位，划小自治单元，反映了村民自治所需要和支撑的经济、社会、文化、地域、传统等相关因素。这些因素决定了要实现村民自治的价值，必须寻找其合适的实现形式。

地方出现的新的村民自治形式，在破解农村治理中长期存在而又十分紧迫的难题方面发挥了积极作用。一是有助于破解建立党领导下充满活力的村民自治机制的难题；二是有助于破解税费改革后农村公益事业办理中的“一事一议”的难题；三是有助于破解村民自治形式单一、建制村难以让村民自治“落地”的难题；四是有助于破解农村治理中被动维稳无法从源头根治的难题；五是有助于破解新农村建设中内力不够、持续性不强的难题。正是在此背景下，2014 年中共中央一号文件提出了“探索不同情况下村民自治的有效实现形式，农村社区建设试点单位和集体土地所有权在村民小组的地方，可开展以社区、村民小组为基本单元的村民自治试点”。

三、建构多层次多类型的村民自治实现形式体系

2014 年中共中央一号文件不仅肯定地方村民自治的探索，而且提出了探索村民自治有效实现形式的命题，并对探索的方向提出了试点意见。一号文件显然是考虑多方面因素的结果，同时也反映了对村民自治实现形式的不同意见和看法。

《乡镇论坛》是由主管村民自治事务的中华人民共和国民政部主管的杂志，该刊 2014 年第 3 期发表了署名“郑铨史”的文章《自然村设置村委会切莫一哄而上》。文章指出：“有的人认为，村民自治的有效实现形式是在自然村或村民小组建立村委会。这种意见认为，在自然村层面选举产生村委会比建制村海选更有优势，更能适应村庄治理的需要。笔者认为，自然村和村民小组建村委会的探索要慎之又慎，万万不可盲目跟风，把农村基层组织架构搞乱。”[①]

---

① 郑铨史：《自然村设置村委会切莫一哄而上》，《乡镇论坛》，2014 年第 3 期（上）。

有关村民自治实现形式的探索及不同意见，反映了村民自治实践对理论研究和制度设计提出了新的要求，也开拓了村民自治的理论与实践空间。

首先，村民自治具有强大的内在价值。我国正处于现代化进程中，现代化在国家治理方面的要求是建构一个强大的现代国家，国家为主体的治理愈来愈深入地渗透到社会各个层面。相对于传统农业社会而言，现代国家的力量将大大压缩自治的空间，农民与国家的联系会愈来愈紧密。国家凭借工业财政所获得巨大资源，也愈来愈依靠国家力量治理社会。一些地方动用成千上万的干部帮助农民打扫卫生、修建水塘等，就反映了这一趋势。但也正是在这一过程中，充分暴露出国家力量的有限性。村民自治的第三波崛起，便是补充国家力量之不足的产物，并显示出村民自治的内在价值及其强大的生命力。

其次，村民自治需要有效的实现形式。村民自治作为一种制度已实施 30 多年，但为什么这一制度未能完全“落地”和运转，为什么村民自治第三波实践都不约而同地在建制村之下开拓自己的空间，并取得相应成效，促使村民自治能够“落地”运转？其答案就是村民自治的内在价值一定要有有效的形式加以实现。没有有效的实现形式，村民自治的内在价值再大也无从反映，只能被“悬空”。

第三，村民自治的有效实现形式与一定条件相关。村民自治是一项植根于群众实践中的制度和活动，对实践的“社会土壤”要求特别高，只有具备合适的“社会土壤”，村民自治的实现形式才是有效的。村民自治第三波的共同特性就是在建制村以下开拓出村民自治的空间。这其中，就反映出村民自治内在要求的相应条件。这些条件包括利益相关、地域相近、文化相连、群众自愿、便于自治等，涉及产权关系、社会联系、文化认同、自治能力等深层领域的结构。正因为如此，2014 年中央一号文件提出的是“探索不同情况下村民自治的有效实现形式”，“不同情况”就是一个界定，要求村民自治形式不能“一刀切”。正是基于这一考虑，一号文件提出：“农村社区建设试点单位和集体土地所有权在村民小组的地方，可开展以社区、村民小组为基本单元的村民自治试点。”

试点是一种社会实验，它的最大好处是为人们提供了认识和想象空间。一号文件提出“探索不同情况下村民自治的有效实现形式”，不仅仅在于对自治单元建立在什么层次提出了试点意见，而在于提出了探索村民自治有效实现的命题，以供人们深度思考。

村民自治是来自于村民的自我治理活动，同时又是一项国家治理制度安排，因此，应该将其放在国家与社会的总体框架下考察。作为村民的自我治理活动，要求其多样性灵活性；作为一项国家制度安排，又要求其统一性规范性，并与国家治理相衔接。自治与他治总是相互联系、不可分离的。

当下，围绕村民自治有效实现形式的争论主要集中于村委会是保留在建制村，还是下沉到自然村或村民小组。从村民自治实现形式看，村委会下沉到自然村或者村民小组，可能更适宜于自治。但是，我们也要注意到，自治单位愈小，其自治范围和内容愈有限。从我国村民自治第三波看，大量村民自治事务都限于社会事务。而当下，村民的公共利益牵扯的范围远远不止于自然村或村民小组，特别是大多数地方的集体土地所有权和国家公共管理权在建制村一级，村民的利益关联甚至已远远超出建制村，涉及地方政府，如国家大量农村资金的下放由政府经手，直接涉及农民利益。涉及农民切身利益的事务也需要农民直接参与才能更好解决。当初彭真将村民自治与农民直接参与的基层民主相联结，并未将村民自治体现的基层民主局限于村务管理的范围。他具有战略眼光地指出：“他们把一个村的事情管好了，逐渐就会管一个乡的事情；把一个乡的事情管好了，逐渐就会管一个县的事情，逐步锻炼，提高议政能力。”[①] 从一般意义看，自治和参与领域是逐步扩大的。当下，将村委会下沉

① 彭真：《通过群众自治实行基层直接民主》，《彭真文选》，人民出版社1991年版，第608页。

到自然村或者村民小组，有助于激活村民自治，但从长远看，它又会限制自治和参与领域的扩展。

更重要的是，当下的争论尚局限于单一的自治体。应该说，自治单位或者自治体是村民自治的主要载体，但并不是唯一的载体。从村民自治的有效实现形式看，村委会并不是唯一载体，还可以并且需要有更多载体来体现。这就是本文所要主张的建构多层次多类型的村民自治实现形式体系。

相对于村民自治组织，即自治体而言，村民自治实现形式体系更为丰富。

1. 多层次。我国的村民自治自发产生于自然村，定型在建制村，再度活跃于自然村。与此同时，还有一些地方的村民自治形式超出建制村范围。这说明，村民自治的实现形式可以在多个层次上展示。将村委会设立在建制村或者自然村，不是核心问题，关键是如何有助于实现村民自治。从当下的自治条件看，自然村或者村民小组是基础，但建制村也不可替代，多个层次的自治方式可以不一样。

2. 多类型。我国村民自治定型于建制村，并以村民直接选举的“海选”为标志，形式较单一。而不同层级的村民自治，其形式可以而且应该是多类型的。特别是在自然村或者村民小组，更多地是沟通与协商。这在于自然村或者村民小组由于其地域、利益、文化等相关因素，其自主、自力、自律等自治元素更丰富一些，沟通与协商并达成一致更容易。“海选”反而可能会破坏自治体的“有机团结”。

3. 多样式。村民自治是村民自治治理，自己创造自己幸福生活的行为，它的样式是多样化的。除了公共政治生活以外，还包括经济、社会和文化领域的自治。在建制村以下，由于经济相关、地域相近、文化相连等因素，经济、社会和文化生活领域的自治活动更多，也更为丰富。它们也属于村民自治的实现形式。

4. 自治与他治的互动。在现代国家体系中，自治不是孤立的，必须在与他治的互动中寻求其空间。我国国家治理事实上会向两种逻辑发展：一是政府治理愈来愈深地介入和渗透农村社会，自上而下的治理是不可规避的，甚至内生于农民需要，如农村福利体系的国家建构。二是村民自治愈来愈多地扩展到国家治理领域，自下而上的参与也是不可避免的。当下存在的“村官大贪”和不少农村群体性事件事实上是国家管控不力和社会参与不足的共同产物。他治介入自治与自治参与他治是并行不悖的。中共十七大报告提出实现政府行政管理与基层群众自治有效衔接和良性互动。这要求村民自治是一个内容丰富的体系与其相适应。

为了建构多层次多类型的村民自治实现形式体系，一是要求具有战略远见的制度设计，以为村民自治的有效实现提供广阔的制度平台。平台愈宽广，活动的内容就愈丰富。二是要求深入研究村民自治实现形式的内在机理。如果说在建制村基础上村民自治阶段，理论研究主要是基于国家制度安排，是制度主义视角，那么，在探索不同情况下村民自治有效实现形式的过程中，理论研究更需要基于村民自治内在机理，从行为主义视角把握村民自治中的人、人的活动及其活动支配机制。

（原载于《华中师范大学学报》2014 年第 4 期）

实践创设并转换范式：村民自治研究回顾与反思

——写在第一个村委会诞生 35 周年之际

2015 年是我国第一个村委会诞生 35 周年。村民委员会从广西偏远山寨产生，到以村民委员会为载体的村民自治成为国家法律制度，直至成为中国特色社会主义政治制度的四根支柱，成为亿万农民群众社会主义基层民主的实践活动，经历了一个波澜壮阔的历史进程。这是中国历史上前所未有的伟大政治实践，也是前无古人的政治实验。正是这样一场以亿万农民为主体的政治实践活动，促使中国的政治学，也包括其他学科的研究视野投向中国的大地，以中国的政治实践活动为依据，进行学术研究，形成并转换其学术研究范式。

一、村民自治由产生到国家制度：价值—制度范式

1980 年，当村民委员会在广西宜山、罗城一带出现时，没有一个学者关注到它，并预示其政治影响。这种现象可以说一直持续达十年之久。因为，在整个 20 世纪 80 年代，中国的政治学、社会学等学科正处于恢复之中，且处于体制改革的急剧变化之中。学界关注的是国家体制改革的宏大问题，重视的是引进的思想学说（如“走向未来”丛书的热销），对于自己脚下的农村基层变革没有给予足够的重视。

对于村民委员会给予了极大关注的是当时的国家主政者。20 世纪 70 年代末至 20 世纪 80 年代初期，“政社合一”的人民公社体制趋于

解体，人民公社具有的组织生产的功能为包产到户等家庭经营方式所替代，而人民公社具有的社会管理和国家组织的功能却存在替代问题，由此出现了一些地方的公共管理失序问题。这一问题引起国家主政者的高度重视并努力寻求治理良方。广西宜山、罗城农民自发组织村民委员会进行自我管理的做法，很快引起主管中央政法工作的彭真的重视，并专门派人调查。1982 年修订的《中华人民共和国宪法》第 111 条第一次将村民委员会载入，并规定为基层群众性自治组织。

自治是人类十分悠久的治理方式，早在国家产生之前，人类主要依靠的就是自我治理。在中国漫长的传统社会里，国家治理的重要特点是“皇权到县，乡绅治乡”。作为一种治理方式，自治必然会蕴含着一定的价值。在国家产生之后，它有可能成为国家管理的一种手段，也有可能成为民众参与公共事务管理的一种权利。当村民委员会这一自治组织作为宪法规定的基层组织时，也面临着价值取向问题。1987 年全国人大常委会通过了《中华人民共和国村民委员会组织法（试行）》。在讨论通过此法之前和期间，就村民委员会的定位问题产生了两种意见：一是将村民委员会作为政府管理的延伸机构，便于落实政府工作；一是将村民委员会确定为村民自治机构，保障村民依法享有自主管理本村事务的权利，体现着民主价值的导向。当时推动此法制定的全国人大常委会委员长彭真就为什么实行村民自治专门做出了说明，在他看来：“十亿人民如何行使民主权利，当家做主，这是一个很大的根本的问题。我看最基本的是两个方面：一方面，十亿人民通过他们选出的代表组成全国人大和地方各级人大，行使管理国家的权力。……另一方面，在基层实行群众自治，群众的事情由群众自己依法去办，由群众自己直接行使民主权利。”“他们把一个村的事情管好了，逐渐就会管一个乡的事情；把一个乡的事情管好了，逐渐就会管一个县的事情，逐步锻炼、提高议政能力。”[①]

---

① 彭真：《通过群众自治实行基层直接民主》，《彭真文选》，人民出版社 1991 年版，第 607—608 页。

很显然，《中华人民共和国村民委员会组织法（试行）》的立法目的是着眼于亿万农民的民主权利及其民主实践，并作为中国社会主义民主政治建设的起点，创设了中国社会主义民主政治建设的路线图。为了贯彻落实《村组法（试行）》，地方进行了一系列实践探索，并进一步赋予了村民自治以民主价值。最具有标志性意义的是在吉林省梨树县产生的村民直接选举村委会主任的"海选"，因为，民主从选举开始。在过往，中国农村基层也有过农民参与的选举，但更多地是由上级领导确定候选人再进行投票的"指选"或者"派选"。由村民直接提名候选人并进行选举，在中国民主政治实践中具有划时代和标志性意义。当时有文章表示这是中国"一场静悄悄的革命"。[①]

尽管村民自治发生于乡村田野，但还是为学界所关注。20 世纪 80 年代，中国农村改革主要是形成以包产到户为标志的农村经济改革，参与并关注这一改革的知识分子相当多数后来成为政界和学界有影响的人物，而村民自治属于政治领域的变革。当时，中国的政治学刚恢复不久，更多关注的是国家宏观体制。湖北省的政治学会是中国最早建立的政治学会，其政治学者更多关注的是地方和基层政治。华中师范大学的张厚安教授等人承担了有关农村基层政权建设研究的项目，并建立了相关的学术共同体，特别是参与了由国家民政部主持的《村组法（试行）》的贯彻落实的实践，从书本走向田野。在此基础上，产出了一系列研究成果，并逐步形成村民自治研究的价值—制度范式。

价值—制度范式的标志性成果是由华中师范大学农村问题研究中心于 1997 年推出的"村治书系"。该书系的总序表示："如果说我们于 80 年代中期开始的乡村政治研究尚带有一些不自觉色彩的话，那么，进入 90 年代后，我们的研究便步入到自觉状态。"强调："中国的政治学研究不能只是简单借用在西方经验基础上生成的理论来

① 参见米有录、王爱平《静悄悄的革命——中国村民自治的历程》，中国社会出版社 1999 年版。

阐释中国政治，而应该从中国政治实践出发，在富有创造性的实践经验中寻找理论的源泉。”[①] 作为该书系推出的第一部专著《中国农村村民自治》则充分体现了价值—制度的研究范式。该书将村民自治置于民主的价值取向中考察，认为“中国农村的村民自治是农村居民依照法律自主管理本村事务的基层民主制度，是有中国特色社会主义民主的一种重要形式，亦是在新的历史条件下农村治理的一种有效方式”[②]。该书甚至认为“村民自治是现阶段社会主义民主政治建设的起点和突破口之一”[③]。从民主的价值取向着手，该书根据《村组法（试行）》的基本框架和地方实践，对村民自治制度进行了整体性研究，形成制度主义的分析框架。村民自治研究的价值—制度范式初步形成。

当然，与村民自治实践还只是“一场静悄悄的革命”一样，1998 年之前的村民自治研究还处于悄无声息的状态。当时，主管村民自治事务的民政部基层政治司一位官员为此感叹，全国九亿农民从事村民自治实践活动，却不到九个人在进行研究！

村民自治及其相关研究的命运大转折是在 1998 年。如果说，20 世纪 80 年代中国的经济政治体制改革还处于探索之中，那么，到 90 年代，其方向和路径就更为清晰。1992 年中国确立建立社会主义市场经济体制的基本经济框架，加快对外开放的速度。在对外开放中，一方面是中国向世界展示自己，另一方面是世界更多地了解中国。随着苏联东欧剧变，自由民主的价值影响扩大，中国的市场经济发展不仅引起世界关注，体现着民主价值的村民自治也引起世界关注。其重要标志是 1998 年美国总统克林顿访华第一站就是去到了西安城郊，在观摩了当地的一个村庄村委会选举后说：“我了解到，像其他遍及中国的近五十万个村庄一样，你们很快就要通过选

---

① 徐勇：《中国农村村民自治》，华中师范大学出版社 1997 年版，总序。

② 同上，第 3 页。

③ 同上，第 8 页。

举推举你们当地的领导……只要有选举，人民就有决定权……你们的成就是一个窗口，让世界看到地方民主给中国带来的变化。”① 与此同时，《村组法》经过十年试行，已基本形成制度框架并成为亿万农村群众的民主实践活动。这一实践大大增强了中国领导人的信心。1998 年，中共中央总书记江泽民对村民自治给予了高度评价，指出：“包产到户、乡镇企业和村民自治，都是在党的领导下我国亿万农民的伟大创造。”② 同年，全国人大常委会修订通过了《中华人民共和国村民委员会组织法》，该法取消了“试行”二字，成为一项正式的国家法律制度。与此同时，明确该项制度的民主价值，规定“村民委员会是村民自我管理、自我教育、自我服务的基层群众性自治组织，实行民主选举、民主决策、民主管理、民主监督”。在 1987 年试行法的“三个自我”基础上增加了“四个民主”。之后，党和国家又制定了一系列相关制度，中共十五大、十六大和十七大报告都将村民自治作为社会主义民主政治的基础性工程，要求加快推进。中共十八大报告将基层群众自治制度作为中国特色社会主义的基本政治制度之一。在有利的环境下，地方也有许多突破性行为。最突出的标志就是 1998 年四川省遂宁市步云乡进行了“乡长直选”，成为中国“乡长直选第一乡”。

1998 年开始的以民主选举为导向的村民自治，很快也引起了中国学界的广泛关注，迅速成为学界的热点。不仅政治学，还有其他学科的学者也参与进来开展研究，发表的论文和出版的著作不计其数，学术热度时间长达十年之久。其主线围绕村民自治这一制度展开，被称为村民自治研究的主流。与此同时，也出现了不同的认识和看法。

一是寄予厚望者。20 世纪 80 年代中国政治体制改革的主导取向

---

① 参见肖立辉《改革开放以来村民自治的历程》，《百年潮》，2008 年第 8 期。

② 江泽民：《全面推进农村改革，开创我国农业和农村工作新局面——在安徽考察工作时的讲话》，新华社北京 1998 年 10 月 4 日电。

是民主，但由于对民主的路径缺乏深入的理解，造成社会动荡，民主理想主义受到挫折。1998 年，村民自治被认为是具有民主理念的“一场静悄悄的革命”，迅速为人们所重视，对于村民自治寄予更多的民主厚望，有很高的民主期待和想象空间。①

二是提出质疑者。尽管村民自治成为学术热点，但也有人提出质疑，甚至持完全否定态度。其中，最有代表性的论著是沈延生发表在《战略与管理》上的 5 万多字的长篇论文《村政的兴衰与重建》。论文具有宽广的历史视野，对于村民自治包含的大众民主价值和选举持高度警惕态度，认为希特勒也是选举出来的。在作者看来，村民自治是一个“理论怪胎”，因为马克思、列宁、毛泽东、邓小平都没有提到过。②另外一位代表者是党国印先生，认为村民自治不是民主的起点。③沈和党两位学者在当时的气候下，有非常清醒的意识，殊为难得。但其研究范式却是基于文本和历史经验，缺乏实践依据，对于已经发生的事实缺乏充分的了解和分析，也就无法对村民自治做出进一步的拓展性研究。

三是表示怀疑者。这部分学者注意社会实地调查，并从实地调查经验发现村民自治实际运行状态与制度设计有相当大的差距，村民自治远远无法涵盖乡村治理的复杂性和多样性，由此产生了对村民自治效能的怀疑。他们试图沿用乡村治理的概念看待和分析农村社会，由此拓展了乡村治理的研究领域。也正因为如此，这部分学者远离了村民自治的研究，村民自治从乡村治理中消失了。由于过于重视地方和个体经验，这部分学者没有能够建立起学术研究所需要的范式。

四是努力反思者。当社会学、经济学、人类学等领域的学者逐步淡出村民自治研究领域之时，作为村民自治研究主要学科的政治

---

① 参见荣敬本《村民自治——民主的蝴蝶在飞》，《改革内参》，1998 年第 3 期。

② 参见沈延生《村政的兴衰与重建》，《战略与管理》，1998 年第 6 期。

③ 参见党国印《“村民自治”是民主政治的起点吗？》，《战略与管理》，1999 年第 1 期。

学学者们仍然在坚持村民自治研究，并开始对村民自治进行反思性研究。具有代表性的是贺东航、王金红等人引用“内卷化”的概念分析村民自治的进展，认为村民自治的制度供给愈来愈多，但村民自治的成效却愈来愈小。[①] 这部分学者对村民自治的制度供给与制度绩效的反差进行描述，提出了问题，但因为他们仍然沿用的是价值—制度范式，所以没有能够对村民自治为何发生“内卷化”给予更深的解释。

五是极度悲观者。当村民自治作为一项国家制度在全国推行之时，相当多的人寄予厚望，对民主由村到乡到县再往上提升的路径充满了乐观的态度。但事实并不如所愿，特别是当乡长直接选举因为与现行法律不相符合而被叫停，村民自治也因为各种原因进展困难时，这部分学者又对村民自治表示极度失望。[②] 与此同时，1998 年之后，正是中国的“三农问题”特别突出的时期，对于村民自治给予更多功利性关注的人也对村民自治表示失望，认为村民自治并没有能够解决“三农问题”，反而在推行村民自治之时，“三农问题”更为严重了。因为只是出于一种理念、理想和热情关注村民自治，由于村民自治实际过程距预期的太远，导致这部分学者不再讨论这一课题了。

六是持续探讨者。作为村民自治制度的设计者，对于村民自治既充满理想期待，同时也有足够的审慎。早在 1987 年制定《村组法（试行）》时，彭真就警告说：“办好村民委员会，实行村民自治，是一项长期的、艰巨的工作，不要把它看得那么容易，绝不是作一个决定，国家发一个号令，就能短期都搞好的。”当时的法律规定是“试行”，“至于哪一年完成，法里没有规定，没有限制。这是一个在实践过程中才能解决的问题，要在试行中逐步总结经验，探索解

① 参见贺东航《中国村民自治制度“内卷化”现象的思考》，《经济社会体制比较》，2007 年第 6 期；蒋达勇、王金红《反向民主对村民自治制度绩效的影响—— 一个新的理论解释》，《开放时代》，2012 年第 5 期。

② 参见冯仁《村民自治走进了死胡同》，《理论与改革》，2011 年第 1 期。

决”。[①] 十年后，村民自治作为一项国家制度得以在全国推行，一方面取得极大进展，同时也遭遇到连设计者都未曾预期的困难。一部分学者转而探讨村民自治进展中发生的困难与问题，并试图做出必要解答。其代表性学者主要集中于华中师范大学。

自 1997 年，华中师范大学的学者就确立了“实际、实证、实验”的原则。作为村民自治研究的先行者，他们并没有只是简单地为村民自治做注脚。特别是 1998 年，当村民自治成为热点时，他们却在年届七旬的张厚安教授的带领下，在湖北省黄梅县的一个村进行“民主管理，依法治村”的实验。10 多名老师和学生在一个村驻村达一年，亲身参与了一个村的村民自治实践。尽管实验的功效与预期的相距较大，但也促使他们对乡村治理的复杂性进行了反思。2003 年，华中师范大学推出“乡村治理书系”，试图“从更广阔的视野和更深的层面研究乡村治理”[②]。“更广阔的视野”就是将村民自治置于现代国家制度建构的背景下进行研究，说明村民自治是现代国家建构的重要内容，它所体现的民主价值是现代国家应有之义，由此从学理上论述了村民自治的政治合理性。“更深的层面”就是深入到正在变迁的农村社会进行研究，提出了“社会化小农”的概念。自 2006 年，华中师范大学的学者就围绕着“现代国家建构”和“社会化小农”两条线开展研究，[③] 同时从更深层次考察中国农村发展道路。[④] 这一研究大大拓展了村民自治研究的视野，但是也出现了脱离村民自治本身研究的倾向。

---

① 彭真:《通过群众自治实行基层直接民主》,《彭真文选》，人民出版社 1991 年版，第 610—611 页。

② 华中师范大学“乡村治理书系”出版说明，中国社会科学出版社 2003 年版。

③ 参见黄振华《中国农村研究的两条进路——“社会化小农”与“国家建构农村”分析框架述评》,《中国社会科学辑刊（秋季卷）》，2011 年 9 月总第 36 期。

④ 参见徐勇《中国家户制传统与农村发展道路——以俄国、印度的村社传统为参照》,《中国社会科学》，2013 年第 8 期；刘义强、胡军《村户制传统及其演化：中国农村治理基础性制度形式的再发现》,《学习与探索》，2014 年第 1 期。

二、村民自治由国家制度到落地：形式—条件范式

村民自治作为一个相当热门的学术问题，经历了一个所谓“黄金十年”的时间，便很快趋冷，并淡出学界的视野。这与中国村民自治制度自身特性及其国家宏观背景密不可分。

村民自治由地方性经验上升为全国制度之后，就与原有地方性经验所面对和解决的问题不甚一致。制定《村组法（试行）》之时出现了两种意见的争论就已蕴含了村民自治制度的内在张力。一是随着人民公社体制的废除，国家急需新的基层组织替代人民公社实行行政管理功能，为此在乡镇以下设立村民委员会。由一定地域、相应的集体所有土地和集体成员构成的村民委员会成为国家在农村的基层建制单位，并被视为“行政村”。国家法令政策都需要通过村民委员会加以实施和贯彻。二是取代“政社合一”的人民公社组织的村民委员会体现“政社分离”的原则，不再是一级行政单位，因此法律定义为“基层群众性自治组织”，并赋予其村民自我管理的民主权利。村民委员会因此具有二元属性，一是国家管理的建制单位，一是村民自治的组织单位。前者担负着国家下派的任务，后者担负着村民参与的责任。由于村民自治的国家建构性，前者力量更为强大，也就是村民委员会的行政功能强于自治功能。彭真在制定《村组法（试行）》时表示了忧虑，认为村民自治面临的两大危险之一，就是“给村民委员会头上压的任务太多，‘上面千条线，底下一根针’，这样就会把它压垮”[①]。彭真的忧虑不幸而言中。20世纪90年代，随着社会主义市场经济体制的建立和城镇化的推进，农业、农村和农民问题日益突出。大量的国家任务需要作为农村基层组织的村民委员会承担并完成，其中有许多是农民并不自愿

① 彭真：《通过群众自治实行基层直接民主》，《彭真文选》，人民出版社1991年版，第611页。

接受，甚至并不欢迎的任务，如计划生育、税费、生产和产品定购等。这些政府任务是不可能通过村民讨论得以贯彻实施的。为此，地方政府力求强化村民委员会的行政功能，最后造成村民自治功能的“过场化”，有学者甚至宣布“村民自治已死”。既然如此，村民自治理所当然就会淡出学界。

但是，村民自治作为一种群众实践行动，总是会在实践中寻求出路。为解决日益严重的“三农问题”，全面建成小康社会，国家实现“以工支农，以城带乡”的战略转变，废除农业税，建设新农村，重新确立对农村“多予少取放活”的方针。这一宏观背景的转变为村民自治提供了新的契机。一是村民委员会所承担的不被村民接受和欢迎的政府任务大大减少；二是大量新农村建设工作需要村民作为主体参与。一些地方开始重新审视和开发村民自治的功能。

尽管1998年后村民自治遭遇到极大困难，但其潜在成效也日益增长。一是村民委员会在一定时期内协助完成了国家管理和发展的艰巨任务，为国家战略转变提供了基础性条件，同时它没有改变性质，仍然是法定的自治组织，村民自治的制度平台仍然存在。二是具有民主价值取向的村民自治实施将“权利”意识带到广大农民之中，强化了农民的主体地位。新农村建设的推进需要面对这一新的环境，发现和利用村民自治的价值。四川省成都市在城乡统筹过程中，由政府给予每个村每年50万元的资金用于新农村建设。为了用好这笔资金，避免因为资金分配不当产生新的矛盾，当地创设了村民议事会去分配、使用和管理资金。广东省云浮市是偏远落后地区，新农村建设缺乏财力支持，当地主政者推动建立村民理事会，以此吸纳乡贤参与新农村建设。而在广东清远，主政者发现当地以自然村为单位进行新农村建设成效更好，从而推动村民自治重心下移。

以上地方案例的共同特点就是在推进村民自治这一国家制度“落地”方面取得了实际成效，村民自治不再只是空壳，它被赋予了得到群众欢迎并愿意参与的内容，从而重新焕发活力。正是在此基础上，2014年中央一号文件提出了一个重要命题，即“探索不同情况下村民自治的有效实现形式"，由此再次激发了村民自治研究的热情。

事实上，尽管有人对村民自治的进程表示悲观，甚至认为"村民自治已死"，但是作为村民自治的长期研究者的华中师范大学的学者们并没有因此而放弃对村民自治的关注，甚至表示即便"已死"，也要知道是如何"死"的。自2006年，华中师范大学开启了"百村观察计划"，这一计划将村民自治进程中的一些"明星村"作为样本，持续不断地跟踪观察。从观察事例看，村民自治进展确实不容乐观。如"海选第一村"的数届村委会选举都不尽如人意，竞争性选举演变为派系之间的争夺，村民意见很大的人得以数次当选，村庄治理成效不佳。这些事实促使学者们加以反思：为什么作为国家制度的村民自治落地之后会出现始料不及的结果？

与此同时，一些地方邀请华中师范大学指导新农村建设道路的探索。在与广东云浮市的合作中，学者们感受到村民自治仍然具有强大的生命力，并意识到要将村民自治置于乡村治理创新体系中考察，提出"组为基础"，以村民小组作为村民自治的基本组织单元，通过合适的形式重新激活村民自治。[①]2014年中央一号文件在改善乡村治理机制中明确提出："探索不同情况下村民自治的有效实现形式，农村社区建设试点单位和集体土地所有权在村民小组的地方，可开展以社区、村民小组为基本单元的村民自治试点。"

学者的观点与中央一号文件的提法高度吻合，极大激发了华中师范大学学者们的热情。2014年，华中师范大学中国农村研究院在"村民自治第一村"所在地召开了"探索村民自治有效实现形式高端研讨会"，提出要"找回自治"，并发表了一系列论文。[②]

---

① 参见徐勇、周青年《"组为基础，三级联动"：村民自治运行的长效机制——广东省云浮市探索的背景与价值》，《河北学刊》，2011年第5期。

② 徐勇：《找回自治：对村民自治有效实现形式的探索》；邓大才：《利益相关：村民自治有效实现形式的产权基础》；胡平江：《地域相近：村民自治有效实现形式的空间基础》；任路：《文化相连：村民自治有效实现形式的文化基础》，《华中师范大学学报（人文社会科学版）》，2014年第4期。

华中师范大学从学术上“找回自治”，不仅仅是重新激发村民自治研究的热情，更重要的是创设了村民自治研究的新范式，即形式—条件范式。如果说价值—制度范式是村民自治研究范式的1.0版，那么，形式—条件范式则是村民自治研究范式的2.0版；如果说1.0版还是政治学科研究范式的自然延伸的话，那么，2.0版则反映了村民自治研究的高度学术自觉。其标志性成果就是邓大才教授的长篇论文《村民自治有效实现的条件研究——从村民自治的社会基础视角来考察》。该论文明确提出：“村民自治的条件是什么，有什么样的形式，如何才能够有效实现等问题，则需要学界从理论层面进一步深入研究。”①

当然，2010年以来，也有学者对村民自治的创新提出了自己的见解，如程同顺教授关于将村民小组纳入村民自治体系的研究。②但总的来看，未能在研究范式上有新的突破。

以下是从中国知网上检索到的村民自治研究论文数量统计：

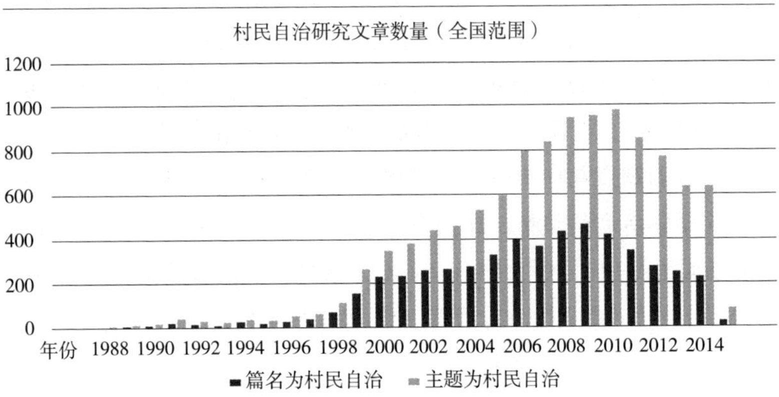

① 邓大才：《村民自治有效实现的条件研究——从村民自治的社会基础视角来考察》，《政治学研究》，2014年第6期。

② 参见程同顺、赵一玮《村民自治体系中的村民小组研究》，《晋阳学刊》，2010年第2期。

三、对村民自治研究范式创设与转换的评价

作为学术研究使用的范式，是研究假说、理念、结构、方法和话语体系的总和，并可由此形成一种研究模式或类型。在科恩看来，范式的突破导致科学革命。

从世界社会科学看，中国是后起者。近些年来，中国学者在社会科学方面取得了突飞猛进的成果，但从研究范式看，中国学者所做的独到贡献并不多，能够为世界所公认的更少。也因为如此，近年中国学界提出了“中国话语”的命题。

尽管中国的村民自治研究并不成熟，但其重要成就就是开始形成自己的研究范式，或者说开始具有高度的范式自觉意识。在中国社会科学研究领域，村民自治研究为何得以形成自己的研究范式？从根本上说是基于中国实践。

实践是人们生动具体变化的实际活动。马克思主义高度重视实践的重要价值，毛泽东专门著有《实践论》，强调实践的第一性。村民自治发生于中国农村社会大地上，是亿万农民群众自己创造自己幸福生活的实践活动，这一实践活动是以往的理论所难以解释的。如果从这个角度看，沈延生先生说它是“理论的怪胎”是有根据的。但实践与认识相比，总是第一位的。无论人们怎样看待村民自治，毕竟它已发生。人们要解释它，首先就得认识它；要认识它，就必须基于它的实践。

更重要的是村民自治实践需要在理论上加以指导。无论是村民，还是主政者，可能知道实践需要村民自治，但不一定知道为什么，怎么样更好。因此，村民自治研究不像有些学术研究那样是一种纯粹的学理探讨，它具有很强的实践品格，要求能够为村民自治实践提供学理认知。这种认知如果不是基于村民自治的实践，就会陷入空洞，为情绪所左右。村民自治研究中出现的“忽冷忽热”现象就是如此。当下许多学术研究也是如此，情绪化而不是学理化研究甚

多，缺乏学术贡献。正是由于村民自治的生动具体变化的实践活动推动学者不断创设和转换研究范式，能够合理解释和解答村民自治实践活动中的问题，从而与村民自治实践活动相适应。

中国村民自治研究两个范式的形成都与村民自治实践活动密切相关，可以说，正是村民自治实践活动为村民自治研究范式的创设和转换提供了基础和源泉。

村民自治发源于20世纪80年代初，但乡村自治在中国有着悠久的历史。当村民自治从一个小山村的经验，被提升为一种国家制度时，人们必然要求其有价值取向，要思考这一制度会给人们带来什么。这也是政治学与国家建构和国家制度建设相伴而生的重要原因。村民自治作为国家制度时，主政者赋予其民主价值，体现了国家制度建设的战略导向。正是由于村民自治上升为国家制度的政治实践活动，形成了村民自治研究的价值—制度范式。这一范式研究至少有四个方面的贡献：

一是明确了村民自治的特性，将其与传统的乡村自治区别开来。乡村自治在中国有着悠久的历史，但其形态主要是乡村精英主导，更多地是一种秩序的自我建构。而当今的村民自治是在现代国家的总体框架下，以全体村民为主体的自治，体现着全体村民作为国家公民和集体成员，享有参与公共事务管理的权利。

二是从理论上阐明了中国农村村民自治的特殊国情基础，这就是集体所有制。村民自治蕴含的村民权利深深植根于集体所有制这一经济社会土壤之中，因此被视为“草根民主”。

三是促进了整体制度设计。村民自治由地方经验上升为国家制度以后，学者以价值—制度范式对村民自治的制度构成、制度体系、制度运行、制度绩效等整体制度问题进行了研究。

四是将政治学等学科的视野引向中国大地和中国实践。我国的政治学、社会学、法学等学科是20世纪80年代以后恢复的，之初主要是引进外国学说和宏大改革思路。村民自治这一本土政治实践将学术的视野引向中国，推动了中国政治学研究从“殿堂”到“田野”的历史性路迁。[①]

然而，当村民自治作为一种国家制度进入实际生活以后，价值—制度范式的研究就远远不够了。正因为如此，有学者试图用“内卷化”来解释为什么制度愈益完备而制度绩效愈益降低的原因。只是这种解释仅仅陷于解释而没有解答。

随着村民自治实践的发展，村民自治研究范式的 2.0 版——形式—条件范式应运而生。这一范式的主要贡献在于：

其一，回归村民自治本位。从村民自治实践看，当作为村民自治载体的村民委员会作为国家重新组织农村社会的单位时，就面临着行政任务过多的问题，面临着被压垮的危险。与此同时，价值—制度范式仅仅是从村民委员会的法定自治组织的一个维度考察，对于村民自治给予了过高的期待。这是价值—制度范式必然带来的难题——要论证其对象的合理性、进步性。如果这一制度没有价值，也就无须建构制度了。因此，村民委员会变异为行政组织之时，村民自治也随之变形、走样，对村民自治给予过高期望的学者也因此而失望。事实上，村民自治只是乡村治理的一种方式，它不足以承载过高的价值期待。在新农村建设中，一些地方重新发现村民自治的价值，更主要的是从其自治的内在治理价值考虑的。村民自治回归其自治本位，尽管它仍然具有民主的要素，但已不主要是民主的一元价值了。形式—条件范式恰恰是适应村民自治回归这一实践而产生的。

其二，大大拓展了村民自治的研究视野。当村民自治从地方经验提升为国家法律制度时，国家并没有根据村民自治的原则制定法律制度，而是以村民委员会组织为载体制定的法律。这样，村民委员会便成为唯一的法定自治组织，价值—制度范式的主要研究对象也是村民委员会。但是，由于村民委员会天生的行政功能，使村民

① 参见徐勇、邓大才《政治学研究：从殿堂到田野——实证方法进入中国政治学研究的历程》，《中国人文社会科学三十年：回顾与前瞻》，复旦大学出版社 2008 年版。

自治的作用难以充分发挥。而形式—条件研究范式从如何有效发挥村民自治的作用考虑，大大拓展了研究视野。如当以“行政村”为载体的村民自治陷入“山重水复疑无路”的困境时，一些地方以自然村为载体的村民自治却相当活跃，呈现出“柳暗花明又一村”的景象。作为自然村的“这一村”给村民自治研究者以相当启示，村民自治的研究不能仅仅限于以行政村为单位的村民委员会，只要有助于村民自治，形式应该是多样的。形式—条件范式大大拓展了村民自治研究的视野。

其三，村民自治研究的重心由国家制度安排转向农村社会内部需求和条件。村民自治从地方性经验提升到国家制度时，就具有了统一性、一致性、规制性，这是国家制度的特质决定的。而当村民自治从国家文本制度落地时，就面临着地方情况不一样的问题。特别是村民自治是亿万农民的实践活动，必须适应地方的不同情况和农民的不同需求，即要“接地气”。价值—制度范式的研究重心是村民自治的国家制度，因此难以解答村民自治如何“接地气”的问题。形式—条件范式因此应运而生。这一范式的研究重心从村民自治本身的价值出发，特别重视村民自治的有效实现形式，强调村民自治的“因地制宜”性，要根据不同情况选择不同形式实现村民自治的价值。村民自治的实现形式取决于其条件。形式—条件范式正是从村民自治实践活动中建构起来的。如村民自治实现的必要条件——“利益相关、地域相近、文化相连、规模适度、群众自愿”，就是基于村民自治的内在因素和要求，在地方实践中率先提出后由学者加以总结提炼的。这种相关性研究大大提高了研究的科学性和应用的有效性。

其四，形式—条件范式不仅着眼于现实条件，还关注历史的延续性和未来的走向性。因为，这一范式强调一切因时间、地点和条件而转移。这一研究范式必然要求对依赖条件的了解，由此促使学者对农村社会形态、变迁及现实状态进行深度调查，将“因地制宜”中的“地”的属性、要素、结构、状态等摸熟摸透，掌握其习性。

就如庄稼人必须首先熟悉“土地”的习性，才能决定种小麦和稻谷一样。正是基于此，华中师范大学在确立形式—条件范式之后，于2015年对原有的农村调查进行了重大调整，重新规划，开启了大规模的农村调查世纪工程。这是范式转换的必然要求，也是意外收获之一。

通过对村民自治研究的反思，可以得出以下结论：

一是研究范式的创设和转换的基础是实践，只有依据实践活动才能创设出与实践活动相关联的理论范式，才能在“中国实践”的基础上形成“中国话语”。

二是研究范式的创设与转换才能促进学术进步，使学术成果与实践相适应，并成为能够直接或间接影响实践的学术成果。

三是村民自治研究范式的创设与转换具有普遍的启示意义。即无论什么有价值的东西，都需要相应的形式加以实现，而有效的实现形式取决于相应的条件。离开了必要的条件和有效的形式，再好的价值也难以体现。如“民主是个好东西”，从现代价值看是没有问题的，但这一好东西需要有好形式加以实现，而实现形式又取决于相关条件。

当然，研究范式永远只是一种认识工具。村民自治实践是丰富多彩的，也是复杂多变的。村民自治研究不必仅仅限于某一种范式，现有两种范式也不是相互排斥而是相互补充的，同时随着村民自治实践，还需要创设新的研究范式。

（原载于《中国社会科学评价》2015年第3期）